Conviértete en un Evangelista Empoderado por el Espíritu

CHALFANT ECKERT
PUBLISHING

DR. MARSHALL M. WINDSOR, DMIN.

Conviértete en un Evangelista Empoderado por el Espíritu

CHALFANT ECKERT
PUBLISHING

ÍNDICE

AGRADECIMIENTOS

Este libro no tendría sentido si no fuera por todos los hombres y mujeres que han respondido al llamado al ministerio evangelístico, y a quienes representé como Presbítero General de los Evangelistas de las Asambleas de Dios durante una década. Los sacrificios y sufrimientos diarios que muchos han soportado voluntariamente por el evangelio no se pueden expresar solo con palabras. Su recompensa superará con creces cualquier intento terrenal de proporcionar algo comparable.

También quisiera agradecer a los numerosos líderes de la comunidad de las Asambleas de Dios. El compañerismo, las oportunidades de servir y las oportunas palabras de aliento durante las experiencias difíciles me mantuvieron en el ministerio cuando lo único que quería era huir. Han sido mi comunidad de apoyo, incluso cuando no lo sabían.

Lo más importante es agradecer a mi maravillosa familia que me ha acompañado en este camino inexplorado. Nunca habría emprendido este viaje sin el apoyo de mi mejor amiga, compañera de oración y esposa, Nancy. Ella me ha acompañado con firmeza y ha soportado el peso de mis frustraciones y tensiones, demostrándome el amor de Cristo que solo puedo intentar emular. A mis hijos, Joshua y Hannah, quienes han sacrificado demasiado tiempo valioso con su papá; espero poder compensarlos en parte a ustedes, sus cónyuges e hijos.

La nota final de gratitud es para Aquel que me amó lo suficiente como para restaurar mi relación con Él mediante la muerte de su Hijo, Jesucristo. En verdad, sin Dios en mi vida, no habría razón para intentar transmitir sabiduría a otra generación ni para esforzarme por seguir luchando. Solo Dios ha impedido que me rinda, recordándome su promesa: «Porque tanto amó Dios al mundo que dio a su Hijo único, para que todo el que cree en él no se pierda, sino que tenga vida eterna» (Juan 3:16, NVI). Gracias, Padre, por una travesía extraordinaria.

INTRODUCCIÓN

Miré a mi alrededor, las paredes agrietadas pintadas de verde, mientras el aire acondicionado zumbaba de fondo, y recordé que el ministerio itinerante a menudo no es lo que la mayoría de la gente espera. Aunque me habían dicho que no despreciara los pequeños comienzos de los primeros años de ministerio, esa era la habitación de motel donde me encontraba después de varios años y muchos moteles similares. Me había alojado en hoteles hermosos en lugares extravagantes, pero parecían muy lejanos, en un mundo diferente de donde estaba en ese momento.

En ese momento al familiarizarme con un nuevo entorno, tomé una decisión inconsciente. Al principio, ni siquiera me di cuenta de que había tomado una decisión, pero después supe que podría haberle dado cabida al enemigo en mi corazón al enojarme por mis nuevas circunstancias, o haber obedecido a la voluntad de Dios de estar agradecido por lo que me había provisto. Dios tiene la asombrosa capacidad de ayudar a sus siervos, de una u otra manera, a mantener la humildad, mientras les enseña mediante los métodos más inusuales.

Así que recordé que debía estar agradecido por lo que se me había proporcionado, no arrepentido por lo que me faltaba. Debía agradecer que la iglesia hubiera sido suficientemente previsora para encargarse de mi alojamiento de acuerdo a sus posibilidades. Debía apreciar el hecho de que incluso tenía un lugar para predicar durante los siguientes servicios. Y debía agradecer a un pastor que se preocupó de asegurar que los gastos de ese salón estuvieran cubiertos, aunque fuera el resultado de un sacrificio. Sabía que el pastor no tenía un gran salario ni una congregación numerosa, pero sí contaba con una iglesia sólida en una zona rural de los Estados Unidos que necesitaba una renovación espiritual.

Dios continúa enseñándonos a todos los que deseamos ser perpetuamente estudiantes de su Palabra y de sus caminos, la gran verdad de que Él siempre va a la vanguardia preparando el camino. Aunque siempre tendré mucho que aprender, ruego que las siguientes páginas sean útiles en tu camino al emprender una de las vocaciones más desafiantes en nuestros días: la de evangelista de Jesucristo.

En su Nombre,

Marshall

Por qué el evangelista hace lo que hace

Mientras subía las escaleras hacia la sala de conferencias del hotel, me preguntaba qué encontraría. Era nuestra primera Reunión de Evangelistas y Amigos con el fin de animar y brindar compañerismo a otros evangelistas y a quienes sentían el llamado evangelista. Aunque la asistencia fue reducida, había una chispa que me animaría a una reunión futura el año siguiente. Pero ese día solo pensaba en comprender qué tenía Dios en mente cuando me impulsó a organizar esta reunión.

Temprano sentí que el Señor me guiaba a iniciar estas reuniones porque sabía que los evangelistas y sus familias a menudo no tienen oportunidades de compartir y encontrar aliento. A menudo, se les tilda de «llaneros solitarios» y tienen pocas oportunidades de establecer relaciones profundas que los ayuden en el ministerio y en su vida personal. Sentí que estas reuniones también podrían ayudar a los ministros más jóvenes llamados al ministerio evangelístico a través de la mentoría, la participación en actividades de esparcimiento o simplemente escuchar algunas de las historias que un evangelista veterano podría compartir.

El segundo día de nuestra primera reunión de Evangelistas y Amigos, algunos de ellos, sentados alrededor de una mesa, hablaban sobre el ministerio durante el tiempo de preguntas y respuestas. En un momento dado, pregunté: «¿Cómo podemos ayudar a los jóvenes evangelistas a entrar en el ministerio hoy?».

Irónicamente, después de expresar varios pensamientos que no lograron generar mucha conversación, alguien dijo: «Sabes, lo más importante es el llamado», se trataba del llamado de Dios al evangelismo.

Mientras discutíamos este aspecto del ministerio evangelístico, la simplicidad de esa declaración sonó como una campana de iglesia en una mañana tranquila. Incluso el apóstol Pablo declaró que él era, «prisionero de Jesucristo» (Filemón 1:1,9). Aunque los sistemas de mentoría y apoyo pueden mejorar, junto con la perspectiva logística y las oportunidades de coaching, la realidad es que sin el llamado de Dios al ministerio evangelístico, nadie soportaría las dificultades que todo siervo del Señor afronta en algún momento. Dificultades como las ofrendas de amor que apenas cubren los gastos de combustible, el alojamiento que te lleva a preguntar a Dios por qué te había abandonado, y la hostilidad que puede encontrar un orador invitado en una gran variedad de situaciones.

Todo ministro tiene momentos en los que cuestiona su llamado, pero es este el que nos mantiene a todos en el camino del Evangelio. A pesar de todas las dificultades del ministerio (y habrá muchas), Dios recompensará tu fidelidad y compromiso con su Palabra y Su camino, un camino lleno de verdad e integridad. Cuando vean a alguien cruzar el umbral de la fe y convertirse en seguidor de Cristo, comprenderán por qué hacen lo que hacen.

Al comenzar el ministerio evangelístico tuve un par de experiencias que me han acompañado por años. La primera ocurrió en un de las primeras iglesias que visitamos. Ministramos en el servicio matutino, pero en el servicio de la tarde la presencia del Señor fue poderosa y ministró a muchos de los presentes mientras el pastor y yo orábamos. La iglesia era pequeña y la congregación estaba compuesta principalmente por personas mayores, y el Señor verdaderamente tocó a una de ellas.

Al terminar el servicio, la gente se acercó a estrecharme la mano y agradecer a nuestra familia por haber venido. Una dama estaba ayudando a la anciana a quien Dios había tocado a llegar al frente de la iglesia. Cuando se paró frente a mí, me dijo: «Hermano Windsor, no tengo mucho, pero quería darle algo».

Me entregó unas monedas, y yo simplemente le di las gracias y la abracé. Guardé las monedas en mi bolsillo sin mirar lo que me había dado, porque quería concentrarme en la gente que me rodeaba en ese momento. Más tarde, al salir de la iglesia, saqué las monedas del bolsillo y le mostré a mi esposa, Nancy, la ofrenda de esta amada hermana. Me había dado cuatro monedas de veinticinco centavos, y de inmediato pensé en las dos blancas de la viuda de las que habló Jesús en Marcos 12:42,43. El Señor me conmovió y me recordó su sacrificio esa noche. Todavía conservo esas cuatro monedas para recordar que muchos darán de lo que necesitan.

La segunda experiencia la tuve después de comprar nuestra primera casa rodante. Era un vehículo [RV] usado, que podía remolcar con mi camioneta. Compramos esta casa rodante para facilitar los viajes a comunidades rurales donde escaseaban los hoteles. La casa rodante nos daría alojamiento mientras ministrábamos en iglesias que no tenían recursos para cubrir gastos de alojamiento en un hotel durante los días de reuniones especiales. Estábamos entusiasmados con las nuevas oportunidades que Dios nos daría con nuestra nueva casa rodante.

Poco después, llamé a un pastor y reservé unos servicios de avivamiento que requerirían llevar nuestro remolque. Pregunté si la iglesia tenía las conexiones necesarias para una casa rodante y el pastor aseguró que sí. Me dijo que no tenían alcantarillado ni agua, pero que sí había electricidad. Pensé que podríamos aprovechar la capacidad de almacenamiento de nuestra casa rodante y reservé la reunión de avivamiento allí en agosto.

Al llegar, descubrí que su conexión eléctrica era solo un enchufe de 15 amperios y 120 voltios en un poste a cierta distancia de la iglesia. Como era agosto, necesitábamos encender el aire acondicionado, pero esto hacía que el interruptor automático se disparara con frecuencia. Esto, a su vez, hacía que nuestra casa rodante se sintiera como un horno. Tuve que modificar la instalación del enchufe y el pastor, amablemente, compró los suministros necesarios en la ferretería local.

Esa semana, prediqué con todo mi corazón y Dios tocó a muchas personas. Fue muy alentador compartir con el pastor y su familia y además ver todo lo que Dios estaba haciendo en las vidas de los asistentes. Al terminar los servicios de avivamiento, el pastor me entregó un cheque de $200 para toda la semana. Habíamos gastado muchísimo en combustible y comida para llegar, y teníamos otras cuentas que pagar, y el pastor solo nos dio $200. En ese mismo instante, comencé a preguntarme si el Señor realmente sabía lo que hacía o si simplemente lo habíamos ignorado al responder el llamado al ministerio.

Me quedaría corto si digo que me desanimé. Le pedí a nuestra familia que subiera a la camioneta y nos fuimos a casa, sin decir nada al pastor. Sentía que debía poner siempre mi mejor cara y dejar que Dios se encargara de los líderes de la iglesia que nos trataban injustamente. Siempre había escuchado que Dios se encargaría de la diferencia, pero en ese momento me costaba creerlo. La semana siguiente tuvimos otro servicio, que se celebró solo el domingo por la mañana. El pastor me aseguró que tenían un «hospedaje evangelista», o una habitación especial en la iglesia para visitas, así que dejamos nuestro remolque en casa.

Cuando llegamos a la iglesia el sábado por la noche, el pastor nos esperaba y nos mostró dónde dormiríamos. En una habitación había una cama para Nancy y para mí, además de una cama para los niños. Sobre cada cama había una canasta llena de todo tipo de frutas, bocadillos y dulces. Solo había oído hablar de una acogida tan amable, pero verla después de mi desalentadora semana anterior me dejó sin palabras.

El hospedaje también contaba con una pequeña cocina que la iglesia había abastecido con alimentos para el desayuno, y se nos indicó que nos sirviéramos nosotros mismos. Nos sentimos abrumados por la generosidad de la iglesia, y después del servicio matutino del domingo, el pastor nos entregó un cheque por $500. Fue como si el Señor confirmara que Él, en efecto, cuidaba de quienes responden a su llamado.

Aunque estas son experiencias personales, puedes preguntarle a casi cualquier evangelista y referirán historias similares de cómo Dios proveyó de manera extraordinaria. Él nos guía a través de pruebas y dificultades, que parecen tan oscuras como la noche. Pero, usa todo eso para mostrarnos su cuidado cuando nos entregamos a su llamado. En realidad, todo se trata del llamado; por eso los evangelistas hacen lo que hacen.

CAPÍTULO 2

Un poco de teología

Si sientes que Dios te ha llamado al ministerio evangelístico de cualquier tipo: evangelista vocacional de tiempo completo, evangelista bivocacional o laico que ama evangelizar, debes conocer la base bíblica de tu llamado. Pudiera ser que otros ridiculicen tu profesión e intenten persuadirte para que sigas otro camino, pero si sabes que tu llamado se basa en la Palabra de Dios y no tienes duda de que Dios te llamó, entonces habrás establecido una base sólida para tu llamado y tu labor como evangelista.

Aunque algunos se presentan como evangelistas, esto en sí mismo no puede ser lo que valide su ministerio. El fruto será el testimonio indiscutible de cualquier ministerio, ya sea llamado por Dios o por los hombres. Sin embargo, debido a la abundancia de ministerios itinerantes hoy en día, parece haber ambigüedad en torno al papel del evangelista. El Nuevo Testamento nos ofrece valiosas perspectivas sobre el papel y la función del evangelista, y es ahí por donde debemos empezar.

El término «evangelista», traducido del griego *euangelistes*, significa literalmente «portador del Evangelio».[1] Esta palabra también usa la misma raíz que *euangélion*, que significa «evangelio» o «buena nueva», así como *euangelizomai*, que significa «proclamar» las buenas nuevas o el evangelio. La palabra griega *euaggelion*, traducida como evangelio,

---

1   Robert M. Abbott, "The Assemblies of God Evangelist Life and Work," (Springfield: Gospel Publishing House, 1988): 7.

«proviene de la expresión *atraído por Dios [godspell]*, una historia sobre Dios»,[2] y es esta historia sobre Dios la que todos los creyentes tienen la responsabilidad de contar. La palabra *euaggelizo*, que significa «yo predico», aparece cincuenta y cuatro veces en el Nuevo Testamento, y de esas cincuenta y cuatro apariciones, veinte están en participio, lo que significa una acción continua. El uso de la palabra *euaggelistes* o evangelista solo aparece tres veces en el Nuevo Testamento: Felipe en Hechos 21:8, la descripción de Pablo de los dones en Efesios 4:11 y la exhortación de Pablo a Timoteo: «dedícate a la evangelización» en 2 Timoteo 4:5.

En tiempos bíblicos, el evangelista comenzaba como proclamador de las buenas nuevas, o evangelio, de Jesucristo y el «llamado del evangelista originalmente denotaba tanto una función como un oficio».[3] De hecho, los roles de apóstol y evangelista presentan muchas similitudes, ya que «todos los apóstoles eran evangelistas; sin embargo, no todos los evangelistas eran apóstoles»,[4] algo que aún podemos ver hoy en la iglesia si observamos con atención. No es el propósito de este libro defender la continuidad del oficio de apóstol, pero muchos creen que el misionero moderno a menudo se desenvuelve según el llamado o los parámetros de este don del ministerio espiritual para la iglesia.

La evangelización anuncia la buena nueva de Jesucristo a través de los medios, métodos y mensajeros que el Señor elija usar. Estas variables en la evangelización pueden ser tan diversas como la noche y el día o los cristales de hielo, pero debemos recordar que la evangelización no se puede definir en términos de resultados exitosos. El Nuevo Testamento revela que dondequiera que se proclame la buena nueva, algunos responderán con arrepentimiento y fe, mientras que otros serán indiferentes y otros la rechazarán (p.ej., Hechos 17:32–34; 2 Corintios

---

2   Gordon L. Anderson, "The Evangelist: Winning the Lost – Reviving the Church," *Enrichment*, 4, no. 1 (Winter 1999): 17.

3   James O. Davis, "The New Testament Evangelist and the 21st-Century Church," *Enrichment*, 4 no. 1 (Winter 1999): 13.

4   Ibid.

                              Un poco de teología

4:3,4).[5] Dios mismo producirá el fruto de nuestro trabajo si somos fieles a nuestro llamado. Las palabras griegas originales relacionadas con la evangelización nos plantean diferentes desafíos a medida que nos esforzamos por comprender lo que las Escrituras nos enseñan sobre los evangelistas. La palabra evangelista y la persona del evangelista han llegado a significar cosas diferentes desde la época de Jesucristo. El uso de la palabra en el Nuevo Testamento fue limitado, y sabemos que Pablo le dijo a Timoteo que «[hiciera] obra de evangelista» (RVR1960).

Al parecer, la palabra era bien conocida en la época de Pablo, y este estilo de vida era común y se esperaba de todo seguidor de Cristo. Incluso Efesios 4:11–13, piedra angular y directriz de este don, dice que es «capacitar al pueblo de Dios para la obra de servicio, para edificar el cuerpo de Cristo. De este modo, todos llegaremos a la unidad de la fe y del conocimiento del Hijo de Dios, a una humanidad perfecta que se conforme a la plena estatura de Cristo».

La palabra para «servicio» en el versículo 12, *diakonia* en griego, también puede significar ministerio o misión. Así, los cinco dones ministeriales de Dios a su iglesia existían «a fin de preparar al pueblo de Dios [o los Santos] para la obra de servicio, para edificar el cuerpo de Cristo. De este modo, todos llegaremos a la unidad de la fe y del conocimiento del Hijo de Dios, a una humanidad perfecta que se conforme a la plena estatura de Cristo».

Así, vemos el discipulado en acción. Los nuevos creyentes en Cristo se dedicaban a una actitud de aprendizaje permanente, así como a compartir la buena nueva de Cristo con otros, con la esperanza de que ellos también llegaran a un conocimiento salvador de Jesucristo, adquirido al dejar que Cristo ejerciera liderazgo y señorío sobre sus vidas, mientras recibían el inestimable perdón de los pecados.

---

5   Sinclair B. Ferguson and J.I. Packer, "Evangelist" in *New Dictionary of Theology*. electronic ed. Downers Grove, IL : InterVarsity Press, 2000. c1988, S. 240.

Sin embargo, a lo largo de los siglos, tristemente, hemos visto a la iglesia menos comprometida con la responsabilidad del discipulado. Obviamente, hay muchos líderes eclesiásticos eficaces que se han valido de personas a su alrededor para fortalecer el enfoque de alcance de la iglesia. Pero, en muchos casos, las demandas de nuestra cultura han provocado que el enfoque de la iglesia se vuelva más interno en lugar de externo para brindar liderazgo espiritual a quienes se han unido a nuestras congregaciones.

En cierto modo, nos inclinamos al mantenimiento. La iglesia comenzó a apoyarse más en el «evangelista» para ganar almas para el Reino de Dios. La popularidad aumentó cuando las grandes cruzadas no sólo traían almas al Reino, sino también la aceptación de que éste era el único medio de Dios para que la gente fuera salva. Sin embargo, la realidad es que «su iglesia será un ministerio orientado hacia afuera sólo si usted y los líderes se convierten en líderes que se enfocan en los de afuera».[6] El don del evangelista puede ser un recurso multifacético que equipe a las comunidades eclesiales para un enfoque orientado hacia el exterior, especialmente en la iglesia actual centrada en la misión.

Si Jesús es nuestro sumo sacerdote y ejemplo de vida, entonces debemos notar que Él anunció el Evangelio y muchos lo siguieron. Pedro siguió el ejemplo de Jesús. Compartió el mensaje del Evangelio por primera vez con Cornelio y toda su familia: Jesucristo los había aceptado. Del mismo modo, también debemos compartir este mensaje con quienes nos rodean.

Pedro, en Hechos 10:37,38, dice: «Ustedes conocen este mensaje que se difundió por toda Judea, comenzando desde Galilea, después del bautismo que predicó Juan. Me refiero a Jesús de Nazaret: cómo lo ungió Dios con el Espíritu Santo y con poder, y cómo anduvo haciendo el bien y sanando a todos los que estaban oprimidos por el diablo, porque Dios estaba con él». Y en el versículo 39 agrega: «Nosotros somos testigos de todo lo que hizo en la tierra de los judíos y en Jerusalén».

---

6 Mark Mittelberg, *Becoming A Contagious Church*, rev. ed. (Grand Rapids, MI: Zondervan, 2007), 31.

Así como Jesús hizo el bien, todos somos exhortados a «andar haciendo el bien». Como cristianos, debemos seguir a Jesucristo haciendo el bien a los demás y ser «testigos de todo lo que Él hizo» en nuestra vida. Pero a medida que la iglesia crece y su gente se prepara para las «obras de servicio», la iglesia misma debe convertirse en una entidad evangelizadora dentro de su comunidad local. Incluso ahora, podemos ver la explosión de plantación de iglesias que ha tenido lugar en los Estados Unidos, por mencionar un ejemplo. Sin embargo, ayudar a las nuevas iglesias—y a los nuevos creyentes—a convertirse en instrumentos de evangelización para Cristo sigue siendo una necesidad real en la iglesia actual.

¿Qué significa para el Reino de Dios este don centenario de evangelista? La palabra evangelista significa literalmente un proveedor del «evangelio o buenas nuevas»; y todo cristiano está llamado a compartir las buenas nuevas de Jesucristo. El Congreso de Lausana sobre la Evangelización Mundial (1974) acordó la siguiente declaración:

Evangelizar es difundir la buena noticia de que Jesucristo murió por nuestros pecados y fue resucitado según las Escrituras, y que ahora, como el Señor que reina, ofrece el perdón de los pecados y los dones liberadores del Espíritu Santo a todos los que se arrepienten y creen. Nuestra presencia cristiana en el mundo es indispensable para la evangelización, al igual que esa clase de diálogo cuyo propósito es escuchar con sensibilidad a fin de comprender. Pero la evangelización en sí misma es la proclamación del Cristo histórico y bíblico como Salvador y Señor, con el fin de persuadir a las personas a acudir a él personalmente y así ser reconciliadas con Dios. Al hacer la invitación del evangelio, no tenemos ninguna libertad para ocultar el costo del discipulado. Jesús todavía llama a todos los que desean seguirlo a negarse a sí mismos, a tomar su cruz y a identificarse con su nueva comunidad. Los resultados de la evangelización incluyen la obediencia a Cristo, la incorporación a su iglesia y el servicio responsable en el mundo.[7]

---

7   *El Pacto de Lausana*, 4. La naturaleza de la evangelización. Lausanne.org, consultado
    10 de junio, 2025

Con comunidades tan grandes como las actuales, cada cristiano puede ser un evangelista, un recurso para la iglesia local que ayuda a traer a otros a la nueva comunidad de seguidores de Cristo. Todos tenemos un ámbito de influencia, que incluye a las personas que tocamos cada día. Dios quiere usar esa influencia para hacer avanzar Su reino.

El ministerio evangelístico todavía es un don de Dios a la Iglesia que «hace el bien». Algunos evangelistas tienen pasión por el avivamiento, invocando el don del profeta del Antiguo Testamento para llamar al pueblo de Dios a una relación recta con Él. Algunos evangelistas están verdaderamente dotados para llevar a las personas a un conocimiento salvador de Jesucristo. Ya sea que trabajen con adultos, jóvenes o niños, la gente recibe a Cristo como salvador personal. Otros ministerios evangelísticos se enfocan más en la obra sobrenatural de sanidad y liberación. Los evangelistas persiguen la pasión que Dios les ha dado, sin importar la carga específica infundida en sus corazones.

A lo largo de los siglos, por la razón que sea, hemos visto al evangelista como proclamador y reavivador, y Charles Finney llegó a declarar que el reavivamiento tenía dos funciones: «ganar a los perdidos y revivir la iglesia».[8] Gordon Anderson, anterior presidente de North Central University, dijo lo siguiente sobre la función de los evangelistas:

El evangelista predica la buena nueva a los pecadores, hace conversos y los bautiza. Esa es la función principal del evangelista. Sin embargo, parece haber otro papel, que no es solo predicar la salvación a los pecadores, sino también predicar el avivamiento a los creyentes.[9]

Aunque se discute si un ministro itinerante es un evangelista o un avivador, una cosa está clara: «Los evangelistas tienen un doble papel; un ministerio de ganar almas y un ministerio de fortalecimiento».[10] Dentro

---

8   Anderson, 18.
9   Ibid.
10 Davis, 14.

de los confines del Nuevo Testamento, vemos al evangelista no solo proclamando el evangelio «en nuevas áreas», sino también predicando a Cristo a aquellos que son «salvos». Lucas 10:1–19 revela al «Predicador-evangelista», Hechos 8 demuestra al «Poder-evangelista» y 2 Timoteo 4:5 describe al «Pastor-evangelista».[11] Y si alguien quiere discutir sobre las diferentes funciones de apóstol, misionero y evangelista, siempre podemos recordarles que fue el evangelista (Felipe) quien habló de los primeros gentiles convertidos.

Billy Graham dijo: «Los métodos pueden diferir según la oportunidad y el llamado del evangelista, pero la verdad central permanece: un evangelista ha sido llamado y especialmente equipado por Dios para declarar el Evangelio a aquellos que no lo han aceptado, con el fin de desafiarlos a volverse a Cristo en arrepentimiento y fe».[12] Así que, en el sentido más verdadero y estricto de la palabra, la tradición ha contribuido a dar forma a nuestra definición de evangelista, porque la Biblia no dice en ninguna parte que el evangelista es un ganador de almas, sino solo alguien que proclama las buenas nuevas como afirmó el Dr. Graham, con el objetivo de llevar a los oyentes a una decisión por Jesucristo.

Hoy en día, el evangelista sigue siendo un proveedor de la «Buena Nueva» de Jesucristo, pero el título «evangelista» ha llegado a incluir a cualquier persona con un «estilo de vida evangelístico» que comparte el mensaje del Evangelio a través de múltiples talentos y métodos. Esto significa que es una persona llamada por Dios a un ministerio itinerante, no solo a un ministerio de predicación. No reside en un solo lugar, sino que viaja conforme tiene oportunidades de servicio, ministerio o misión.

Además, el evangelista debe verse a sí mismo como un entrenador y un animador de la iglesia local, que ayuda a los líderes con educación, sanidad, aliento, y exhortando a cada laico cristiano a compartir el mensaje del Evangelio con los perdidos. El evangelista es un modelo para otros evangelistas jóvenes que se están formando en la iglesia.

---

11 Ibid.

12 Billy Graham, *A Biblical Standard for Evangelists* (Minneapolis, MN: World Wide Publications, 1984), 6.

Cuando el evangelista viene a una iglesia, a un alcance, o a otra reunión especial y extiende una invitación de salvación, aparentemente más personas responden a esa invitación de lo que ocurriría. Personas que has invitado a tu iglesia por años, y sin éxito, ¡aparecen ese día y cruzan la línea de la fe! Te dan ganas de decir: «¡Vaya!, he estado trabajando por años para verte en el altar y ahora viene este evangelista y se lleva todo el crédito». Bueno, en realidad Dios debería llevarse todo el crédito, ¡pero a veces uno se pregunta cuál fue la gran diferencia! La diferencia fue el llamado en la vida de ese ministro, eso es todo.

La mayoría de los ministros itinerantes comparten el Evangelio de una forma u otra, y si se conociera la verdad, todo cristiano debería tener un corazón para que la gente llegara a un conocimiento salvador de Jesucristo. Estoy clasificado como un evangelista, y realmente trato de sentir la guía del Espíritu Santo en lo que Dios quiere hacer en un entorno eclesiástico particular. Si voy a una iglesia, entiendo que hay muchos cristianos allí, pero necesito darme cuenta de que puede haber una persona perdida allí también. Además, probablemente, la mayoría de las veces, hay personas que no están donde deberían estar con Dios y es necesario que fortalezcan su relación espiritual con Él. Quiero hacer todo lo posible para sentir la dirección de Dios para que sea Él quien ministre a todos los que vienen a ese servicio.

El evangelista viaja de un lugar a otro, dependiendo solo de su fe, porque depende de otras personas para su mantenimiento. No tiene un salario en sí, a menos que su ministerio haya crecido hasta convertirse en una organización grande e incorporada. No suele tener un salario mensual, sino que subsiste con lo que las iglesias dan para gastos de viaje y honorarios, u ofrenda de amor, como se suele llamar. Los evangelistas son personas que pueden tener diversos métodos de ministerio: música, teatro, hazañas de fuerza, o cualquier otra cosa que pueda presentarse como relevante en años futuros. Tu imaginación es el único límite que puedes tener para cómo conducir y utilizar el ministerio evangelístico.

Algunas denominaciones han establecido grupos especiales para evangelistas que son verdaderos ganadores de almas. Sin embargo, si seguimos esa dirección, fomentamos la percepción de que el «verdadero» evangelista es un ganador de almas sin otros ámbitos de servicio. La designación de evangelistas «cosechadores» fue creada para ayudar a clarificar aquellos evangelistas que son verdaderos ganadores de almas y aquellos que hacen algo más, como si eso fuera algo secundario.

Si alguien se dedica a «hacer el bien» en otros ministerios, en respuesta al llamado del Espíritu, ¿verdad que es algo loable? Incluso Jesús se dedicó a sanar y usó ese medio para compartir el poder del Evangelio y glorificar a Dios. Usó la liberación como otro medio para mostrar la buena nueva en acción. ¿Acaso no podemos usar el teatro, la música y otros talentos y habilidades que Dios nos ha dado para viajar y compartir la buena nueva? Creo que sí. No necesitamos usar la mentalidad evangelista de «solamente ganar almas» para reforzar la idea errónea de que, si queremos ganar almas, necesitamos la ayuda de un «experto».

Catalogar a un evangelista como «ganador de almas» o «cosechador» también parece poco bíblico. Pablo le dijo a la iglesia de Corinto: «Yo planté, Apolos regó, pero Dios ha dado el crecimiento» (1 Corintios 3:6). Solo Dios merece toda la gloria y la alabanza por cualquier adición a Su reino, porque como dijo Jesús en Juan 6:44: «Nadie puede venir a mí, si no lo trae el Padre que me envió, y yo lo resucitaré en el día final». Títulos como «ganador de almas» o «cosechador» aunque bien intencionados, quizás fomenten un poco de vanidad y no ayudan a nadie a dar un paso hacia el Cielo; solo el dulce Espíritu Santo de Dios puede hacerlo.

Curiosamente, el mundo corporativo secular tiene su propio tipo de evangelista, y así los llama: evangelistas. Microsoft, IBM y otras empresas tienen «evangelistas» que anuncian las buenas noticias de su empleador. Anteriormente conocidos como «vendedores», algunas corporaciones ahora han adoptado el don de la iglesia del «evangelista» para dar más valor a su trabajo. ¿Cuántos de nosotros tenemos gratos recuerdos cuando alguien cita la palabra «vendedor»? Supongo que no muchos.

Probablemente recuerdes al vendedor de autos que no te dejaba en paz, al vendedor de suavizantes de agua que llamó a tu puerta en tu nuevo domicilio, o al vendedor de condominios de lujo que en algún momento te presionó para que firmaras. Presión, engaño, mentira, ladrón y un sinfín de palabras vienen a tu mente al pensar en un vendedor.

Pero hay miles de vendedores que aman a Dios y se esfuerzan por ser honestos y hacen las cosas bien, realmente son buenos vendedores. ¡Algunos podrían vender cubitos de hielo a los esquimales! Es su don y talento. Pero para disipar las connotaciones negativas del título «vendedor», el mundo corporativo ha adoptado el término «evangelista» que atribuye una perspectiva más positiva a los especialistas de ventas de su organización.

De igual manera, en la iglesia hoy, muchos han adoptado una mentalidad corporativa y buscan «especialistas» que los acompañen y ayuden a sus congregaciones con sanidad, bautismo en el Espíritu Santo, la vida familiar o una serie de otras «especialidades» que los líderes de la iglesia necesitan. Si bien este es un enfoque honesto en el cuerpo de Cristo, principalmente en las congregaciones más grandes, estas iglesias no son la mayoría.

Dado que la mayoría de las iglesias hoy tienen menos de cien personas, muchos pastores no buscan un especialista, sino un «practicante» que sepa tocar el Cielo y que se deje guiar por el Espíritu Santo. Un ministro con tal sensibilidad al Espíritu Santo, que pueda discernir lo que se necesita sin que nadie se lo diga: alguien que pueda ser un confidente y amigo, un consejero, un animador y un capacitador de los santos para las «obras de servicio». Cada día de la semana en la iglesia local, las personas deberían recibir sanidad, salvación y milagros.

Dios dio dones ministeriales a la Iglesia para que creciera y diera fruto para su gloria. Nos dijo: «Yo soy el Señor; ¡ese es mi nombre! No entrego a otros mi gloria ni mi alabanza a los ídolos» (Isaías 42:8). Todos nuestros dones y talentos sirven únicamente para glorificar al dador de todo buen don: Dios mismo. Esperamos que nuestro esfuerzos conjunto coseche grandes recompensas en esta vida y en la vida eterna por venir. Así que, cree en tu llamado y reconoce que la base de tu don ministerial es la Palabra de Dios, hasta que el Autor regrese por su Iglesia.

El ministerio de evangelista

Como se afirma, aunque los métodos de predicación deben cambiar para mostrar la relevancia del Evangelio para nuestra generación, el mensaje debe permanecer invariable. El poder sobrenatural del Evangelio es lo que transforma la vida de las personas y las acerca al Creador del universo. Como escribió el apóstol Pablo en Romanos 1:16, el evangelio de Cristo «es poder de Dios para salvación a todo aquel que creen; al judío primeramente, y también al griego» (RVR1960).

Todo verdadero ministro del Evangelio de Jesucristo, sea vocacional o voluntario, trabaja para la expansión del reino de Dios: «a fin de perfeccionar al pueblo de Dios para la obra de servicio, para edificar el cuerpo de Cristo» (Efesios 4:12). Dicho esto, todos estamos llamados a tener un corazón de evangelista y a realizar la «obra de evangelista», según Pablo en su carta a Timoteo (2 Timoteo 4:5, RVR1960). Ver a alguien cruzar la línea de la fe hacia una recta relación con Dios a través de su hijo, Jesucristo, debería ser la meta final de todo cristiano.

Como algunos afirman, aunque tal vez erróneamente, San Francisco de Asís dijo: «Predicad el Evangelio en todo momento y, cuando sea necesario, utilizad palabras». Todos deberíamos estar tan ligados al mensaje de Jesucristo en los aspectos prácticos de la vida, que la gente no debería preguntarnos si somos cristianos, y mucho menos evangelistas.

En cuanto al evangelismo, la mayoría de los ministerios itinerantes anuncian el Evangelio a través de diferentes medios. Tenemos evangelismo a través de la música, el teatro, la predicación y otros ministerios. Hay capellanes itinerantes, o evangelistas que ministran a deportistas, personal de rodeo, motociclistas y otros grupos especializados que antes no habríamos imaginado. Algunos ministros itinerantes perciben el llamado de Dios a enseñar temas específicos de la Biblia, como dones espirituales, profecía, sanidad, discipulado, bautismo en el Espíritu Santo.

Además, ahora hay más espacios abiertos que nunca para el ministerio evangelístico. Muchas asambleas escolares han invitado a evangelistas a presentar mensajes motivacionales, que a menudo incluyen una invitación a un encuentro vespertino donde se presenta el Evangelio. Los campus universitarios suelen contar con organizaciones espirituales que pueden invitar a un evangelista a ministrar en reuniones especiales. Los hipódromos suelen tener capillas donde los capellanes o invitados especiales pueden ministrar al personal de apoyo.

He trabajado con capellanes militares en servicios especiales para nuestro personal militar y civil en el extranjero, así como con misioneros para enseñar, capacitar y participar en conferencias especiales. Cuando surja la oportunidad de colaborar con otros líderes espirituales, es fundamental respetar el protocolo en ese entorno y acatar esas normas. Jesucristo nos exhorta a todos a someternos a la autoridad.

Las iglesias que tienen células o grupos en los hogares pueden organizar reuniones de celebración donde se invite a oradores que presenten un mensaje especial y fomentar la unidad en todos los diferentes grupos pequeños. Los grupos de ministerio dentro de una iglesia también pueden invitar a un evangelista para mensajes especiales. Estos grupos pueden incluir ministerios a las mujeres, ministerios a los hombres, campamentos, conferencias especiales en campamentos, reuniones de ministros, conferencias de liderazgo, retiros para matrimonios y más.

Compartí un mensaje evangelístico con un grupo de chicos que participaban en un campamento de la iglesia. Parece que hay algo especial en sentarse alrededor de una fogata y hablar sobre lo que Cristo puede hacer en la vida de una persona. No tengan miedo de soñar en grande y ver adónde los guiará Dios a ustedes y a su ministerio de evangelización, proclamando el mensaje de esperanza en cada rincón del mundo.

EL MINISTERIO EN EL ENTORNO DE LA IGLESIA LOCAL

Los líderes de la iglesia pueden invitar periódicamente a evangelistas y ministros itinerantes para exponer a su congregación a los diversos dones ministeriales y la enseñanza de las Escrituras. Ningún líder puede presumir de ser excelente en todos los dones bíblicos. Dios ha otorgado estos dones ministeriales a la iglesia para edificar y equipar un cuerpo de creyentes que puedan proclamar y enseñar el mensaje del Evangelio hasta los confines de la tierra. ¡Es un trabajo en equipo!

Además, el evangelista puede ser un gran promotor del evangelismo en una congregación y puede compartir con ella temas que un pastor tal vez evitaría. El evangelista debe ser como un guante en la mano del pastor. Se usan guantes cuando se requiere trabajo duro, junto con un poco de protección para las manos. Esto no significa que debas actuar y hablar exactamente como el pastor. Significa que deberías seguir sus métodos de presentación, como la versión de las Escrituras que usas, tu estilo de vestir—si te sientes cómodo—y la duración de los sermones.

Como evangelista te esforzarás para conectarte con un grupo de personas que no conoces. Preséntate como lo haría el pastor, contribuirás en gran medida a romper barreras. Dicho esto, no intentes ser alguien que no eres. La autenticidad es fundamental al intentar una conexión con una congregación. Aun así, debes compartir lo que Dios te indique, pero al hablar procura ser como un guante en la mano del pastor.

El evangelista o ministro itinerante también puede enseñar principios de evangelismo y alcance a la congregación local. Esto puede incluir simplemente la enseñanza o la incorporación de equipos de alcance que pongan en práctica lo que se enseña. Planifica con los líderes de la iglesia para que todos participen en la comunicación y planificación. Coordina los equipos para que nadie salga solo. La mayoría de los equipos de alcance no entran en los hogares, sino que oran o invitan a la gente en la puerta de su casa.

Independientemente de las funciones de enseñanza o alcance que una iglesia espere de un evangelista, ¡la evangelización debe ser una parte clave de cualquier programa de discipulado! Como evangelista, puedes fomentar la creatividad en el alcance con los pastores locales y ayudarlos a cumplir con sus planes. Si tienes el don de la enseñanza, expón a las personas a excelentes recursos didácticos y datos demográficos para que identifiquen posibles áreas de ministerio en sus respectivas comunidades.

El evangelista puede servir como orador motivacional o educativo para los equipos de evangelización laicos. Si una iglesia local ya tiene un equipo de evangelismo o de alcance, un evangelista puede aportar energía renovada, entusiasmo y desafío a la labor de alcance. Como evangelista, tú modelas cómo es, cómo habla y cómo actúa un evangelista. Tú puedes ser un catalizador maravilloso que ayuda a motivar a las personas de la congregación local que tal vez han adoptado una actitud de conformismo con respecto a su testimonio o iniciativas de divulgación. Siempre vale la pena invertir en los equipos de evangelismo de la iglesia local e invitar a alguien que inspire y motive a aquellos que pueden alcanzar a la comunidad de una iglesia local. Aporta herramientas e ideas para testificar y valora a esos preciosos santos que llevan el Evangelio a su comunidad local todos los días.

Finalmente, el evangelista puede ayudar a la iglesia a enfocarse en eventos especiales a la comunidad (servicios a la comunidad, alcances, festividades, todos los servicios de la iglesia, etc.). Cuando hay una celebración nacional, un orador invitado a menudo traerá más emoción y expectación. Participa con la iglesia local en la planificación de ese tipo de eventos y prepárate para sugerir a los pastores o líderes que es mejor hacer menos actividades con excelencia que hacer muchos eventos mediocres que dejan a la gente con sabor a poco.

EL MINISTERIO EN EL ENTORNO MISIONERO

Después de acomodarme en mi asiento del avión, abrí mis tarjetas de Nancy y los niños. Me estaba preparando para dos vuelos de ocho horas y estaba un poco triste porque era mi cumpleaños y me dirigía a África en un viaje misionero. Cuando abrí una tarjeta, descubrí una foto de Nancy, Joshua y Hannah, y un hermoso mensaje. ¿Duro? Desde luego. Nunca olvidaré el momento en que volé a otro país y dejé atrás a mi familia durante casi dos semanas.

Nunca olvidaré ese primer viaje misionero y desde entonces nunca he vuelto a ser el mismo. Felizmente, a través de los años, mi familia ha podido acompañarme en la mayoría de estos viajes, pero conectarse con otros en un contexto misionero es un poco diferente a la iglesia local en los Estados Unidos. En el capítulo 10 hablaré más sobre el ministerio en otros países, pero estas son algunas lecciones que he aprendido.

Después de haber visitado un país en vías de desarrollo, será como visitarlos todos. La falta de agua, la electricidad intermitente—si es que la hay—y las instalaciones sanitarias son solo algunas de las cosas que hay que tener en cuenta cuando se trabaja en el extranjero. Prepara siempre equipaje para el peor de los casos, es decir, un bote de mantequilla de cacahuete, papel higiénico, pomada antibacteriana, repelente de insectos y pequeños paquetes de frutos secos y vitaminas.

Visita los portales en línea para verificar que cumples los requisitos de visa y antes de viajar, comprobar cualquier vacuna que puedas necesitar. Divide tu dinero y guárdalo en varios sitios. Prepara las propinas y lleva los billetes más pequeños en un bolsillo que te permita sacar la propina sin que se note cuánto dinero llevas encima.

Los ladrones abundan en el extranjero y también en los Estados Unidos. A un amigo mío le hicieron una triquiñuela que acabó con el robo de su cámara. Iban en coche por una ciudad muy transitada en otro país. Parece que siempre había mucho movimiento. Llevaban las ventanillas abajo (primer error) y circulaban lentamente entre el tráfico. Alguien golpeó el coche por un lado y, cuando todos miraron, otra persona le arrebató la cámara de las manos a mi amigo desde el otro lado del coche. Una dura lección.

Por eso, no importa cuántos países hayas visitado o donde planees realizar ministerio, necesitas coordinar tus esfuerzos con los misioneros y ministerios locales que ya estén trabajando en esa área. Ellos sabrán todo acerca de medidas preventivas y la mejor manera de cumplir los objetivos del ministerio en esa comunidad. Conocerán los protocolos y tradiciones locales que pueden ser importantes. Valora el consejo y la experiencia para que no tengas que aprender todo en el mismo contexto ministerial. También podrás hacer un seguimiento para contribuir al éxito del ministerio de los que quedan atrás.

Habrá muchas oportunidades de ministerio en otros países. En los últimos años, ha habido una gran iniciativa de fundar institutos bíblicos en países en vías de desarrollo para capacitar a líderes que a su vez pueden enseñar y capacitar a obreros nacionales a llevar el Evangelio a su propia gente. Obviamente, las personas estarán más dispuestas a escuchar a alguien que se ve y habla como ellos. Esas personas también se fijan en lo sobrenatural, lo que parece ocurrir con más frecuencia en las comunidades más desprovistas.

Además, la ayuda humanitaria y los orfanatos son excelentes lugares para ayudar a otros y compartir el amor de Jesucristo. Las cruzadas evangelísticas también continúan siendo efectivas en los países en vías de desarrollo, especialmente en partes de África, India y Sudamérica.

Con todas estas oportunidades, te aconsejo que ores a Dios pidiendo discernimiento y en lo posible esfuérzate por trabajar con misioneros que ya estén en el lugar. Si vas a grupos de personas no alcanzadas, trata de conectarte con líderes regionales que puedan proporcionar una visión de esas personas y los desafíos que podrías enfrentar. Tu ministerio podría crecer hasta el punto de establecer su propia oficina ministerial en el extranjero con orfanatos u otras iniciativas de ayuda humanitaria.

Esfuérzate por colaborar en lugar de provocar divisiones y conflictos. Con la gracia y la protección de Dios, podrás evitar muchos problemas, y formarás parte de una gran cosecha para el Reino de Dios.

SELECCIONA UN BUEN EVANGELISTA

En tus viajes, es posible que los líderes te pregunten cómo pueden encontrar un buen evangelista. Dado que muchos han oído historias negativas sobre un invitado en los círculos ministeriales, prepárate para ayudar a los pastores a encontrar evangelistas confiables que bendigan a las iglesias. He aquí algunas sugerencias.

En primer lugar, un líder debe ser guiado por el Espíritu Santo. Ninguna sensibilidad humana puede sustituir el suave susurro del Espíritu Santo cuando se busca al evangelista adecuado. Dios sabe exactamente lo que una congregación necesita y quién se relacionará mejor con esas personas. Cuando el Espíritu Santo guía a un pastor, él o ella también tiene una gran defensa si se le cuestiona por qué se seleccionó a cierto evangelista y no a otro que la congregación ya conoce. Ayunar y orar para escuchar a Dios son sacrificios pequeños cuando se enfrenta la posibilidad de invitar a la persona equivocada que puede tener una reputación menos que estelar.

Los pastores deben preguntar a amigos y compañeros de ministerio. No hay nada como tener conocimiento de primera mano acerca de un invitado de parte de un amigo de confianza en los círculos ministeriales. Es posible que hayan conocido a un evangelista de calidad que pueden recomendar y darte algunas ideas sobre lo que puedes esperar o necesitar cuando llegue. Incluso podrías visitar una iglesia cercana donde esté ministrando algún evangelista para verlo en persona.

Como evangelista, puedes informar a los líderes de iglesia de que algunas organizaciones tienen un directorio de sus evangelistas. Es sorprendente saber cuántas personas no se dan cuenta de los recursos que ya tienen a su disposición a nivel regional o nacional. Las Asambleas

de Dios mantienen un directorio en línea de sus evangelistas: http://
evangelists.ag.org/directory. El directorio es gratuito para los evangelistas
de las Asambleas de Dios y se puede buscar por nombre, ciudad, estado,
énfasis ministerial o distrito donde reside un evangelista. Incluso se
puede buscar por calendario para ver si alguno de ellos está ministrando
en el área. ¡Qué gran herramienta para los pastores! Las Asambleas de
Dios también ofrece sitios web gratuitos para sus evangelistas

Si un evangelista contacta a un pastor, el pastor debe pedirle alguna
grabación de audio o video del ministerio. El pastor debe escuchar este
material en su tiempo de oración, atento a lo que Dios podría decirle
acerca del orador. Muchos evangelistas tienen sermones y videos en sitios
web, así que informa a los pastores que pueden visitar el sitio web de los
posibles invitados y escuchar o ver el contenido de sus sermones. Esto
puede ser de gran ayuda para ver la interacción con la congregación.

Es muy importante que un pastor consulte las referencias. Muchas
veces he escuchado a pastores quejarse de un evangelista, y sin embargo
nunca llamaron a las referencias que recibieron. Un pastor siempre debe
consultar las referencias porque no siempre podrá decirle abiertamente a
un invitado lo que piensa acerca de su ministerio. Puede que ni siquiera
le digan a otro pastor lo que piensan de un invitado, pero hay pistas
sutiles que uno puede captar. Si un pastor no se muestra muy convencido
de que invite a un ministro, ni expresa una opinión clara de cómo esa
persona ministró en su iglesia, tal vez tendrá que buscar en otra parte.

Como ministro itinerante, debes comunicar tus necesidades y
animar al pastor a que comparta también sus expectativas para el tiempo
en su iglesia. En lo personal, me esfuerzo por ser un huésped de «bajo
mantenimiento». En la mayoría de los casos, la comunicación es la clave
de las buenas relaciones y experiencias ministeriales. Obviamente, hay
excepciones, pero menos de las que imaginas. Como evangelista, podrías
usar algún tipo de formulario de evaluación que ayude a los líderes a
comentar de manera anónima tu ministerio. Pueden enviar el documento
al pastor de tu iglesia para que esté dirigido a ti personalmente; de esta
manera tendrá una evaluación más sincera y más participativa.

Hace poco leí un breve artículo sobre un evangelista que predicaba a menudo en cierta iglesia, pero que recientemente había recibido unos honorarios muy pequeños por un evento especial. El evangelista llamó el pastor—con quien tenía una buena relación—y le preguntó con toda sinceridad por qué los honorarios eran tan bajos. Cuando le preguntó la cantidad, el líder de la iglesia se deshizo en disculpas y le dijo que ni siquiera había mirado el sobre y le confesó que era un error.

Al evangelista le preocupaba hacer esto, ya que la mayoría de los ministros itinerantes llevan sus frustraciones al Señor y nunca dicen una palabra sobre temas delicados como éste. Pero, esto nos ayuda a ver que la comunicación abierta y sincera en una situación donde algo está obviamente mal se convierte en un ladrillo para construir una relación más sólida con ese pastor y la iglesia local. A veces, el Señor nos lleva a hacer una simple pregunta con humildad en lugar de amargarnos por lo que alguien hizo o no hizo.

El evangelista debe ayudar al pastor a ver la necesidad de planificar con tiempo porque los buenos ministros y evangelistas itinerantes a menudo son contactados mucho tiempo antes del evento. Eso no significa que el pastor no niegue la oportunidad a evangelistas más jóvenes—cuya agenda tal vez no esté tan llena—, pero sí significa que debe prepararse con tiempo y dejar que Dios lo guíe. Cuando se planifica con anticipación, se buscará al orador adecuado, se contará con las finanzas, los recursos apropiados y materiales de seguimiento para una gran oportunidad de ministerio.

Algunos líderes sienten que no pueden invitar predicadores de calidad porque su iglesia es muy pequeña. ¡Un evangelista debe ser una persona de recursos estratégicos que comparta posibles opciones para solucionar esos problemas! Una manera estratégica de facilitar oportunidades de ministerio es contar con un fondo de avivamiento o evangelismo. Con algo así una iglesia puede tomar una ofrenda especial el quinto domingo u otro día especial del mes o trimestre.

El formulario Promesa de fe pueden utilizarse entre seis meses y un año antes de los servicios especiales para que la congregación recaude los fondos necesarios. Este formulario permite que las personas se comprometan a pagar una cantidad mensual además de los diezmos «según lo que el Señor provea». Hay maravillosos testimonios de cómo Dios obró en ciertas personas para ayudarlos a cumplir su promesa de fe.

Las iglesias más pequeñas pueden unirse a iglesias más grandes para colaborar con alojamiento o gastos de viaje. La iglesia más grande podría tener un orador especial el domingo por la mañana o por la noche, y ese mismo orador podría ministrar en la iglesia más pequeña durante la semana. Algunos distritos tienen fondos dedicados para evangelistas que ayudan con la revitalización y la plantación de iglesias.

Los líderes de iglesia pueden consultar el folleto «Referencia para pastores sobre la utilización de evangelistas y ministerios itinerantes» (solo en inglés), disponible en línea. Este folleto ayuda al pastor local a comprender la importancia de los evangelistas y comparte consideraciones importantes al invitar a un evangelista, misionero o cualquier otro ministro itinerante. También incluye una lista de verificación para eventos que ayudará al pastor a tener un ministerio exitoso.

Los líderes de iglesia deben comunicarse con su distrito, región u organización nacional si tienen preguntas específicas. Las Asambleas de Dios tiene un representante nacional de evangelismo que puede ayudar con cualquier pregunta o problema relacionado con los ministerios itinerantes. Para más información visita evangelists.ag.org.

EL MINISTERIO DE EVANGELISTA O REVITALIZADOR «TRADICIONAL»

La tradición marcó el comienzo de una era de reuniones en campamentos o bajo enramadas, luego en tiendas de campaña, que se prolongaban durante semanas. Las reuniones bajo enramadas surgieron en la época de los pioneros del oeste de Estados Unidos, cuando no había edificios, y se usaban ramas y árboles como lugar de adoración. En un pasado no muy distante, se usaban graneros o estructuras para celebrar reuniones de avivamiento donde se manifestaba el poder de Dios. El evangelista era valiente, decidido y su predicación era sin restricciones, centrada en los perdidos. Los oyentes eran europeos, mayormente, y algunos nativos americanos, como testifican las antiguas misiones.

Hoy, las reuniones en tiendas de campaña y los avivamientos prolongados no predominan en los Estados Unidos, salvo algunos alcances comunitarios especiales. Sin embargo, las campañas en carpa siguen siendo populares en muchos países en desarrollo. Dios todavía usa este tipo de ministerio donde es más efectivo, así que ábrete a lo que Dios quiere hacer y disponte a usar el método que Él escoja. Algunos evangelistas se han especializado en ciertas áreas de ministerio para ayudar a la iglesia local en su esfuerzo de evangelización y discipulado.

Las necesidades de los ministerios especializados de nuestra cultura e iglesias han provocado la aparición de nuestros actuales ministerios itinerantes. En muchos lugares se sigue buscando a revitalizadores que sigan el modelo del profeta del Antiguo Testamento y llamen al pueblo de Dios a volver a una recta relación con Él.

Sin embargo, los ministerios especializados son más solicitados en las iglesias más grandes y estructuradas. Debido a esta necesidad, algunos ministerios evangelísticos descubren que Dios los utiliza en áreas más específicas, como la sanidad o el bautismo en el Espíritu Santo para los pentecostales. Los verdaderos evangelistas que ayudan a la gente a entrar en una recta relación con Dios han disminuido, pero el oficio de evangelista todavía encuentra una base bíblica en las Escrituras

Las vías de ministerio también están cambiando en Estados Unidos. En la franja bíblica del país, las iglesias tienen los servicios tradicionales de domingo por la mañana, domingo por la tarde y miércoles por la noche. Sin embargo, hoy, por diversas razones, muchas iglesias sólo tienen servicios el domingo por la mañana; pero cuando nadie se presenta para el servicio, es difícil pagar las facturas de servicios públicos y mantener la iglesia abierta.

En muchos países solo se celebra un servicio el domingo por la mañana, pero que puede durar varias horas porque la mayoría de las personas camina a la iglesia varias horas. Quienes dicen saber han proporcionado varias razones para la disminución de los servicios del domingo por la tarde o entre semana, pero la verdad es que solo el pastor local sabe por qué se sintió guiado por el Señor a reducir las oportunidades de abrir las puertas de la casa de Dios a su comunidad.

Muchas iglesias están en una situación de estancamiento y se han habituado a ella, mientras que otras anhelan experimentar nuevas formas de ministerio. Algunos líderes de iglesia dicen: «No necesitamos evangelistas que "entren, estallen y apaguen"», mientras que otros creen que hay una necesidad válida de que los evangelistas colaboren con los pastores. De hecho, la idea de las asociaciones parece ser una tendencia creciente en la iglesia local hoy en día.

Algunas regiones fomentan redes de pastores y evangelistas. Una iglesia recurrió a un evangelista varias veces al año, de modo que se estableció una relación de confianza. Esa misma iglesia celebró series de reuniones que duraban un mes como parte continua de las actividades de la iglesia; esto ayudó al evangelista a construir ese tipo de relaciones. Claramente, ese evangelista y el pastor desarrollaron una gran relación y el líder de la iglesia no estaba preocupado de que el evangelista perjudicara a su congregación.

¿POR QUÉ DEBO RECURRIR A UN MINISTERIO EVANGELÍSTICO?

Hay muchas razones para que un pastor invite a un evangelista y, como ministro itinerante, debes familiarizarte con algunas de estas razones si alguien te preguntara. Es a ti quien tus amigos pastores escucharán cuando se trate de preguntas relacionadas con los evangelistas. Ante todo, y según la Biblia, el ministerio evangelístico es un don de Dios para toda la iglesia. Además, tener un evangelista puede servir de refuerzo de lo que estás tratando de enseñar a la congregación.

Cuando un evangelista o ministro itinerante comienza a ministrar en los dones de sanidad, profecía, o algún otro don espiritual durante un servicio o llamado al altar, la gente notará lo sobrenatural. Algo divino parece ocurrir cuando las personas sienten que Dios está obrando a través de un evangelista u orador invitado que les ministra personalmente. Cuando esto sucede, Dios podría solidificar cambios que El ya ha estado obrando en la vida de un individuo.

La participación de un evangelista o ministro itinerante con un ministerio especial puede ayudar a fortalecer las áreas débiles del ministerio de un pastor. Dios ha dado el ministerio quíntuple a la iglesia, y no debemos pensar que una persona tiene que operar en todos los dones que Dios ha dado a la Iglesia. Muchos ministerios itinerantes proveen áreas específicas de énfasis que fortalecen una congregación. Algunas áreas de ministerio podrían incluir enriquecimiento matrimonial, sanidad, bautismo en el Espíritu Santo, enseñanzas sobre los últimos tiempos, y otras áreas relevantes de enseñanza.

Muchos evangelistas hoy ayudan a entrenar, animar y capacitar a la gente de una iglesia para que salgan a compartir el Evangelio. En Efesios 4:11,12, las Escrituras apoyan este aspecto del ministerio evangelístico. Todos los dones ministeriales deben equipar al cuerpo local para el ministerio en la comunidad. Si una iglesia incorpora células o grupos en las casas como parte normal de su organización, los evangelistas y ministros itinerantes pueden ser parte de servicios combinados que ayudan a fomentar la cohesión entre la gente de una iglesia y a ofrecer un tiempo especial de ministerio para todos.

Vemos una inclinación a incluir evangelistas como parte del personal de la iglesia local que parece ser muy eficaz. El evangelista de planta se enfoca en lo externo y, además de recibir el respaldo de la iglesia local, es responsable para con ella y consigo mismo de su ministerio evangelístico mientras enseña, entrena y lidera a la iglesia local en el evangelismo y los eventos de alcance. Es una situación en la que todos ganan. Podrían recibir una compensación en forma de oficina, seguro o estipendio de algún tipo por su desempeño a tiempo parcial en la iglesia.

Un evangelista de planta también ayuda a la congregación y al pastor a entender las necesidades de los oradores invitados y ayuda a facilitar una gran experiencia de ministerio de alcance para la iglesia local. El evangelista de planta es un puesto en crecimiento hoy en día, en gran parte porque su retribución es a través de nuevos creyentes. Estos puestos suelen ser a tiempo parcial, con responsabilidades que pueden requerir una o dos semanas al mes dedicadas a la formación y evangelización relacionadas con la iglesia. Al evangelista de planta se le permite viajar, lo que le ayuda a mantenerse informado de los problemas que enfrentan otras iglesias en sus ministerios. Se centra en el exterior, lo que permite al pastor ocuparse de las personas que Dios le ha confiado.

Dado que los ministerios de compasión parecen ser más eficaces hoy porque llegan a las personas con un mensaje espiritual, los evangelistas del personal pueden enseñar, formar y llevar a cabo «alcances» de la iglesia, o reuniones evangelísticas que incluyan algún aspecto del ministerio de compasión. El énfasis ya no es «vengan y vean». No podemos esperar a que la gente venga a nuestras iglesias para escuchar el Evangelio, pero sí podemos utilizar los ministerios evangelísticos para enseñar, capacitar y dirigir iniciativas de evangelización, y transmitir mensajes oportunos a quienes están en la iglesia. Muchas empresas locales colaboran con estos ministerios porque así ayudan a su propia comunidad.

Por último, los evangelistas de planta pueden encabezar el desarrollo y la ministración a los equipos de evangelización. Estos equipos necesitarán motivación, por eso los líderes deben planificar eventos que permitan la presencia de oradores motivacionales que hablen al equipo de evangelización de la iglesia. El éxito de estos equipos también debe ser reconocido ante toda la iglesia, en servicios de celebración de los alcances que se han realizado.

Los evangelistas que visitan y otros oradores motivacionales son de ayuda en esta área. Los evangelistas de planta estarán familiarizados con otros ministerios itinerantes que pueden complementar su ministerio y el de su pastor. También entienden los asuntos que rodean a los ministerios itinerantes y son excelentes enlaces para el pastor y otros miembros del personal (es decir, jóvenes, adultos jóvenes, ministerio de niños, etc.).

¿CÓMO AYUDA LA OFICINA NACIONAL?

A través de los años he notado que los pastores sólo quieren libertad para escuchar a Dios y pastorear la iglesia que Él les ha dado. Pero las organizaciones nacionales tienen recursos para ayudar al evangelista y al pastor local, así que ¿por qué no orar por esos recursos? Como evangelista, debes buscar recursos que ayuden al pastor local. Cualquiera que pueda agregar valor a una congregación local será visto como una ayuda y no obstáculo. Obviamente, lo más grande que puedes aportar es el Espíritu Santo en tu propia vida. A continuación encontrarás maneras en que una oficina nacional podría ayudar a la iglesia local en el evangelismo.

La oficina nacional puede impartir seminarios sobre cómo formar equipos de evangelización, destacar el estado actual de la evangelización en el país, sugerir ideas para una evangelización eficaz, revelar algunos obstáculos para la cosecha espiritual, compartir ideas para la relación saludable pastor-evangelista, y ofrecer algunos buenos recursos de evangelización. También puede enseñar cómo tener un «buen» ministerio evangelístico y cómo deshacerse de los malos.

Promueve el evangelismo y anima a los pastores a no renunciar a los ministerios evangelísticos. Si te quebraras un brazo, seguramente no querrías que te volviera a suceder. Cuando un pastor ha tenido un mal evangelista, seguramente no querrá invitarlo otra vez. Pero, invitar solo a los amigos del «pastor» no fortalece las debilidades del ministerio de un pastor—solo es un parche para sus temores.

La oficina nacional también responde preguntas sobre los ministerios itinerantes, eliminando la incertidumbre de tener un orador invitado. A menudo proporciona información y recursos en línea para pastores y evangelistas y ofrece oportunidades de retroalimentación para fomentar la responsabilidad en los evangelistas. La oficina nacional suele tener un directorio en línea con información de contacto de los evangelistas y también sirve como un gran lugar para indagar sobre los evangelistas que otros le han referido. Muchos evangelistas también tienen sitios web personales donde se puede encontrar información adicional.

EN RESUMEN

El ministerio del evangelista es algo difícil de explicar, porque se trata del llamado de Dios para tu vida. Ciertamente, las vías del ministerio han cambiado a lo largo de los siglos, pero el mensaje sigue siendo de esperanza en el nombre de Jesucristo, nuestro Señor. Como evangelista evangélico, has sentido el llamado de Dios que es irrevocable (Romanos 11:29). Este no te dejará, y tú no puedes huir de él, porque un llamado debe ser respondido. Nunca serás feliz hasta que te rindas a Dios en la búsqueda de tu propia vida.

Todo ministro del Evangelio ha renunciado a todo por el Reino de Dios. Anhelamos oír al Padre decir: «Bien, buen siervo y fiel» (Mateo 25:21) durante el curso de nuestro ministerio. Pero, oigámoslo o no, debemos responder al llamado. Los sacrificios nos aplastan a veces y el quebrantamiento nos acecha. Sin embargo, ver que alguien nace en el Reino de Dios al aceptar a Jesús como Salvador y Señor nos recuerda que valen la pena los sacrificios.

Hoy, estamos en una era de cambios más rápidos que nunca. Por eso necesitamos evangelistas capacitados por el Espíritu Santo. Aunque algunos piensan que la utilidad del evangelista ha pasado, las Escrituras dictan lo contrario, y curiosamente, Dios sigue llamando a hombres y mujeres a esta desafiante área del ministerio. Nuestra creatividad parece ser el único límite al ministerio en la cultura cambiante de hoy. De Los Ángeles a Nueva York, de Singapur a Londres, de Bangladesh a El Cairo y de Ciudad del Cabo a Moscú, la gente necesita al Señor.

Dios continúa abriendo nuevos lugares de ministerio y oportunidades para la expansión de Su Iglesia y el cumplimiento de la Gran Comisión (Mateo 28:18–20). Desde el ministerio en las redes sociales hasta los evangelistas de planta, las oportunidades para el ministerio son mayores que nunca. Cualquiera que sea su llamado al ministerio, hágalo con la misma pasión y amor que todos compartimos por nuestro Padre Celestial: con todo el corazón, con toda el alma y con toda la mente (Mateo 22:37).

La relación pastor-evangelista

Recuerdo esas veces cuando fui a predicar a algún monte, o a un pueblo remoto de Nigeria. Lo pasamos muy bien en el servicio, con unas veinte personas que decidieron seguir al Señor. Pero, después del servicio nos pedían que fuéramos a la casa del pastor, que era un gran cumplido allí. Tenían una cena sencilla y, de hecho, ni siquiera tenían carne. Nos servían grandes rebanadas de pan y patatas fritas. Las llaman *palm frites*, o patatas fritas, y no estaban necesariamente cocinadas como yo cocinaría las patatas fritas. Estaban cocidas hasta que quedaban blandas y algunas aún estaban un poco crudas y hasta duras.

Pero, no sé cómo consiguieron comprar una botella nueva de ketchup. Hay que tener en cuenta que se trata de un pueblo donde hay techos de paja y paredes de barro u hormigón, ¡y tenían una botella nueva de ketchup! Hicieron un gran espectáculo para asegurarse de que yo fuera el primero en usar el ketchup, la experiencia más aleccionadora que he vivido nunca. Sólo tuve unos 5 minutos para comer, porque teníamos que volver para otra cita con el misionero local. Era muy tarde e intentamos darnos prisa para llegar antes de que saliera mi avión para regresar a Estados Unidos ese mismo día después de esa cita.

Así que intenté comer y ser cortés. Era un montón enorme de patatas y no podía comérmelas todas. Oré todo el tiempo que mis anfitriones no se ofendieran si no me comía todo lo que me habían puesto delante. Se habían sacrificado para ofrecerme esa flamante botella de ketchup.

Como evangelistas, si no nos cuidamos, podríamos ser insensibles a los sacrificios de las personas donde Dios nos abre puertas de ministerio. Por eso es importante mantener una actitud de gratitud y recordar que nuestro Jefe nunca estuvo por encima de la gente a la que vino a servir. Debemos ser sensibles a la dirección del Espíritu Santo cuando nos capacita para llevar a cabo un ministerio agradable y que glorifique a Dios. Con esto, podemos aprender mucho sobre cómo fomentar una gran relación pastor-evangelista si seguimos el ejemplo de Jesús y ejercitamos un poco de sentido común con una actitud de siervo.

SÉ EL MEJOR INVITADO

Cortesía

Tienes que concentrarte en ser el mejor invitado porque es vital para tu ministerio y la cortesía es una de las cualidades más importantes de un gran invitado. Debes tratar a los demás como te gustaría que te trataran a ti. Muestra tu agradecimiento por el alojamiento y los alimentos que recibas. Ten presente los sacrificios que, de manera anónima, ha tenido que hacer el pastor para proporcionarte la habitación que tienes y los alimentos que comes.

En cierto lugar, temprano en mi ministerio, entré en mi habitación de hotel y noté que la puerta era muy endeble. Era una habitación vieja, con un aparato de aire acondicionado de ventana igual de viejo y con paredes de hormigón pintadas. Pensé: «¡Qué es esto!». Pero en ese instante, el Señor me ayudó que debía decidir si estaría amargado, decepcionado, y criticaría el alojamiento que me habían dado, o si alabaría al Señor por la oportunidad que tenía de ministrar. Tenía dos opciones: quejarme por la habitación o agradecer que con toda consideración el pastor me hubiera provisto alojamiento y alimento, aunque no fuera lo que yo hubiera escogido.

Debemos recordar que somos siervos del Señor. También, en esa línea, no debemos ser glotones cuando nos inviten a cenar. Nunca pidas lo más caro del menú. Si tú eres quien paga la cuenta, pide lo que quieras y puedas pagar. Pero si otra persona te invita a comer, hay una buena regla de protocolo, que también llamamos etiqueta o buenos modales. Quisiera compartirla contigo.

En pocas palabras, esto significa que harás lo que haga el anfitrión y que, comerás como ellos comen, seguirás su ejemplo. Si no estás muy seguro de qué hacer, observa lo que hacen los demás y síguelos, especialmente a tu anfitrión o anfitriona. Proverbios 23:2 dice: «Si eres dado a la glotonería domina tu apetito». Procura que nadie te vea como un glotón que se aprovecha de los demás.

El evangelista debe ser sensible y buen administrador, y al mismo tiempo debe tener un corazón de siervo. Esto lo ayudará a fomentar una relación de confianza con los líderes de la iglesia donde ministre. Se necesita mucho y arduo trabajo para cultivar la confianza con un pastor y su congregación. Una vez establecida esa confianza, no abuses de ella. La cortesía es un elemento vital para construir esa relación de confianza y ser un buen invitado.

Comunicación

Un evangelista debe ser un buen comunicador y debe mantener la comunicación con los pastores, lo que incluye el envío de materiales ministeriales de manera oportuna. Cuando se te ofrece una oportunidad de servir, debes enviar una carta de confirmación, que asegurará que tu visita sea incluida en el calendario. Una vez que envíes tu carta de confirmación, debes enviar cualquier material promocional del ministerio por lo menos un mes antes de tu servicio o serie de servicios.

Si tienes un afiche o información en los medios sociales, envía una notita, un correo electrónico o mensaje de texto donde digas: «¡Hola, estamos deseando estar con ustedes!». Esto debe hacerse un mes antes de la fecha del servicio. Dos o tres semanas antes de la fecha del servicio, llama al pastor y dile: «Quería hablar con usted para asegurarme de que todo va según lo que hemos acordado para los próximos servicios y de que todavía nos falta planear...». Sólo tienes que confirmar todo lo relacionado con el próximo servicio.

Cuando hables con el pastor o el contacto de la iglesia, hay varias preguntas que debes hacer. Quiero presentar brevemente algunas áreas sobre las que deberías considerar conversar, y hay otras consideraciones que se comentan en el capítulo 5, mientras te preparas para el ministerio en la iglesia. Asegúrate de que te indiquen cómo llegar a la iglesia. También deberías preguntar al pastor qué versión de las Escrituras utilizan. Un evangelista debe tomar como modelo al pastor de una iglesia para poder entrar y conectarse con la gente lo antes posible.

Una forma de hacerlo es utilizar la misma versión de las Escrituras que el pastor y procurar que el sermón no sea más largo, el evangelista debe ser sensible al tiempo. ¿Cómo vestir? ¿Qué estilo de vestimenta se usa el domingo por la mañana, y el domingo por la noche? ¿Los servicios durante la semana? ¿Está bien vestir informal? ¿Puedo usar una camisa de cuello suave? ¿Una camisa con un saco deportivo? ¿Cuál es la norma?

Todo esto se consigue con la comunicación verbal y escrita. Cuando llegues al lugar, debes hablar sobre el servicio la noche anterior si es posible. Antes incluso de tu llegada, deberías comentar sobre el desarrollo del servicio. Pregunta si estaría permitido tener una mesa de productos. Si hay algo que sientes que el Señor ha puesto en tu corazón y no es lo que normalmente haces, para mayor seguridad, necesitas obtener el permiso del pastor. Necesitas tener la bendición del pastor para todo lo que presentes, ya sea una mesa para presentar tu material informativo o incluso si vas a anunciar los que tienes para ofrecer.

Siempre le digo a la gente que es mejor dejar que el pastor anuncie tu mesa de productos, porque sólo va a restar fuerza al servicio y al flujo del Espíritu Santo si eres tú quien anuncias las cosas que ofreces. Así que, si vas a presentar algún material, debe ser muy rápido, uno o dos minutos y luego concéntrate en el servicio.

     La relación pastor-evangelista

La comunicación también es vital si tienes una mesa de productos. Consulta con el pastor si necesitas ayuda en la mesa de productos. A veces, la iglesia asignará a una persona para que se encargue de tu mesa si tú no puedes estar allí. Pero, necesitarás el permiso del pastor de antemano. No querrás que te conozcan como el evangelista que atiende su mesa de productos en vez de ministrar durante el tiempo en el altar.

Si tienes música especial, habla con el pastor y el líder de alabanza: ¿Está bien tener música especial? ¿En qué parte del servicio puedes presentarla? ¿Cómo la vas a presentar a la congregación? Pregunta si el servicio será transmitido en los medios sociales o internet. Si lo hacen, ¿es posible tener una copia máster para ofrecer copias de tu ministración a la gente al final de la serie de los servicios? También debes tener en cuenta las consideraciones legales si la música que compartes no es tuya.

Lamentablemente, hay algunas iglesias que ni siquiera tienen sistemas de sonido. No querrás avergonzar a los líderes de la iglesia por lo que no tienen, así que sé sensible a esa posibilidad. Estás allí para ser una bendición para el pastor y el cuerpo de la iglesia. Así que podrías preguntarles: «¿Normalmente graban los servicios? ¿Tienen un sistema de sonido para grabar los servicios?». Si no lo tienen, podrías decir: «Está bien. Siempre pregunto, porque si lo tienen, me gusta conseguir los másters para hacer copias para la iglesia y ofrecérselas a la gente como serie al final de nuestro tiempo con ustedes, si les parece bien a todos».

Hay evangelistas que llevan su propio equipo de sonido. Algunos usan teléfonos con los que pueden grabar videos de alta resolución, o proporcionan un sistema completo de sonido y video. Esto es especialmente cierto en las cruzadas, donde se debe proveer todo. Algunos líderes de iglesia podrían decir: «Sí, grabamos video». Pero podría ser un equipo antiguo, cuyo resultado no será de muy alta calidad.

Así que debes preguntar. Porque si el pastor dice que sí, entonces tendrás que evaluar y preguntarte: «¿Es esta una grabación de calidad para reproducirla para mi mesa de productos más adelante, o para un posible podcast?». Si la grabación es sólo para esa iglesia local, puede que estén acostumbrados a recibir ese tipo de copias. Pero en cuanto a utilizar esas grabaciones internas para tu mesa de productos o anuncios en los medios sociales, tal vez tendrás que esperar a esas iglesias que disponen de equipos de alta calidad y guardar las copias maestras para utilizarlas en el futuro.

También he disfrutado ministrar en algunas iglesias que tienen programas de televisión en horario diferido. Tiendo a huir de la televisión en directo, pero la transmisión diferida es preferible porque la iglesia suele tener una persona o un equipo que hace ediciones si es necesario y luego prepara el video para ser visto en televisión. Se debe tener un tiempo para cerrar, y debemos estar conscientes del tiempo si se está grabando. A menudo, las iglesias que graban tienen horarios muy estrictos por la mañana. El servicio de la tarde es generalmente más flexible y se puede ministrar o hacer lo que el Señor te guíe. La comunicación es la clave para evitar malentendidos y desarrollar relaciones duraderas.

Confidencialidad

Un área de ministerio crucial para el evangelista es la de confidente y amigo. El evangelista anima al pastor, su cónyuge y sus hijos. Es posible que te encuentres con los hijos de pastor en otros eventos importantes de la organización, y debes proponerte ampararlos si es posible. Ser alguien a quien llamen en tiempo de necesidad, cuando estén cerca o si necesitan a alguien con quien hablar o con quien orar sobre aquellos retos delicados en la vida. La confianza es un cometido de toda la vida y puede perderse en un momento. Procura ser el tipo de evangelista que da ejemplo de integridad y atrae a quienes necesitan un amigo confiable.

Se debe mantener la confidencialidad de las conversaciones, respetando la confianza de los líderes de la iglesia, porque se enterarán de todo. Con mucha frecuencia, tú serás la única comunión que el pastor y su cónyuge habrán tenido por un tiempo prolongado. Es triste, pero muchas veces—sobre todo en iglesias pequeñas—los líderes de la iglesia no pueden confiar en la congregación. Por lo tanto, tú estás allí para ministrar al líder de la iglesia también.

El pastor es el líder de una congregación; por lo tanto, él o ella no puede realmente conocer todos los problemas de la iglesia y luego compartir esos problemas con cualquier persona de la congregación. Por lo general, en cuanto al ministro itinerante, 75% o más de su ministerio implica ministrar a los líderes de la iglesia, su familia y sus hijos.

Al evangelista le encanta hablar, pero cuando en el intercambio se hable de problemas personales, debes aprender a escuchar. Hay que hablar menos y escuchar más. Al principio de mi ministerio, solía hablar todo el tiempo, ¡hasta ayudaba a las personas a terminar sus oraciones! Felizmente, con la ayuda de mi esposa, he logrado oír más y hablar menos durante los momentos de compañerismo. Haz tus preguntas con un espíritu amable. ¿Puedo orar por usted? ¿Cómo puedo ayudarlo? ¿Cómo están sus hijos? ¿Cuál es su mayor reto en este momento?

Si surge la oportunidad, debes ser sensible porque estás desarrollando una relación que durará. No es sólo una oportunidad para hablar y después que te paguen; es la oportunidad de cultivar una amistad que durará toda la vida. Por eso, perfecciona tu capacidad de escuchar mientras disfrutas el compañerismo: la clave es ser un buen invitado.

LA GENEROSIDAD

Bendice a otros

Como quien da, ayudarás a otros. Eso significa que tratarás de sembrar en el ministerio de otros. Muchas veces, quienes están en el ministerio evangelístico quieren bendecir a otros porque les gusta dar. Debemos ser desinteresados y generosos porque nosotros no somos el centro; Jesús es el centro y debemos ser bendición—no una carga—para la gente a quienes ministramos. Si eres una carga, ¿quién querrá tenerte de vuelta?

Por eso necesitamos asegurarnos de tener un tiempo devocional y de comunión con Dios. No puedes alimentar a nadie si estas vacío; es el poder y la plenitud del Espíritu Santo lo que hace que el ministerio y nosotros mismos seamos efectivos. Se dice que no puedes hablarle a nadie de alguien que no conoces. Debemos hacer nuestra parte para asegurarnos de que estamos espiritualmente alimentados y llenos; que estamos ayunando y buscando alimento espiritual.

Otra consideración al bendecir a otros es no manipular a las personas. Hay muchas historias tristes que líderes de iglesia han referido de oradores invitados que empiezan a manipular a la gente para obtener ganancias financieras o resultados en el ministerio. Esto puede ser una molestia para la iglesia. No necesitamos manipular a los pastores o a la gente que nos escucha durante la invitación al altar, o durante el tiempo de la ofrenda al condenar a la gente por lo que pueden o no pueden dar.

Deja que Dios se encargue de esas cosas y que confirme el ministerio que te ha llamado a abrazar. Dios dará testimonio de un ministerio transparente llevado a cabo con integridad y sinceridad. Se dice que el dinero sigue al ministerio y el ministerio se establece por sí solo, así que confía en Dios y no adoptes ciertas tácticas vergonzosas que se han colado en la Iglesia para el beneficio económico y la supuesta eficacia del ministerio.

Si el Señor realmente ha ungido tu ministerio, entonces Él proveerá los fondos necesarios para el ministerio y abrirá las puertas al ministerio. ¿Quién no quiere ver milagros o sanidades o almas que son salvas, personas que entran al Reino de Dios? Un ministerio fortalecido por el Espíritu no necesita trucos o manipulación para mostrar efectividad. Se correrá la voz acerca del ministerio ungido por el Señor, así que solo necesitamos enfocarnos en estar donde Dios nos quiere, siendo guiados por el Espíritu Santo.

Cuando se trata de bendecir, pudiera haber ocasiones en que los pastores o el cuerpo de líderes te bendigan abundantemente o hagan por ti mucho más de lo que esperaría por haber ministrado. Es muy apropiado reconocerlos enviando flores. Tal vez, antes de salir de la ciudad, consigue algunas flores y llévalas a la iglesia o simplemente pide a la florería que las entregue. Siempre es más barato—incluso si estás de viaje y no tienes tiempo de llevarlas al salir de la ciudad—que hacer pedidos por teléfono o internet.

Llama a la florería local y pídeles que lleven flores a la iglesia. Puedes encontrar algo bonito por una cantidad razonable de dinero. Además, si se trata de una comunidad pequeña o muy unida, puede que genere una conversación positiva en la ciudad sobre esa iglesia y su predicador invitado.

Siempre estoy pensando en regalos módicos o gratuitos. Cuando viajo a las iglesias, busco libros en oferta o en liquidación y compro más de un ejemplar de cosas que encuentro en oferta. A veces, cuando vas a grandes conferencias, te regalan muchos libros. También estoy siempre atento a los descuentos. Si puedo conseguir un libro por un par de billetes, entonces tengo algo que vale la pena regalar a un líder de la iglesia. Trato de conseguir algo que sea de calidad, y creo que tenemos que ser realmente selectivos en lo que ofrecemos al cuerpo de Cristo a través de nuestro ministerio.

Hay personas que afirman: «¡Tienes que hacer un regalo a final de año a todas las iglesias en las que has estado!». Pero para muchas iglesias, eso es simplemente una mala señal. Lo que realmente quieren es algo que salga del corazón, como una carta personal o una nota escrita a mano, o algo que hable mucho más claro que comprar una baratija o un regalo. Ha habido ocasiones en las que me ha impresionado conseguir un bonito marcador de páginas o algo así para personas que han apoyado nuestro ministerio y también he escrito una nota para darles las gracias y decirles cuánto los apreciamos. Uno trata de ser sincero y comunicarle a la gente que los aprecia, y cuánto agradece la oportunidad que se le dio de ministrar. No hay que dar por sentadas esas oportunidades. Por eso hay que ser selectivo a la hora de hacer regalos.

Cuando le regalo un libro, u otra cosa, a un pastor, le digo: «Mire, tenía este obsequio que quería hacerle. No sabía si usted ya lo tenía. Si lo tiene, tal vez conoce a alguien para quien podría ser una bendición». Entonces, lo regalo y lo comparto: «Solo quería que supiera que he estado orando por usted y agradezco la oportunidad de estar aquí». Siempre intento ser una bendición para otras personas y me esfuerzo para reconocer a los demás.

Algunas personas en su mesa de productos ponen collares y pulseras y anillos y todo tipo de cosas. Una cosa es tener una camiseta con un mensaje de ministerio en ella—sus mensajes de ministerio o libros de calidad que realmente ministrarán a la gente. Pero, la moda y la ropa me parecen un poco excesivas. Algunas personas, cuando les va bastante bien, ofrecen una taza con su logotipo y el nombre del ministerio en ella. Eso está muy bien como recordatorio de orar por tu ministerio. Aún así, realmente necesitas que el Señor te guíe en lo que va a ser de buen gusto.

Bendice mientras avanzas

Al ministrar, tratarás de agasajar y bendecir a otros, pero también necesitarás procurar alimento espiritual para ti mismo—dedica tiempo a tu propia alimentación. Trata de buscar conocimiento y sabiduría de múltiples fuentes. Por eso nunca menosprecies a las personas a las que has sido enviado a servir, porque pueden hablar a tu vida tanto como una gran conferencia. Un hombre mayor que era dueño de una venta de chatarra una vez compartió conmigo una joyita de verdad que el Señor le había mostrado: «Si el diablo no consigue que peques, conseguirá que estés ocupado». Nunca he olvidado ese pedacito de sabiduría que alguien de la América rural compartió conmigo.

Las personas que han pasado por momentos difíciles y han vivido en las trincheras de la vida te ayudan a recordar la misericordia y la gracia de Dios en tu propia vida y te mantienen humilde. Hay mucha gente que está realmente desamparada, incluso en Estados Unidos. Podemos ir a lugares no muy lejanos donde muchos van a dormir con el estómago vacío y no tienen ropa en buena condición que vestir. Están luchando. No necesitamos mirarlos por encima del hombro porque nueve de cada diez veces percibirán que tenemos una actitud equivocada hacia ellos.

Un espíritu recto nos permite ministrar a estas personas que necesitan a Cristo. Es difícil ministrar a personas con las que uno no se identifica o, lo que es más importante, que perciben que uno no se relaciona con ellos. Realmente debemos mantener una actitud de siervo para ser eficaces en el ministerio y una forma de hacerlo es buscando alimento para nuestro espíritu.

 LA RELACIÓN PASTOR-EVANGELISTA

La humildad también nos ayuda a ser transparentes y a dejar que otros hablen a nuestra vida. Sin embargo, no debemos abrumar a la gente con nuestros problemas. Estamos allí para ministrar. Una cosa es tener un compañero de oración o alguien con quien compartir tus problemas y preocupaciones, pero no descargues todas tus dificultades en la persona a quien debes ministrar. Tú estás ahí para ellos. Una cosa es compartir una historia decir que empatizas, pero no compartas historias de problemas para ganar simpatía o usarlas como táctica de manipulación.

Utilizar a los demás en beneficio propio refleja perversión en su nivel más bajo, así que no juegues con las emociones de los demás. Si no tienes cuidado, podrías empezar a compartir historias tristes desde el púlpito para jugar con las emociones de la gente. Nos preocupamos. Tenemos compasión. Pero, jugar con las emociones de las personas, es manipularlas para que hagan algo que normalmente no harían. Debemos dejar que Dios sea nuestra fuente.

No hace falta buscar a alguien adinerado de la iglesia para contarle nuestras penurias con el fin de convencerlo de que nos dé algo. Eso es manipulación, y es jugar con las emociones. Condenas a los demás con tus tácticas sutiles y les inculcas un sentimiento de culpa: ese no es Dios. Si eres realmente espiritual, te comprometes a dar cuando pides a otros que se comprometan a algo.

Durante los llamados al altar, resiste el uso de tácticas de manipulación, pero deja que el poder de convicción del Espíritu Santo se mueva en la vida de las personas. Entonces, el cambio vendrá de Dios y los que respondan a la convicción y dirección de Dios, sin duda, serán cambiados para la gloria de Dios. Tendrán un real encuentro de salvación.

¿Qué pasa si tienes una ilustración para tu sermón que podría tener un impacto efectivo en tus oyentes, pero no te beneficia en lo personal? ¿Se permite? Bueno, es otra cosa es compartir una historia personal emotiva para comunicar un punto con el fin de que la gente venga al conocimiento del Salvador. En esa situación, estás derribando muros de resistencia para que los perdidos vengan y acepten a Jesucristo como legítimo Líder y Señor. Pero, cuando usas las emociones y compasión de las personas para ganancia personal y promoción, es un engaño y no es apropiado. Necesitamos ser hombres y mujeres de Dios, que nos movemos en el Espíritu Santo, llenos de integridad, que reconocemos la soberanía de Dios sobre nuestra vida.

Para tu propio enriquecimiento y para bendecir a los demás, debes conseguir regalos cada vez que sea posible. Ya mencionamos esto brevemente, pero con frecuencia recibirás libros gratis y en las conferencias, además podrás aprovechar los descuentos de las editoriales cuando estén disponibles. Algunos evangelistas visitan los sitios web de las editoriales para encontrar artículos descontinuados o en oferta. Es posible que encuentres libros de calidad, aunque un poco antiguos. Pero recuerda, el regalo no tiene que ser caro cuando viene del corazón. La mayoría de los evangelistas no tienen mucho cuando comienzan en el ministerio. Pero, conforme el Señor abre oportunidades, encontrarás ofertas especiales que bendecirán tu vida y también a otros.

Las rebajas de fin de año son una buena manera de comprar regalos a un buen precio, sobre todo en las editoriales. Incluso podrías llamar y decirles que estás buscando regalos para ministros. Es posible que tengan algunos artículos descontinuados con grandes descuentos que podrías comprar como regalo pastoral o incluso para añadir a tu biblioteca personal. Muchos pastores no tienen acceso a recursos adicionales como libros, aunque sean antiguos, y estos regalos son muy apreciados. Como dije antes, si ellos ya tienen ese regalo, podrían compartir con otros. Por lo tanto, debemos bendecir a medida que avanzamos. Hacemos lo necesario para construir y fortalecer nuestro andar con el Señor y fortalecer el ministerio para que, a su vez, otros puedan dar y bendecir a otros.

Tú puedes ser un gran regalo

Los regalos generalmente son una sorpresa. La mayoría de las personas no saben que van a recibir un regalo, y cuando Dios aparece, es un regalo maravilloso. De hecho, la plenitud del Espíritu Santo es el mejor regalo que podemos dar como evangelistas. Cuando te llenas del Espíritu Santo, ¡tu capacidad para ministrar a otros crece de manera exponencial!

Además de ser sorpresa, un regalo es algo gratificante. Desde que llegamos hasta que nos despedimos, debemos ser de bendición a la iglesia local y al pastor. Debemos inspirar ánimo. Somos entrenadores, animadores, compañeros de oración y contralores. Pero lo más importante, necesitamos edificar y ser de bendición.

Un regalo también debe edificar. Debemos ser bíblicos cuando enseñamos y predicamos la Palabra de Dios. No te limites a contar historias desde el púlpito. Valoro a aquellos ministros que han recorrido mucho más camino que yo. Sus historias son a menudo humorísticas, esclarecedoras y bíblicas. Pero de vez en cuando, hay algunos que cuentan historia tras historia sin citar ni hacer referencia a ningún versículo de las Escrituras. Es la Palabra de Dios la que resistirá la prueba del tiempo y cambiará vidas cuando todo lo demás haya desaparecido.

También debemos ser relevantes si queremos edificar la vida de alguien. Leí que el evangelista Billy Graham solía comprar un periódico local en la ciudad donde estaba ministrando para informarse de las noticias y acontecimientos locales. Cuando visites nuevas comunidades, tal vez tendrás que investigar sitios web del gobierno local o de los medios de comunicación. Compra un periódico local e infórmate de lo que ocurre en la ciudad. Pregúntale al dependiente del supermercado o a la camarera del restaurante: «¿Qué pasará esta semana en la ciudad? ¿Habrá algo emocionante?». De ese modo, podrás averiguar qué problemas pueden estar afectando la comunidad y escribirás sermones relevantes para los problemas actuales.

Un punto crítico que se debe recordar: Un regalo no queda por ahí sin que nadie lo desee. Lamentablemente, escuché la historia de un evangelista que fue bendecido financieramente por una iglesia y repentinamente, quiso mudarse a esa ciudad. Su deseo era trasladar a toda su familia y ser parte de esa iglesia. Algunos en la iglesia lo bendijeron y también le dieron ofrendas personales. ¡Estas personas se convirtieron en sus mejores amigos. El pastor tuvo que acabar con esto y le dijo que era hora de irse. Ya no era una bendición. Mi amigo pastor dijo: «Nunca más lo invitaré para que regrese».

Ese tipo de informes se propagan como la pólvora en los círculos del ministerio. En ese escenario, recibes algún dinero extra, pero te arriesgas a destruir tu ministerio a largo plazo. Esto podría considerarse extorsión—y sí, esa es la palabra que quise usar—por aceptar dinero de esa reunión o de ciertas personas en una iglesia en particular; habrás destruido una relación. Esa relación podría haber sido un puente de conexión no sólo con ese pastor, sino también con todas las personas que ese pastor conoce. Así que, recuerda, necesitamos enfocarnos en ser un don y una bendición. Mantener nuestros ojos en el Señor siempre será la mayor salvaguarda para ser una bendición para otras personas y el tipo de don que un pastor desea que ministre en su púlpito.

Cómo recibir ofrendas monetarias

¿Qué debes hacer con las ofrendas sinceras de los miembros de una congregación o de personas que desean apoyar tu ministerio? Primero, siempre debes buscar un momento para consultar con el pastor de la iglesia sobre lo sucedido. La transparencia disipará cualquier temor de que simplemente estés tratando de estafar a los feligreses, así que busca la guía de Dios sobre cuándo y cómo presentar estas preguntas sobre apoyo ministerial o donaciones personales. Esto consolidará tu esfuerzo por ser una bendición para ese pastor local.

Una ventaja de ser una corporación sin fines de lucro es que cuando un miembro de la iglesia desea ofrendar específicamente a tu ministerio, puede recibir deducciones fiscales al declarar impuestos. Las ofrendas que se recaudan durante los servicios son canalizadas a través del sistema financiero de la iglesia. Sin embargo, a veces la gente quiere dar al ministro lo que en los círculos pentecostales llamamos un «saludo pentecostal»: alguien te estrecha la mano y te entrega dinero discretamente. No quieren un recibo; solo quieren ser de bendición para ti y tu ministerio. Mi costumbre es informar al pastor de lo que he recibido.

Lamentablemente, un amigo evangelista me contó que una vez un pastor le descontó de su honorario la donación personal que le dieron. Para evitarlo, si recibes ese tipo de ofrendas, puedes esperar hasta que la iglesia te haya dado una donación u honorario para decir: «Quería informarle que estas personas también me dieron una ofrenda en dinero». Casi todos los pastores con los que he hablado me han dicho algo así como: «Eso es tuyo. Eso es entre tú y ellos. No te preocupes». Pero esa es otra razón por la que todos debemos dejarnos guiar por el Espíritu Santo al lidiar con asuntos financieros. El Señor puede ayudarnos a evitar experiencias desagradables con el dinero.

Como el pastor será la última persona a la que veas antes de irte, deberías hablar de esto discretamente. Si el pastor no está presente o tuvo que irse por alguna razón inesperada, alguien más podría invitarte a comer después o darte el honorario. Cuando esto suceda, podrías orar antes de llamar al pastor la próxima semana y decirle: «Quiero agradecer la oportunidad de ministrar y la bendición financiera de la iglesia. También quería que supiera que fulano me dio un pequeño regalo adicional». No es algo por lo que debas sentirte mal si olvidas hacerlo o no tienes la oportunidad, pero simplemente trato de convertirlo en un asunto de responsabilidad para mí. Quiero asegurarme de informar al pastor lo que está sucediendo.

Personalmente, no creo que sea un abuso de confianza contarle al pastor acerca de los «saludos pentecostales». Si es causa de ofensa, es más probable que devuelva el dinero que intentar hacer algo a espaldas del pastor. Uno simplemente agradece el regalo y lo celebra tanto con el que lo dio como con el pastor, alabando al Señor por su bondad. Muchas veces, cuando la gente—especialmente los ancianos—bendicen a mis hijos, ni siquiera me entero hasta después del servicio, cuando ya hemos salido del templo. Ellos no dijeron nada durante el servicio porque yo estaba ocupado tratando de conocer gente y estrechando manos. Pero si tienes la oportunidad, es bueno comentarlo al pastor en algún momento.

Cómo manejar asuntos delicados

También procuro charlar con el pastor cuando alguien me cuenta algún asunto negativo de la iglesia. Generalmente, se sabe cuándo alguien está tratando de causar problemas, y es importante que lo comunique al pastor. Queremos ser vistos como el defensor número uno del pastor. Siempre hablo positivamente del pastor porque sé que a menudo lleva una pesada carga liderando la congregación local y podría estar enfrentando problemas difíciles. Por eso es tan importante trabajar continuamente en la construcción de relaciones de confianza con los pastores, especialmente cuando estás con ellos para los servicios especiales

También debes intentar comunicar al pastor las respuestas notables cuando se hace el llamado al altar. A veces las personas responden al llamado de una manera especial. Tal vez levanten la mano para decir que necesitan reconciliarse con el Señor o que necesitan salvación, pero no pasan al frente cuando se hace la invitación. Siempre me aseguro de comunicarlo al pastor, especialmente si se trata de una iglesia pequeña y solo hay una o dos respuestas significativas. Le comunico quién levantó la mano para responder. Queremos ser sensibles y también una bendición y ayuda para el pastor.

Además, algunas personas tal vez querrán contribuir con una ofrenda especial a tu ministerio. Cuando alguien te diga: «Quisiera hacer una donación para un vehículo nuevo, un evento o campaña de alcance evangelístico, u otros proyectos del ministerio», es importante que proporciones la documentación adecuada para que reciban el crédito por la donación a tu ministerio. Esta situación no es del todo inusual. Una persona podría sentirse realmente movida a ayudar con ciertos proyectos o gastos asociados con tu ministerio.

Sin embargo, tú debes rendir cuentas de esto; y es una buena idea informar de esto al pastor. Pero si el dinero va para un proyecto específico como un vehículo, entonces no debe considerarse honorario, que cubre gastos de alimentación y paga el combustible para ir al siguiente lugar de ministerio. Normalmente, se debe preguntar al donante si quiere que la iglesia procese esa donación como un aporte al proyecto especial. Entonces, aunque tú no estés registrado como corporación sin fines de lucro, ellos podrán obtener crédito deducible de impuestos. Siempre debes hablar de estas cosas con el pastor porque ellos ya pueden tener procesos para facilitar las ofrendas especiales.

LA ENCUESTA DEL PASTOR AL EVANGELISTA

En 2006 realicé una encuesta entre pastores de las Asambleas de Dios sobre los evangelistas y la comparé con otra realizada en 1996 por el Dr. James O. Davis, entonces Representante Nacional de los Evangelistas de las Asambleas de Dios. Hice algunas preguntas similares para comparar un lapso de diez años, pero también hice algunas preguntas diferentes para obtener información adicional. El Dr. Davis habló de cuáles eran «las principales cualidades que se buscaban en el evangelista» en 1996. La integridad ocupaba el primer lugar, con un 80,6 %; un predicador bíblico sólido ocupaba el segundo lugar, con un 70,1 %, y un ministerio fructífero el tercero, con un 60,2 %.

En 2006, ¡más personas buscaban evangelistas con integridad! Siguió ocupando el primer lugar, pero aumentó casi un 6 %. La solidez de la predicación seguía en segundo lugar, ¡pero subió a 85,1 %! Debo admitir que no me sorprendió que el servicio y la humildad ocuparan un lugar destacado. De hecho, ocuparon el tercer lugar entre los pastores, con más del 73 % que le dieron importancia. Un estigma que probablemente se ha ganado con razón un lugar en las filas evangelísticas es la arrogancia.

Los evangelistas se vuelven orgullosos y arrogantes al estar en el centro de atención, cuando se los admira y se los elogia. Alguien comentó que los evangelistas se meten en problemas cuando empiezan a creer en su propio material promocional. Si esto no fuera tan cierto, sería gracioso. Los evangelistas deben esforzarse por mantener una actitud de servicio y humildad; esto buscan los pastores y laicos en un ministro del Evangelio.

La segunda pregunta era si había organizado alguna campaña en el último año. Felizmente, el 80,6 % respondió sí, mientras que solo el 19,4 % respondió no en la encuesta de 1996. Si bien esta pregunta específica no se planteó en la encuesta de 2006, la tercera pregunta reveló que este porcentaje disminuyó, ya que solo el 65,3 % afirmó haber tenido una campaña exitosa en los últimos dos o tres años.

El éxito de las campañas se abordó con mayor profundidad en las preguntas tres y cuatro. Al preguntar «¿Por qué tuvo éxito su campaña?», obtuvimos diversas respuestas: 60,7 % tuvo éxito gracias a las almas salvadas, los bautismos del Espíritu Santo ocuparon el segundo lugar con el 48,5 %, y la predicación dinámica el tercer lugar con el 47,7 % de los pastores en la encuesta de 1996. En contraste, la encuesta de 2006 reveló que las almas salvadas seguía siendo el número uno, pero había disminuido al 47,6 % entre los pastores. Esto debería ser una gran advertencia para todos nosotros en el ministerio.

La satisfacción de las necesidades personales fue otra opción añadida a la pregunta cuatro de la encuesta de 2006. Sorprendentemente, los pastores consideraron que esto era fundamental para el éxito de una campaña o de un predicador evangelista, como lo demuestra el 46,4 % que eligió esta respuesta en lugar de los bautismos del Espíritu Santo. Esto me indica que estamos entrando en una era de avivamiento y, además, revela la necesidad de un avivamiento en la iglesia local. La Iglesia global necesita un evangelista que predique a los perdidos, pero parece que la renovación espiritual también es una necesidad vital.

La comunidad global cuenta con iglesias y personas que necesitan sanidad, avivamiento, renovación espiritual, bautismos en el Espíritu Santo, liberación y ánimo; necesitan que se satisfagan sus necesidades personales. Dado que el bautismo en el Espíritu Santo ha caído al tercer lugar, después de la satisfacción de las necesidades personales, los pastores afirman que el avivamiento y sus promotores son importantes para ellos.

La quinta pregunta de las encuestas de 1996 y 2006, reveló que los pastores ya no invitan evangelistas a sus iglesias con tanta frecuencia. Solo un tercio invitaba a los evangelistas a reuniones especiales una vez al año, y cerca de un tercio tenía dos o más reuniones al año. Lamentablemente, casi un tercio tenía menos de una reunión especial al año.

Aunque la pregunta de 2006 es ligeramente diferente a la de 1996, se observa que después de tener varios evangelistas al año, los pastores ya no tienen ninguno. La encuesta de 1996 mostró que el 87,9 % de los pastores organizaban de una a tres reuniones al año, mientras que la de 2006 muestra un 37,1 % y un 31,9 % de pastores que invitan a un evangelista al menos una vez al año.

El complejo de megaiglesia podría tener un papel importante en esto, ya que los pastores de estas iglesias, con una mentalidad más corporativa, escriben la mayoría de los libros sobre crecimiento de la iglesia. No obstante, en el ámbito pentecostal, ha surgido una búsqueda de dones ministeriales más especializados en las iglesias más grandes, lo que implica que un evangelista que solo predique no es necesariamente deseable.

Las megaiglesias suelen contar con un equipo de pastores o predicadores, lo que a veces puede disminuir la percepción de la necesidad de evangelización. Estas iglesias a menudo se centran en áreas específicas como la salud familiar, el bautismo en el Espíritu Santo, la sanidad o la liberación. Se han alejado del evangelista con un mensaje de salvación porque, en esa iglesia grande, el equipo pastoral ya suele encargarse de esta tarea. Sin embargo, los líderes deberían considerar seriamente, y en oración, la posibilidad de incluir a alguien con el don del evangelismo, sin importar el tamaño de la congregación.

La pregunta seis, en la encuesta de 1996, indagaba cuál era el mayor desafío que enfrentaba el pastor al invitar a evangelistas, y en la encuesta de 2006, sobre las reuniones prolongadas. Estas preguntas parecen complementarse. En 1996, 54,7% de los pastores consideraba que encontrar al evangelista adecuado era el problema más difícil, 37% mencionó la asistencia y 8,3%, las finanzas. Resulta interesante observar que los desafíos parecen haberse invertido con el paso de los años.

En 2006, 64,5 % de los pastores pensaba que la asistencia era el mayor reto. Muchos amigos pastores me dicen que se avergüenzan de que nadie acuda a los servicios especiales. Sin embargo, aún hoy he visto pastores que promueven con éxito eventos especiales con gran asistencia cada noche y tienen una actitud entusiasta que es contagiosa. El liderazgo, el ayuno, la oración y la promoción siguen siendo la clave del éxito de las reuniones. El segundo reto en la encuesta de 2006 tenía que ver con las finanzas, según el 20,1 % de los pastores, y por último, asegurar al evangelista, obtuvo 5,9 % de las respuestas.

Hay que recordar que un pastor conoce a su comunidad y sabe cómo esta responderá, por lo que nunca me ofende su elección de servicios. Es posible que quieran solo un domingo; de viernes a domingo; de sábado a lunes; de domingo a miércoles, o alguna otra serie de servicios. Ellos saben lo que es mejor, y si te preguntan qué piensas, prepárate para compartir algunas opciones que pudieran ser mejores para ellos.

Hay pastores que prefieren sábado, domingo y lunes porque no hay conflicto con los deportes del viernes por la noche y los servicios solo incluyen un día hábil. Solo hay que tener opciones que se puedan ofrecer a los líderes de la iglesia. Pero recuerda, la asistencia sigue siendo uno de los principales desafíos y parece ser la razón de por qué muchas iglesias ya no tienen servicios el domingo en la noche y entre semana.

Dado que la asistencia a las reuniones especiales está disminuyendo, las ofrendas también disminuyen, por lo que no se obtienen ingresos suficientes para cubrir las necesidades financieras. Varias estrategias diferentes pueden ayudar a generar más ingresos para los servicios especiales. Dos de ellas que mencioné en el capítulo 3 son el uso de promesas de fe o un fondo designado para ofrendas especiales.

Pero todo es cuestión de prioridades. ¿Cuál es la prioridad del pastor como líder en esa iglesia? Algunas situaciones extremas surgen cuando la asistencia comienza a disminuir, como la falta de dinero para el sustento del pastor. Por eso debemos tener sugerencias para que los pastores recauden fondos para servicios especiales si surgen oportunidades en nuestras conversaciones.

Debemos ser creativos para que las iglesias más pequeñas puedan recibir evangelistas. Esas iglesias son las que realmente necesitan el ministerio del evangelista. Una iglesia grande tal vez tiene un dormitorio para visitas o puede ayudar con alojamiento para que la iglesia más pequeña pueda ser ministrada con servicios o eventos especiales. Se podría organizar una gira por la sección, con visitas a 2 o 3 iglesias. Estas son solo algunas de las opciones que, como evangelistas, podemos sugerir para no ser carga para los pastores. Nuestra meta es ser bendición.

La séptima pregunta se refería a las características negativas de los evangelistas. Lo que impactó de manera negativa a los pastores en 1996 fue el evangelista exigente desde el punto de vista financiero, según el 40,3 % de los pastores. Aparentemente, había demasiada manipulación en el altar, como afirmó el 36,3 % de los pastores, mientras que el 33,1 % no estaban dispuestos a servir. Tristemente, estos tres rasgos estaban entre los tres primeros en la encuesta de 2006, aunque los dos primeros se invirtieron. Qué triste que la manipulación en el altar haya subido al número uno según el 44,8% de los pastores, seguida de la exigencia económica y la actitud renuente al servicio.

Algunos evangelistas toman sus propias ofrendas, y he oído de algunos oradores invitados que han tomado más de una ofrenda durante un servicio para proyectos de ministerio. Personalmente, creo que eso está fuera de lugar y es una afrenta al Evangelio. Siempre he considerado que el pastor es capaz de influir más en la ofrenda de lo que yo jamás podría hacerlo y su llamado debería ser suficiente. Si tienes necesidades especiales, deberías hablar con el pastor sobre ellas y preguntarle si tiene alguna sugerencia para ayudarte en esa área.

En algunos casos, el orador invitado ni siquiera comunica al pastor su intención. Lo que sucede a espaldas del pastor arroja una luz negativa sobre todos los invitados en el futuro. No sé cómo la gente tiene éxito en esto. Si yo fuera pastor no lo permitiría y antes del servicio hablaría con mi invitado sobre la ofrenda. Si mi invitado empezara a hacer algo que no acordamos, no dudaría en subir a la plataforma, le agradecería al hermano o hermana por su tiempo y le pediría que se siente.

Por último, nuestras encuestas preguntaban acerca de la eficacia de los evangelistas. En 1996, un mensaje relevante ocupaba el primer lugar con un 74,6% de los pastores que así lo afirmaban, los servicios dinámicos en el altar o el testimonio de un ministerio válido ocupaban el segundo lugar con un 72,9%, y una mejor correspondencia ocupaba el tercer lugar con un 21,8% . La encuesta de 2006 reveló que en un lapso de diez años, se consideraba que los evangelistas podían ser más eficaces si daban pruebas de un ministerio ungido, según el 27,6% de los pastores.

En segundo lugar, los pastores creían que, además de un mensaje bueno, los evangelistas debían tener un mensaje relevante. Una y otra vez, compartían cómo un evangelista había llegado y había predicado un sermón prefabricado que no era realmente relevante para ellos ni había conmovido a los oyentes. Se daban cuenta de que el evangelista no había orado ni escuchado de Dios un mensaje para entregar a esas personas.

Como evangelista, hay momentos en que Dios te dice que prediques un mensaje que ya has predicado antes. Un pastor dijo: «Está bien predicar lo que sobra, pero hay que servirlo caliente». Lo que dedujo fue que necesitabas escuchar del Espíritu Santo—o «escuchar del cielo», como suele decirse—que un mensaje en particular era lo que debías compartir. Si escuchas del cielo, entonces el Señor ungirá el mensaje que te ha dado para predicar. Sin embargo, como evangelista, siempre debes trabajar en un mensaje fresco; esfuérzate por mantenerte fresco.

La relevancia también significa que comprendes y te conectas bien con tu audiencia. Los pastores quieren que seas relevante para las personas de su congregación, así como para los problemas que puedan estar enfrentando. Debes observar si el entorno de la iglesia es más sensible a los buscadores o es un entorno tradicional, pentecostal, lleno del Espíritu y al estilo campamento. El tipo de personas presentes determinará cómo presentas el mensaje del Evangelio. En un entorno de buscadores, no usarás mucho lenguaje eclesiástico que la gente no entienda. Si estás en una reunión de campamento tradicional, entonces está bien hablar de ser lavados en la sangre, de los que se sientan en las bancas y de muchos otros términos que los jóvenes no cristianos desconocen.

Además, la encuesta reveló que todo evangelista debe esforzarse por mantener una actitud de servicio, como se mencionó anteriormente en este capítulo. Como muestran ambas encuestas, este aspecto de un ministerio evangelístico eficaz es fundamental. Mantener una actitud de servicio, humilde y sensible al Espíritu Santo, contribuirá enormemente al fortalecimiento de la relación entre pastor y evangelista. Además, la comunicación y el diálogo continuo con los pastores generarán mayor confianza y posiblemente abrirán más puertas para el ministerio. Ofrece amistad y ayúdalos a alcanzar la visión de Dios para esa iglesia en su comunidad.

Independientemente de tus dones, todo evangelista puede esforzarse por ser un mejor siervo. Puedes ser un siervo asertivo, ¡espero que lo seas! No tengo que disculparme por lo que hago si sigo al Señor Jesucristo y predico la Palabra de Dios. ¿Hay personas que pueden predicar mejor que yo? Claro que sí. ¿Hay personas que operen mejor los dones que yo? Claro. Pero ¿sabes qué? Me esfuerzo por ser un siervo del Dios altísimo que me ama y se preocupa por mí. Así que no tengo que disculparme con nadie por el ministerio que hago mientras siga a Cristo. No predico para impresionar a nadie más que a mi Padre celestial. Y si predico la Palabra de Dios y la Palabra que Él me ha dicho que predique, entonces no tengo que disculparme con el pastor ni con nadie que pueda ofenderse.

Nunca sabrás a quién podría Dios hablar a través de ti. Por lo tanto, debes llegar a ese punto donde no necesites obtener la aceptación ni la aprobación de la gente. Y el Señor tiene que llevarnos a todos, como ministros y líderes empoderados por el Espíritu Santo, a un punto donde no tengamos complejos de inferioridad sobre quiénes somos o lo que hacemos. Dios ha llamado a pastores y evangelistas a trabajar juntos para cumplir lo que nos ha encomendado.

Si escuchamos del cielo y decimos lo que Dios nos da para comunicar, no tendremos que disculparnos con nadie. Podemos ser firmes en nuestra actitud de servicio. Jesús nunca dijo: «Sabes, yo no predico muy bien y probablemente no querrías que visitara tu iglesia, pero si quieres puedes darme una oportunidad».

No, Él era un siervo que seguía la voluntad de su Padre celestial. Aunque lavó los pies de sus discípulos, en cuanto a la Palabra de Dios, fue valeroso; y nosotros hemos recibido ese mismo valor del Espíritu Santo de Dios. Jesús predicó con autoridad, y esa misma autoridad nos ha sido dada a cada uno de nosotros que predicamos el Evangelio. Si nos centramos en Cristo y le damos toda la gloria, Él nos dará excelentes relaciones con los líderes de la iglesia que impulsarán el Reino de Dios.

COMPARACIÓN DE LAS ENCUESTAS 1996—2006

**Encuesta a pastores sobre
los evangelistas – 1996**
(De Davis, James O.,
The Pastor's Best Friend, Gospel Publishing
House, 1997, p. 132)

1. Rasgos que se esperan en el evangelista:
   a. Integridad (80.6%)
   b. Solidez en la Palabra (70,1%)
   c. Ministerio fructífero (60,2%)

2. ¿Organizó una campaña el año pasado?
   a. Sí (80,6%)
   b. No (19,4%)

3. ¿Tuvo éxito en su última campaña?
   a. Sí (85,2%)
   b. No (14,8%)

4. ¿Por qué su campaña fue un éxito?
   a. Almas salvadas (60,7%)
   b. Bautismos Espíritu Santo (48,5%)
   c. Predicación dinámica (47,7%)

5. ¿Con cuánta frecuencia invita a evangelistas?
   a. 1-3 veces por año (87,9%)
   b. 4+ veces por año (6,3%)
   c. Nunca (5,8%)

6. Mayores desafíos respecto a evangelistas:
   a. Evangelista adecuado (54,7%)
   b. Asistencia (37%)
   c. Finanzas (8,3%)

7. Características negativas de los evangelistas:
   a. Exigencias financieras (40,3%)
   b. Manipulación en el altar (36,3%)
   c. Sin actitud de siervo (33,1%)

8. ¿Cómo ser más efectivo como evangelista?
   a. Mensaje relevante (74,6%)
   b. Servicio dinámico en el altar (72,9%)
   c. Mejor comunicación (21,8%)

**Encuesta a pastores sobre
los evangelistas, noviembre 2006**
(Encuesta electrónica preparada
por la Oficina Nacional de Evangelismo AD,
octubre–noviembre, 2006)

1. Rasgos que se esperan en el evangelista:
   a. Integridad (86%)
   b. Solidez en la Palabra (85,1%)
   c. **Servicio / humildad** (73,8%)

2. ¿Organizó una campaña el año pasado?
   = No se preguntó

3. ¿Organizó una campaña evangelística o
   avivamiento exitoso en los últimos 2-3 años?
   a. Sí (65,3%)
   b. No (34,7%)

4. ¿Por qué su campaña fue un éxito?
   a. Almas salvadas (47,6%)
   b. Se proveyó para necesidades (46,4%)
   c. Bautismos Espíritu Santo (44,8%)

5. ¿Con cuánta frecuencia invita a evangelistas?
   a. Generalmente 1 vez al año (37,1%)
   b. 2 o más veces al año (31,9%)
   c. Menos de una vez al año (24,1%)

6. ¿Mayor desafío de reuniones prolongadas?
   a. Asistencia (64,5%)
   b. Finanzas (20,1%)
   c. Asegurar a un evangelista (5,9%)

7. Características negativas de los evangelistas:
   a. Manipulación en el altar (44,8%)
   b. Exigencias financieras (44,6%)
   c. Sin actitud de siervo (36%)

8. ¿Cómo ser más efectivo como evangelista?
   a. Evidencia de un ministerio ungido
      (27,6%)
   b. Mensaje relevante (24,9%)
   c. Actitud de siervo (23%)

CAPÍTULO 5

Planificación y sabiduría ministerial

Se dice que la agenda y las finanzas son las dos cosas más temidas que enfrenta un evangelista. Lucharás con las finanzas, especialmente en los primeros años de tu ministerio, y casi siempre tendrás que adaptar tu agenda hasta cierto punto. Algo que siempre debes recordar: este es el ministerio del Señor, así que no tomes las respuestas negativas como algo personal. Descubrirás que las personas siguen siendo personas y que a veces todos tenemos días malos. Decide ser siempre más tolerante en tus respuestas y actitud. De hecho, he tenido conversaciones telefónicas que han producido cambios y reuniones que han sido programadas, aunque al principio la conversación no fue agradable.

CONEXIÓN

Si bien hay organizaciones que apoyan a sus evangelistas y ministros itinerantes, cada vez más denominaciones permiten que estos ministerios operen dentro del ámbito de una organización religiosa. Esto significa que las ofrendas y el apoyo que se reciben semanal o mensualmente para el ministro itinerante son la única provisión financiera disponible para dicho ministerio. En estos casos, es fundamental que el ministro itinerante mantenga una agenda de reuniones bastante completa, a la vez que contemple domingos y días festivos especiales cuando es difícil programar servicios debido a otras actividades de las iglesias.

Determina el público o las personas y organizaciones potenciales a las que deseas llegar, sean iglesias, escuelas, etc. Luego, determina la distancia que puedes recorrer en un fin de semana determinado. Si crees que puedes viajar 5 horas para un servicio matutino (distancia entre Springfield, Missouri a Memphis, Tennessee), toma un mapa de tu área y, con lápiz y cuerda, dibuja un círculo alrededor de tu posible área de viaje. Dentro de este círculo, debes crear divisiones o secciones que te ayuden a organizar tus contactos y el seguimiento de las llamadas telefónicas. Haz una lista, por cualquier medio disponible, de las personas, iglesias e instituciones a las que te gustaría enviar información, junto con la información de contacto.

Hay diversos enfoques para la conexión con pastores y para conseguir posibles reuniones. Lo más importante que puedes hacer antes de contactarlos es orar y pedir a Dios que guíe tus llamadas, compromisos y tu actitud. Ya sea que comiences escribiendo cartas o llamando por teléfono, la actitud es crucial y la ayuda del Espíritu Santo es primordial.

De los métodos que se usan para conectar con pastores y líderes de organización para reuniones especiales, abordaremos algunos de los siguientes: oración; envíos por correo; llamadas; envío de paquetes promocionales primero, luego llamadas de seguimiento, seguidas del envío de material adicional según se solicite; así como la llamada a los contactos primero y luego el envío de paquetes de información.

ORACIÓN

Dios ha movido a algunos ministros itinerantes a orar por sus oportunidades ministeriales y a no contactar a nadie. Este es, sin duda, un llamado especial, y no uno que todos puedan aceptar. Sin embargo, he visto a algunas personas que hablan jactanciosamente de este aspecto de su ministerio, lo cual puede ser una señal de lo que sucederá. Pero Dios sí abre puertas que a menudo no consideraríamos, e incluso Él dice «estoy abriendo un camino en el desierto» (Isaías 43:19). Cuando Dios te abre puertas, muchas veces el pastor anfitrión llamará a otros pastores y te recomendará. No esperes que esto suceda ni manipules a otros solo para decir que «nunca» has tenido que llamar a nadie.

ENVÍOS POR CORREO

Hay evangelistas que prefieren enviar materiales por correo a las personas que quieren alcanzar sin hacer seguimiento. La meta es enviar una cierta cantidad cada semana con la esperanza de que los pastores lean los materiales y se sientan atraídos a llamar. El costo de todos esos materiales y el hecho de que los pastores reciben muchísimo correspondencia (la mayoría termina en el papelero), se podría pensar que esto es una pérdida de tiempo y dinero.

LLAMADAS

Algunos evangelistas con experiencia en el ministerio utilizan el método «solo llamadas» para contactar a los pastores. La mayoría de quienes utilizan este enfoque han recibido recomendaciones de llamar a ciertos líderes de la iglesia o ya tenían una relación con el pastor al que llaman.

....

Importante: *Usar el teléfono para la comunicación tiene sus propias normas de etiqueta que se deben considerar. Dado que en el teléfono es fácil discernir si alguien está entusiasmado o deprimido, al convocar reuniones, debes mostrar entusiasmo y confianza en lo que Dios está haciendo en tu ministerio. ¿Quién quiere invitar a alguien que está deprimido por su propio ministerio? Habla con entusiasmo de lo que Dios está haciendo en tu vida y ministerio: enfócate en lo positivo, no en lo negativo, pero sé sincero en tu comunicación. Desde el inicio de tu ministerio, decide que te esforzarás por ser un ministro que viva con integridad y sinceridad. Una buena reputación, te llevará más lejos en la vida que un barco lleno de carisma y falsas declaraciones sobre salvaciones y milagros en tu ministerio.*

....

CORREO, LLAMADA, CORREO

El sistema «correo, llamada, correo» utiliza un envío semanal de cartas, seguido de una llamada telefónica entre diez días y dos semanas después (tiempo suficiente para que las personas reciban el correo y lo lean). Luego, envía por correo cualquier información adicional solicitada. El problema con esto ya se mencionó: los gastos de envío y los materiales se convierten en un problema, y los pastores reciben tanto correo que la mayoría de las solicitudes terminan en la basura. Sin embargo, si un amigo pastor escribe una carta de presentación, obviamente será necesario una llamada de seguimiento poco después de enviarla.

Si usas el método «correo, llamada, correo» (o incluso «solo correo»), asegúrate de mantener tu correspondencia organizada. Para facilitar un enfoque sistemático, puedes enviar aproximadamente de 25 a 50 cartas por semana. Puedes inclinarte por 25 (o menos) dependiendo de tu carga de trabajo. Dos semanas después del envío inicial, haz un seguimiento con una llamada telefónica (recuerda que algunos pastores tienen dos vocaciones, así que solo las recibirá los sábados, quizás). Esto permitirá que las cartas lleguen a su destino y les dará a todos al menos una semana para leerlas. Al llamar, la conversación variará un poco según la respuesta de cada persona, pero inicialmente, la conversación podría ser algo así (por favor, no aparentes ser quien no eres y escribe lo que vas a decir si no lo sabes bien; siempre habrá algunas variaciones):

Hola, mi nombre es ______________ y estoy llamando acerca de una carta que envié hace un par de semanas. Disculpe si llamé en un mal momento. [Pausa para cualquier respuesta]. Quería saber si ha podido revisar la información que le envié hace un par de semanas. Sé que los pastores tienen una agenda muy ocupada, pero Dios parece estar haciendo crecer nuestro ministerio. Actualmente estoy trabajando en nuestra agenda para la próxima primavera y quisiera saber si habría alguna posibilidad de ministrar en su zona.

Importante: *Sé siempre precavido y utiliza títulos apropiados de respeto y posición, como decir «señora» o «señor», evita el tuteo, etc.*

Ya has expuesto rápidamente todas tus intenciones, y la pelota está en la cancha del pastor. La conversación variará a partir de ahora, y puedes dar más detalles si te lo piden. Si el pastor dice «Ya tengo todo reservado este año» (suele ser su forma de decir que no), deberías preguntar algo como: «¿Sería posible que lo llamara más adelante este año o cree que esto podría no ser adecuado para su iglesia en este momento?» Con este tipo de declaración, le estás dando al pastor una salida, y lo apreciará mucho más que si intentas obligarlo a cumplir con una obligación específica. A todos nos gustan las opciones. Puedes enviar materiales de seguimiento según el pastor lo solicite.

Importante: *Mantén una actitud profesional al comunicarte con otros. No seas insistente ni manipulador, con lo que podrías conseguir una cita a corto plazo. El pastor aceptará para que no sigas insistiendo y luego cancelará un mes después. Esto a veces se conoce como «acorralar» al pastor: obligarlo a una situación que no le agrada. ¡Permite que el Espíritu Santo te abra puertas! En este mismo sentido, ¡no mendigues por servicios! El Señor no nos ha llamado a ser mendigos (Salmo 37:25). Si parece que todas las puertas se cierran, es hora de entrar en tu aposento de oración para un tiempo de ayuno y oración y discernir la voluntad de Dios en esa situación.*

LLAMADA, CORREO

El sistema de «llamada, correo» parece ser la forma más eficiente y económica de conectar con pastores y líderes. Aunque las llamadas telefónicas «en frío» (sin recomendación) pueden funcionar, es mejor contar con la recomendación de otro pastor, conocido por el pastor al que se llama. No pidas recomendaciones a otros evangelistas (a menos que sean amigos cercanos), ya que la mayoría de los evangelistas protegen mucho sus relaciones y los pastores suelen preferir la recomendación de un pastor conocido que la de un evangelista. Sin embargo, el hecho de que otro pastor te dé un nombre o una lista de nombres para llamar no garantiza un acceso inmediato; el pastor al que llames y el Espíritu Santo tienen la última palabra. Una vez que te hayas contactado, puedes enviar información adicional si lo deseas y, sin duda, envía una carta de confirmación si se acuerda una fecha de servicio.

Dado que la mayoría de los pastores lideran una congregación pequeña, encontrarás que muchos de ellos tienen dos ocupaciones. Dicho esto, es posible que no puedas comunicarte por teléfono durante el día, pero quizás tengas que llamar al número de la iglesia por la tarde o el fin de semana. NO llames a la casa ni al celular de un pastor a menos que él o ella te haya autorizado llamarlo a su casa o su celular.

Otros métodos, que parecen irritar más que brindar oportunidades, incluyen las listas de correo electrónico que, de alguna manera, llegan a tu cuenta. Ya sea correo basura o una lista de correo en la que has sido incluido (aunque nunca te hayas suscrito), algunas personas creen que anunciar su disponibilidad se considerará una forma de legitimar su ministerio. Esto, en realidad, perjudica y no debería fomentarse.

....

Importante: *si tienes una lista de correos electrónicos que utilizas para enviar boletines y noticias del ministerio, asegúrate de tener permiso del pastor para promover la hoja de inscripción y no añadas nombres sin consultar.*

....

Cuando llames, tu presentación debe durar solo 20 o 30 segundos. Podrías decir algo como esto (revisa también la sección anterior):

Hola, mi nombre es ______________ y quisiera saber si el pastor ______________ está en su oficina esta mañana. Buenos días pastor ______________, ¿es este un buen momento para conversar? Si no lo es, estaría dispuesto a llamar en un horario más conveniente.

[Espera por una respuesta—aunque tarde] [Si la respuesta es sí.] Mi nombre es ______________ y soy un evangelista aquí en [Ciudad, Estado]. Estuvimos con el pastor __________ el pasado fin de semana y él me animó a que lo llamara. Estamos buscando posibles oportunidades de ministerio en su área durante el [otoño, verano, etc...] del próximo año y quisiera saber si hay alguna posibilidad de que podamos visitar su iglesia.

Nota: A algunos pastores les gusta intimidar a quienes los llaman, y permanecen en silencio. Si no responden la primera vez, no dudes en volver a preguntar: «¿Es un mal momento, Pastor ________?». Luego, espera su respuesta; con toda seguridad dirán algo más tarde o más temprano. Si la respuesta es sí, pregúntales: «¿Hay algún mejor momento en que pudiera llamarlo?». Algunas personas son simplemente negativas, y si sientes que la conversación se está desviando, di algo como: «Disculpe pastor por haberlo molestado hoy. Espero que tenga un buen día». (Esto podría ser un poco inquietante la primera vez que te suceda). Si responden que no, puedes continuar.

Tal vez descubras que los lunes y viernes no son buenos días para llamar, pero sigue la guía de Dios y pregunta a la secretaria, si está disponible, cuál sería una buena hora para contactar al pastor si no está cuando lo llamas. Una buena práctica al llamar es llevar un registro telefónico. Puede ser sencillo y hecho por ti mismo, pero debe contener: la iglesia u organización a la que llamaste, el número de teléfono (una excelente referencia rápida al volver a llamar), el nombre del pastor o líder, la fecha de la llamada y comentarios, como cuándo desea que le devuelvas la llamada o si acabas de recibir su mensaje de voz. ¡Te deseo lo mejor!

MATERIALES INFORMATIVOS

Tus materiales de correo deben tener un aspecto impecable y profesional, aun cuando utilizas el correo electrónico e internet para proporcionar materiales a tu organización anfitriona. Siempre les digo a los jóvenes evangelistas que empiecen donde ellos están, no donde están las demás personas. No necesitan carteles y folletos sofisticados y a todo color como algunos evangelistas que llevan años en el ministerio. Cuando empecé, compré una computadora a un precio módico y la mejor impresora que pude financiar. Imprimí mis propios boletines y pegué en ellos nuestras tarjetas de oración.

Decidimos invertir en tarjetas de oración y una impresora, ya que crearíamos nuestros propios boletines para enviar. A medida que avanzas en años, te esfuerzas por mantener tus materiales actualizados; ¡no uses una foto de hace veinte años! Sé innovador y usa tu creatividad y la guía del Espíritu Santo para dejar una huella imborrable.

El correo electrónico y los mensajes de texto son excelentes (y económicos) medios de correspondencia. Cada vez más pastores desean comunicarse por correo electrónico y mensajes de texto. Si tienes un sitio web, dirige a tu sitio a los pastores que deseen más información, pero asegúrate de dedicar tiempo (o que alguien más lo haga) a mantenerlo actualizado con contenido relevante y recursos para pastores. Algunos sitios web incluso son gratuitos, pero asegúrate de que tengan un aspecto profesional antes de dirigir a alguien a ellos. Si vas a incorporar algún tipo de blog, ¡asegúrate de dedicarle tiempo para mantenerlo!

Mejora tus materiales cada vez que puedas. Trabaja en nuevos diseños o una nueva imagen cada dos años si es posible. Tus materiales promocionales te representan, y aunque no debería suceder, la gente juzga por las apariencias. Una advertencia: en toda circunstancia debes honesto en tus materiales promocionales. No puedo decir cuántos sitios web he visitado donde el evangelista era «el más solicitado». ¿Cómo es posible que todos sean «los más solicitados?».

REFERENCIAS Y RECOMENDACIONES

Durante las reuniones que has programado, siempre busca algunas reuniones adicionales y personas que te den referencias de otros lugares o te recomienden. Después de un servicio excepcionalmente bueno, podrías preguntarle al pastor del lugar donde ministraste si conoce a alguien que pueda ser bendecido por tu ministerio. Puedes facilitar esto diciendo que siempre buscas oportunidades para expandir la efectividad del ministerio y quieres saber si él (o ella) conoce a alguien a quien puedas llamar para que te ayude.

Al buscar referencias o recomendaciones, es fundamental esperar el momento oportuno y la guía del Espíritu Santo. A nadie le gusta sentirse usado, y esa es la última impresión que desearás dejar en alguien. Por lo tanto, normalmente yo esperaría hasta después de una buena reunión o una serie de reuniones antes de preguntar. Algunos pastores se ofrecerán a llamar a otros por ti* o podrían estar dispuestos a escribir una carta de recomendación*. También puedes sentirte libre, especialmente si tienes una relación más cercana, de preguntarles si estarían dispuestos a compartir una recomendación o una o dos frases sobre el ministerio que puedas incluir en futuros boletines que envíes a otros.*

....

***Importante:** *Estos tres últimos puntos son delicados, no presiones a los pastores para que te ayuden. Deja que el Espíritu Santo obre y confirme tu ministerio. Solo aborda esta posibilidad si el pastor menciona el tema o si lo conoces muy bien.*

....

Cualquiera que sea el método que Dios te guíe a utilizar para conectarte con los líderes de la iglesia, debes cubrirlo de oración y esforzarte por ser un gran embajador del Señor Jesucristo.

CONFIRMACIONES

Después de que Dios, por su gracia, te haya abierto las puertas del ministerio y tú hayas programado una reunión, debes enviar una carta de confirmación esa misma semana, o el mismo día si es posible. Vivimos en un mundo ajetreado, y el ministerio no es la excepción. Los pastores cumplen muchas funciones, y fácilmente los horarios y las citas se pierden en el ajetreo de la vida. Tantas personas y eventos atraen la atención de un pastor, y si no se tiene cuidado, incluso podría ocurrir una doble reserva.

Tu carta de confirmación (revisa el ejemplo en el Apéndice A), debe comenzar con un breve párrafo de saludo personal y cualquier noticia personal pertinente que podría estar sucediendo. En el segundo párrafo puedes agradecer al pastor u organización «por la oportunidad de ministrar el (inserta la fecha acordada aquí)». Siempre incluye las fechas de ministerio acordadas para evitar cualquier confusión. Si por error se indicó otra fecha, verla en la carta (poner la fecha en negrita también puede ser útil) permitirá que la persona que programó la cita te llame rápidamente y programe una fecha correcta, si hubiera un error.

En el último párrafo, asegúrate de agradecer nuevamente al pastor o a la organización, e indica que los llamarás unas semanas antes de la fecha del ministerio para verificar su disponibilidad y obtener los detalles del servicio. Si programaste la reunión con uno o dos años (o más) de anticipación, debes asegurarte de comunicarte un año antes de la fecha, y especialmente con seis meses de anticipación, para asegurarte de todavía estás en el calendario. Las postales o los mensajes de texto, así como el correo electrónico si se permite, pueden ser una opción económica.

COMUNICACIÓN

Un mes antes de la reunión programada, envía a la iglesia anfitriona materiales promocionales, carteles, anuncios listos para imprimir, muestras de tarjetas de invitación, etc. Si su evento se lleva a cabo en un lugar más grande, por ser un evento de distrito o nacional, tal vez tendrás que proporcionar materiales promocionales con mucha anticipación. Siempre consulta con la organización o iglesia para acomodarte a las necesidades de ellos.

Hoy en día, muchos ministros itinerantes publican la mayoría de sus materiales promocionales en sus sitios web. Algunos evangelistas tienen un área segura en su sitio web donde los pastores o líderes de organizaciones pueden acceder a los materiales. El evangelista proporciona una contraseña a la iglesia anfitriona para que accedan a estas áreas, lo que ahorra el costo de material y el envío al visitante.

Siempre llama con dos a cuatro semanas de anticipación para conocer los detalles necesarios sobre un próximo servicio y las consideraciones útiles que debes conocer. Algunos puntos que debes verificar incluyen:

Hotel / alojamiento: Como huésped, siempre debes ser consciente de la capacidad financiera de la iglesia. Algunas iglesias siempre ofrecen habitaciones de hotel, mientras que otras tienen alojamientos para evangelistas (una habitación en el edificio de la iglesia local, construida específicamente para ministros itinerantes o misioneros), y otras incluso ofrecen una habitación en el hogar del pastor para alojar a sus invitados.

Aunque alojarse en la casa de un pastor es un gesto muy amable, y en varias ocasiones hemos alojado en un hogar pastoral, recomiendo que procuren mantener cierta privacidad para ustedes y su familia durante los servicios programados. Si deben alojarse en la casa del pastor, los apartamentos con sótano han sido una experiencia maravillosa para nosotros. Hablo más sobre esto en el capítulo 6.

No pretendo ser cruel al compartir mis preferencias; solo sé que las prioridades que tenemos como familia no son necesariamente las mismas que usará otra persona. También sé que soy muy sociable (como la mayoría de los evangelistas), y si estoy con gente, querré conversar con ellos. Es un beneficio adicional para ti y para la iglesia a la que has sido invitado tener un lugar apartado, lejos de todos, para que te conectes con el trono celestial y escuches lo que Dios quiere decirle a esa congregación en particular, en lugar de distraerte socializando o confraternizando.

Nunca hemos exigido una habitación de hotel, pero hemos tratado de ser amables al sugerirla. Si un pastor no menciona alojamiento durante nuestra conversación, podrías preguntarle si conoce algún buen hotel en la zona donde podrían alojar. A menudo, esto le ayuda a recordar al pastor, que tiene un millón de cosas en mente, sobre el alojamiento. Suelen ofrecer hacerse cargo del alojamiento, pero si no, seguramente te recomendarán algunos lugares. Si no ofrecen ayuda con el alojamiento, buscamos la guía del Señor y nos damos cuenta de que este puede ser un momento de sembrar la semilla en ese ministerio.

Si me preguntan qué prefiero, también digo que no queremos ser una carga para la iglesia, pero que un hotel sería una gran bendición para nosotros. En algunas ocasiones, incluso hemos ofrecido cubrir los gastos si es necesario. Digo todo esto para asegurarles que, sin duda, se alojarán en una gran variedad de lugares y probablemente tengan muchas historias que contar a lo largo de los años. Incluso, en más de una ocasión, hemos alojado en una casa rodante de alguien de la iglesia. En todo, procuren ser amables y agradecer lo que la iglesia puede ofrecer; incluso invitar a un orador puede ser un verdadero sacrificio para ellos. Y como siempre, Dios compensa la diferencia más adelante, en otro servicio.

....

Importante: *Si has sido bendecido con un alojamiento en un hotel o motel local, solicita una copia del recibo de cierre si es posible. Algunos hoteles tienen como norma dar copias a los huéspedes con facturación directa, mientras que otros son extremadamente reacios a proporcionar copias. La copia es simplemente una garantía sobre lo que se le cobrará a la iglesia. Escuché una historia real sobre un evangelista que llegó a una iglesia, y cuando la iglesia finalmente recibió la factura de su estadía en el hotel, había cargos por películas pornográficas para adultos en la cuenta de su habitación. Está demás decir que el pastor no estaba contento con esto y llamó al evangelista. El evangelista juró que nunca había visto algo así. Tras interrogar al personal del hotel y anotar la hora de los cargos, se descubrió que el personal de limpieza había decidido ver películas pornográficas mientras limpiaba la habitación. Como ministro itinerante, tu reputación lo es todo, así que protégela.*

....

Al viajar en coche con la familia, conviene llevar cunas y mantas o sacos de dormir para evitar situaciones desagradables. Si tienes dos hijos y comparten una habitación con dos camas dobles (o una cama *king size*), sería mejor instalar cunas o colchones inflables para los niños para que tú y tu cónyuge descansen bien.

Si planeas dejar el lugar después de los servicios de todo un día, pregunta si hay un lugar para descansar entre los servicios. Tal vez querrás que tus hijos descansen por la tarde (y tú también), ya que el regreso a casa o al próximo destino podría ser tarde en la noche. A veces, el único lugar disponible es una habitación en la iglesia, ¡y las camas plegables son muy útiles en esos casos! Evita hacerte el invitado a la casa del pastor.

Vestimenta: Siempre es buena idea preguntarle al pastor cuál es el estilo de vestimenta preferido para los servicios del domingo por la mañana, el domingo por la noche y entre semana. Lo último que quieres como orador invitado es ser ofensivo con tu vestimenta. Aunque no se supone que debemos juzgar, eso es exactamente lo que la mayoría de las personas hará, como mencionamos antes. No necesariamente querrás usar la última moda y la más cara (traje o vestido) en una pequeña iglesia rural donde la mayoría de las personas tiene dificultad incluso para pagar sus cuentas.

¡Tampoco quieres usar tu elegante traje y corbata en los servicios del campamento de jóvenes! Como oradores públicos y representantes de Jesucristo, nos esforzamos por lucir profesionales. Sin embargo, a veces debemos preguntarnos: ¿quién es nuestra audiencia y qué nos ayudará a conectarnos con aquellos a quienes somos enviados a ministrar?

Cuál traducción de la Biblia se debe usar: Este es un tema importante. Darnos cuenta de que hay diversas opiniones sobre las traducciones de las Escrituras hoy nos obliga a mencionarlo. El objetivo de esta sección es que comprendamos la necesidad de hacer lo necesario para conectarnos con nuestra audiencia. Quisiera ilustrarlo de una manera sencilla. Hoy en día, nadie predica en griego *koiné*, y nadie habla la lengua castellana de Miguel de Cervantes. En muchos sentidos, la grafía del castellano o español antiguo es diferente, y las palabras que significaban una cosa en el siglo XVI hoy se usan de una manera diferente. Muchas personas no cristianas probablemente no entenderían el lenguaje de la versión más antigua de la Biblia en español de la cual hoy tenemos la *Santa Biblia*, versión Reina-Valera, que también ha sido actualizada varias veces.

Algunos segmentos de los creyentes están inmersos en la tradición y la herencia cristiana, y usar cualquier versión de las Escrituras no se considera aceptable. Si tú eres un verdadero estudioso de la Palabra de Dios, seguramente utilizas diversas ayudas de estudio que te remontan a los idiomas bíblicos originales: hebreo, arameo y griego. Usa hoy el idioma que las personas entienden y por respeto a quienes te escuchan.

Pregúntale al pastor qué versión de la Biblia usa para que puedas ser de más utilidad y la traducción de las Escrituras no impida que alguien entre al Reino de Dios. Si usas la traducción común esta te ayudará a conectar más fácilmente con la congregación local, ya que esa traducción será la que estén acostumbrados a escuchar.

Duración de los sermones: Si llevas tiempo en el ministerio, probablemente hayas oído hablar del evangelista que predicó durante una hora y media en el servicio matutino. La gente tenía tanto miedo de que se repitiera que nadie acudió al servicio vespertino. Como invitado, intenta seguir el horario de sermones establecido por el pastor. Si el Espíritu Santo empieza a obrar, es muy probable que todos te acompañen y no se quejen. Pero predicar tanto tiempo solo porque sientes que tienes algo que decir es una excelente manera de no volver a ser invitado.

Otra cosa que debes recordar es que la mayoría de las iglesias son un poco más sensibles al tiempo en el servicio matutino que en otros momentos. Dado que probablemente intentas presentar tu ministerio y establecer una conexión con la gente en el servicio matutino, debes esforzarte para que los mensajes sean un poco más breves y Dios tenga tiempo para hacer algo durante el tiempo del altar. Si predicas hasta el último minuto de un servicio normal, la mayoría de tus oyentes se marchará. Lo principal es ser comprensivo con las personas que tienen un horario de trabajo a los que intentas ministrar y entender, en los servicios vespertinos, que tienen que levantarse temprano al día siguiente y presentarse en su trabajo. El Espíritu te guiará si se lo permites.

Cómo llegar a la iglesia: ¡Lo último que quieres es llegar tarde a la iglesia! Asegúrate de preguntar cómo llegar al hotel y a la iglesia. Anota los horarios de las reuniones y pregúntale al pastor si prefiere que llegues a alguna hora específica. Si tienes familia, esfuérzate por llegar para que puedan participar en la escuela dominical, si la iglesia la tiene. A menudo, los oradores invitados buscan un lugar apartado para repasar su mensaje y asegurarse de estar preparados espiritual y mentalmente para el servicio. Algunas iglesias tienen varios servicios, así que llega temprano y prepárate para ayudar al pastor con cualquier cosa que necesite. Si no conoces la zona, utiliza mapas del estado y la ciudad, o imprime copias de las indicaciones de internet; también puedes usar un GPS.

Transporte: En la siguiente conversación, deberás informar al pastor si conducirás y si tendrá una casa rodante. Es posible que esta conversación ya haya surgido durante el acuerdo inicial. Si tienes una casa rodante, debes verificar qué tipo de conexiones de agua, alcantarillado y electricidad tiene la iglesia. Algunas iglesias tienen conexiones en la iglesia, mientras que otras tendrán que ayudarte de otras maneras. Puede que haya un parque de casas rodantes cerca, pero si no es así, tendrás que acampar en tu casa rodante aproximadamente un día. Por lo menos, debes averiguar dónde hay una estación de descarga; a veces, las paradas de los grandes camiones de carga cuentan con estas instalaciones.

Si viajas en avión, hay varias cosas que debes considerar. Primero, debes informar al pastor con antelación que probablemente volarás un sábado o cualquier día propicio para la reunión, y asegurarte de que este medio de transporte sea aceptable para él. Si viajas en avión, debes notificar dicho gasto tan pronto como hagas la reserva, e incluso algunas agencias de viajes lo harán por ti, por una pequeña tarifa.

Nuevamente, no es necesario ser exigente, pero envía una nota para informar que acabas de comprar tu boleto de avión y que compartirás el monto total. Podrías decir: «Estaríamos muy agradecidos si hubiera alguna posibilidad de que nos puedan ayudar con algún porcentaje de este gasto».

También podrías preguntar si alguien puede ir por ti al aeropuerto o si alquilarás un vehículo. Si conduces, considera enviar una nota de agradecimiento y presentar un informe del kilometraje y los gastos. Muchos líderes simplemente no piensan en el costo del viaje a menos que viajen en avión. Esto no suele hacerse a propósito, simplemente no se piensa, y una amable nota puede ser una excelente manera de expresar la necesidad presente. En sus cartas, algunos evangelistas piden a las iglesias que los ayuden a orar que el Señor cubra gastos de viaje específicos.

Planifica tu tiempo de llegada: Debes asegurarte de informar al pastor tu hora estimada de llegada. Muchas veces, el pastor aprovechará el tiempo de convivencia durante la cena del sábado por la noche para conocerte mejor a ti y tu ministerio. ¡No planees llegar siempre justo antes de la cena para obtener una comida gratis! Si es posible, haz planes para llegar un poco más tarde para que el pastor pueda mencionar la opción de cenar con él y su familia, y así evitar que te vean como alguien que siempre intenta aprovecharse de los demás.

CONDUCIR UN VEHÍCULO

Cuando llegue el momento de viajar a tu destino y celebrar tu reunión o serie de reuniones, hay algunas cosas que debes tener en cuenta:

Procura ser una bendición para el pastor. El único propósito de tu visita es obedecer a Dios en ese momento y a las personas que recibirán tu ministerio. Pero recuerda que estás ahí para ayudar al pastor en todo lo que puedas, dentro de lo razonable. Es posible que se te pida que ayudes con los servicios en algún hogar de ancianos, visitas al hospital, clases en la escuela dominical o alguna otra actividad que el pastor considere útil. Esto también suele ser parte de tu tiempo cuando el pastor podría hablar contigo sobre los problemas que enfrentan en esa zona.

Los pastores están en la primera línea del ministerio y, por lo general, no tienen con quien hablar ni en quien confiar, así que te convertirás en esa persona. Como ya he mencionado, tus conversaciones son confidenciales y nunca deberías ganarte la reputación de ser alguien que habla cosas que otros te han confiado.

Siempre presenta comentarios positivos al pastor. Cuando las personas expresen su aprecio por tu ministerio o cualquier otra cosa maravillosa que puedan decir sobre él, redirige sus elogios hacia el pastor. Podrían decir: «Deberían asegurarse de agradecer a su pastor por tener la iniciativa de programar servicios especiales como este». O «Su pastor es la única razón por la que yo o nosotros podemos estar aquí; asegúrense de comunicarle cuánto han significado estos servicios para ustedes».

Los pastores se quedan cuando el evangelista se va, y cualquier cosa que puedas hacer para dignificar su ministerio ante quienes son miembros o asisten a su iglesia no solo beneficia al pastor, sino que también fortalece la relación con ellos. Reforzará la confianza en su ministerio y tendrán la seguridad de que no estás ahí para robarles su iglesia ni a sus feligreses.

Nunca te asocies con personas problemáticas. En algún momento de tus viajes, seguramente te encontrarás con personas que siempre se están quejando de algo y procurarán convencer a un visitante desprevenido si creen que pueden ganar tu favor. Nunca te pongas del lado de este tipo de personas. Anímalas a compartir sus sentimientos con el pastor, y tú, lo antes posible, debes confiarle los comentarios despectivos y las personas que los emiten. Estás ahí para favorecer al pastor, y recuerda que eres un invitado en casa ajena, por así decirlo. Tu comportamiento debe ser como el que esperarías de quien visita tu casa.

Nunca engañes cuando se trata de la lista de correo. Las listas de correo son importantes para el ministerio itinerante, ya que permiten compartir perspectivas, necesidades y testimonios con quienes estén interesados. Algunos querrán apoyar en oración, mientras que otros querrán contribuir económicamente al ministerio. Y otros querrán información. Una cosa es enviar por correo postal o electrónico una copia del boletín informativo a la iglesia donde has ministrado, pero otra muy distinta es pedir a la gente que se suscriba sin el permiso del pastor. No se trata pedir permiso públicamente cuando estás detrás del púlpito.

¿Quién apreciaría esa presión? Para las listas de correo y cualquier otra cosa, si es posible, pide autorización antes del servicio inicial.

Profesionalismo. Eres un representante de Jesucristo y un líder dentro de la iglesia en general. Debes comportarte de una manera que honre a Dios y mantener una medida más alta de santidad y dedicación a Dios que otros que no han sido llamados al ministerio vocacional. Los ministros perezosos, tacaños, maleducados, coquetos, con mala actitud o cualquier otra característica denigrante socavarán el ministerio de Dios y crearán una dicotomía que no se basa en las Escrituras, ni es cristiana.

Asegúrate de contar con medidas de protección. Las medidas de protección y rendición de cuentas deben ser parte normal de tu ministerio. Si no ministras con tu familia, busca la de alguien a quien rindas cuentas. Si no es posible, establece medidas de protección. Algunas consideraciones son: no te quedes solo con una persona del sexo opuesto; apaga el televisor si luchas con ciertas tentaciones; instala software especial en tu computadora si la navegación inapropiada es un problema; llama a tu cónyuge regularmente para saber cómo está; y cualquier otra idea que se te ocurra para mantenerte bajo control.

....

Importante: *Es fácil decir: «No tengo este tipo de problemas, solo las personas que no tienen una buena relación con Dios luchan con esas cosas». Pero en cuanto adoptas esa mentalidad, el enemigo ya tiene la ventaja de la arrogancia o el orgullo en tu vida. Somos criaturas caídas, y sin la ayuda de Dios, todos fracasaríamos miserablemente. Mantente firme en las Escrituras y rinde cuentas de tus actos.*

....

No manipules a las personas que tienen dinero. El ministerio itinerante a menudo puede ser una época de abundancia o escasez, y las ofrendas generosas pueden desafiar nuestra espiritualidad. Las deudas, los niños que se enferman y un vehículo que está en sus últimas son difíciles desafíos. Pero es Dios quien suple nuestras necesidades, «conforme a sus riquezas en gloria en Cristo Jesús» (Fil. 4:19, RVR1960). Al sumergirnos en las Escrituras y dedicarnos a la oración, podemos evitar la tentación de manipular a otros para obtener ganancias económicas.

La mesa de productos NO debe ser la prioridad. Como mencioné en el capítulo 4, debes comunicarte con el pastor sobre la mesa de productos y los recursos que quieras compartir. He sabido de evangelistas que se centran más en su mesa de productos que en el altar. Como evangelista, podrías financiar tu ministerio con la venta de productos. La mesa de productos en sí no está mal y generalmente paga el combustible, los gastos de viaje y es una gran ayuda en los tiempos de escasez durante el año, cuando no hay muchos servicios. Pero has sido llamado por Dios para ministrar a quienes vengan a escuchar su Palabra.

Si tienes una mesa de productos, siempre es preferible que el pastor la anuncie si así lo desea. Si el pastor prefiere que tú presentes los materiales, procura que el anuncio sea lo más breve posible, de unos tres minutos como máximo. Al finalizar el servicio, ¡no descuides el tiempo del altar para atender la mesa de productos! Si es necesario, pide a alguien que te ayude con la mesa o solicita ayuda a la iglesia.

Algunas iglesias estarán dispuestas a ayudar, pero debes consultar con el pastor. Prepara una bolsa con una cantidad fija de monedas y billetes menudos para quienes te ayuden. Algunos evangelistas utilizan con éxito el sistema de honor, además de ofrecer productos por una donación. Asegúrate de consultar las leyes fiscales de cada estado antes de instalar tu mesa de productos con el fin de cumplir con las normas del gobierno.

COMPROMISO

El compromiso con la excelencia es crucial en el ministerio. Si hacemos algo, debemos hacerlo bien. Sea un boletín informativo, un sitio web, una tarjeta de oración o cualquier otro aspecto del ministerio, debemos hacerlo con la excelencia en mente. Todo lo que hagas o crees, refleja quien eres. Como siervo de Jesucristo, debes recordar que representas al Rey de reyes y Señor de señores en cada aspecto del ministerio. Dios obrará para que tu ministerio sea relevante y pertinente si lo complaces con un corazón puro y humilde.

Otra parte valiosa del ministerio es el compromiso de proteger lo que Dios nos ha confiado. Como se mencionó antes, debemos tener medidas de seguridad porque todos necesitamos rendir cuentas. Nadie está exento de corrección ni de responsabilidad, y esto no solo nos mantiene en la voluntad de Dios, también nos guarda de caer y manchar el Reino de Dios. Cuando los ministros del Evangelio caen, suelen llevar con ellos a una multitud de personas: aquellos que creyeron en ellos y en lo que Dios estaba haciendo a través de ellos.

Finalmente, debemos comprometernos con el ministerio mismo. Esto es difícil, y necesitamos la firme determinación de no rendirnos. A menudo se necesitan de dos a cuatro años de arduo trabajo antes de que muchos ministerios itinerantes se establezcan para financiarse, y habrá muchos valles durante ese tiempo. Lamentablemente, hay algunos líderes que no saben cómo tratar a los invitados, y algunos te lastimarán y te tratarán menos de lo que un cristiano debería. Pero como ministro del Evangelio, inspirado por el Espíritu, siempre debes tomar la «vía correcta». No tomes represalias, ya que eso es asunto del Señor y Él puede encargarse adecuadamente sin nuestra intervención carnal.

....

Importante: *Esta es una gran área donde un diario espiritual puede ser una verdadera bendición y aliento. En momentos de inactividad, puedes leer tu diario espiritual y ver cómo Dios ha respondido oraciones, ha provisto milagrosamente y ha abierto puertas que nunca imaginaste. Leer tu diario puede ser una terapia espiritual, emocional y mental. El enemigo de tu alma quiere que olvides lo que Dios ha hecho, pero el mismo Pablo nos dijo en Filipenses 4:8: «Por lo demás, hermanos, todo lo que es verdadero, todo lo honesto, todo lo justo, todo lo puro, todo lo amable, todo lo que es de buen nombre; si hay virtud alguna, si algo digno de alabanza, en esto pensad». Meditar en las grandes cosas que Dios ha hecho por nosotros es una manera maravillosa de refrescar la mente, el cuerpo y el espíritu.*

....

CONCLUSIÓN

Dile al pastor cuánto aprecias la oportunidad. Algo importante que debes recordar después de cualquier reunión donde has ministrado es enviar una nota, tarjeta o carta de agradecimiento escrita a mano. ¡Asegúrate de firmar la carta!

Un pastor me habló de un orador invitado que envió materiales a su iglesia, pero nunca llegó al servicio. El orador tenía un equipo de personas y lo habían comprometido para dos servicios ese día. Por si fuera poco, el predicador envió una carta de agradecimiento a la iglesia, reconociendo su tiempo dedicado al ministerio. No se presentó, pero aun así envió una carta de agradecimiento por unos servicios que nunca realizó, y ni siquiera firmó la carta enviada. Este tipo de comportamiento obviamente da una mala impresión y muestra una actitud de arrogancia, algo que nunca se agradece.

Mantén un diario de ministerio. Esto es diferente de un diario espiritual. En tu diario de ministerio registra las canciones cantadas, los mensajes predicados, el nombre del pastor y su familia, fechas importantes, cumpleaños y aniversarios. También podrás recordar la fecha de los servicios y lo que sucedió en ellos: personas salvadas, bautizadas en el Espíritu Santo, liberaciones, etc. También puedes escribir el nombre de ciertas personas como el técnico de sonido, el pastor de jóvenes, etc. Otra información que se puede anotar son las indicaciones para llegar a la iglesia.

El diario de ministerio es simplemente un instrumento para familiarizarse con aspectos clave de una iglesia, lo que puede facilitar la conexión la próxima vez que estés allí. También puede ayudarte a identificar temas delicados o personas que debes evitar. Es importante destacar que tu diario no debe ser una lista negra de todos los aspectos negativos de una iglesia y sus miembros, sino una herramienta informativa que te ayude a obtener perspectivas para futuras consultas.

Saber cómo llegar a una iglesia y el nombre del pastor, así como el de su cónyuge y los hijos e hijas, demuestra que te importa lo suficiente como para anotarlos y recordarlos. También debes saber cuánto tiempo le gusta predicar al pastor, la versión de las Escrituras que prefiere, los problemas con el sistema de sonido o las oportunidades que podrían presentarse en el futuro.

El diario también puede ser importante al orar por los mensajes que el Señor quiere que comuniques a esa congregación. Como se menciona en otras partes de este libro, siempre debes estar preparando nuevos mensajes y, en lo posible, esforzarte por redactar al menos uno nuevo por semana. Pero hay momentos en que el Espíritu Santo te hablará al corazón para que presentes algún mensaje que ya has predicado anteriormente.

Aunque nunca debemos caer en la rutina al preparar nuestros sermones, hay ocasiones en las que Dios nos lleva a recuperar un mensaje antiguo y desempolvarlo, tal vez incluso reescribirlo, para una ocasión concreta. Cuando eso ocurre, es bueno saber lo que se ha predicado anteriormente para que te ayude a discernir la dirección del Espíritu Santo.

PARA CONTINUAR

Construye relaciones sólidas. Si planeas dedicarte al ministerio itinerante por un tiempo, descubrirás que las relaciones son la clave para un ministerio sólido y duradero. Cultivar nuestras relaciones es una necesidad diaria que puede dar frutos maravillosos.

Importante: *La advertencia para todo ministro itinerante es abordar las relaciones como una necesidad personal y no como una necesidad empresarial. Con esto quiero decir que debemos resistir la mentalidad de siempre planear algún aspecto de lo que una relación puede hacer por nosotros antes de embarcarnos en ella y cultivarla. Ese es un comportamiento engañoso que no complace a Dios. Pero, si somos sinceros, como ministro* *itinerante, cuyas conferencias son su única fuente de ingresos, esto puede ser una trampa tentadora.*

....

Dicho esto, todos necesitamos amigos y personas que nos hablen. Personas que nos guíen, así como personas a quienes podamos guiar y en quienes podamos sembrar experiencias de vida, acompañándolas en su búsqueda del ministerio.

Para mantener las relaciones, es importante que llamemos a pastores y personas con quienes hemos forjado amistad solo para saludarlos. Sin segundas intenciones, sé diferente, ¡sé genuino! Algunas personas tienen un software especial que les recuerda que deben llamar a su lista de conocidos a horas específicas; otros solo tienen una lista corta de amigos a quienes llaman cada cierta cantidad de meses. Al mantener el contacto, asegúrate de no ser una molestia y de que la sinceridad sea la base de comunicación. Tus amigos podrían tener necesidades por las que podrías orar o simplemente llama para animarlos en un momento difícil en su ministerio. ¡Sé un Bernabé!

Cartas de agradecimientos de fin de año. Las cartas de agradecimiento de fin de año pueden ser una excelente manera de mantenerse en contacto y expresar agradecimiento por las invitaciones recibidas durante el año. Si envías boletines informativos, asegúrate de que las iglesias donde has asistido reciban uno, así como sus grupos de apoyo y amigos que hayas hecho y que posiblemente orarán por ti.

....

Importante: *Si envías cartas o boletines, NO pidas dinero. Nada desanima más a la gente que escuchar a alguien que habla sin parar sobre problemas económicos. Menciona las necesidades de tu ministerio, pero se breve. Dedica la mayor parte de tu carta o boletín a las bendiciones que has recibido y los milagros que Dios ha obrado a través de tu ministerio. Confía en que Dios inquietará el corazón de quienes te ayudarán económicamente.*

....

Seguimiento de contactos. Lo bueno de tener un registro telefónico es que permite que te conectes con los líderes de iglesia que te han dicho que los llames más adelante en el año. Siempre debes anotar a las personas que te han pedido que las llames más adelante en el año para darles seguimiento fielmente y seguir trabajando con delicadeza para cultivar una nueva relación.

Busca a Dios para una mayor intimidad. El ministerio se puede construir con métodos humanos, pero solo se sostiene y tiene significado eterno cuando Dios está presente en cada aspecto de la ecuación. Buscar a Dios para una mayor intimidad no solo te ayudará como ministro, sino que a menudo te permitirá escuchar con mayor claridad lo que Dios intenta decirte. A veces la vida puede volverse tan ruidosa que nos cuesta escuchar la voz apacible y delicada de Dios. Dedicar tiempo a ti mismo puede ser una de las cosas más importantes que hagas para continuar en el ministerio.

Asistir a conferencias y eventos especiales de la organización. Siempre que sea posible, todo ministro debería asistir a las funciones especiales de su organización. En la congregación a la que pertenezco, tenemos eventos de sección, de distrito y nacionales. Esta es una gran oportunidad para conectar con viejos amigos y hacer nuevos. Siempre que haya actividades donde se reúnan los líderes de la iglesia, deberíamos intentar asistir, si es posible.

He escuchado a algunos ministros itinerantes decir: «Detesto la política» que impera en ese tipo de entornos, y no hay forma de que vaya. Sinceramente, la política está presente en todos los aspectos de la vida; la Iglesia no es la excepción. Sin embargo, todos tenemos la capacidad de decidir si participamos en esas actividades. Mucha gente genuina asiste a esas funciones, y es una pena que hayamos optado por retirarnos en nuestro propio detrimento. Estos eventos suelen programarse con mucha anticipación y no implican perder servicios para asistir. Si eres sabio con tu agenda, puedes participar en estas oportunidades y programar servicios en esta área también.

Cuando asistas a este tipo de eventos, no seas el evangelista que reparte su tarjeta a todos, la quieran o no. De hecho, deja tu calendario en casa o en el bolsillo si tienes una versión digital. De todos modos, todo evangelista y ministro itinerante conoce bastante bien su agenda para los próximos tres a seis meses. Sabes cuándo tienes alguna vacante si surge la pregunta, o puedes simplemente ofrecerla y llamar a la persona más tarde porque «no trajiste tu calendario». Eso sin duda les sorprenderá.

Esfuérzate por cultivar amistades y fortalecer las relaciones existentes al asistir a este tipo de eventos. Los pastores esperan que los evangelistas presionen para que haya reuniones, así que sorpréndelos sin siquiera mencionarlo. Deja que el pastor invite a la gente a asistir si así lo desea. Tu objetivo es ser tú mismo y comunicarles que prefieres cultivar amistades y destruir el estigma que las personas tienen del evangelista, antes que presionar para que conseguir reuniones y así confirmar sus sospechas.

Al interactuar con líderes de la iglesia en nuevos entornos (a veces, al ser invitado a eventos con un pastor que lo acompaña en servicios especiales), las conversaciones invariablemente conducirán a tu ocupación. Pronto sabrán que eres un ministro itinerante, y el hecho de que no hayas mencionado ese tema puede ayudarlos a cambiar su opinión sobre el típico ministro itinerante. Su sola presencia en estos eventos especiales les dará conciencia no solo de tu ministerio, sino también del ministerio del evangelista. El antiguo dicho «ojos que no ven, corazón que no siente» es una verdad, y si no mantenemos la visibilidad, dentro de poco nos olvidarán.

Finalmente, como ministros, todos necesitamos concentrarnos en nuestros momentos de ministerio. Siempre disfruto los mensajes que escucho en estas funciones especiales y, a menudo, Dios quiere hablarme a través de la predicación y la enseñanza ungidas de la Palabra de Dios. Procura hacer algo a tu favor y planea asistir a todos los eventos de la organización que puedas. He programado más de una reunión por simplemente estar presente cuando me encontré con un «antiguo amigo» que estaba considerando tener servicios especiales. ¡Qué típico de Dios!

CANCELACIONES

No se me ocurre ninguna persona, en ninguna profesión, a la que le gusten las cancelaciones. Como ministro itinerante, las cancelaciones pueden ser devastadoras, ya que significan que posiblemente no habrá ingresos esa semana. Sin embargo, cuando se produzcan cancelaciones, trata de ser amable y comprensivo, ya que la mayoría de los líderes de la iglesia comprenden cómo esto afecta al ministro itinerante.

Tras la notificación de la cancelación, consulta si hay posibilidad de cambiar la fecha. Esto podría no ser posible si la iglesia tiene problemas financieros o si el motivo de la cancelación de las reuniones han sido problemas de personal. Sin embargo, si es posible, el cambio de fecha en el momento mismo es mejor para no olvidar y contribuye a la tranquilidad de todos.

El evangelista se siente aliviado de no haber sido él el motivo de la cancelación, y el líder de la iglesia se siente aliviado de haber podido superar una situación difícil y, todavía tener la esperanza de disfrutar un excelente tiempo de ministerio en alguna fecha futura. Esto fomenta una relación de confianza y aprecio entre ambas partes. Si el pastor te pide que lo llames en otra fecha debido a la situación actual, asegúrate de anotarlo en tu registro telefónico, computadora, etc.

Si la cancelación es a corto plazo (30 días o menos), se podría preguntar si la iglesia está en condiciones de enviar alguna ofrenda para ayudar con tus gastos de manutención. Personalmente, he comprobado que este enfoque no funciona cuando yo lo he iniciado. Los pastores que han viajado, o que se preocupan por quienes tienen que viajar, son más receptivos y generalmente son quienes iniciarán esta conversación.

Sin embargo, si ya has comprado tu pasaje aéreo, debes informar al pastor y preguntar cómo podría reembolsarte dichos gastos. Algunos ministros itinerantes hoy en día utilizan contratos para sus reuniones ya que volar se ha convertido en una parte normal de sus viajes.

En oración, considera cómo abordar este tema si es necesario reembolsar gastos y pregunta al pastor si conoce a alguien a quien puedas llamar, puesto que ya te encuentras en la zona. Sería de gran ayuda si el mismo pastor hiciera esa llamada de conexión. También puedes llamar a otros pastores donde ya tienes programada tu visita para que, si es posible, te ayuden a encontrar otra iglesia donde ministrar.

Consulta con el presbítero de distrito o sección si saben de alguna oportunidad o púlpito disponible donde puedas cubrir una vacante. Y cuando todo lo demás falle y no puedas cubrir una cancelación, aprovecha ese tiempo para buscar una mayor intimidad con Dios. ¡Quizás sea Su manera de llamar tu atención!

CORTESÍA

Como invitado, debes asegurarte de no abusar de la hospitalidad y el sacrificio de una iglesia. Esto incluye a la familia anfitriona con la que te alojes, así como a los líderes de la iglesia que han abierto las puertas para tu ministerio. Dios ha abierto esa puerta y cada bendición y regalo que te extienden a ti o a tu familia debe verse desde esa perspectiva; así que, ¡sé un buen administrador de los dones de Dios!

La mayoría de los pastores están ocupados; así que no te ofendas si un pastor, por alguna circunstancias imprevista, designa a otra persona para que te invite a comer. Este puede ser un buen momento para forjar relaciones con futuros líderes de la iglesia. Y ten la seguridad de que más adelante el pastor se enterará de cómo te fue con el pastor asociado o la persona designada para atenderte.

También debes esforzarte por ser una persona positiva, incluso cuando otros se quejen. Algo que he aprendido con los años es que quienes se quejan nunca están satisfechos. Si se quejan de los demás contigo, ¡se quejan de ti con otros! Evita enredarte en conversaciones negativas y sobre las políticas de la iglesia local. Si te inquietan algunas conversaciones que hayas tenido, asegúrate de comunicárselo al pastor.

Esto no solo es una ayuda para ti, sino que también forja relaciones maravillosas basadas en la confianza y el aprecio. Ese líder de la iglesia sabrá que puede confiar en que no intentarás robarle su iglesia.

Por último, ¡mantén buenos modales! Si no conoces la etiqueta o los buenos modales en ciertas situaciones, como cenar con el presidente, ve a la biblioteca e infórmate. La forma más rápida de cerrarle las puertas al ministerio es ser ofensivo o avergonzar simplemente por tu falta de modales. Cuando te encuentres en una situación nueva y no sepas qué hacer, simplemente observa a tu anfitrión o anfitriona y sigue su ejemplo. Recuerda siempre que eres un embajador de Jesucristo, el Hijo del Dios Altísimo.

Semillas para el sabor

En las páginas que siguen, quiero compartir algunas reflexiones sobre diversas circunstancias que he enfrentado a lo largo de los años, así como algunos temas sobre los que he recibido preguntas. Esta lista no es exhaustiva, sin embargo espero que te ayude a ser más sensible al afrontar situaciones similares cuando las encuentres. Como evangelistas, nunca conocemos las circunstancias que rodean a un lugar de ministerio en particular hasta que estamos allí y buscamos la guía de Dios a través de nuestro ministerio. Sin embargo, independientemente de la situación, siempre debemos recordar que representamos a Cristo como sus embajadores.

UN POCO DE GRACIA AL DAR

Un factor que aparentemente ha desanimado a más personas a recurrir a los ministros itinerantes y ha dañado la relación con los pastores ha sido el enfoque en la ofrenda y las finanzas. Siempre debes hablar con el pastor principal sobre tus preferencias en cuanto a la ofrenda y tus necesidades financieras. Muchos pastores prefieren ellos tomar la ofrenda porque conocen a su gente y pueden presentar las necesidades del ministerio de una manera más fructífera y agradable para todos.

Si el pastor te concede el privilegio de ser tú quien recojas la ofrenda para tu ministerio, hazlo con humildad y con motivaciones puras. Cuando un ministro itinerante usa tácticas manipuladoras y engaños para extorsionar a los asistentes a la reunión, las arcas podrían desbordar, pero las consecuencias a largo plazo son poco positivas. Si un ministro usa tácticas de manipulación y hace que los feligreses se sientan condenados en el momento de ofrendar, ha causado varios daños al Reino de Dios.

Primero, has permitido que el pueblo de Dios asocie la falsa enseñanza de que el sentimiento de condenación es normal al diezmar y dar ofrendas. Un sentimiento que no es sano ni parte del plan de Dios. Nuestro Señor sí desea un «dador gozoso». Después de todo, ¿quién querría ir a una iglesia que tolera que la gente se sienta mal para recoger grandes ofrendas? Si formas parte de algo que hace que la gente se vaya de la iglesia, ¡no te invitarán a volver! Estamos llamados a ayudar a construir la iglesia, no a destruirla.

En segundo lugar, has tergiversado a Dios con tu conducta y te has convertido en una ofensa para el Reino. Tu ministerio puede estar prosperando financieramente, pero espiritualmente te estás marchitando. Las Escrituras son extremadamente claras al detallar cómo se siente Dios respecto a quienes roban a su pueblo. Jesús nunca mintió ni manipuló a la gente para obtener ofrendas, y sí, Él es Dios encarnado e hizo que el dinero apareciera incluso en la boca de un pez (Mateo 17:27). Pero no necesitamos robar porque en muchos casos Dios todavía ha provisto milagrosamente para sus siervos. Dios dijo en 2 Crónicas 16:9: «*El Señor recorre con su mirada toda la tierra y está listo para ayudar a quienes le son fieles. De ahora en adelante tendrás guerras, pues actuaste como un necio*». Dios anhela mostrar su poder a favor de aquellos que tienen un corazón perfecto para con Él, y puedo asegurarte que es muy emocionante y aleccionador cuando lo hace en tu vida.

En tercer lugar, has demostrado que no confías en que Dios satisface tus necesidades. Si no puedes mostrar fe en Dios, ¿cómo puedes esperar que otros confíen en que Dios dará de manera sacrificial? Una cosa es presentar necesidades, pero otra muy distinta es importunar, rogar o mentir descaradamente sobre las necesidades del ministerio. Siempre consulta con el pastor antes de presentar cualquier necesidad y procura que tus peticiones sean extremadamente breves. Procura que quienes no pueden dar se sientan cómodos. Puedes pedirles que crean, junto contigo, que Dios suplirá o superará tus necesidades durante los servicios. Cuando una persona da de la abundancia de su corazón, no solo complace a Dios, sino que también es bendecida.

Una persona da, generalmente no porque tenga mucho, sino porque cree en tu ministerio, tu visión, tu pasión y tu propósito. Quiere ser parte de algo más grande. Quiere participar en traer almas al Reino de Dios, permitiendo que los cojos anden de nuevo, los ciegos vean, los sordos oigan, los abatidos sean restaurados, los desesperanzados tengan esperanza, los perdidos encuentren su camino, los oprimidos sean liberados, los poseídos sean libres mediante el poder de un Dios todopoderoso que se preocupa por cada una de sus necesidades.

El mismo Dios que se preocupó por ti y por mí como para enviarnos a alguien: esa persona fiel a Jesucristo, fiel al llamado de Dios y a la Gran Comisión. ¡Nunca olvidemos de dónde nos sacó Dios, y busquémoslo cada día más para recibir esa unción que rompe todo yugo y nos da el honor de compartir el Evangelio.

Como ministro itinerante, debes recibir con generosidad lo que te dé la iglesia o el pastor. Muchas iglesias grandes dan honorarios fijos, mientras que las congregaciones más pequeñas a veces dan más de lo que pueden. Pero sea cual sea la cantidad, debes tener en cuenta que Dios será el juez final sobre lo que sucede tras bambalinas para que recibas tu cheque. Quizás no sepas todo lo que ha pasado en una iglesia, o que solo el pastor ha dado el dinero porque la iglesia no tiene los fondos para pagar. Sea cual sea la cantidad, alaba a Dios y permite que Él bendiga a otros a través de ti, y serás bendecido por Dios en el futuro. Hay momentos en que todos podemos sentir la necesidad de «sembrar» en lugar de cosechar. Sin duda, Dios te bendecirá por tu atención a su llamado y tu obediencia a su palabra.

Un pastor me contó una vez que, aunque su iglesia no era muy grande, habían traído a un orador especial para los servicios de avivamiento. Se habían hecho cargo del alojamiento, el alquiler del vehículo, los gastos, la gasolina y una generosa ofrenda para los servicios de domingo a miércoles. La ofrenda que reunieron había sido probablemente dos o tres veces mayor de lo que un evangelista recibiría normalmente por una serie de reuniones de domingo a miércoles, y esa persona dijo estar «bastante decepcionada» con la ofrenda.

Al escuchar eso, debo reconocer que mi ira comenzó a arder. Ese tipo de personas no deben estar en el ministerio si solo tienen una mentalidad empresarial. Esta persona había olvidado todo lo que Dios le había dado en sus primeros años y la necesidad de ser un ejemplo de generosidad al dar, ya sea invitando a dar o recibiendo de alguien. El favor de Dios sin duda está con quienes se esfuerzan por ser sus devotos representantes, incluso al dar.

ALOJAMIENTO EN LA CASA DEL PASTOR

Quizás sea muy amigo de un pastor que tiene solo un apartamento en el sótano o un dormitorio libre para ti. Este no es el mejor escenario, pero puedes ser una verdadera bendición para el pastor como para la iglesia, ya que ayudas a mantener bajos los gastos. Podrías ofrecerte a pagar un hotel o hostal, dependiendo del tamaño de la comunidad, o alquilar una casa rodante si eso te resultara más cómodo. Sin embargo, si te encuentras en esa situación, debes tener en cuenta varios aspectos de alojarte en la casa del pastor.

Primero, haz todo lo posible por evitar quedarte solo en casa con una persona del sexo opuesto. Si eres hombre y el pastor tiene mandados o visitas que hacer, te aconsejo que hagas planes de acompañarlo en esas visitas o pedirle que te permita la entrada a la iglesia para estudiar y orar mientras el pastor está fuera de casa. Si tienes transporte propio, asegúrate de salir de casa al mismo tiempo que el pastor. Si eres mujer, sigue el mismo procedimiento. Elimina cualquier posibilidad de que surjan chismes o rumores sobre ti y tu relación con cualquier persona en la casa del pastor.

En segundo lugar, minimiza las exigencias de comida, si es que las necesitas. Ten en cuenta el precio de la comida y recuerda Proverbios 23:2: «Si eres dado a la glotonería, domina tu apetito». Si es posible, come lo que te pongan delante. Con suficiente antelación y antes de que se preparen los alimentos, informa a tu anfitrión sobre cualquier alergia o dieta especial que tú o alguien que te acompaña tenga. Si disfrutas de algún refrigerio, asegúrate de comprarlo antes de llegar.

En tercer lugar, no te aproveches de la hospitalidad de tu anfitrión. Esto incluye ducharte por largos periodos o disfrutar de comidas, refrigerios o especialidades que no te hayan ofrecido. Algunos líderes de la iglesia te ofrecerán una canasta de frutas o refrigerios, pero no esperes esto. Acepta con alegría lo que te ofrezcan. Reduce al mínimo la música y el ruido en tu habitación.

En cuarto lugar, cuida de tu higiene y atiende tus necesidades personales. Debes tender tu cama todos los días y mantener tu habitación limpia. Enjuaga la bañera y seca el lavabo después de ducharte, afeitarte o cepillarte los dientes. Cuelga las toallas y vuelve a usarlas si es posible. Si necesitas lavar la ropa, pregunta por las lavanderías locales en lugar de dar por sentado que puedes usar la lavadora y la secadora del anfitrión. Si usas su tabla de planchar y plancha, asegúrate de guardarlas al terminar. Estas acciones reflejan una actitud de agradecimiento hacia tu anfitrión y demuestran la cortesía que desearías si tuvieras un invitado en tu casa.

Finalmente, debes ser respetuoso con los horarios. ¿Tienen dos ocupaciones los pastores anfitriones? ¿Hay niños en casa? ¿Salen a la escuela a cierta hora? ¿A qué hora suelen desayunar, almorzar o cenar? ¿Cuándo suelen usar la ducha o el baño? Asegúrate de permitir que los miembros de la familia realicen sus rutinas sin interrupciones y serás considerado un huésped excepcional. También es bueno ayudar cada vez que se presente la oportunidad. Ofrécete como voluntario para hacer pequeñas tareas en la casa o ayudar con los platos después de las comidas. Como mínimo, después de comer lleva tu propio plato a la cocina y recuerda agradecer a tu anfitrión por los pequeños detalles que hizo para que tu estancia fuera agradable.

En resumen, como invitado, procura pasar desapercibido. Al marcharte, el pastor y su esposa se sorprenderán de lo bien que has dejado todo. Esto contribuye a crear una experiencia positiva y abre nuevas puertas para el ministerio en el futuro. Tus acciones también serán recordadas por otros ministros de la zona, ¡así que procura ser un excelente huésped! Al partir, podrías considerar, en oración, enviar flores u otro pequeño obsequio a la esposa del pastor por todas las comidas y el esfuerzo que se hizo en tu nombre.

TRATO CON PERSONAS DESHONESTAS

No importa quién eres, con el tiempo te cruzarás con personas poco honestas. Algunas mienten con descaro, y algunas de ellas incluso se paran tras los púlpitos de las iglesias de todo el mundo. Las personas son personas, y no todos los que responden al llamado de Dios a ser cristianos o líderes espirituales son un reflejo inmaculado de Jesucristo. De hecho, Dios sigue obrando en todos nosotros; y todos podemos mejorar en algún aspecto.

Al llamar a los pastores para oportunidades de servicio, he escuchado respuestas como:

«No tenemos reserva para lo que queda de este año».

«Estamos en medio de una remodelación y no tenemos suficiente presupuesto para cubrir oradores invitados».

«¿Podría enviarnos algún material que tenga disponible?»

Otros líderes de iglesia me han dicho que los llame porque quieren que vaya, y después no atienden mis llamadas ni devuelven las llamadas telefónicas en las que he podido dejar un mensaje de voz o un mensaje real con una secretaria.

Entonces, ¿qué hace un evangelista que siente que Dios realmente lo ha llamado? Como me dijo una vez un evangelista veterano: «Marshall, siempre tomas el camino correcto». Quería decir que no debemos permitir que quienes son deshonestos y dañinos nos rebajen a su nivel de carácter. Cuando te encuentras con personas así, simplemente debes seguir adelante y dejarlos a ellos atrás. Su falta de carácter e integridad los alcanzará, pero nuestra responsabilidad es orar por ellos y dejarlos en manos de Dios. Él es el juez, y solo Él sabe qué puede restaurarlos a una buena relación con Él.

Debo reconocer que al principio tuve dificultades con este aspecto del ministerio. Pensaba que lo pasaría de maravilla ministrando al pueblo de Dios y que tendría una gran comunión con los líderes de la iglesia. Pero con los años, he descubierto que hay líderes que aman las cosas del mundo más que los de fuera. La iglesia local no está llena de personas ni líderes perfectos; todos nos esforzamos por hacer lo mejor posible para pagar nuestras cuentas, compartir el amor de Jesucristo de la mejor manera posible y llegar al cielo cuando Jesús decida que partamos de esta vida.

Cuando las personas a quienes admiras o que ocupan puestos de liderazgo te lastiman, la única opción que tenemos es llevar el dolor de la traición a la cruz. Dios nos ha llamado a ser hombres y mujeres de oración porque es en su presencia donde se mueven las montañas, las personas cambian y se produce la sanidad. Ruego que nunca tengas que pasar por algunas de las experiencias dolorosas que yo he vivido a lo largo de los años. Pero esto sí sé: sea lo que sea que tengas que vivir, Jesucristo lo vivirá contigo si se lo permites. Ruego que, si aún no lo has hecho, experimentes la comprensión de su cercanía, porque esto cambiará tu manera de ministrar. Tu eficacia en el ministerio no depende de tus talentos, sino de la presencia y la bondad de Dios mismo.

PALABRAS DE ÁNIMO EN MEDIO DE LA DIVERSIDAD

Lo que sigue es un correo electrónico que envié en respuesta respecto al ministerio de un compañero evangelista, ruego que te anime.

Timoteo,[13]

Al reflexionar sobre tu dilema, recuerdo lo que el Señor me sigue diciendo: «Recuerda a qué te llamé». Me he encontrado con las mismas situaciones que tú, y eso no significa que algunos estén equivocados y tú tengas razón. Tampoco estoy necesariamente de acuerdo con todo lo que veo en el panorama ministerial, pero creo que quienes se centran más en la búsqueda de Dios, oran por su guía y dirección igual que nosotros. No puedo preocuparme por quienes no les gustan los evangelistas o que han dejado de tener servicios los domingos por la noche y a mitad de semana. Muchos de ellos han sido perjudicados por los evangelistas, y se necesitará mucho tiempo y la obra de Dios para que cambien de opinión.

Algo que me ha ayudado más que nada ha sido la oración y el ayuno. Busco sinceramente el favor y la unción de Dios al llamar a los pastores y dirigir los servicios con oración. Eres quien eres, y cualquiera que sea el enfoque ministerial que Dios te haya dado, será testimonio para otros. Sí, yo también tengo amigos que no me dejan ir a su iglesia, pero simplemente se lo dejo a Dios y trato de ser el mejor amigo cada vez que nos reunimos. Intento mantener una actitud humilde y servir lo mejor que puedo mientras el Señor abre puertas. Es SU ministerio, y cuando Él empiece a cerrar puertas de oportunidad, entonces sabré, después de ayunar y orar, que tal vez es tiempo para una nueva etapa de ministerio en mi vida, sea cual sea.

La dificultad económica ha llevado a muchos a tener dos ocupaciones o a ejercer el ministerio mientras su cónyuge trabaja.

---

13 No es su nombre real

Gracias a mi educación, he tenido la bendición de enseñar en escuelas bíblicas, así como seminarios que equipan a las iglesias en la evangelización. Dios nos usa en la sanidad y ministrando en el altar, con profecía a veces. Es dejar que Dios guíe nuestros pasos.

Dios te ha puesto donde estás, y estoy seguro de que quiere usarte en esa región del país. La tendencia actual no es necesariamente favorable para los evangelistas, pero Dios no nos llama sin abrir puertas, incluso en otras denominaciones y congregaciones. ¿Cuáles son tus dones y talentos? ¿Hay otras oportunidades ministeriales que podrías incorporar a tu ministerio, como asambleas escolares, talleres de alcance comunitario, liderazgo? Dios puede usar todo eso y más (como bien sabes).

He visto seminarios de autoayuda y todos los recursos de coaching disponibles hoy en día, pero Dios me ha enseñado a buscarlo a Él primero y a enfocarme en un ministerio ungido. Sigo creyendo que las personas anhelan una Palabra de Dios oportuna que les hable al corazón. Hay un viejo dicho que dice: «El ministerio se hace espacio». Cuando hay una unción visible, la palabra corre. Si Dios quiere que asista a seminarios o eventos de coaching, iré, pero quiero que Él me guíe en todo. He visto a la mayoría de mis amigos incorporar sus ministerios para brindar una vía a amigos y familiares que desean apoyarlos económicamente. No animo a los ministros jóvenes a hacer esto, pero si llevas varios años en el ministerio, esta podría ser una manera de obtener ayuda en esos tiempos difíciles cuando los servicios son escasos. Es algo por lo que debes orar: ¡deja que Dios te guíe!

Como seguramente has escuchado, los métodos cambian, pero el mensaje sigue siendo el mismo. Quizás hay maneras de presentar tu ministerio para hacerlo más atractivo para las personas de tu zona que buscan a Dios. Me encanta el Pentecostés tradicional, pero también me relaciono con los buscadores de Dios que no tienen iglesia. Necesito la sensibilidad de Dios para conectar con las diferentes congregaciones con las que me encuentro. Si los líderes y plantadores de iglesias ya no quieren Pentecostés ni los servicios del domingo por la noche, tendrán que responder ante Dios por sus decisiones. Tú y yo debemos enfocarnos en mantener una actitud de servicio y escuchar la guía y el ministerio de Dios mientras nos esforzamos por seguir su llamado.

Timoteo, no sé si te ayudo en algo, pero entiendo tu punto de vista. Puede ser extremadamente desalentador y frustrante a la vez. Pero como mis amigos me han dicho más de una vez, el centro de todo es el llamado. Dios nos llamó y nos mantendrá en este llamado de evangelistas. Incluso aunque tengamos que trabajar a tiempo parcial o encontrar otras maneras de mantenernos en el campo, se trata del llamado. No somos responsables de lo que hagan los demás, sino de cómo respondemos al llamado de Dios en nuestra vida.

De nuevo, puede que esto no haya sido gran ayuda, pero con gusto conversaré contigo, si quieres... llámame a mi celular mañana. Que el favor de Dios esté con ustedes y tu ministerio en los próximos años, y que el Espíritu Santo te dé una dirección clara en tu situación específica. Muchísimas gracias por compartir tus preocupaciones conmigo y seguiré orando por ustedes y todos nuestros evangelistas mientras obedecemos al llamado.

Bendiciones,

Marshall

VIAJANDO CON LA FAMILIA

Llevar a nuestros hijos en nuestros viajes ha sido una de las mayores alegrías que Nancy y yo hemos tenido a lo largo de los años. Exponer a Joshua y Hannah a tantas personas y situaciones interesantes a lo largo de los años les ha dado una sabiduría que la mayoría de los jóvenes no tienen. Sí, ha habido algunos desafíos, pero todos han sido oportunidades para crecer. A medida que nuestros hijos crecían, participaron en el ministerio y compartieron las responsabilidades con nosotros; ciertamente al principio tuvimos momentos difíciles, que hoy nos divierten como familia. Los siguientes párrafos pueden ser útiles si planeas viajar con niños.

Disciplina

Pronto descubrirás que todos te observan, especialmente cómo disciplinas a tus hijos. A muchos les encanta dar consejos (algunos ni siquiera tienen hijos), así que sé siempre amable y agradece sus opiniones. Pero, como Dios manda, probablemente necesites disciplinar a un niño en presencia de otros, y en ocasiones, incluso mientras predicas. ¡Eso es realmente una lección de humildad!

Cuando nuestro hijo mayor, Joshua, tenía unos cinco años, tuvimos un servicio en una iglesia pequeña. Joshua hacía ruido y causaba distracciones como solo un niño de cinco años puede. En medio del mensaje, le pedí a Joshua que se sentara en la primera fila. Si la atención era el objetivo de Joshua, ¡probablemente recibió más de lo que esperaba! Pero los niños se comportan como niños, y su capacidad de atención es menor que la de los adultos. No solo Joshua, sino todos en esa iglesia sabían que mi hijo debía comportarse como el niño ideal sentado en la primera fila durante mi sermón, y fuimos perseverantes en la disciplina.

Mochila con libros

A nuestra familia le encantan los libros y Nancy siempre llevaba una mochila con libros para mantener a los niños ocupados. Comprábamos estos libros a buen precio en tiendas de segunda (véase el capítulo 7 sobre cómo ahorrar). Nancy tenía libros para colorear, libros ilustrados y otros juguetes silenciosos que mantenían a los niños en silencio durante nuestro servicio regular. Nancy se sentaba en la última fila en las iglesias más pequeñas para minimizar las distracciones.

Mientras viajas, encontrarás a otras personas dispuestas a ayudarte y quizá noten los libros y rompecabezas que has traído. También podrías recibir regalos en momentos especiales en esas maravillosas iglesias. Incluso he oído hablar de iglesias más pequeñas que celebran la Navidad con sus oradores invitados y los colman de regalos. El pueblo de Dios todavía escucha Su voz, ¡y es absolutamente maravilloso ver la mano de Dios proveyendo cuando menos lo esperas!

Por último, es bueno renovar constantemente los libros en la mochila, cambiar los libros para colorear, los libros ilustrados, los rompecabezas y los juguetes. Solo asegúrate de que los juguetes que lleves sean silenciosos y no distraigan a quien esté predicando.

Hacer lo mejor para sus hijos

Aunque parezca obvio, habrá momentos en tu ministerio en los que no te sentirás cómodo dejando a tus hijos en el área de ministerio infantil de la iglesia. En cuanto a esto, siempre confié en la intuición de Nancy, y cuando ella no se sentía cómoda, los niños se quedaban con nosotros, incluso durante la escuela dominical. Nuestra intención nunca fue ofender; simplemente decíamos: «Gracias, pero se quedarán aquí con nosotros». No necesitábamos dar ninguna explicación; simplemente decíamos que los niños estarían con nosotros.

Si Dios te ha confiado hijos para criarlos en el temor del Señor, no dudes en hacer lo mejor para ellos en sus diferentes situaciones. Hoy tenemos muchas iglesias maravillosas y obreros de niños que colaboran en la obra de Dios, así que no dejes que unas pocas personas te convenzan de lo contrario. Sin embargo, debes aceptar la realidad de que no todas las personas que conozcas en la iglesia serán una experiencia positiva para ti ni para tu familia. También te encontrarás con situaciones en las que no habrá voluntarios para el ministerio de niños en esa iglesia en particular. Si llegan preparados, aunque ocurra lo peor, tú y tu familia podrán compartir el evangelio de Jesucristo con esa congregación.

Diversión como familia durante el viaje

Al recorrer las carreteras, tendrás la oportunidad de ver lugares de interés, ciudades y parques nacionales. Quizás has pensado que conducir durante horas sería extremadamente aburrido, y puede serlo, pero a lo

largo de los años nos hemos encontrado con sorpresas maravillosas y con
mucha gente interesante. Mis hijos se han enriquecido mucho gracias a
ello y tienen una visión del mundo que se extiende más allá de nuestra
comunidad local. Hay muchas actividades divertidas en familia que se
pueden hacer «en la carretera», ¡y tu creatividad es el único factor que te
limita! Un evangelista me compartió esto hace años:

> A riesgo de decir lo obvio (como si los predicadores le tuvieran
> miedo a ESO), cuando mis hijos eran pequeños (e incluso hoy que
> viajamos solos, mi esposa y yo) y teníamos algún tiempo libre para
> viajar, disfrutábamos visitando lugares históricos. Normalmente,
> estos eran parques estatales gratuitos o muy económicos, y
> estaban marcados con un cartel marrón a lo largo de la carretera.
> Nos divertíamos descubriéndolos y gritábamos: «¡Oye, qué tal si
> vamos al Parque Militar Horseshoe Bend!» Vimos cosas que iban
> desde la Guerra de Secesión y campos de batalla indígenas hasta
> un museo CCC. Mis hijos desarrollaron un interés por la historia
> y pudieron aportar su experiencia en las discusiones de clase, lo
> que los hizo sentir especiales y «viajeros».[14]

Parece que los parques nacionales, las cuevas y las playas fueron
los lugares favoritos de nuestros hijos a través de los años. A todos nos
encantan los libros, así que muchas veces un buen libro en casa, en días
calurosos o lluviosos, fue justo lo que necesitábamos para alegrarnos
la vida. Como también tenemos esta extraña atracción por la buena
comida, hemos tenido el placer de comer un helado buenísimo, barbacoa,
pollo frito, filete de pollo y, bueno, ya pueden tener una idea, mucha
comida deliciosa en tantos lugares maravillosos de Estados Unidos y del
extranjero.

Son las pequeñas cosas

Mantener la felicidad en el matrimonio y la familia durante el ministerio
puede ser un desafío, ¡y cuando se está en el ministerio itinerante, puede

---

14 Mis agradecimientos a Tim Collins por compartir su experiencia de familia.

ser aún más difícil! Con los años, he notado que las pequeñas cosas que hacía por consideración a mi esposa eran más apreciadas que lo costoso. Si nunca has leído *Los cinco lenguajes del amor* de Gary Chapman o *Amor y respeto* de Emerson Eggerichs, te los recomiendo ampliamente. Busca maneras de pasar tiempo con tu cónyuge e hijos; esto mantendrá tu matrimonio y familia saludables y creará un espacio de contención alrededor de tu ministerio. La mayoría de estas pequeñas cosas de las que hablo simplemente tomaron tiempo, que es como algunos realmente escriben amor: T-I-E-M-P-O.

Disfrutaba las cosas que de improviso hacía en casa, como lavar los platos, pasar la aspiradora, tender la cama, así como las notas especiales escondidas donde solo mi esposa las encontrara (hace tiempo que no lo hago, pero debo hacerlo con más frecuencia). También disfrutaba regalándole flores una vez al mes, si era posible. ¡Iba a un supermercado ALDI y compraba seis rosas por $3.19! Busca tiendas de descuento, y cuando el cajero te pregunte qué hiciste mal, puedes decirle que estás comprando un seguro barato para un matrimonio feliz!

Cuando viajaba solo, hablaba con mi esposa y también con mis hijos una o dos veces al día. Siempre los llamaba y oraba con ellos antes del servicio, y después le daba un informe del servicio a Nancy. Me gustaba orar con Nancy antes de los servicios vespertinos, porque ella ora por mí mientras estoy fuera ministrando. También le gusta saber qué hizo Dios durante el servicio.

Hoy la tecnología moderna permite que nos comuniquemos por WhatsApp, FaceTime y otros medios, sin importar dónde estemos. No hay excusa para no estar en contacto con tus seres queridos cuando estás de viaje. Incluso he tenido tarjetas telefónicas por si no hay señal de celular o internet en el lugar donde ofrezco mis servicios.

Aunque parezca redundante sobre «escribir notas», esa es una atención que mi esposa aprecia más que cualquier otra cosa. Aunque no me acompaña en muchos viajes, una vez le envié una tarjeta «Pensando en ti» con una nota personal. Creo que en vez de flores, ella preferiría recibir una nota escrita por mí, porque me tomé el tiempo para redactarla. No siempre es fácil para los hombres, pero sin duda tu esposa to lo agradecerá. Estoy seguro que lo mismo sucede para las mujeres que viajan. Mi esposa todavía conserva esas notas y tarjetas que le escribí hace años. SUGERENCIA: no hace falta estar lejos de la familia para escribir una nota.

OFRENDAS, IMPUESTOS Y DIEZMOS

A continuación, incluyo una copia de un correo electrónico que recibí y mi respuesta. Richard Hammar, anterior asesor legal del Concilio General de las Asambleas de Dios, coincidió.

«Mi nombre es _______ y soy ministro licenciado del Distrito _________. También estoy registrado como evangelista nacional en las Asambleas de Dios. Tengo una pregunta sobre las ofrendas u honorarios que recibo de las iglesias. ¿Podrían decirme si hay alguna cantidad que no sea deducible de impuestos? Por ejemplo, me dijeron que si recibía menos de 500 dólares de una iglesia, no tenía que declarar impuestos. Además, ¿tendría que declarar impuestos por cualquier cantidad que no sea deducible de impuestos al final del año? Muchas gracias».

Esta fue mi respuesta ...

«Hermano _________ siempre dirigimos nuestras consultas legales y tributarias a nuestro asesor legal del Concilio General, Richard Hammar. Puede contactarlo aquí, en nuestro Centro Nacional de Recursos y Liderazgo.

En cuanto a las medidas generales de declaración, se deben utilizar todos los ingresos al calcular los diezmos. Las donaciones en efectivo no recibidas por particulares no suelen declararse a efectos fiscales, ya que la persona que las realiza ya está pagando impuestos sobre ese dinero. Todos los cheques recibidos de iglesias deben declararse, y los cheques de $600 o más deben contar con un formulario 1099-MISC

Como nota adicional, si su organización es sin fin de lucro, muchos ministros con los que he hablado consideran todas las ofrendas a la organización como dinero para cubrir los gastos del ministerio. Como mencioné brevemente antes, el dinero que diezma en ese caso sería el dinero que la organización sin fines de lucro le paga como salario. La organización se considera como el ministerio al que Dios lo ha llamado a servir, y el dinero que recibe es la manera en que Dios financia ese ministerio al que lo ha llamado. Aún debe completar y presentar toda la documentación fiscal requerida por los gobiernos federales y estatales, y es posible que también tenga directrices especiales de su congregación o denominación que deba tener en cuenta.

Organización sin fines de lucro

Algunos evangelistas han constituido su ministerio como organización sin fines de lucro. Dado que cada estado tiene leyes y procedimientos ligeramente diferentes para constituir y operar una organización sin fines de lucro, te recomendamos consultar con un asesor legal local y con la Secretaría de Estado de tu estado sobre los procedimientos de solicitud y los informes requeridos en los Estados Unidos. También puedes buscar asesoría de un Contador Público Certificado local con amplia experiencia en organizaciones sin fines de lucro y que esté dispuesto a ayudarte por una tarifa nominal. Otros países tienen sus propias directrices, y deberías consultarlas si resides en otro país o deseas establecer tu corporación allí. Una vez constituida tu organización, puedes recibir ofrendas que son deducibles de impuestos para el donante en los Estados Unidos. Esta es la principal ventaja de la organización sin fines de lucro. Otra ventaja es que tu ministerio se mantiene claramente separado de tus finanzas personales y opera como un negocio normal.

La organización no paga diezmos ni impuestos, sino un salario, del cual diezmas y pagas impuestos. Muchos evangelistas me han dicho que esto les ayuda en las épocas de menor actividad del año, cuando la agenda no está tan ocupada, especialmente durante los días festivos y eventos nacionales especiales. Por eso, les pregunté a esos evangelistas: «¿Cuáles son las ventajas y desventajas de constituirse como organización sin fines de lucro como ministerio evangelístico?". He aquí algunas respuestas.

«Me convertí en una corporación sin fines de lucro a principios de los 80. No he encontrado ninguna desventaja, en mi opinión. De hecho, parece ser una gran ventaja en muchos sentidos».

«Hemos estado en ambos lados de este asunto. La organización sin fin de lucro añade una complejidad considerable a la contabilidad. Su principal ventaja es que se puede emitir comprobantes fiscales para los donantes. Nuestra limitada experiencia nos ha enseñado que, si no se necesitan comprobantes fiscales, no hay que complicarse con los gastos ni el papeleo adicional».

He hablado con muchos amigos evangelistas que han incorporado sus ministerios y les ha resultado ventajoso. Sin embargo, debes tener en cuenta que, al comenzar en el ministerio evangelístico, ¡quizás tus patrocinadores sean pocos! Dicho esto, debes esperar hasta sentir la confirmación de Dios y haber estado en el campo durante algunos años antes de asumir el gasto de incorporación.

Estuvimos en el ministerio evangelístico durante casi diecisiete años antes de que sintiéramos la guía del Señor para incorporarnos; sin duda, más tiempo que la mayoría de los evangelistas. Sin embargo, al principio de nuestro ministerio, pudimos abrir una cuenta en Misiones Mundiales de las Asambleas de Dios para iglesias e individuos que deseaban apoyar nuestra obra misionera. Todas nuestras demás actividades en Estados Unidos nos ayudaron con nuestros gastos diarios. Otras organizaciones podrían tener recursos similares para ayudar a quienes se inician en el ministerio itinerante, por lo que vale la pena indagar esa posibilidad.

Al hablar con un evangelista, este sintió que incorporase lo protegería de posibles demandas. Aunque espero que ningún evangelista se encuentre jamás en esa situación, nuestro asesor legal comentó que cualquiera puede ser demandado. Constituirse en sociedad no garantiza protección contra acciones legales. Vivimos en una sociedad litigiosa y la mejor defensa contra una demanda es permanecer en la perfecta voluntad de Dios mientras nos esforzamos por seguir a Jesucristo. Si vives en otro país, deberás acatar la ley al pie de la letra. Como dijo Cristo en Lucas 20:25: «Denle al césar lo que es del césar, y a Dios lo que es de Dios».

La contabilidad financiera es otro beneficio de una organización sin fines de lucro. El contador que le asiste puede establecer un sistema que le proporcione un subsidio de vivienda, así como cualquier otro beneficio que el ministerio pueda ofrecer, como contribuciones a una cuenta de jubilación 403(b). Las contribuciones a este tipo de cuenta de jubilación deben provenir únicamente de los ingresos del ministerio. Como mencioné, la sutil distinción entre sus finanzas personales y las del ministerio puede ser ventajosa para mantener la integridad y la rendición de cuentas de la organización. Esto se debe, en parte, a que el ministerio incorporado se considera una entidad separada ante los ojos del gobierno.

El ministerio puede contratar empleados y emitir formularios de impuestos cuando sea necesario, esté constituido o no, pero los gastos incurridos para el ministerio, como alimentación, pueden ser reembolsados. Deberás solicitar un Número de Identificación del Empleador [EIN] para la declaración de impuestos, lo cual puede hacerse antes de constituirte si tienes empleados. Un EIN también es útil si deseas evitar usar tu número de seguro social en los formularios W-9. Las iglesias solicitan un W-9 si recibes $600 o más en honorarios.

La constitución de una organización sin fines de lucro representa un gran desafío, y la mayoría de los promotores no se dan cuenta de la rapidez con la que estos gastos se multiplican. Dado que el IRS en Estados Unidos considera a la organización sin fines de lucro como una entidad separada, se debe completar y presentar una declaración de impuestos por separado, además de la declaración personal. Hay contadores públicos especializados en la preparación de impuestos para organizaciones sin fines de lucro que pueden ofrecer descuentos.

Además, conviene consultar con otros promotores sobre a quién contratan. Muchas organizaciones sin fines de lucro contratan firmas de contabilidad que no residen en su estado, así que no dudes en investigar y encontrar a alguien que trabaje para tu beneficio.

También hay tarifas para constituir una sociedad: tarifas iniciales de constitución, así como tarifas anuales y una tarifa de solicitud para organizaciones sin fin de lucro al Servicio de Impuestos Internos [IRS]. El Formulario 1023, Solicitud de Reconocimiento de Exención bajo la Sección 501(c)3, puede costar desde varios cientos hasta más de mil dólares para que alguien te ayude a completarlo. También tiene una tarifa de presentación basada en los ingresos ante el IRS. Si cumples con los requisitos, podrías presentar el Formulario 1023EZ, que hoy cuesta $400.

Consulta con tu contador y el IRS las tarifas vigentes antes de presentar la solicitud. También deberás incluir en tu presupuesto las reuniones anuales de la junta directiva y un Formulario 990 cada año. Algunos contadores pueden cobrar alrededor de $1,000 (o, con suerte, menos) por ayudarte a presentarlo. Si tienes empleados, deberás presentar la documentación correspondiente para cualquier retención de salarios.

La mayoría de los evangelistas que piensan constituir una entidad sin fin de lucro solo piensan brindar una vía para que sus donantes contribuyan y se les otorgue un recibo deducible de impuestos por sus ofrendas. Sin embargo, como puedes ver arriba, constituir una organización conlleva numerosos gastos. Vale la pena calcular el costo, como Jesús compartió con sus discípulos en Lucas 14:28. Debes saber que el Señor te está guiando a constituir tu ministerio y que cuentas con suficientes ingresos provenientes de tus donantes y actividades ministeriales para justificar la creación de una organización. Investiga e infórmate sobre los requisitos que se te exigirán como organización en tu estado. Hay muchos sitios web que son útiles en este sentido.

EL MINISTERIO DE ALCANCE

Aunque muchos evangelistas realizan diversos tipos de ministerio, el alcance comunitario es crucial para la iglesia local. Después de todo, como dice Efesios 4:12, todos los dones ministeriales son para «capacitar al pueblo de Dios para la obra de servicio, para edificar el cuerpo de Cristo». Muchas personas en la iglesia se resisten a compartir su fe en una comunidad cuya hostilidad al cristianismo ha aumentado. Animar a la iglesia para el alcance comunitario puede adoptar diferentes enfoques que usan el evangelismo relacional, intelectual y confrontativo.

Alcance comunitario

Trabajar con una iglesia en alcances comunitarios generalmente adopta el modelo de evangelización por invitación, en el que un equipo trabaja en una zona residencial o vecindario que pueden recorrer en una o dos horas. Se requiere un esfuerzo conjunto para que esto sea realmente efectivo. Agregar alimentos o ropa gratis aumenta el atractivo para los residentes de la zona. Procura estudiar el área antes de la actividad para determinar la edad y el nivel socioeconómico de las personas del vecindario. Luego, planifica en consecuencia. Es vital contar con un equipo de sonido adecuado y un grupo de alabanza que toque el estilo musical que conecte con la gente local.

Sábado parece ser el mejor día para la evangelización, comenzando a media mañana. Esto les dará tiempo suficiente para cocinar e invitar a la comunidad a su evento. Consulten con el pastor local sobre los permisos necesarios para la evangelización y luego planifiquen que su equipo llegue temprano esa mañana para instalarse. Una vez que llegue el resto de la iglesia, brinda ejemplos concretos de lo que podrían decir y cómo responder a las preguntas. Siempre anima a la gente a preguntar si hay algo por lo que podrían orar con ellos y envíalos en grupos de al menos dos personas. Tenemos el precedente bíblico de Jesucristo en el que nos basamos para esto, ya que envió a sus discípulos de dos en dos.

Planifica una variedad de oradores, ya que no sabes si solo asistirán niños, jóvenes, adultos o una variedad de personas al culto a oír el mensaje del Evangelio. Algunas organizaciones benéficas incluso organizan un breve servicio primero y luego invitan a los asistentes a unirse a ellos para la comida y la donación de ropa o juguetes. Asegúrate de tener suficientes recursos para compartir con cualquiera que se decida por Cristo o simplemente desee leer más sobre el Cristo que predican. Regala Biblias y otros materiales didácticos cuando se presente la oportunidad.

Me uní a un misionero local en los Estados Unidos que colaboraba con la ciudad de San Luis para realizar un programa de alcance comunitario para personas sin hogar. Muchos de ellos eran veteranos de guerra, y diversas organizaciones locales participaron para ofrecer cortes de pelo gratuitos, ropa, mochilas, asesoría legal y otros servicios que beneficiarían a las personas sin hogar. El misionero instaló una carpa de oración entre las demás organizaciones, y pudimos ministrar a muchas personas que visitaron nuestra carpa. Fue una excelente manera de ayudar a una iglesia a forjar una buena reputación en su propia comunidad al ser vista como un aliado que ayuda a su comunidad.

Un evangelista sirve como entrenador y maestro en este tipo de situaciones. Dada la ansiedad en torno al alcance evangelístico, incluso para los pentecostales, una persona que vibra con el alcance evangelístico puede ayudar a disipar muchos temores infundados. Formar alianzas para el alcance evangelístico también es una excelente manera de ayudar a las personas a entender que pueden hacer lo que el Señor Jesucristo nos ha ordenado en la Gran Comisión (Mateo 28:16–20; Marcos 16:14–18; Lucas 24:44–49; Juan 20:19–23; Hechos 1:4–8).

El Señor me enseñó una valiosa lección cuando colaboré en un proyecto comunitario en Nueva Orleans, durante el Carnaval. Por alguna razón, fui solo a invitar a la gente a la entrega alimentos y ropa que nuestro ministerio organizaba. En una casa, conocí a Monroe, quien tenía una cicatriz de oreja a oreja en la parte superior de la cabeza. Tenía algunos problemas del habla, pero después de preguntarle si podía orar con él por algo, empezó a contarme que veía a cierto predicador de televisión todas las mañanas y oraba por sus vecinos.

Monroe oró por mí, y yo empecé a llorar, pues su oración parecía tocar el Cielo. Después, charlamos un poco más, y lo invité a la actividad evangelística. Mientras iba de regreso al área de actividades evangelísticas, sentí que el Espíritu Santo me decía: *¿Ves? Creíste que habías venido aquí para ministrar a estas personas, pero yo los usé a ellos para ministrarte a ti.* El Señor me recordó que Él solo busca a un instrumento dispuesto, uno que pueda usar y bendecir en el momento más inesperado.

El alcance en Mardi Gras

Mientras trabajaba en este capítulo, tuve el privilegio de reunirme con algunos amigos para una actividad especial de Mardi Gras. Decir que este tipo de actividad no es para los humildes sería quedarse corto. El ataque contra el cristiano puede ser amedrentador y extremadamente vulgar. La gente suele estar intoxicada y muchos consumen drogas de algún tipo. La prostitución está en pleno auge, y las personas sin hogar buscan ayuda donde la encuentren. La policía está al mando últimamente, pero a menudo estallan peleas que terminan antes de que lleguen las fuerzas del orden.

Con todos estos obstáculos, uno podría preguntarse por qué querría predicar o sermonear a borrachos en Bourbon Street, Jackson Square o cualquier callejón cercano durante el apogeo del Mardi Gras. ¿Qué efecto cree que tendrá realmente? De hecho, ¡varias personas en la calle me lo preguntaron! Un hombre dijo que simplemente estaba mal que estuviéramos allí con todas esas actividades escandalosas.

Pero ¿no nos dijo Jesucristo que sus seguidores debían ser «sal y luz» (Mateo 5:13–16), incluso cuando declaró su propio papel como «luz del mundo» (Juan 8:12)? Aunque estemos en un lugar oscuro, Dios nos ha llamado a todos a brillar con su luz (Mateo 5:16). No puedo imaginar cuántas personas salieron del Carnaval pensando en Dios y en la posibilidad de una relación con Él. Tampoco puedo imaginar cuántas personas con las que hablé o a las que les testifiqué habían sufrido una terrible injusticia a manos de los cristianos. Con mucha frecuencia, tuve que pedir perdón por los errores de otros que habían abusado de las Escrituras, solo por la oportunidad de compartir la esperanza de Cristo.

Algo que entendí al principio del ministerio fue la necesidad de conocer las Escrituras. Con esto quiero decir que debes memorizar las Escrituras relevantes o tenerlas marcadas en una Biblia. Es la Escritura la que no volverá vacía (Isaías 55:11) y la Palabra de Dios, que [según el escritor de Hebreos] Jesús dijo que es «más cortante que cualquier espada de dos filos» (Hebreos 4:12). La cruz es ofensiva para quien no conoce a Cristo, pero eso no significa que los cristianos deban ser intencionalmente ofensivos. Debemos compartir el consejo completo de Dios con su amor para quienes no lo conocen; luego, el Espíritu Santo y la Palabra de Dios harán cualquier cirugía necesaria.

La razón por la que necesitas conocer las Escrituras es que te encontrarás con todo tipo de creencias religiosas y morales. En el Carnaval se presentaban hindúes, ateos, musulmanes, cristianos apóstatas, homosexuales, lesbianas, brujos, brujas, prostitutas y una multitud de otras creencias religiosas y morales. Nadie puede saber todo sobre todas las religiones, y muchos querrán cuestionar tu propia experiencia. Por eso debes conocer la Palabra de Dios. Las Escrituras harán que las personas reflexionen y sientan la convicción del Espíritu Santo, incluso en pleno Carnaval o cualquier otra festividad.

Una preocupación que tuve antes de nuestro ministerio surgió de mi formación y servicio militar. Oré mucho sobre cómo manejaría el reproche de quienes pudieran ser beligerantes y confrontativos. El Señor me dio una gran lección la tercera noche de nuestro ministerio. Un joven ebrio se me acercó y me insultó. Lo repitió un par de veces, y yo no dije nada. Era más grande que él y sabía que solo intentaba molestarme. Entonces, tomó algunos de los folletos que estaba repartiendo, los rompió y los arrojó al suelo, justo antes de que su amigo se acercara y se lo llevara. Bueno, pensé: *¡Bienvenido al ministerio en Mardi Gras!*

Pero en ese momento, me di cuenta de que Dios estaba en medio de toda la confrontación. Sentí como si un muro de la gracia y la protección de Dios me cubriera. No me enojé ni respondí de forma despectiva. Simplemente guardé silencio y lo dejé hablar. Me recordó Efesios 6:12, que explica que nuestra batalla no es contra sangre y carne, sino contra la maldad espiritual. Cuando Dios nos llama a llevar el Evangelio a un lugar oscuro, Él es fiel para caminar con nosotros, incluso cuando sufrimos reprimendas o represalias físicas.

Esto me lleva a un punto importante. Cuando Dios te llama a realizar alcances especiales en lugares espiritualmente oscuros, no salgas solo a menos que sientas una verdadera dirección divina. En nuestra evangelización, había unas cincuenta personas de nuestro grupo en la calle testificando y predicando a la vez. Muchas otras organizaciones cristianas también estaban en la calle, así que tuvimos una multitud de personas con ideas afines en medio de un festival decadente.

Al realizar una gran campaña de alcance comunitario durante varios días, es necesario tener un horario. Nuestro horario de campaña fue similar a este: Desayuno de 7:30 a 8:30 am; tiempo de adoración a las 10:30 am; almuerzo de 12:30 a 1:30 pm; ministerio de 2:00 a 4:30 pm (Barrio Francés / Alcance vecinal); cena de 5:30 a 6:30 pm; tiempo de adoración de 7:00 a 8:00 pm; Medianoche en el Barrio Francés (Calle Bourbon) de 9:00 pm a medianoche.

Como pueden ver, nuestro horario nos dejaba bastante tiempo para atender necesidades personales a la hora de comer, ¡pero los días eran largos! ¡Creo que nunca me acostaba antes de las 2 am y solo dormía unas cuatro horas cada noche! Las actividades de alcance en festivales especiales no son para los débiles. Por eso los momentos de adoración eran tan cruciales antes de salir a ministrar. Si lideras un equipo para actividades de alcance en festivales especiales, asegúrate de contar con un buen equipo y planifica con mucha anticipación para intentar cubrir todas las necesidades posibles.

Cuando se evangeliza en este tipo de contexto, se tiende a predicar un mensaje más bien breve, con abundantes pasajes bíblicos sobre la salvación. Se intenta predicar a la mayoría de las personas que no quieren estar cerca. Hubo lesbianas que se acercaron al orador y comenzaron a besarse y a levantar el dedo medio a quienes estaban cerca. Luego, comenzaron a abrazarse y frotarse para presumir su orientación sexual, todo mientras el predicador hablaba. Así que, prepárense para lo inesperado y manténganse enfocados en compartir el mensaje del Evangelio de Jesucristo. La Palabra de Dios no volverá vacía. Puede que no la vean, pero deben reclamar esa Escritura repetidamente.

Alcances basados en la edad, la vocación y el interés personal

Si ayudas a dirigir actividades de alcance en escuelas locales, residencias de ancianos u otras comunidades para personas de la tercera edad, necesitas hacer un estudio. Consulta con otros evangelistas que organizan asambleas escolares, universitarias u otros eventos para personas de la tercera edad. Las asambleas escolares son muy dinámicas, y debes cumplir con las normas de la escuela sobre lo que se permite compartir. Muchas veces, en las asambleas escolares no se menciona a Dios, pero sí se permiten presentaciones basadas en el carácter y la moral. Las invitaciones a eventos especiales nocturnos donde se predica el Evangelio suelen ser la norma.

Al trabajar con estudiantes universitarios, se puede preferir un enfoque más académico. Consulta con ministerios locales como Chi Alpha, que podrían ayudarte en tu labor de alcance comunitario. También podría ser conveniente colaborar con estos ministerios para establecer vínculos con las organizaciones del campus y fomentar un enfoque en el ministerio centrado en el Reino. Esto podría generar más invitaciones para colaborar en eventos en el campus, donde la iglesia podría proporcionar fondos o recursos para apoyar eventos anuales donde se presente el Evangelio y se reconozca a la iglesia por su colaboración. Siempre es mejor colaborar con organizaciones existentes.

Algunos programas de ministerio vocacional o especial pueden incluir a servidores públicos, empresas, personal penitenciario o militar de una comunidad. Siempre que sea posible, verifica si hay capellanes trabajando en estas áreas y solicita su apoyo y consejo sobre las necesidades específicas que tú y tu equipo podrían ayudar a cubrir. Esto es especialmente crucial al trabajar con personal militar o gubernamental. Hay políticas vigentes que no se pueden pasar por alto, y los capellanes que sirven a estas personas sabrán qué está permitido y qué no. A medida que ganas el respeto de esos líderes como alguien que se adhiere al protocolo adecuado, encontrarás más oportunidades e invitaciones para colaborar con esos capellanes en nuevas oportunidades de ministerio.

DEVOLVAMOS LA IGLESIA AL PASTOR

Devolverle la iglesia al pastor es una de las mayores bendiciones que un evangelista puede brindar al finalizar una serie de servicios. Esta pequeña cortesía suele realizarse antes de predicar su mensaje la última noche de su tiempo con esa congregación. Debes agradecer abiertamente al pastor por permitirte el privilegio de compartir el Evangelio con su congregación y exhortar a cada persona de la congregación a apoyar en oración a su pastor y a apoyarlo a él, a su cónyuge y a su familia después de tu partida. Mostrar ese agradecimiento por la oportunidad de ministrar en esa iglesia siempre es apropiado y, por lo general, se valora más de lo que crees.

Esto te brinda la oportunidad no solo de mostrar tu agradecimiento, sino también de informar públicamente al pastor y a la congregación que no buscas una iglesia para pastorear. En raras ocasiones, un orador invitado ha contribuido a un problema mayor. Debes esforzarte para aportar valor a esa iglesia local y nunca tener problemas relacionados con tu nombre. A menudo, lo último que la gente vea y escuche de ti será lo que recordarán por largo tiempo después de tu partida.

NO TE LO TOMES TAN EN SERIO

Todos cometeremos errores a lo largo de los años de ministerio y olvidaremos diferentes cosas al hacer las maletas para ir a ejercer nuestro ministerio en alguna ciudad o estado lejano. La actitud con la que atravesemos estos momentos nos dejará grandes recuerdos si los manejamos de la manera correcta. Desquitarse con los más cercanos por los errores cometidos o permitir que estos afecten negativamente a nuestro ministerio solo obstaculizará lo que Dios quiere hacer en esa situación. Debes recordar que el enemigo de tu alma utilizará todas las tácticas a su alcance, y eso incluye el olvido, el orgullo y la ira.

Hace muchos años, cuando apenas empezaba como evangelista, nuestra familia tuvo la oportunidad de ministrar en una pequeña iglesia rural. Con el paso de los años, la congregación se convirtió en una segunda familia para nosotros, y nuestras visitas siempre me ayudaban a recordar dónde empezamos y la verdadera razón por la que Dios nos llamó al ministerio. Estas personas siempre fueron tan genuinas y sencillas. Su sencillez siempre me recordaba que la mayoría de las personas en el mundo solo intenta vivir la vida lo mejor posible y pagar sus cuentas.

Mientras me vestía para el servicio, descubrí algo terrible: ¡había olvidado mis zapatos de vestir! Busqué por todas partes para ver si me equivocaba, pero la verdad me saltó a la vista. Había olvidado mis zapatos. El único par de zapatos que tenía eran unas botas de trabajo. Estaba furioso por no tener zapatos de vestir y casi descargué mi ira con mi familia.

Normalmente, cuando preparo mi equipaje, visualizo cómo me visto para un servicio y empiezo por arriba: camiseta, ropa interior, camisa, corbata, prendedor de corbata, traje, cinturón, calcetines, zapatos y Biblia. Estoy bastante seguro de que las mujeres tienen cada una su propio método de preparar su maleta, pero mi método es de gran ayuda para mí. Pero, por alguna razón, en este viaje, olvidé los zapatos.

Mientras pensaba ir corriendo a la tienda a comprar un par nuevo de zapatos, me di cuenta de que ninguna tienda estaba abierta a esa hora del día donde estaba ministrando. También comprendí que faltar al servicio no era una opción. Finalmente, decidí que simplemente tenía que tragarme el orgullo y ponerme mis botas de trabajo con el traje. Sé que probablemente se estén riendo a carcajadas ahora mismo, ¡pero en ese momento no me hizo gracia! Sin embargo, cuando llegué a la iglesia, me reí de mi situación. Al levantarme para predicar, mostré mis hermosas botas de trabajo a la congregación. Se rieron conmigo, y Dios realmente tocó a bastantes personas esa mañana, a pesar de que el orador invitado olvidó sus zapatos de vestir.

Comparto todo esto para decir que puede haber momentos en que Dios quiera darte una gran dosis de humildad. Las Escrituras nos dicen en Proverbios 18:12 que «antes de la honra es el abatimiento». Jesús fue un ejemplo de humildad a lo largo de todo su ministerio. Nació en un establo, soportó la vergüenza de la crucifixión y pagó una deuda por nuestros pecados que no debía.

He conocido a oradores prolíficos que tienen una alta autoestima, pero que no encarnan el ministerio de Jesucristo. Aplaudo a los ministros que han alcanzado magníficas plataformas de influencia. Su nivel de responsabilidad ante Dios es enorme y sus ministerios a menudo llegan a millones de personas. Pero si tú eres uno de ellos y Dios permitiera que algo humillante sucediera en su ministerio, no dejes que el enemigo gane al hacer que te enojes y te desquites con tu personal o las personas que amas. Debes estar consciente de que Dios te dará la oportunidad de ver Su obra a pesar de todo lo que tú hayas hecho. Además, busca el lado humorístico en tu situación y piensa que será una gran historia más adelante si no tomas las cosas demasiado en serio.

EN RESUMEN

Aunque se podría hablar toda una vida sobre las muchas situaciones diferentes que alguien puede encontrar en el ministerio, espero que estas cosas que he compartido te ayuden en algún momento. Lo más importante que puedes hacer es seguir escuchando al Cielo para que tu consejo provenga del mismo Dios; y fomenta las amistades con otros evangelistas y pastores a quienes puedas llamar para pedir consejo cuando surjan situaciones desconocidas. Después de todos nuestros años de ministerio, todavía llamo a mis amigos cuando tengo preguntas sobre situaciones que nunca he experimentado. Proverbios 11:14b nos dice: «la victoria se alcanza con muchos consejeros». Con nuestra cultura y las necesidades sociales en constante cambio, necesitamos toda la sabiduría a nuestro alcance para impactar a las personas que necesitan a Cristo.

CAPÍTULO 7

Tiempo de inactividad y promoción

(SESIÓN DE PREGUNTAS Y RESPUESTAS)

El tiempo libre y la promoción son parte de nuestro ministerio como evangelistas. En cuanto al tiempo, es posible que tengas fines de semana libres o reuniones que se cancelen, además de días entre reuniones en los que no estés ministrando. Como ministro itinerante independiente o en cualquier tipo de ministerio evangelístico, surgen estos períodos de tiempo prolongado sin ministerio, y necesitas ser productivo durante esos días libres. Necesitas atender las áreas importantes de tu vida y ser proactivo para agregar valor a tu ministerio. Invierte en ti mismo y desarrolla o fortalece el ministerio para que puedas llevarlo a un nivel de efectividad más alto.

El tiempo libre a menudo incluye trabajar en los aspectos promocionales de tu ministerio. La promoción debe ser de buen gusto, profesional y precisa. Las exageraciones en el ministerio no son beneficiosas a largo plazo y, en el mejor de los casos, solo acortan tu ministerio. En este capítulo, compartiré algunas ideas sobre cómo proteger diferentes aspectos de tu ministerio y usar tu tiempo libre eficazmente. También abordaré algunas áreas de promoción que son razonables en cuanto al costo y algunos errores que debes evitar.

NO DESCUIDES EL ESTUDIO

Una de las cosas más importantes es que cuides tu tiempo de estudio. Debes mantener la espada afilada. Cuando empezamos a predicar mensajes antiguos, nos acostumbraremos «a descansar en los laureles». Si no tenemos cuidado, nos volveremos perezosos y diremos: «Bien, Señor, ¿cuál de los mensajes que ya he preparado quieres que predique esta vez?». Como ministro del Evangelio, debes adoptar una mentalidad diferente que busque una palabra fresca de Dios cada semana. Después de todo, ¡un pastor a menudo debe tener un mensaje nuevo dos o tres veces por semana! Eso es mucho trabajo, y como evangelista, puede que necesites una serie de mensajes. Si asistes a una reunión de avivamiento de domingo a miércoles, necesitarás cinco mensajes. Esos mensajes frescos suelen venir a través de tu tiempo diario de estudio bíblico. Protege ese tiempo por todos los medios posibles, porque es el sustento de tu ministerio.

El Señor podría darte una palabra fresca cuando te despiertas temprano en la mañana. El Señor puede inquietarte y moverte a escribir el mensaje que presentarás esa noche. Pero no siempre es así. Ya sea que el Señor te dé un mensaje nuevo para un servicio o haya puesto en ti la carga de predicar un mensaje que ya predicaste, no deberíamos conformarnos con presentar un mensaje que ya hemos predicado. Siempre debemos esmerarnos por escuchar del Cielo y tener una palabra fresca para nuestros oyentes. Una cita de John Wesley refleja esta mentalidad: «Una vez cada siete años quemo todos mis sermones; porque sería una pena si no pudiera escribir mejores sermones hoy que hace siete años».

A veces bromeamos sobre los desafíos y distracciones del ministerio. Felizmente, Dios sabe cómo inspirarnos y ayudarnos incluso en los días más difíciles. El día que mi computadora falló y perdí todos mis mensajes antiguos y trabajos de investigación ha sido una de las peores tragedias ministeriales de mi vida.

Sin embargo, cuando realizamos nuestras rutinas diarias y dedicamos tiempo al Señor, a la lectura y el estudio de las Escrituras, generalmente hay distracciones y personas que competirán por nuestra atención. El día que intentes ayunar alguien celebrará su cumpleaños o será un día especial, y alguien te invitará a almorzar o simplemente preparará una de tus comidas favoritas. Habrá otras distracciones como la gente, los niños, la familia y cualquier ruido que se te ocurra cuando realmente intentas comunicarte con Dios y escucharlo en oración. En más de una ocasión, he usado el asiento delantero de mi camioneta como oficina, sala de oración, sala de práctica musical y centro de adoración.

El ministerio eficaz surge cuando nos mantenemos firmes en la Palabra de Dios y escuchamos realmente del Cielo. Sin embargo, nuestros sentimientos pueden engañarnos. Tendremos días malos y de desánimo. También podríamos dejar que la emoción nos domine cuando vemos que las personas se acercan al Señor, pero las experiencias son solo una parte de quienes somos, aunque alabamos al Señor por ellas.

Los pentecostales, y los cristianos en general, tenemos experiencias maravillosas, pero no podemos basar nuestra fe ni nuestro fundamento en esas experiencias. Nuestra fe y nuestro llamado deben tener su base en la Palabra de Dios, porque todos tenemos esas experiencias en el desierto cuando nos preguntamos si Dios está cerca. Nuestro fundamento en las Escrituras nos mantendrá en el camino correcto en el ministerio.

Encontrar un lugar para estudiar e investigar sobre la comunidad donde vas a predicar puede ser un desafío. Las bibliotecas públicas son un excelente lugar de estudio mientras viajas, al igual que muchas cafeterías y restaurantes con conexión gratuita a internet. Los sitios web de los periódicos locales o las redes sociales suelen ser una buena manera de enterarte de lo que sucede en la zona. Los medios de comunicación son una excelente fuente de información sobre la comunidad local y te ayudan a redactar mensajes relevantes dondequiera que prediques.

~ «¿Cuántas horas se necesitan para preparar un mensaje?» ~

Eso es algo que varía. Algunos dicen que se debe dedicar unas veinte horas a un mensaje, y a veces yo he dedicado esa cantidad. Otras veces solo he dedicado diez horas o menos. Mi progreso es más o menos así: el

Señor empieza a tratar conmigo sobre un tema o sección de las Escrituras; luego investigo a fondo estudios de palabras y comentarios; procuro extraer algo del lenguaje original si hay una palabra que me llama la atención; y, si es posible, intento ilustrarla con historias personales. Pero esto podría variar, dependiendo de ti, de Dios y de tu situación.

Hay mensajes que he completado en solo una hora. Sientes una fuerte presencia del Espíritu Santo y empiezas a escribir tan rápido como puedes. Es como si supieras lo que Dios quiere decir, y las Escrituras simplemente te vienen a la mente. Básicamente, entiendes la esencia del mensaje en muy poco tiempo, pero se necesita un poco más de trabajo para perfeccionarlo y que fluya bien. Realmente se necesita entre 10 y 20 horas para un mensaje profundo y bien elaborado. Es mucho trabajo.

Nunca he podido completar un mensaje de una sentada. Suelo elaborar un bosquejo o borrador, y luego, guiado por el Espíritu Santo lo retomo hasta completarlo. Luego, voy al principio y completo el mensaje con pensamientos, ilustraciones, pasajes bíblicos o relatos breves. Con frecuencia, el Señor me da ideas interesantes cuando las necesito.

En mi caso, recibo mucha información para los mensajes durante mi tiempo de adoración, ya sea en privado o en grupo. Pero todos tendremos esas experiencias ocasionales en el desierto al preparar los mensajes; es lo que debe suceder. ¡No te rindas! El enemigo suele luchar con más fuerza cuando las grandes victorias están a la vuelta de la esquina.

La mayoría de los evangelistas pueden trabajar en sus mensajes desde cualquier lugar con conexión a internet. Con la proliferación del servicio gratuito de internet en casi todas las ciudades, su biblioteca bíblica está a solo un clic de distancia. La mayoría de los hoteles también tienen internet gratuito y algunos parques para vehículos recreativos (RV) también cuentan con conexión inalámbrica. No recuerdo cuántos mensajes terminé sentado en el asiento delantero de mi camioneta en el estacionamiento de un hotel. Trabajé en mis mensajes en soledad mientras mi familia disfrutaba de la habitación del hotel. Para mí, pasar tiempo a solas con Dios sin importar dónde estuviera, ha sido maravilloso.

En realidad, no. Un tiempo de devoción es el espacio de cada día que pasamos con el Señor para nuestra edificación personal. Como ministro, también debes tener ese tiempo de estudio cuando buscas profundizar en Dios y escuchar su voz para el mensaje que Él quiere que compartas. Esos momentos especiales de ayuno, oración y estudio de la palabra de Dios van más allá de una simple devoción de 30 minutos o una hora por la mañana para orar, leer las Escrituras, etc. Pero tu tiempo de devoción es la siguiente área más importante que debes proteger.

NO DESCUIDES TU DEVOCIÓN

Debes cuidar tu tiempo de devoción para mantenerte firme en tu fe y tu llamado. Necesitas sentarte y sumergirte en la presencia de Dios, así como asistir a otras iglesias cuando tengas una oportunidad. No te quedes en casa. Todos necesitamos alimento espiritual. Pregunta si los pastores te pueden dar copias de audio de sus sermones en la iglesia donde ministras y escúchalos mientras conduces. He tenido amigos pastores que me dieron sermones y el mensaje de algunos de ellos fue realmente una palabra divina para mí que me quebrantó. Necesitamos eso. Necesitamos escuchar la Palabra de Dios.

Soy una persona madrugadora, así que procuro levantarme temprano y dedicar una o dos horas a orar y leer la Palabra. En ese momento también le pido a Dios nuevos mensajes. No siempre lo logro, pero me esfuerzo por tener un horario fijo para mi tiempo de devoción. Cuando mis hijos estaban en edad escolar, tenía que llevarlos a la escuela a las 7 am, aunque la noche anterior me hubiera acostado tarde. Recuerdo aquella vez que estábamos terminando de enviar por correo el boletín del ministerio, y dormí unas cinco horas. Así que ese día mi tiempo de devoción fue solo pensar: *Señor, tú sabes que te amo, ¡alabado eres Jesús!* Mi devoción fue bastante corta esa mañana, tratando de prepararme, vestirme y salir. Sí, esos días cortos de devoción ocurren, pero deberían ser la excepción y no la regla.

Me encanta mi tiempo de devoción porque es el momento, cuando estoy en silencio y a solas con el Señor, en que realmente puedo escuchar al Espíritu Santo susurrarme mensajes y ministerio. Las agendas suelen estar ocupadas durante el día. Así que cuando todos se han acostado o antes de que todos se levanten por la mañana es cuando realmente paso un tiempo de calidad con el Señor. Puede que tengas otros horarios que sean adecuados para ti y circunstancias que requieran un enfoque diferente para tu tiempo de devoción. Cueste lo que cueste y sea como sea, hazlo.

~ Tu tiempo de devoción puede dirigir tu tiempo de estudio. ~

Digamos que en tu tiempo devocional estás leyendo 1 Pedro. De repente, el Espíritu Santo te impacta profundamente con un versículo, y dices: «¡Qué maravilla!». El Señor empieza a elaborar el borrador de un sermón, y el mensaje empieza a tomar forma. Muchas veces, los mensajes son como una buena receta: solo necesitan reposar un rato para que todos los sabores y jugos se integren y se conviertan en un plato de calidad. Pero también puede ser una comida rápida; como cuando vas a un restaurante de comida rápida y ¡boom! Ahí está. El Señor te da uno, dos o tres puntos y una conclusión.

También hay diferentes niveles en tus mensajes que descubrirás a medida que creces en tu relación con el Señor. Algunos mensajes son muy profundos, y para mí, es casi como dar a luz. Es un proceso. Es algo que te cuesta aceptar, y Dios está obrando en tu propio espíritu. Estás dando a luz en el Espíritu, por así decirlo, y me disculpo si suena un poco frívolo. ¿Tengo derecho, como hombre, a decir eso? Probablemente no, pero es como si estuvieras dando a luz. Te esfuerzas, y no sientes alivio hasta que has compartido ese mensaje.

~ ¿Qué tipos de distracciones parecen ser las más frecuentes? ~

A veces, al enemigo le gusta usar la pobreza, y también la prosperidad, para desanimarnos o distraernos. A menudo, en la pobreza, buscamos el rostro de Dios. Nos arrodillamos en oración y ayuno para tocar el trono celestial. Pero cuando empezamos a prosperar en el ministerio, el enemigo de nuestras almas nos hace caer en la complacencia, llevándonos a un estado de comodidad. Realizamos el ministerio por inercia, pero lo hacemos con nuestras propias fuerzas y capacidades. Por eso necesitamos tener esos momentos de ayuno y oración, apartándonos para encontrar un lugar a solas con Dios y escucharlo de verdad.

Si el Señor decide darnos bendiciones financieras, quizás sabe que puede confiarnos dinero. Hay personas a quienes no puede confiarles dinero extra. Estas personas pueden experimentar pobreza y vivir semana a semana con lo que reciben porque Dios sabe qué harían si comenzara a bendecirlas con dinero extra. De hecho, la razón principal por la que Dios nos bendice es para que, a su vez, bendigamos a otras personas. Él quiere que seamos instrumentos de ministerio y bendición para otros.

Pero a veces, cuando has vivido con pocos recursos, te cuesta mantener una mentalidad piadosa cuando llega el dinero. Algunos empiezan a desarrollar una mentalidad aferrada al dinero. Sienten la necesidad de protegerlo y no dejar que nadie sepa lo que tienen, cuando muchas veces el Señor te pone a prueba para que des si te dice que lo hagas. Es una situación difícil, y Satanás lo sabe.

~ ¿Es normal sentirse absolutamente nervioso y con desazón en el estómago antes de hablar? ~

Creo que eso es bueno. Un domingo, un pastor me contó que los jóvenes preguntaban: «¿Cuánto tiempo tarda una persona en superar el nerviosismo al predicar?». Él respondió: «No sé. Tendrán que preguntarle a alguien mayor que yo». Él tiene más de 60 años, así que todos debemos reconocer que esta sensación no es algo que debamos superar, porque es parte de nuestra debilidad. Eso nos ayuda a enfocarnos en el Señor, quien es el dador supremo de nuestro mensaje. Simplemente intentamos ser un instrumento para Él. Esa es otra razón de que nuestro tiempo de devoción es tan importante.

~ ¿Deberías estar preparado para hablar si visitas otras iglesias? ~

Cuando comenzamos en este ministerio, si no teníamos servicio un domingo, visitábamos alguna iglesia nueva y nos presentábamos al pastor. En algunas iglesias, sobre todo en comunidades pequeñas, entraba, me sentaba y el pastor se acercaba y me preguntaba: «¿Son ministros, verdad?». Cualquiera hubiera pensado que ya lo sabía.

A veces me preguntaban: «¿Quisiera presentar la Palabra esta noche?». «¿Está preparado para predicar?». Me ha pasado. Así que asegúrate de estar «¡siempre listo!» Normalmente podrías tener unos quince minutos para prepararte. Cuando el Señor hace eso, es un poco estresante. Llevo algunos mensajes conmigo, ya que estamos de viaje. Pero cuando alguien me pregunta: «¿Quieres traer la Palabra?», yo digo: «claro que sí» y luego oro como un loco: «¡Señor, dame tu Palabra! ¿Qué quieres que predique esta noche?». El Señor es tan bueno que suele prepararte para estos sermones improvisados.

Normalmente, cuando se me pide que predique no improviso, pero puede que el Señor me recuerde un mensaje que prediqué recientemente y que aún tengo fresco en la mente. Es un suave empujoncito del Señor que me dice que quiere que predique ese mensaje. Sin embargo, hay lugares donde simplemente necesitas estar preparado y ser sensible al Espíritu Santo. He estado en iglesias donde simplemente al caminar por el pasillo es como si alguien me dijera: «Creo que deberías traer la Palabra esta noche», y he sentido que debo abrir mi Biblia y tomar notas y buscar todo lo que necesito.

Quizás quieras tener siempre un mensaje al final de tu Biblia para ese tipo de situaciones. Pero, si el Señor está en medio, Él mismo te ayudará. Simplemente ora: «Señor, tendrás que llenar mi boca esta noche. Quiero que tú seas glorificado». Luego, intenta pensar en algunos puntos que podrías mencionar. El Señor puede traer una ilustración; un historia graciosa o una ilustración personal, y simplemente depende del Señor en esas situaciones. Y Dios es fiel para ayudarte.

Felizmente, la Palabra de Dios es verdad, y cuando no estamos preparados, estaremos más abiertos a lo que Dios quiere decir y a lo que

Él quiere que compartamos. Así que, podrías desviarte un poco más de lo habitual del mensaje que pensabas predicar. Y realmente te armas de confianza. Creo que el Señor abre este tipo de puertas y nos expone a situaciones incómodas cuando estamos listos para dar otro paso. Es un momento en que Dios nos impulsa a depender de Él y a confiar para lo que se necesita en esa situación. Esta es una razón más por la que nuestro tiempo de devoción es tan importante, porque nuestro ministerio fluye de nuestra relación con Jesucristo.

~ ¿Cuál es la diferencia entre un diario ministerial y un diario espiritual? ~

Animo a los jóvenes evangelistas a usar un diario espiritual, ya que todos debemos fijar metas o anotar temas de reflexión para los momentos de devoción. Anota éxitos y fracasos. Puede ser muy alentador leer tu diario espiritual y ver cómo Dios te ayuda una y otra vez. Anota tus avances espirituales personales o lo que el Espíritu Santo te ha dicho personalmente en tu tiempo con él. Anota ideas para el ministerio o libros que quieres leer, etc. Por eso tengo un diario espiritual, que es independiente de mi diario ministerial. En el capítulo cinco hablé extensamente sobre el diario ministerial, sobre programación y perspectivas ministeriales.

En resumen, uso un diario ministerial para mantener un registro de cada servicio en el que ministro. Anoto el nombre del pastor, su esposa e hijos, cómo llegar a la iglesia, el mensaje que prediqué y lo que cantamos. Anoto lo que sucedió en el servicio. Después de ver tantas personas, te ayuda a recordar los aspectos importantes de la comunidad de la iglesia cuando regreses. Aun así, confías en el Señor porque esas personas podrían irse y las cosas podrían cambiar. El diario simplemente me ayuda a recordar personas y circunstancias importantes que contribuirán a mi eficacia la próxima vez que ministre en ese lugar.

Irónicamente, había tenido varios servicios en una iglesia en la que había ministrado un par de años antes. El pastor era un buen amigo y, cuando lo visitamos después del servicio matutino de ese primer día, habló de un restaurante donde habíamos cenado anteriormente, pero no recordaba el nombre del lugar ni dónde estaba. Quería llevar a su esposa a ese lugar, pero no podía recordar el nombre.

Le dije que revisaría mi diario porque recordé que había anotado el nombre de ese restaurante cuando repasé mis notas de mi anterior encuentro con él. Se alegró mucho de que pudiera compartir el nombre del restaurante con él. De hecho, desayunamos allí un día de esa semana. Pequeños detalles como ese les llaman la atención a los líderes de la iglesia.

Pero tu diario espiritual es un espacio para que seas sincero contigo mismo. ¿Cómo estás? ¿Cómo está tu familia? ¿Cómo te sientes respecto al ministerio? El Señor realmente te está hablando sobre esto y aquello. A veces yo lo uso en mi tiempo de devoción: qué leí, qué me dijo el Señor hoy. No escribo en mi diario espiritual todos los días. Quizás pase un mes antes de que escriba otra nota, pero cuando lo hago escribo una página o más de todo lo que está sucediendo. Quizás durante un tiempo, escriba en él una vez a la semana. Escribo cuando el Señor me impulsa a hacerlo y cuando encuentro tiempo.

Lo mejor de tener un diario espiritual es que te anima, especialmente cuando tienes momentos de inactividad. Puedes leerlo durante tu tiempo de devoción y agradecer por lo que Dios ha hecho en tu vida. Algunas de las cosas que te preocupaban nunca se materializaron, porque el Señor te ayudó. Tu tiempo de devoción es donde reflexionas, te renuevas espiritualmente y te reenfocas para el futuro. Esto se debe a que tu tiempo de devoción también es donde ejercitas el poder de la oración.

NO DESCUIDES TU VIDA DE ORACIÓN

David Mohan, un pastor de la India cuya iglesia tiene capacidad para más de 55.000 personas, dijo que la oración es la columna vertebral del cristiano. De verdad que lo es. La oración es la fuente de energía para recibir maná fresco del Cielo, así que es fundamental encontrar un lugar de soledad con regularidad. Animo a los evangelistas a ir a la iglesia cuando no hay nadie. Eso es lo que hago siempre que puedo. Voy al santuario y toco el piano o simplemente paso tiempo a solas con Dios. Pero también oro por mí mismo en un momento de devoción. Así que es fundamental encontrar ese lugar de soledad en cada iglesia.

La mayoría de los pastores respetan tu tiempo de estudio y devoción. De hecho, puedes pedirles que te permitan usar ciertas salas o el santuario para este fin. Puedes preguntarle, durante tu visita, sobre la iglesia y un próximo servicio. Basta con preguntar: «¿Puedo ir el lunes, el martes, u otro día, a orar en el santuario?». Incluso podrían tener momentos de oración en los que quieran que participes. También podrías salir a caminar. Busca tiempo para estar solo. Haz lo que sea necesario, dentro de lo razonable, para escuchar a Dios. Muchas veces, la oración y el ayuno por sí solos son lo que abre las puertas a la oportunidad y te proporciona dirección.

No debes tener miedo ni sentir que puedes escuchar a Dios solamente en lugares especiales. Él puede hablarte dondequiera que estés. No importa si estás en tu lugar favorito de oración en tu casa o en el baño. Hay veces que simplemente me siento en la parte delantera de mi camioneta temprano por la mañana y repaso mi mensaje. No hay nadie cerca y no tengo que preocuparme por molestar a mi familia mientras se preparan para el servicio. Procura siempre encontrar un lugar donde puedas estar solo para prepararte; dispón tu corazón y tu espíritu para las cosas que Dios quiere que hagas.

NO DESCUIDES TU MINISTERIO

Cuida de tu ministerio y trabaja siempre para mejorar en él. Somos embajadores y reflejo de Jesucristo. No debemos llorar por nuestros problemas. No se trata de nosotros, sino de las personas en una iglesia, país, cruzada o alcance donde Dios ha abierto una puerta al ministerio. Así que no es necesario de que nos quejemos de todo lo que va mal en nuestra vida. Debemos enfocarnos en el Señor y ayudar a las personas que Dios nos ha permitido impactar en ese lugar de ministerio.

También debemos mantener la comunicación con nuevas amistades y consolidar las antiguas mientras fortalecemos nuestros ministerios. Simplemente llama al pastor para decirle que estás orando por él o ella y lo importante que es para ti. Los mensajes de texto y las redes sociales están bien, pero una conversación personal parece transmitir mayor sinceridad y oportunidades para orar. Quizás conozcas pastores con dos vocaciones o con más de una responsabilidad adicional. Simplemente esfuérzate por mantenerte en contacto y hazles saber que piensas en ellos.

Procura establecer amistad con personas que están en las trincheras del ministerio. Todos quisiéramos escuchar: «Hoy te tuve presente en mi oración y quiero que sepas que oré por ti». «¿Hay algo especial por lo que pueda orar contigo?». Puede que no haya nada, pero simplemente llamar para conservar esas amistades trae grandes beneficios.

Si es posible, busca un buen mentor que te ayude a superar los obstáculos de la vida y el ministerio. A veces es realmente desalentador, y ayuda tener a alguien que te diga: «He pasado por eso. Todo saldrá bien. Ahora, levántate y sacúdete el polvo». Tener a alguien que te anime y te ayude a rendir cuentas es poderoso. Luego, nosotros, a su vez, necesitamos tener a alguien a quien podamos guiar. Necesitamos ministrar a otras personas y guiar a un Timoteo, tal como lo demostró el apóstol Pablo. Quizás haya alguien más que esté comenzando en el ministerio a quien puedas ayudar compartiendo algunas de las cosas que has aprendido. Todos deberíamos intentar ayudarnos mutuamente.

~ El ministerio y la planificación de tu calendario ~

Trabajar según nuestro calendario puede ser una tarea interminable, y hablé extensamente sobre esto en el capítulo 5. Hay un antiguo refrán: «planifica tu trabajo y trabaja según tu plan», que parece apropiado en este caso. Otra expresión apropiada es el cliché: «si no planeas, planeas para el fracaso». Es cierto que debemos dedicar tiempo a planificar cuándo trabajaremos según nuestro horario y debemos ser diligentes en ello.

El evangelista cumple un papel importante en la planificación de su ministerio; cubrir los espacios vacíos y dar seguimiento a los compromisos es tu responsabilidad. Además, las mañanas suelen ser las mejores horas para llamar a las iglesias y ajustar tu horario. Los lunes y viernes no son buenos días, ya que es cuando los pastores programan sus días libres.

Debes hacer seguimiento a los pastores que amablemente te han abierto las puertas. Tal vez no tenían por qué dejar que vinieras, pero te abrieron una puerta para que lo hicieras. Si eres de los que nunca escriben ni se comunican con los ministros, ¿por qué querrían que regresaras? Todo evangelista debe comprender que la responsabilidad de construir relaciones de confianza recae en él.

La planificación a largo plazo también es fundamental para decidir tu agenda: ¿dónde estarás este mes? ¿El próximo verano? ¿El año que viene? ¿Tienes planeado algún viaje misionero? ¿Viajarás con tu familia? Debes esforzarte por crear la mayor cantidad de oportunidades de ministerio con el menor gasto de viaje posible. Dado que las agendas de la iglesia suelen llenarse rápidamente, un pastor podría decir: «Lo siento, pero ya no tenemos fechas abiertas para este año». Si ya has planificado a largo plazo, puedes preguntar con tranquilidad si hay interés en hacer algo el año siguiente si sabes que estarás en esa zona.

Los momentos de planificación generalmente ocurren en mi tiempo de devoción con el Señor. Incluso en nuestro ministerio personal, a veces tengo que viajar solo. Cuando nuestros dos hijos estaban en la escuela, planeábamos grandes recorridos ministeriales de verano y viajábamos dos o tres semanas seguidas. Todavía mantenemos esa práctica. Así que planeamos adónde vamos a ir. ¿Vamos al sur, al este, al oeste o al norte? Al hacer eso, hacemos un recorrido amplio, así que nos sentamos a planificar; intentamos tener un servicio por aquí y tal vez uno por allá al regresar. Así, no tenemos que conducir 12 horas para un servicio y luego regresar para otro compromiso. Planificamos cómo vamos a viajar.

~ El ministerio y el atuendo adecuado ~

Siempre debes lucir lo mejor posible. Tu ropa no tiene que ser cara, pero es bueno que compres materiales de calidad para que dure un poco más. Puedes ir a tiendas de segunda mano, buscar ofertas en tiendas conocidas o visitar sitios de descuentos en línea. Debemos ser austeros, especialmente al comenzar en el ministerio itinerante, porque cada cosa por pequeña que sea cuesta dinero.

Por lo general, en el ministerio evangelístico, es mejor vestirse de forma conservadora. Nuestra vestimenta puede ofender a otros o recordarles las cosas que no pueden tener. Hay ministros que se visten con elegancia. Ya lo he mencionado antes, pero vale la pena repetirlo: Debes saber dónde ministras. Pregúntale al pastor qué tenida usa normalmente los domingos por la mañana o por la noche. Pide al Espíritu Santo que te ayude a ser más sensible en esa comunidad para que no seas un obstáculo para lo que Dios quiere hacer en cualquier iglesia o centro de alcance.

Si voy a una iglesia rural pequeña, no voy a usar mi traje de cinco botones cuando la mayoría de las personas no tienen algo parecido. ¿Podría usar pantalones de vestir, complementados con una chaqueta deportiva, camisa, corbata y zapatos? Esfuérzate por ser tú mismo, por ser auténtico. El Espíritu Santo te dará una gran sensibilidad en esas diferentes situaciones, si pides su dirección. Cuando te pidan predicar en una conferencia, quizás tendrás que usar tu traje de cinco botones. Siempre procura verte bien y profesional, incluso si eso significa usar jeans que luzcan bien y una camiseta para ambientes más contemporáneos.

Cuando uso la palabra «conservador», también pienso en la flexibilidad. Me inclino por lo conservador en mi forma de vestir. Es como aplicarse gel en el cabello… pero no teñirlo rosa. Hay diferentes perspectivas sobre lo que significa ser conservador. Ser conservador en los círculos juveniles será diferente a serlo en las congregaciones de personas de mediana edad y adultas, y a serlo en los ministerios a los niños. No quiero ir tan lejos como para ofender a nadie. El apóstol Pablo dijo: «Entre los débiles me hice débil, a fin de ganar a los débiles. Me hice todo para todos, a fin de salvar a algunos por todos los medios posibles» (1 Corintios 9:22).

Quiero que quienes no asisten a la iglesia conozcan a Jesús, y no quiero que mi atuendo se convierta en un obstáculo para ellos. Hoy en día, la ropa suele ser ajustada, y cuando un ministro se viste de esta manera, la gente se centra más en su cuerpo que en el evangelio que predica. Todo evangelista debe hacer todo lo posible para no desviar la atención de las personas del evangelio de Jesucristo. Debemos ocultarnos detrás de la cruz, no pararnos delante de ella.

Por ejemplo, si tengo una oportunidad de ministerio en una iglesia orientada a la santidad, quiero asegurarme de que mi familia se vista de forma conservadora y que no usemos ropa ajustada. La ropa ajustada no sería bien recibida en esa situación y, como representante de Cristo en cualquier lugar público, parecería inapropiada. Pero eso es solo un ejemplo de ser sensible a la situación en la que se ministra.

Debemos respetar sus creencias y quiénes son tanto como queremos que los demás respeten nuestras perspectivas y cómo nos sentimos. Escucho eso en los jóvenes de hoy: «¿Por qué no me respetas y me aceptas tal como soy?». Pero es un arma de doble filo. Que alguien se vista de traje y corbata no significa que sea una persona de mente cuadrada. Nosotros también somos personas, y crecimos en una época diferente, con una cultura diferente. A pesar de todo eso, amamos a Jesús. Yo simplemente me visto diferente.

A veces quiero decir: «¡No me juzguen por mi apariencia!». Pero la gente lo hace. Juzgan un libro por su portada. Al comenzar a ministrar, el evangelista debe comprender que no necesita ofender a los más jóvenes o los mayores por haber crecido en una época diferente y tener una perspectiva diferente, una mentalidad diferente. Esforcémonos como el apóstol Pablo, para que, por todos los medios, podamos salvar a algunos.

El ministerio nunca debería centrarse en mí ni en probar mi punto de vista sobre si me visto bien o mal, sino en «¿cómo puedo facilitar una conexión fluida con esa congregación para que escuchen lo que Dios ha puesto en mi corazón?». No quiero que me desanimen solo por lo que llevo puesto. El ser humano es así. Somos un poco complicados.

NO DESCUIDES TUS FINANZAS

Proteger el ministerio es importante, y proteger las finanzas es otra área crucial. Aunque hablé sobre los aspectos financieros de la incorporación en el capítulo 6, hay otras áreas que quiero abordar. Muchas personas no mantienen un control sólido de sus finanzas, incluyendo el pago puntual de sus diezmos y cuentas. Ya que el Señor nos ha bendecido con todo tipo de ofrendas y honorarios, lo mínimo que podemos hacer es honrar su palabra: «Traigan íntegro el diezmo a la tesorería del Templo; así habrá alimento en mi casa» (Malaquías 3:10).

~ ¿La disminución de las reuniones de una semana ha perjudicado a los evangelistas de hoy? ~

Hace poco hablé por teléfono con un evangelista que me comentó que gran parte de su ministerio se concentra en los fines de semana o solo los domingos. Empezamos a hablar de cuántos evangelistas se desaniman porque ya no tienen reuniones durante la semana. Sin embargo, le comenté que hoy, cuando uno va a la iglesia un domingo por la mañana o por la noche, a veces los honorarios son tan altos como si hubiera predicado toda la semana. Así que, en cierto modo, se soluciona solo. Además, si el avivamiento realmente surge, la mayoría de los pastores están dispuestos a extender la reunión según los dirija el Espíritu Santo.

~ Pero no debes esperar necesariamente ese tipo de honorarios, ¿verdad? ~

No, no creo que deba esperarse. Algunos pastores te preguntarán: «¿Cuál es su presupuesto?». Necesitas saber cuánto necesitas para operar tu ministerio y dar una cifra aproximada. Algunos oradores invitados dicen: «Bueno, me basta con una ofrenda de amor y mi oración es que la iglesia crea con nosotros que el Señor proveerá para nuestros gastos de viaje y el honorario, eso nos ayudará a continuar en el ministerio». Personalmente, prefiero la postura de la ofrenda de amor porque quizás no siempre alcances tu presupuesto en una reunión, pero la siguiente compensará con creces la diferencia. Así es como Dios suele obrar.

~ ¿Tienes algún consejo de viaje que nos ayude a ahorrar dinero? ~

Viaja con inteligencia. Cuando viajas con casa rodante, a menudo puedes estacionar en un lugar céntrico. Hay muchos lugares donde puedes pasar la noche gratis en un estacionamiento. Incluso cuando vayas a parques de casas rodantes, busca un lugar céntrico donde no tengas que moverte constantemente y quizás conducir unos 32 o 48 kilómetros a diferentes lugares para ministrar en varios servicios. Si viajas largas distancias, intenta siempre concertar varios servicios mientras estés en la zona. También puedes hacer un circuito completo conduciendo varios días cuando sales de casa para no tener que conducir solo una vez para un servicio y perder tiempo y combustible.

Verifica si hay una habitación disponible para evangelistas en la iglesia o iglesias donde ministrarás. Si tienes día libres, incluso podrías usar esa habitación para evangelistas en una iglesia unos días antes o después de una reunión. Algunos sitios de campamento de distrito de las Asambleas de Dios y otras congregaciones ofrecen habitaciones con descuento o gratuitas para ministros. Nunca solicites a una iglesia alojamiento prolongado en un hotel, ya que eso implicaría un gasto directo de ellos. Es diferente si ya cuentan con una habitación para evangelistas. Esto no representará un gasto significativo para ellos.

Supongamos que tienes una serie de servicios de domingo a miércoles y la iglesia cuenta con un alojamiento para evangelistas donde te hospedarás para esa campaña. También tienes otra reunión que comienza el sábado siguiente, aproximadamente a 160 kilómetros de distancia, y te alojarán en un hotel. Antes de asistir a la primera serie de reuniones, podrías preguntarle al pastor: «¿Hay alguna manera de poder usar este alojamiento para evangelistas o alquilarlo hasta el sábado, cuando comience mi próxima reunión? Con gusto le pagaría una pequeña cantidad si hubiera costo». Incluso si el pastor le pidiera que pagara algo, esto sería más barato que un hotel. Muchos pastores mayores están abiertos a esto y son conscientes de los gastos de viaje.

~ El uso del teléfono celular en la carretera ~

Debes controlar el uso de tu teléfono. Los paquetes de telefonía celular son excelentes y las llamadas de móvil a móvil suelen ser gratuitas, pero al llamar a otras personas e iglesias, las tarifas telefónicas pueden ser elevadas según tu plan. El número de una iglesia no suele ser un teléfono celular y, a menudo, consume tus minutos. Algunos evangelistas usan los fines de semana o las noches para llamar a su familia y mantenerse en contacto. Esto les ahorra minutos de celular para poder hablar con pastores y hacer otras llamadas de negocios durante el día.

También debes considerar el crecimiento de tu familia y determinar quién tendrá un celular. Pero incluso con un celular, quizás tengas que comprar una tarjeta telefónica. Algunos evangelistas usan internet con software para crear una cuenta que puedes usar para videollamadas y llamadas a teléfonos fijos cuando te encuentras en una zona sin señal. Hoy en día, puedes conseguir tarjetas telefónicas económicas en muchas tiendas. Puedes usarlas cuando llegues a zonas muy remotas, ya que todavía hay lugares donde no hay señal.

Las tarjetas telefónicas también son una forma económica de hacer llamadas cuando viajas al extranjero. Las tarifas roaming internacional son elevadas, así que no te conviene usar tu celular fuera del país, pero busca la forma más económica de usar el teléfono en el país que visites.

~ Gastos para lo que debes estar preparado ~

Como ministro del Evangelio, ¡debes asegurarte de pagar tus diezmos! Dios bendice a quienes diezman. Si pagas tu diezmo, Dios bendecirá el otro 90%. Si no pagas tus diezmos, Malaquías dice que lo que tengas está maldito (Malaquías 3:9). Por lo tanto, prefiero tener el 90% bendecido por Dios que el 100% maldecido por Dios. Los ministros debemos dar el ejemplo al pagar nuestros diezmos. Como beneficio adicional, también es un monto que puedes declarar en tu deducción de impuestos. Tus diezmos a tu iglesia son contribuciones caritativas. Tus diezmos a tu sección, distrito y la oficina nacional de credenciales son cuotas profesionales porque si no los pagas, no tendrás credencial.

Lleva un registro de tus gastos: kilometraje, hotel, comida, peajes y propinas, incluyendo todo lo relacionado con el ministerio, boletines enviados y franqueo. Si usas tu vehículo para fines personales y para el ministerio, calcula en porcentajes. Lleva un registro del kilometraje utilizado para fines personales y ministeriales. Puedes encontrar cuadernos de kilometraje y registros de vehículos en las tiendas de artículos de oficina. Siempre conserva tus recibos y contrata a un contador público certificado para que te ayude a responder cualquier pregunta sobre los requisitos de tu ministerio o corporación. Sé irreprochable en tus finanzas.

~ **¿Qué opinas sobre el uso de tarjetas de crédito?** ~

Sé un buen administrador y paga tus tarjetas de crédito a tiempo. No vivas con lo que no tienes. La deuda promedio en Estados Unidos actualmente es de unos $7.000 al mes. La gente simplemente deja esa cantidad en su tarjeta y nunca la paga. Debes pagar tus tarjetas de crédito cada mes. Si no puedes, entonces estás viviendo con lo que no tienes. Es fácil gastar y disfrutar la vida. Pero debes pagar tus deudas. Cuando dejas que la deuda se acumule, tendrás que pagar intereses exorbitantes sobre el saldo. Esa no es una buena administración. Necesitamos pagar lo que debemos, administrar bien lo que tenemos y vivir con lo que podemos.

También debemos pagar los impuestos a tiempo, pero no con tarjeta de crédito. Si no te gusta llenar formularios de impuestos, busca ayuda hasta que te familiarices con los formularios adecuados si planeas hacer tu propia declaración de impuestos. Si tienes preguntas o problemas legales, contacta al asesor legal de tu organización. Deberías llamarlo cuando necesites. La buena administración de las finanzas debería ser la meta de todo evangelista, y con la ayuda de Dios, podemos lograrlo.

NO DESCUIDES TU SALUD

Asegúrate de cuidar tu salud. Necesitamos hacer ejercicio y comer bien. Esto suele ser difícil cuando estás de viaje, pero muchos hoteles tienen pequeños gimnasios donde puedes hacer ejercicio. También puedes dar paseos por la zona donde te alojas. Utiliza las instalaciones del hotel si están disponibles o los gimnasios cercanos que ofrecen pases diarios. Si estás enfermo, no puedes predicar, y si no predicas, no recibes sustento.

~ Ayuno y buena higiene ~

Necesitamos ayunar cuando el Espíritu Santo nos lo indica, pero el ayuno suele hacerse antes de las reuniones. Esto se debe a que, durante las reuniones, el ministerio es muy agotador física, espiritual y emocionalmente. Así que cuídate durante las reuniones. Debes planear al menos una comida con el pastor y su familia o la persona designada que te atenderá ese día. Ellos también necesitan tener ese tiempo de compañerismo.

También necesitas practicar una buena higiene. Debes bañarte con regularidad. A la mayoría de la gente no le gusta hablar de estos pequeños detalles, pero hay muchas personas que nunca recibieron ninguna enseñanza sobre higiene en su infancia. Si no te bañas con regularidad—y a diario durante las reuniones—o si no usas jabón ni champú al bañarte, olerás mal y resultarás ofensivo para los demás. Cuando eso suceda, no podrás ministrar eficazmente. En el ministerio, te encontrarás con personas así. Son ofensivas y huelen mal. Orarás por ellas, y el Señor te recordará lo que Él no quiere que seas para los demás. Él no quiere que seas ofensivo.

Así que, practica una buena higiene. Cepíllate los dientes antes de cada servicio. Si tienes mal aliento, asegúrate de cepillarte la lengua al cepillarte los dientes. Todo esto te ayudará a evitar ofender a los demás. Asegúrate de rasurarte si es necesario y de usar enjuague bucal antes de cada servicio. Mantén tus uñas cortas. Usa mentas para el aliento durante los momentos de oración. Estás guiando a la gente hacia Cristo.

Importante: No mastiques chicle durante la ministración. Mucha gente considera una falta de respeto que te quedes ahí sentado con el chicle en la boca o mascando chicle mientras intentas hablar a la gente de Jesús. ¡Alguien que conozco, mientras masticaba chicle, abrió su boca y este cayó sobre la alfombra!

Por último, usa colonia y perfume con moderación, ya que algunas personas son alérgicas a muchas fragancias. Así que, si te duchas y usas jabón o gel de ducha, no necesitarás ponerte mucho perfume o colonia.

NO DESCUIDES A TU FAMILIA

Por último, debes asegurarte de cuidar a tu familia. Hablo un poco más sobre viajar con la familia en el capítulo seis, pero basta con decir que la familia es prioridad. Tu relación personal con Cristo es, obviamente, tu primera prioridad. En segundo lugar, tu familia y, luego, tu ministerio. Eres el sacerdote de tu hogar, así que, independientemente de si estás casado o tienes un hogar monoparental, sigues siendo el sacerdote de tu hogar. Seas hombre o mujer; sigues siendo sacerdote de tu hogar. Al viajar por causa del ministerio, recuerda que tu familia es tu responsabilidad.

Pasar tiempo con la familia es fundamental. Ha habido demasiados ministros que intentaron conquistar el mundo y perdieron a su familia. Muchos de ellos ya ni siquiera quieren servir al Señor. El mayor legado que puedes dejar es tu familia y tus hijos. Por lo tanto, debes dedicarles tiempo y recordar que tú no debes robar ese tiempo a los demás. Planifica actividades familiares y anótalas en tu calendario, ya que el tiempo es crucial en nuestra cultura en la actualidad.

Asegúrate de estar al tanto de todas las fechas y actividades especiales de tu cónyuge y tus hijos. Cosas como cumpleaños, eventos escolares especiales, citas con tu cónyuge, así como citas padre-hija, padre-hijo o madre-hija, madre-hijo. Luego, para poder cumplir con tus compromisos no tengas miedo de decir a otras personas que ya tienes una cita ineludible.

~ ¿Qué pasa con tus hijos y los tiempos en el altar? ~

Debemos hacer todo lo posible por incluir a nuestro cónyuge en el ministerio y, si es posible, dejar que participe en el tiempo del altar. En nuestra familia, a veces no había cuidado de niños en las iglesias donde el Señor abrió las puertas del ministerio, así que Nancy se sentía responsable de cuidarlos mientras yo ministraba. El Señor siempre abría camino cuando una necesidad especial de una persona del sexo opuesto requería oración. Así que, concéntrense en cuidar a sus hijos y dejen que Dios se preocupe por las situaciones especiales durante el tiempo del altar si surgen. Si tú o tu cónyuge se sienten incómodos dejando a sus hijos con ciertas personas, simplemente manténganlos con ustedes.

Cuida que tu familia coma, aunque tú no lo hagas. Normalmente, cuando me preparo para un servicio, no me gusta comer antes de predicar. Sobre todo en un servicio vespertino, ya que es justo después de cenar. Simplemente no ceno o como muy poco. Pero tengo que asegurarme de que mi familia esté bien atendida, aunque yo no coma. Recuerda que tu familia depende de ti para que seas sensible a sus necesidades, así como a las de los santos a quienes te preparas para ministrar. Por último, ámalos tanto como puedas, porque los hijos crecen demasiado rápido.

PLANIFICA PARA EL MINISTERIO EN EL EXTERIOR

El evangelista en un contexto misionero en el extranjero, o incluso en el país propio, es el tema del capítulo diez, pero debes planificar algún sistema de recaudación de fondos para financiar los proyectos de tu misión. Todo ministro acreditado de las Asambleas de Dios puede tener una cuenta para misiones a corto plazo, y muchas otras organizaciones cuentan con un sistema de apoyo similar. Nuestra cuenta ofrece un sistema de apoyo donde quienes deseen colaborar cada mes con nuestro ministerio pueden recibir crédito por sus ofrendas. Los evangelistas que no cuenten con esta opción organizativa o deseen mayor flexibilidad ministerial deberán buscar la incorporación si desean apoyo adicional. Hablo más sobre la incorporación en el capítulo seis.

Nuestra cuenta para misiones a corto plazo ha sido un excelente recurso a través de los años gracias a nuestra labor misionera. Si alguien quiere apoyarnos mensualmente, le pedimos que contribuya a nuestra cuenta. Cuando nuestra cuenta acumula suficientes fondos, planificamos un viaje misionero que nos permite ayudar a los misioneros que ya están en el campo. Ha sido un excelente recurso para nuestro ministerio, pero también nos ha ahorrado los gastos de la incorporación en las primeras etapas del ministerio. Una vez que se obtiene el estatus de organización sin fines de lucro, se puede comenzar a recibir ofrendas para el ministerio, lo que fortalece la base de apoyo.

Los evangelistas que se incorporan también pueden tener una cuenta para misiones a corto plazo para que los donantes puedan realizar contribuciones según sus preferencias. Muchas iglesias podrían optar por donar a tu cuenta de misiones porque podrían recibir crédito por donaciones a través de su organización. A las personas no les preocupa tanto esto, por lo que no es un gran problema para ellas. La mayoría de las personas quieren saber que sus donaciones al ministerio recibirán un crédito fiscal y podrán deducir cualquier donación de sus impuestos.

En las Asambleas de Dios, cualquier ministro afiliado puede tener una cuenta para misiones a corto plazo, pero solo puede utilizar el dinero de esa cuenta cuando recibe una invitación oficial de un misionero de las Asambleas de Dios al campo ministerial. Hay un alto nivel de responsabilidad al trabajar a través de canales de la organización, por lo que si simplemente deseas planificar tus propios viajes al extranjero, deberás incorporarte para evitar ese tipo de obstáculos.

En cuanto a mí, creo que la rendición de cuentas es algo excelente y ha siso una buena práctica, pero me doy cuenta de que algunos evangelistas viajan a muchos lugares donde ningún misionero ha estado, lo que dificultaría un poco recibir una «invitación» para viajar. Siempre que sea posible, es ventajoso colaborar con los ministerios en una zona, pero es necesario consultar con tu organización sobre las áreas de preocupación específicas.

PROMOCIÓN

El orgullo es el mayor obstáculo para los ministros itinerantes. La arrogancia es arrogancia, ya sea que se trate de Dios o del oro. Un ministro mayor dijo que había tres cosas de las que siempre huía: las mujeres, la gloria y el oro. Estoy seguro de que las mujeres dirían algo similar: ¡hombres, gloria y oro! Cuando el orgullo se apodera de nuestra vida, recibiremos todo lo demás.

La jactancia es una parte sombría del ministerio evangelístico. Digo sombrío porque siempre es un desafío mantener la humildad y comprender que solo Dios merece la gloria por cualquier bien que derive del ministerio. Él es quien te llamó. Él es quien te protege. Él es quien atrae a otros a través de tu ministerio. Él sana y libera a las personas. En resumen, Dios salva a los perdidos, tú no, y debes recordarlo siempre.

~ **Comunicación y tecnología** ~

CORREOS ELECTRÓNICOS

Recomiendo a las personas que no envíen *spam* (correo no deseado). Envía invitaciones a las personas para que se unan a tu lista de correo electrónico y usa una plataforma que permita cancelar la suscripción si así lo desean. Si simplemente agregas a alguien a tu lista, lo pones en una situación difícil: se sentirá atrapado con correos electrónicos, a los que nunca se suscribió y que no desea. Con mucha seguridad habrás ganado un enemigo, además de mala publicidad.

Hay algunos sitios en internet que te permiten enviar invitaciones para que la gente se una a tu lista. Al enviar tu primer correo, puedes decir: «¡Este es un boletín informativo de presentación! Si deseas suscribirte, haz clic en el enlace a continuación. No recibirás otro boletín nuestro a menos que te suscribas personalmente a esta lista de correo electrónico».

Envía solo una invitación. La mayoría de las personas ya reciben muchísimos correos electrónicos y agradecen que les den la oportunidad de retirarse o rechazar amablemente una invitación. Necesitas conocer a tu público y, si es posible, utilizar correos electrónicos con enlaces a otros sitios. Recursos, blogs, redes sociales, etc., pueden ayudarte a conectar con otros ministerios y también a construir tu red de contactos. Asegúrate de que sean personas que quieran formar parte de tu red en lugar de simplemente enviar correos indeseados y registrarlos automáticamente.

No pidas dinero por correo electrónico ni por boletines, porque a la mayoría de las personas les desagrada. Las necesidades se deben presentar con buen gusto, pero pedir dinero constantemente o pedir que la gente «siembre semillas de fe» es un desagrado, especialmente para mí.

BOLETINES

Inicialmente, publica solo un boletín informativo anual o semestral, de una página y breve. Presenta información y comparte material que ayude a los pastores y a otras personas que se encuentren con tu ministerio. A menudo, la gente envía un boletín informativo y este termina directamente en el papelero. Pero si incluyes una cita bíblica, una ilustración o algo que un pastor pueda usar, es posible que lo conserve y espere con ansias los próximos números.

Eso es lo que intento hacer. Puedes enviar tus boletines por vía electrónica; asegúrate de que la gente lo solicite. La mayoría de los evangelistas envían correos electrónicos porque es más económico que el correo postal. Si usas correo electrónico, que no sean medios fraudulentos ni manipulaciones para obtener direcciones de correo electrónico de otros. Esto puede ser mal recibido y dañar tu reputación. Nosotros enviamos periódicamente un boletín, excepto a los amigos que están en el extranjero, a quienes enviamos una versión electrónica.

BLOGS

Los blogs son geniales, pero no te excedas, ya que pueden robar mucho tiempo sin mucho impacto para empezar. He hablado con algunos evangelistas que mantienen blogs, los han tenido durante meses, y solo tres personas hicieron algún comentario o lo visitaron. Realmente pueden quitar mucho tiempo de lo que Dios quiere que hagas. Ora al respecto, prueba las aguas y ve si obtiene respuestas.

La mayoría de los blogueros esperan una respuesta rápida a sus publicaciones, así que no empieces algo a menos que puedas mantenerlo. He descubierto que incluso los sitios de blogs nacionales pueden caer en desuso con el tiempo. Puede ser una frustración gastar mucho dinero y tiempo en desarrollar algo que nadie usa.

Para mí, eso es una verdadera farsa porque el corazón de un ministro quisiera que esto fuera un vehículo de ministerio para otros. Un blog puede ser una manera de orientar a otros y de que personas más sabias que han estado en el ministerio por tiempo hablen con la generación más joven. Pero observa el tiempo que le dedicas y controla tu eficacia. Eso te ayudará a discernir cuándo es el momento de ponerle fin.

SITIOS WEB

Un sitio web es otra buena manera de promover tu ministerio sin tener que hacerle propaganda. Debe ser pertinente y breve, con imágenes. Si vas a tener un sitio web, asegúrate de mantenerlo actualizado y con buen contenido para que la gente lo vea y lo lea. También puedes tener conexiones con la oficina nacional y regional. Las Asambleas de Dios ofrece un sitio web gratuito para todos los evangelistas portadores de sus credenciales. ¡Un sitio también es una manera de conseguir reuniones!

Las Asambleas de Dios también tiene un directorio de evangelistas en línea que el líder de iglesia pueden consultar para encontrar un evangelista acertado para su iglesia. Un evangelista me dijo: «Tengo programada otra reunión debido a la lista actualizada en línea». Alguien más me dijo que un pastor lo llamó y le dijo: «Vi tu perfil y quería saber si podíamos contar contigo para visitarnos y compartir con nosotros».

Ese directorio es un motor de búsqueda bastante impresionante para evangelistas de la Asamblea de Dios. Registra nombre, dirección, énfasis ministerial, distrito de acreditación, estado, ciudad e incluso fechas de ministerio. Búscalo en http://evangelists.ag.org/directory. Otras organizaciones tienen sus propios directorios, ¡así que dales un vistazo!

Todos estos recursos permiten que tu nombre y tu ministerio salgan a la luz pública, pero debes tener cuidado con la forma en que te das a conocer. Hay mucha promoción que debes hacer y un sitio web es de gran ayuda. Una tarjeta ministerial o de oración también es una inversión maravillosa para que puedas recordar a la gente que ore por ti.

Tu ministerio crecerá paso a paso. Trabaja con dedicación para que tu ministerio crezca y mejore. Además, siempre trata de ser una bendición en cada iglesia donde el Señor te abra las puertas para que ministres.

La mayoría de las iglesias hoy tienen su propio sitio web. Todo evangelista debe visitar el sitio web de la iglesia donde ministrará para ver qué está pasando en esa comunidad de creyentes. Busca fotografías del pastor y la esposa del pastor; ¡No querrás ofenderla ignorándola cuando cruces la puerta! En lo posible procura saber quienes son parte del personal y lo que está sucediendo en esa comunidad. Mientras oras, di: «Dios, ¿cómo puedo ser oportuno al ministrar a estas personas? Muéstrame cómo». Dios nos revelará cómo podemos ser de bendición.

MEDIOS SOCIALES

Hoy, abundan las redes sociales y son más los ministerios que están sumando su presencia en este panorama ya abarrotado. La gente compite por atención y compite pagando tarifas para que sus nombres y ministerios alcancen visibilidad. Muchos contratan consultores de redes sociales y miembros del personal que publicarán en su nombre. Nuestras vidas se han vuelto más transparentes que nunca a través de las redes sociales y todo es gratis, esto incluye la pérdida de la privacidad.

Dicho esto, todo ministro debe recordar que todo lo que publique en redes sociales nunca desaparecerá. Aunque borremos palabras, videos o imágenes, hay la posibilidad de que las publicaciones hayan sido capturadas y copiadas en otros sitios antes de poder corregir errores. Las redes sociales son gratuitas y una excelente manera de actualizar la agenda de tu ministerio, pero con cuidado. Hoy se publican muchos artículos sobre la adicción a las redes sociales y cómo está provocando el deterioro de las habilidades sociales y problemas matrimoniales, así que cuida el tiempo que dedicas a las redes sociales. La mayor parte de nuestro tiempo debería dedicarse a buscar a Dios y su voluntad.

EN RESUMEN

La promoción es un aspecto importante del ministerio del evangelista, al que se puede dedicar en los tiempos de inactividad. Pero, ya sea a través del directorio en línea, de su propio sitio web o de otros medios, como correo electrónico o una lista de correo, siempre debes ser correcto. Debes representar bien tu ministerio y el Reino de Dios mediante artículos promocionales de buen gusto. Tu sitio web puede ser sencillo, pero ¿está al día y es relevante? Si presentas artículos de promoción, inviertes esfuerzo y recursos necesarios para que luzcan profesionales, porque te representan. Eso te dará a conocer ante las personas.

El tiempo libre y la promoción son realidades del ministerio. La manera en que manejes estos aspectos puede marcar la diferencia entre tener una agenda llena de servicios y tener que abandonar el ministerio. Debes cuidar de ti mismo, fortalecerte, cuidar de tu tiempo con el Señor, ocuparte en construir y fortalecer el ministerio. La promoción puede ser una piedra de tropiezo si dejamos que el orgullo se apodere de nuestras vidas y de los materiales con que nos promovemos. Pero con la ayuda de Dios, nuestro tiempo libre y nuestros espacios de promoción producirán abundante fruto y glorificarán a Dios.

CAPÍTULO 8

Voces desde el campo

Independientemente del área del ministerio para la que te hayas preparado, siempre hay situaciones y problemas que nunca habrás visto en un aula ni en un libro sobre ministerio. Felizmente, siempre habrá quienes nos han precedido y han soportado dificultades para nuestro beneficio. Hoy en día, a eso le llamamos mentoría, pero muchos no se dan cuenta de que la mentoría puede provenir de diversas fuentes, incluso de escritos de personas que ya no están con nosotros.

En las siguientes páginas, he recopilado respuestas a varios temas que surgen con frecuencia en el ministerio evangelístico y que se publicaron como preguntas en un foro de evangelistas que mantuve en algún momento. Varios evangelistas respondieron a las preguntas iniciales, y traté de presentar cada respuesta en un párrafo. Aunque estas ideas, obviamente, no abarcan todo, quizás te ayuden a afrontar los desafíos que se te presenten. Como dice un viejo refrán: «Juntos podemos hacer más que si estamos solos».

No sientas la necesidad de leer esta sección de una sentada. Léela por partes. Algunos temas abordados se superponen con otras áreas que abordo en este libro, pero quise ser lo más fiel posible a los colaboradores de esta sección y mantener sus comentarios completos. Quizás quieras tenerlo a mano como referencia para las áreas sobre las que tengas preguntas. Al leer las siguientes páginas, deja que el Espíritu Santo te hable sobre tu ministerio y cómo Él quiere moldearlo para el máximo beneficio de aquellos a quienes te ha llamado a ministrar

ANTES DEL MINISTERIO

Programación de reuniones

P: He hablado con algunos pastores y evangelistas que me han comentado que muchas iglesias programan evangelistas solo para uno o dos servicios a la vez. Por ejemplo, solo los domingos por la mañana o por la tarde. Algunos pastores han afirmado que simplemente no logran que la gente asista a los servicios entre semana y han evitado los servicios de avivamiento durante la semana. Me gustaría saber qué han experimentado otros con respecto a este tema.

«Por cada pastor que me ha dicho que ya no programa avivamientos (de varios días), he hablado con al menos dos que me dicen que les encantaría tener avivamientos, pero que les cuesta encontrar un evangelista. Si mi ministerio incipiente sirve de ejemplo, los primeros nueve meses fueron lentos, y principalmente los domingos. Creo que esto se debió a consideraciones de calendario (muchas iglesias tenían sus agendas llenas con esa anticipación, al menos), así como a la necesidad de forjar relaciones con los pastores.

Para el próximo año, he realizado o programado 20 reuniones de varios días, que van desde un par de avivamientos de domingo a viernes hasta varios formatos de viernes a domingo. En mi experiencia, el formato más popular es de domingo a miércoles (más de la mitad de mis avivamientos). Basándome en esta limitada experiencia, creo que no es exacto decir que la MAYORÍA de las iglesias no organizan avivamientos, aunque esto si sucede en algunas».

«Mi política personal es ir a donde haya una puerta abierta, sin importar el tamaño ni la capacidad financiera. Por lo tanto, hablo con aquellos pastores que no tienen evangelistas que llaman a su puerta (palabras exactas de un pastor). Al parecer la PERCEPCIÓN es que hay escasez de evangelistas legítimos a disposición de estos pastores. MI ANÁLISIS: Creo que si no preseleccionamos las iglesias, descubriremos que los pastores que quieren reuniones de varios días superan en dos a uno a los que reservan «avivamientos» de SOLO un día

«Durante mis 19 años como pastor, rara vez programé a alguien por varios días a menos que lo conociera y supiera de su ministerio. Si un evangelista me contactaba, lo invitaba a un servicio del domingo por la noche, si se podía. Esto me permitía conocer su ministerio y programar un avivamiento más adelante si sentía que así me guiaba el Señor.

Como evangelista de tiempo completo, el primer año prediqué en muchas reuniones dominicales. Los pocos avivamientos de varios días que tuve fueron programados con pastores que conocía. Después, a mitad de mi segundo año, se abrieron más puertas para avivamientos de varios días gracias a esos únicos días. ANÁLISIS: La mayoría de las reservas se basan en las relaciones. ¡Así que, conéctate! Eso puede lograrse de otras maneras además de predicar en una reunión: reuniones de la Fraternidad de Ministros, reuniones del Concilio de Dección/Distrito/ General, visitas personales, etc.

Creo que mi flexibilidad de horario me ha ayudado. Como pastor, me encontré con algunos evangelistas que solo hacían un formato específico, y como pastor, no intenté adaptar mis planes a su formato; le pedía a Dios que me enviara otro evangelista. Como evangelista, ministraré en una iglesia en cualquier formato que pueda ajustar a mi calendario. ANÁLISIS: A los pastores les gustan los evangelistas que forman parte del equipo, no la estrella invitada. El pastor típico tiene muchas *divas* y personalidades difíciles en su iglesia; no necesita traer a alguien de fuera para que sea un estorbo.

«En las ciudades más grandes, encuentro más pastores que tienen dificultad para conseguir personas que asistan a los servicios y se inclinan más por los avivamientos de viernes a domingo, sábado y domingo, domingo y lunes, o solo los domingos. Sin embargo, es posible que en Brownsville, hayan sentido lo mismo, donde Dios derramó su Espíritu en un gran avivamiento con el evangelista Steve Hill. Cuando Dios obra con tanta fuerza como en aquel entonces, el plan cambia para adaptarse a lo que Dios les dice a los líderes de la iglesia y al orador especial. Construir relaciones de confianza sigue siendo la clave para abrir puertas al ministerio dondequiera que vivas».

«Esta vez llevo más de 12 años viajando y unos 17 en total; noto que las cosas cambian cada vez más. Normalmente trabajo de domingo a miércoles, pero este año he dedicado más fines de semana que nunca en mi ministerio».

«A veces, los servicios de fin de semana son tan efectivos como una serie de servicios de domingo a miércoles. Ahora estoy intentando conseguir (con bastante éxito) que algunos pastores, que nos requieren solo para el fin de semana, permitan que nos quedemos y prediquemos también en el servicio de entre semana. Esto tiene dos efectos: me da una oportunidad extra de tocar vidas y, en nuestro caso, por viajar en casa rodante, nos proporciona un lugar de estacionamiento para el lunes y el martes sin causar molestia.

Que yo sepa, ningún pastor me ha negado jamás la oportunidad de quedarme estacionado en su iglesia un día más, incluso si no estoy predicando. Sin embargo, no quiero abusar de la amabilidad y, a menudo, he salido del estacionamiento de la iglesia para ir a un parque de casas rodantes o a un Walmart a pasar la noche para no importunar».

«Si alguien no lo sabía, ahora Walmart permite que los vehículos recreativos estacionen gratis durante la noche en sus estacionamientos».

Programando hacia el futuro

P: Me gustaría saber tu opinión sobre la anticipación con la que deberíamos programar las reuniones. Ya he programado hasta la primavera del próximo año, no porque este año esté lleno, sino porque algunas iglesias, sobre todo las más grandes, planifican sus calendarios con dos años o más de anticipación. En concreto, quisiera saber si es más probable que haya cancelaciones si se programa con anticipación, o qué otros problemas plantea esto. ¿Deberíamos

establecer algún límite para la anticipación con la que se programan reuniones o considerar incluso la próxima década si un pastor así lo desea? Agradezco cualquier opinión, experiencia o anécdota.

«Creo que dos años completos serían suficientes, pero conozco a algunos evangelistas de niños que tienen compromisos para tres años, como en tu caso, y que no necesariamente tienen la agenda completa, pero la fecha que desea el pastor (o evangelista) solo se puede programar con esa antelación. Cuando las reservas son más distantes, se debe enviar postales o correos electrónicos a fin de año o, al menos, seis meses antes para garantizar que sigues en el calendario y que estás esperando el día _______ (asegúrate de incluir la fecha) en que estarás con ellos».

CANCELACIONES

P: ¿Cómo se gestionan las cancelaciones?

«Una cancelación, podría ser causa de frustración, sobre todo cuando se está lejos de casa. No sé cuál es la solución, pero me interesaría saber qué hacen otros en estas ocasiones».

«Las cancelaciones nunca son bien recibidas, pero al parecer son un riesgo. Cuando se presenten, podrías intentar: llamar a la oficina del distrito y explicar que acabas de recibir una cancelación y preguntar si tienen alguna iglesia abierta que necesite a alguien para ocupar el púlpito. También podrías pedir permiso para llamar al presbítero de la sección del área y ver si conoce alguna opción que pueda ser de ayuda.

«Por otra parte, asegúrate de averiguar el motivo de la cancelación. La mayoría de las veces, esto escapa a tu control, pero si se trata de algo relacionado contigo o tu ministerio (o algún comentario sobre ti que alguien hizo), debes saberlo. También es importante que seas comprensivo (obviamente) y consultes si el pastor está dispuesto a cambiar la fecha. Generalmente, un pastor se sentirá mal de cancelar y hará lo posible por conseguir una fecha más adelante».

«También puedes intentar llamar a algunos amigos evangelistas que han ministrado en la zona o que incluso viven en el distrito donde tú ministras. A veces estarán encantados de compartir contigo algunos nombres, pero recuerda que debes estar dispuesto a tender la mano».

«Hasta ahora no he tenido ninguna cancelación que me haya dejado lejos de casa, pero creo que si me encontrara en esa situación, intentaría asistir a un servicio y conocer al pastor. A veces incluso te invitan a predicar, y aunque la iglesia no se sienta obligada económicamente, al menos tienes una especie de presentación que podría ser una oportunidad de conocer a un nuevo pastor y, con el tiempo, convertirse en un compromiso de un día o más de ministerio».

ESTABLECER CONTACTOS A TRAVÉS DE CORREOS

La comunicación es fundamental para los ministros itinerantes, y la mayoría lleva años recopilando su lista de líderes de iglesias y personas que apoyan su ministerio. Promover tu ministerio de forma respetuosa puede abrir puertas al ministerio, pero la mejor manera de hacerlo sigue siendo la oración sincera. ¿Cómo dar a conocer tu ministerio de la manera más eficiente posible? Una persona inició esta conversación sobre las etiquetas con direcciones del distrito, y pensé que algunos de los siguientes comentarios podrían ser útiles.

P: Al enviar un volante o folleto sobre tu ministerio, ¿te comunicas con los distritos y les piden etiquetas de dirección? ¿Están dispuestos a proporcionar etiquetas o direcciones postales? ¿Cobran? ¿Tienen algún costo? ¿Qué otras maneras hay de obtener direcciones postales sin tener que buscarlas en sitios web y luego escribirlas?

«Al enviar un volante o folleto, es fundamental sopesar la efectividad y el costo. La mayoría de los pastores reciben mucha correspondencia y los distritos no suelen compartir la lista de correo de sus ministros. Como ministro licenciado, puedes utilizar el directorio de tu iglesia, que todos los ministros reciben, sean licenciados u ordenados, y que suele estar disponible en línea a través de tu organización. Selecciona una zona específica a la que desees enviar materiales y dibuja un círculo en el mapa; luego, copia las direcciones del directorio de la iglesia. Algunas organizaciones permiten buscar iglesias en un radio de una milla. Esto es especialmente útil cuando te encuentras en una zona nueva del país».

«En lugar de dibujar un círculo en un mapa, prefiero buscar en línea por proximidad de código postal. Un directorio en línea es mucho mejor que uno impreso porque está actualizado. El directorio impreso ya está obsoleto cuando lo recibes. No envíes correspondencia de asuntos que puedes atender por teléfono en un tiempo razonable».

CONOCER A LOS PASTORES

Cuando tengas un fin de semana libre o una fecha de ministerio, visita iglesias donde no hayas estado antes. Cuando vayas, no esperes nada más que posiblemente presentarte y disfrutar de un buen sermón si te unes a ellos en un servicio. Recientemente, como familia visitamos una iglesia pequeña donde el Señor nos conmovió, y el Espíritu Santo nos dio una palabra de exhortación. Fue un momento muy especial porque fui ministrado mientras estuvimos con ellos. El pastor, amablemente, me invitó a compartir una cita bíblica o una palabra (aunque breve).

También pasamos un buen tiempo de oración en el altar, y después, ¡el pastor dijo que necesitábamos programar un avivamiento en algún momento! No esperaba nada, y el Señor me recordó que fue Él quien me había ordenado estar allí esa noche. Aquí presento algunas cosas que otros me han compartido sobre visitar y mantener la comunicación con líderes de las iglesias con quienes han cultivado una amistad.

P: ¿Cómo puedo conocer nuevos pastores y cultivar las relaciones que ya tengo?

«Cuando estoy en un avivamiento, dedico al menos un día a visitar a otros pastores locales. Me ayuda fraternizar con pastores que no conozco y a iniciar nuevas amistades. Incluso si el pastor no está, dejo una tarjeta para que sepa que estuve allí. Es como la idea del "almuerzo" con el hermano Marshall, aunque puedo hablar con cuatro o cinco pastores en un día, no podría invitarlos a todos a almorzar».

«Reconoce los logros del pastor (o los de su iglesia): Si los ves mencionados en un boletín de distrito, o a nivel nacional, envíale al pastor una nota de felicitación o reconocimiento. Incluso si el pastor tuvo poca o ninguna participación, como una actividad de la iglesia, lo que se hizo estuvo bajo su supervisión, y el pastor recibirá el reconocimiento. (Para tu información, he logrado suscribirme a la lista de correo de varios distritos en los que trabajo, y recibo varios boletines donde veo este tipo de reconocimientos. Aunque parezca increíble, no es fácil suscribirse a estas listas, pero nunca está de más preguntar, y también es positivo entablar una relación con las Oficinas de los Distritos)».

«Las tarjetas de cumpleaños son hermosas. (Espero que un día las tarjetas de Navidad sean automáticas). No solo esperaría un saludo en cumpleaños, pero si por casualidad estoy en una iglesia y veo que el cumpleaños o aniversario del pastor (o de su familia) se menciona en el boletín, lo anoto y procuro enviar una tarjeta cada año (tu computadora te lo puede recordar). Ahora bien, con los familiares puede ser un poco más complicado; probablemente no sea buena idea enviar una tarjeta a uno de ellos si no tienes la fecha de todos».

«Cuando te enteras de un fallecimiento o una enfermedad grave en la familia del pastor, es la ocasión para una nota de condolencias o el deseo una pronta recuperación, junto con tus oraciones, por supuesto».

«Busca ocasiones para mantener el contacto aunque no estés intentando programar un servicio».

«He sabido que más que las cartas, la gente hoy en día aprecia las tarjetas y notas personales con pensamientos y buenos deseos. Procura ser diferente, como una "Vaca Púrpura". (Un gran libro, por cierto; aunque secular, despierta la creatividad [solo en inglés])».

Servicios del domingo por la noche

P: ¿Cómo ha afectado a otros evangelistas la disminución en el número de iglesias que celebran servicio dominical vespertino? ¿Cómo está afectando esto tu programación de avivamientos o los avivamientos en general?

«Las iglesias que normalmente no tienen servicios vespertinos y que SÍ desean programar un avivamiento, suelen hacerlo. En mis 27 meses de ministerio evangelístico a tiempo completo, solo me he encontrado dos veces con esa situación, y en ambas la iglesia tuvo solo un servicio de avivamiento el domingo por la noche y la gente parecía entusiasmada con este servicio "nuevo y diferente". De hecho, ambas iglesias tuvieron reuniones de oración los domingos por la noche durante un mes antes del avivamiento. Por otro lado, las iglesias que NO desean programar un avivamiento, simplemente no lo hacen, y el horario del domingo por la noche no tiene nada que ver. A veces tengo un servicio diurno en una de esas iglesias y comienzo un avivamiento en otra iglesia esa misma noche».

«Sigo realizando muchos servicios de presentación en iglesias donde no soy conocido. Si una iglesia solo tiene servicios matutinos, eso me permite llamar a otra iglesia de la zona y ofrecerme para ministrar en el servicio vespertino. A menudo, los pastores aceptan mi propuesta para presentar mi ministerio a su iglesia. En general, parece tener un impacto positivo en mi ministerio».

DURANTE LA MINISTRACIÓN

Presentaciones del ministerio

P: ¿Cuánto tiempo deberías dedicar a la presentación del ministerio?

«Realmente depende del servicio. El domingo por la mañana, intento llegar a la ministración lo antes posible, ya que el tiempo es crucial. El domingo por la noche dedico tiempo para explicar nuestro ministerio, nuestras necesidades y el costo de nuestros CD y cintas, quizás unos 15 minutos. Se espera que las otras noches no sea más de 5 o 10 minutos como máximo, justo lo suficiente para saludar a la gente y dar gracias por la ofrenda. Me interesaría saber cómo se compara esto con otros. No digo que lo que hago esté bien; simplemente es lo que hago. Una noche asistí a un servicio de un evangelista conocido a nivel nacional y ni siquiera saludó. Simplemente se acercó al púlpito y dijo: "Abran sus Biblias". También estuve en un servicio con otro evangelista popular que contó chistes durante unos 30 minutos antes de comenzar el mensaje. Parece que ambos evangelistas eran un poco extremistas».

«Suelo inclinarme más por los 5 a 10 minutos, a menos que esté mostrando una presentación en PowerPoint o hable sobre un viaje misionero—esto sucede en un servicio vespertino cuando estamos en ese lugar para más de un servicio. No creo que me detendría demasiado en la mesa de productos... deja que el pastor hable de eso si es posible».

«Personalmente, nunca menciono nuestra mesa de productos. Siempre dejo que la iglesia anfitriona lo mencione si así lo desea. He asistido a servicios donde un evangelista se tomó mucho tiempo simplemente revisando lo que tenía en su mesa de productos. No estoy seguro de que dé una buena impresión y no quiero parecer un vendedor ambulante durante el servicio. He descubierto que cuando nuestra mesa de productos ha estado en un lugar visible, la gente siempre tiende a encontrarla».

Si estamos en una iglesia para un servicio, siempre dedico unos minutos a presentarnos. Si tenemos una serie más larga de reuniones, normalmente aprovecho el primer servicio para presentarnos, y en los demás no me detengo mucho. Como la mayoría de nuestras reuniones son Cruzadas de Niños, suelo hacer las presentaciones formales en el servicio del domingo por la mañana».

«Tendría que estar de acuerdo contigo: de 5 a 10 minutos como máximo. Estoy empezando mi ministerio como evangelista, así que no tengo mucho que decir desde esa perspectiva. Pero como ex pastor principal, descubrí que mi congregación y yo queríamos escuchar sobre el ministerio del evangelista. Sin embargo, debes recordar que la gente quiere escuchar la Palabra y ser ministrada de alguna manera. La atención de las personas tiene un límite. Creo que el evangelista debería usar la mayor parte de su tiempo para predicar la Palabra y ministrar. Por eso, cinco minutos son suficientes para la presentación del ministerio».

«Si el pastor es amigo, pídele que él o ella te presente a la congregación. Eso les demostrará que el pastor ha puesto su sello de aprobación en tu ministerio, y entonces estarán más dispuestos a recibir de ti lo que Dios tiene para ellos».

Duración del sermón

P: ¿Qué duración de sermón es más efectiva en el servicio matutino? ¿Y en el vespertino?

«Yo predico unos 30 minutos máximo, o tal vez 40 para el servicio matutino».

«Intento terminar a las 12:00 pm en el servicio de la mañana. En el servicio de la tarde, mi esposa me da una pequeña señal discreta cuando llevo 40 minutos, y a partir de ahí intento relajarme. Con frecuencia me quedo una hora. No digo que sea correcto; simplemente es lo que hago».

«Me parece que también tomo entre 30 y 45 minutos, pero depende de cómo responda la congregación y del Espíritu Santo. Me esfuerzo por acortar mis mensajes por la mañana, ya que quiero conexión con la congregación, presentar a mi familia, el ministerio, etc. Siempre dejo tiempo para que la gente venga al altar... todo está en manos del Señor».

«Mañana: Más de 30 minutos parece tiempo desperdiciado que podría dedicarse al altar. La mayoría tiende a repetir, lo cual solo es productivo en raras ocasiones. Tarde: Los mismos 30 minutos. El 80% de las personas tiene una capacidad de atención inferior a 30 minutos».

«Sí, definitivamente depende de la parte del país en la que te encuentres y del público al que te dirijas. Las personas con sensibilidad hacia el buscador tienden a preferir mensajes más cortos, y los antiguos pentecostales parecen preferir mensajes más largos. Simplemente es mejor orar y ver cuánto tiempo acostumbra predicar el pastor».

Apreciación del cónyuge

P: ¿Cómo muestras aprecio por tu cónyuge durante tus tiempos de ministerio?

«Antes de predicar, siempre reconozco a mi esposa y le digo a los presentes cuánto la amo y aprecio lo que hace por mí. No podría hacer lo que hago sin ella».

«Desde el primer servicio me gusta decir, esté conmigo o no, que ella es mi mejor amiga, que nuestra relación es sólida y que estamos muy enamorados. Quiero que ella lo sepa, y quiero que la congregación sepa que nuestro matrimonio de 41 años es feliz y totalmente satisfactorio. Creo que la hace sentir especial y que la congregación tiene más confianza en nosotros. También quiero que esté a mi lado en las filas de oración. Quiero que ella y la congregación sepan que su compañía es vital para mi trabajo».

«Normalmente, en uno de los primeros servicios, presento a la familia (estén presentes o no), y cuando llego a mi compañera de vida, le digo a la congregación que realmente aprecio a una esposa piadosa que ora por sus tres hijos, uno de ellos soy yo. Como solo tenemos dos hijos, esto ayuda a disipar las tensiones existentes y a conectar con un nuevo grupo de personas, a la vez que reconozco públicamente que mi esposa es muy especial para mí».

«Cuando envío mi biografía para que las iglesias la usen con fines de promoción y para que me presenten desde el púlpito, enumero todos los ministerios en los que participo y mis credenciales, y luego, como última línea, digo:"Pero mi ministerio más importante es mi esposo, con quien llevo 20 años de matrimonio, y nuestro hijo de 19 años"».

AYUDANDO A LA GENTE A PASAR AL ALTAR

Considero que una de las acciones más detestables de cualquier ministro itinerante es la manipulación del altar. Lo he visto y me perturba cada vez que soy testigo de este claro abuso de poder. Una cosa es extender una invitación fervorosa a «reconciliarse con Dios» o «tomar la decisión de seguir a Cristo», pero otra muy distinta es manipular las emociones de las personas para obtener un beneficio personal o para conseguir fotos. Me encanta la manera en que Billy Graham extendía la invitación a la salvación y luego oraba en silencio. Por eso, pregunté a otros ministros itinerantes cómo los guiaba el Espíritu Santo a extender sus invitaciones. Espero que estas reflexiones también sean útiles.

P: ¿Hay algo que ayude a las personas a acercarse al altar cuando Dios te ha hablado sobre algo específico, pero nadie responde?

«Cuando hago un llamado al altar, digo: "TODOS los que necesiten sanidad, pasen al frente" en lugar de decir: "Si hay ALGUIEN que necesita sanidad, pase al frente". A nadie le gusta estar solo, y esto parece ayudar a que la gente responda al llamado al altar porque hay la posibilidad de que otros también respondan».

«Procuramos que la gente se sienta cómoda al responder. Por ejemplo, si se está realizando un servicio de sanidad, la mayoría de las personas que necesitan algún tipo de sanidad permanecerán como espectadores. El orgullo hace que la gente se muestre reservada; la mayoría no quiere aparecer como necesitada. Si los tranquilizas, al mostrar que no son los únicos necesitados, la mayoría lo hará. En lugar de aludir a los que necesitan sanidad, preguntamos: "¿Hay alguien aquí con una salud física perfecta, sin ningún problema?". La gente suele reírse, y entonces decimos que todos pueden pedir a Dios sanidad, sea grande o pequeña. Ya verás como se relaja el ambiente"».

«Una vez que las personas están en el altar, el Espíritu Santo puede hacer como quiere, pero creo que la persona responderá con tranquilidad si entiende exactamente a qué llamado responde. Cabe repetir, Dios hace como quiere, pero cuando oro para que las personas reciban el Bautismo en el Espíritu Santo, me gusta ayudarlas a comprender el procedimiento que seguiremos, usando Hechos 19:6, por ejemplo. Si vamos a orar por los enfermos, quiero que sepan cómo lo haremos: imposición de manos, unción con aceite, etc. A menudo les pido que se coloquen en un lugar específico para saber cómo se les ministrará. Quiero dejar claro que mi meta es que el Espíritu obre como quiera. Pero, si no logramos que lleguen al altar, será difícil ministrarles».

«También lo convierto en un esfuerzo de equipo, es decir, "tomo a alguien de la mano y caminamos juntos al lugar de oración". Creo que si logramos llevarlos al altar, el Espíritu Santo hará por ellos lo que necesitan».

REMEDIO CASEROS PARA UNA VOZ RONCA

Uno de los recursos más importantes de un pastor es su voz. Cuando no se puede hablar, no se puede cumplir con el propósito del Señor, por lo que cuidar la voz es fundamental. Es posible que escuches a pastores hablar de cómo tuvieron que esforzarse al máximo durante un sermón, debido a la opresión espiritual o la desconexión con la congregación. A veces, cuando esto sucede, es fácil forzar demasiado las cuerdas vocales y lastimarlas. Algunos evangelistas se refieren a este fenómeno como «quedarse sin voz». También he observado que los equipos de sonido deficientes, donde es difícil escucharse uno mismo, incitan a elevar innecesariamente el volumen de la voz para compensar el bajo volumen de los monitores o la falta de experiencia del técnico de sonido.

P: ¿Qué remedios te dan mejor resultado cuando notas que has forzado la voz y tienes dificultad para hablar?

«En el pasado, he probado el jugo de limón. Parece que ayuda. Evito forzar la voz en lo posible. Ajusto el volumen del micrófono a mi voz y me es de mucha ayuda».

«En mi caso, sufro de laringitis debido al goteo retronasal, y claro, cuando las cuerdas vocales están inflamadas por eso, la voz se puede dañar con casi cualquier uso. Lo mejor es mantener la garganta lubricada e hidratada (después de hacer todo lo posible para controlar la secreción), y mi producto favorito para eso son las pastillas para la tos Hall's, que abren las vías respiratorias a la vez que lubrican la garganta. Durante una reunión de ministerio cuando tuve problemas con mi voz, el pastor me sugirió jugo de naranja, porque da energía y ayuda a fortalecer la voz. Incluso me dio botellas de jugo de naranja para mantener en el púlpito».

Aquí presento algunos remedios caseros que parecen funcionar, aunque la mayoría coincide en que es fundamental mantener agua a la mano para lubricar las cuerdas vocales y que, tras un esfuerzo excesivo, descansar es la mejor opción. Pero cuando no puedes...

- Tomar ibuprofeno al menos media hora antes de acostarme parece ayudarme cuando me he esforzado demasiado y tengo las cuerdas vocales inflamadas.
- Durante los avivamientos, el té caliente (con limón si es posible) es mucho mejor para la voz que el café.
- Algunas personas hacen gárgaras con agua salada muy caliente.
- El jugo V-8 con un poco de pimienta de cayena reduce la flema y ayuda a aliviar la garganta; para ser sincero, me lo han dicho; aún no lo he probado.
- Según un dentista, una cucharada de vinagre de manzana (del oscuro) y una cucharada de miel en agua muy caliente hacen maravillas para neutralizar el ácido alrededor de las cuerdas vocales (y el estómago) y permiten una sanidad más rápida. Basta con unos sorbos de la mezcla y, aunque la garganta se irrita, ayuda bastante; quién lo diría, aunque huele a calcetines sucios».

«Tengo un hermano que es otorrinolaringólogo. Antes de hablar, siempre recomienda beber agua. El agua con limón también ayuda».

«Las pastillas para la tos siempre me han ayudado, aunque debo cuidar de no moverlas demasiado en la boca ni hacerlas sonar contra los dientes—el micrófono inalámbrico captará ese sonido y todos sabrán lo que tienes en la boca. He descubierto que si llevas una pastilla sin envoltorio en el bolsillo te será muy fácil y rápido ponerla en la boca».

«Sube el volumen del micrófono más de lo normal para que no fuerces la voz más de lo necesario».

«Si solo vas a beber agua, asegúrate de tener dos vasos debajo del púlpito o cerca, porque con la voz ya forzada podrías acabarte el primer vaso rápidamente».

«Siempre me intrigó lo de llevar pastillas para la tos o mentas en el bolsillo. ¡Me preocupaba que se me llenaran de pelusa antes de terminar! Me dijeron que algunas personas cosen un forro de plástico al bolsillo, pero me pregunto cómo hacen cuando llevan el traje a la tintorería».

«Me gusta tomar té de jengibre fresco. Me alivia la garganta. Compro un trozo grande de jengibre fresco en el supermercado. Corto un buen trozo, le quito la piel y luego lo corto en varios trozos. Los coloco en una taza, añado agua caliente, dejo reposar un rato, remuevo el jengibre y después bebo a sorbos. Repito cuantas veces quiero».

«Mientras hablo, tengo agua a mano y, en lugar de usar pastillas para la tos Hall's, prefiero usar pastillas Fisherman's Friend. Son bastante fuertes, así que suelo partir algunas por la mitad, guardarlas en el bolsillo y tomarlas de vez en cuando. Me resultan más efectivas que las Hall's».

«Nunca había oído hablar del té de raíz de jengibre, pero suena una mezcla bastante buena (sin duda mejor que el aceite de serpiente)».

«Sobre las pastillas para la tos Fisherman's Friend, debo advertirles: ¡cuidado si nunca las han probado!; son muy fuertes. Una vez que tuve un resfriado con tos, tomé algunas y después de haber probado una, la tos casi desapareció. ¡Tuve miedo de tomar otra! Parece una buena idea partirlas por la mitad».

[Las siguientes respuestas se dieron en una época en que los medios de difusión ministerial incluían casetes, CDs y DVDs. El ministerio en la actualidad hace uso de dispositivos digitales y transmisión de medios en numerosos formatos. A medida que evoluciona el medio de grabación, recuerda algunos de los principios que surgen de las conversaciones que siguen en este capítulo. Siempre habrá oportunidades para grabar, descargar y editar material del ministerio para su redistribución en diversos medios, pero deja que el Espíritu Santo te guíe en cada aspecto de los materiales ministeriales que prepares para otras personas.]

MESA DE PRODUCTOS

P: ¿Cuánto tiempo deberías dedicar a hablar sobre tu mesa de productos? ¿Le has pedido alguna vez al pastor que presente tu mesa de productos?

La respuesta obvia es lo menos posible. Casi no dedico tiempo a hablar de mi mesa, pensando que la mayoría de la gente es lo suficientemente lista como para adivinar qué es al pasar. De vez en cuando, presento una canción y digo: «Encontrará esta canción en nuestro nuevo CD, que está sobre la mesa del vestíbulo». En algunas ocasiones, sobre todo cuando doy una charla en un evento juvenil, regalo una camiseta por responder una pregunta sencilla sobre el mensaje de anoche, etc., lo que llama la atención sobre la mesa sin ser demasiado comercial».

«En mis 19 años de ministerio pastoral, una de las cosas que MENOS me gustaba de los pastores visitantes era que usaran tiempo valioso para promocionar sus productos. Creo que si se hiciera una encuesta entre pastores, esta sería una de las dos o tres principales quejas sobre los evangelistas. En cuanto a la segunda parte de esta pregunta, nunca le he pedido a un pastor que hable sobre mi mesa. Pero, algunos pastores se han ofrecido a hacerlo al darse cuenta de que yo no lo haría; también creo que como muestra de agradecimiento por no malgastar mi tiempo del púlpito haciéndolo yo mismo».

«Rara vez anuncio mi mesa de productos los domingos por la mañana. A veces, simplemente menciono que el mensaje será grabado y que estará disponible en nuestra mesa inmediatamente después del servicio. Los domingos por la noche, doy más detalles sobre los precios y lo que está y hay disponible. La noche anterior a la clausura, lo menciono y pido a la gente que se apunte para recibir el paquete y así tener una idea de cuántos paquetes preparar. Quizás le dedico demasiado tiempo, pero ese es mi procedimiento. Después de escuchar en la Conferencia de Evangelistas que alrededor del 25% de los pastores que respondieron dijeron que el tiempo dedicado a mencionar la mesa era un problema, planeo consultar con cada pastor cuánto tiempo debería reservar para esto».

«Solo ofrezco dos artículos en la mesa que no son de mi pertenencia. Creo firmemente que tengo mucho más que ofrecer a la congregación en mis mensajes de lo que puedo transmitir en los pocos servicios que estoy con ellos. Por lo tanto, cualquier mensaje que pueda dejarles contribuirá a su crecimiento espiritual y, además, me generará algunas ganancias para comprar combustible y llevar mi vehículo a la próxima reunión. También suelo mencionar que si alguien no puede costear el producto, con mucho gusto se lo daré gratis. No les pido a los pastores que mencionen la mesa, pero siempre lo agradezco cuando lo hacen».

P: ¿Es prudente que un nuevo evangelista se preocupe por ofrecer productos? En mi caso, ahora mismo tendría poco que ofrecer en una mesa, pero sin duda tendré más en el futuro. La siguiente pregunta es: ¿cuánto de cada artículo debería llevar a una reunión? ¿Cómo se determinan los niveles de inventario?

«Hay muchas personas que no tienen mesas de productos por los mismos problemas que tú percibes. Comenzar a producir cuesta algo de

   VOCES DESDE EL CAMPO

dinero, y eso ya es otro mundo por explorar. Empieza donde estás, con el objetivo de tener una mesa en 6 meses, un año, etc. Cuando obtengas una grabación de primera calidad de un mensaje, guárdala en un lugar seguro hasta que tengas algunas más».

«En realidad, he escuchado a más de una persona decir que intenta al menos duplicar su inversión. Si algo les cuesta $5, piden $10, etc. Algunos evangelistas son mucho más generosos y se esfuerzan por reducir costos para ofrecer algo accesible para todos. También puedes observar lo que hacen otros: ¿ofrecen CDs que cuestan $5 o $7, o algo más? ¿Qué paquetes o promociones se ofrecen? Pregunta a los pastores donde prediques qué opinan sobre las mesas de productos y qué consideran de buen gusto. La perspectiva de un pastor es muy valiosa».

Una advertencia...

Pide al Señor que te guíe en cuanto a tus productos para mantener un ministerio de primera clase con materiales que sean una bendición. Debes tener la bendición del pastor para instalar una mesa de productos. En una encuesta nacional que realizó la Oficina Nacional de Evangelistas de las Asambleas de Dios, los pastores manifestaron su desagrado cuando los evangelistas parecen más preocupados por llegar a la mesa de productos después del servicio que por permanecer cerca del altar y orar por las personas. Un peligro radica en la tendencia a enfocarse más en la mesa de productos que en el púlpito al que Dios nos ha llamado. Independientemente de lo que hagamos, ese es asunto de Dios.

«Para responder a una de tus preguntas, sobre la mesa mantengo dos unidades de cada artículo y para reponer a diario, guardo todo lo demás en cajas fuera de la vista. Demasiadas cosas sobre la mesa hacen que parezca la sección de liquidación de un supermercado. En cuanto a dónde empezar como nuevo evangelista, recomiendo grabar y ofrecer CDs o DVDs de los servicios. Una persona que se sienta especialmente bendecida, sanada o llamada al ministerio, durante un servicio, podrá atesorar una grabación de ese servicio en particular. Si se comparan con los álbumes de CDs pregrabados de series de sermones, etc., las grabaciones contemporáneas superarán en ventas a las pregrabadas en una proporción de aproximadamente 5 a 1, debido al significado específico que cada servicio tendrá para cada persona».

«El equipo para grabar y duplicar CDs o DVDs no es tan caro (yo mismo conseguí algunos en eBay) y probablemente en dos o tres meses de servicio como máximo recuperes lo que inviertas. En cuanto al precio, observa a qué precio venden las iglesias sus grabaciones, etc., es un buen consejo, pero te animo a que consideres ofrecerlas a cambio de una ofrenda. A menudo, las ganancias netas son prácticamente las mismas que si se les pusiera un precio fijo, y esto permite que las personas verdaderamente necesitadas sean bendecidas aunque solo tengan uno o dos dólares para dar. Además, muestra que el propósito de tu mesa de productos es más importante que el ingreso que genera».

«He escuchado opiniones y convicciones diversas sobre la mesa de productos. Eso es estupendo. Haz lo que Dios te indique».

«En mi opinión, ofrecemos tres tipos básicos de artículos: nuestros CDs de alabanza, nuestros libros y nuestros CDs de enseñanza. Hemos comprobado que un breve anuncio de dos minutos en cada servicio, donde destacamos dos o tres productos, funciona muy bien. Presentamos diferentes productos en cada sesión. Los pastores suelen comentar en privado lo mucho que aprecian la brevedad, pero también lo mucho que valoran que los materiales lleguen a manos de la gente».

«A través de los años, hemos visto y probado varias "ofertas", pero ninguna ha tenido tan buena acogida como la de "compra 2 y lleva lo tercero gratis". Es la que mejor nos ha funcionado».

«Nuestra regla general para los artículos que ofrecemos es que estemos convencidos personalmente de que transforman vidas. ¡Por eso tengo muchos sermones que no logro vender!»

«En nuestro primer año de gira, nos comprometimos a regalar a cada pastor un ejemplar de cada artículo de nuestra mesa, cada semana.

Esta no solo es una excelente manera de agradecerles, sino también de animarlos y ser una bendición a largo plazo. También les damos algunos artículos a cada pastor del equipo pastoral. Dios ha bendecido enormemente esta iniciativa».

«Nosotros hacemos camisetas y ofrecemos nuestros CDs del servicio a cambio de una ofrenda voluntaria. Promovemos muy poco desde el púlpito. A la mayoría de los pastores les gusta así y promocionan nuestra mesa cuando notan que nuestra intención no es sacar dinero. Intenté la estrategia del "precio fijo", y fracasó rápidamente; también he regalado un juego de CDs al pastor, y si tiene hijos, Pam y yo les regalamos una camiseta a cada uno de los hijos. Cuando bendices al pastor y a su familia, contribuyes enormemente a fortalecer una relación duradera».

«En cuanto a los precios, entiendo que si el dinero se canaliza a través de tu organización sin fines de lucro, debes ofrecer los productos a cambio de una donación sugerida. Si cuentas con una licencia de venta (que puedes iniciar en el estado donde resides), puedes vender los artículos a un precio fijo y el dinero no pasaría por tu organización sin fines de lucro».

«Excelente observación. Consulté esto con nuestro asesor legal, Richard Hammar, y esto fue lo que me dijo:

Como dijo Isaac Newton al calcular la órbita de la luna: "Su complejidad me da dolor de cabeza". Lo mismo ocurre con la cuestión que usted plantea. Un evangelista constituido en el estado X, que realiza servicios religiosos en el estado Y (y quizás en otros estados), ¿debe recaudar el impuesto sobre las ventas de los artículos que vende?

Les recomiendo consultar el capítulo 12 de mi guía anual sobre impuestos, donde encontrarán una breve explicación de los impuestos sobre las ventas, junto con una tabla al final del capítulo que cita las principales disposiciones de las leyes de impuestos sobre las ventas de los 50 estados. Lo que hace que sus preguntas sean particularmente complejas es la naturaleza interestatal del asunto.

Hablé con un contador público certificado local y me dijo que conviene informarse sobre los requisitos de cada estado. Algunos estados no exigen nada si la estancia es limitada, mientras que otros, independientemente de la duración de la estadía requieren inscripción. También es importante considerar si se está constituido como corporación o no.

El tema de las donaciones es una vía válida que merece más atención; solo recuerda que, si deseas obtener un recibo para efectos fiscales, debes deducir el valor del producto de la donación».

Cómo tratar con la televisión

P: ¿Cómo manejas la televisión por cable en tu habitación de motel? ¿La ves, la mantienes apagada o solo la ves con tu familia?

«Normalmente, viajo con mi esposa y mi hija. Somos muy selectivos con lo que vemos. La mayoría de los moteles tienen una guía de canales y solemos consultarla. Generalmente vemos el canal Family, el canal Hallmark y, últimamente, de vez en cuando, Animal Planet, para nuestra hija de cinco años. ¡Le encantan los animales! Si estuviera solo, preferiría apagar la televisión. En casa no tenemos cable y solo sintonizamos unos tres canales. Incluso en los canales abiertos, hemos descubierto que en varias ocasiones no emiten lo que queremos ver debido a la naturaleza del contenido. Es una verdadera lástima lo que permiten que se emita en la televisión abierta. Los DVD y los videos son mucho mejores porque podemos decidir lo que veremos».

«Mi esposa siempre me acompaña cuando viajamos debido a mi fibromialgia, un trastorno que me causa mucho dolor muscular. Así que, básicamente, ella me cuida. Por lo tanto, estar solo no es un problema. Pero hemos notado que, generalmente después de las diez, canales como Showtime, HBO y otros canales de películas emiten basura pornográfica terrible. Incluso al cambiar de canal, se puede ver algo, y esa imagen se queda grabada en la mente durante mucho tiempo; especialmente en la de un hombre. Y como hombre, no quiero ver esa basura ahí.

Por lo general, no vemos la televisión en la habitación del hotel después de las diez. Si vemos algo después de las diez, suele ser el pronóstico del tiempo, las noticias o una película antigua. Intentamos consultar la guía de programación para encontrar todos los canales de películas y asegurarnos de saltarnos los que no lo tienen».

«Cuando éramos pastores de jóvenes y luego pastores de una pequeña iglesia, llevábamos a los adolescentes a convenciones de jóvenes. En esas convenciones, normalmente se hospedaban en un hotel. Entonces teníamos la responsabilidad de supervisar lo que veían los adolescentes. Especialmente los chicos, pero las chicas también podían ver mucha basura; algo que nis los chicos ni las chicas necesitan justo después de un servicio espiritual maravilloso donde Dios ha tocado sus vidas.

En esta situación, si hubiera uno disponible, un camping KOA o alguno similar sería lo ideal. Las chicas tendrían una cabaña y los chicos otra, y no hay televisión. En lugar de la televisión, podrían sentarse alrededor de una fogata y hablar sobre lo que Dios ha hecho en sus vidas. Además, un camping KOA suele ser más económico que una habitación de hotel y mucho más divertido, para ti y para los adolescentes».

«Las cabañas KOA son una buena alternativa para el evangelista que viaja. Claro que, si tienes una casa rodante en la cual viajar y vivir (como esperamos tener algún día), la televisión por cable no es problema».

«¡Qué buena idea ir a un KOA o a cualquier otro lugar donde se pueda disfrutar el aire libre (siempre y cuando la temperatura lo permita)! Nos encanta la naturaleza y, la verdad, la falta de tele no me afecta. Si es posible, también intentamos visitar sitios de interés en los lugares donde estamos, para mostrarles a nuestros hijos que el ministerio itinerante puede ser divertido tanto dentro como fuera de la iglesia».

«Si viajo sin mi familia, procuro dedicar más tiempo al Señor y trabajar en nuevos mensajes, etc. Suelo informarme sobre las noticias cuando reviso el correo electrónico o hago otras cosas. Cuando estoy con mi familia, a menudo terminamos viendo el canal de cocina (¡quién lo diría!). Hay mucha basura por ahí, y eso es algo que no necesito cuando quiero escuchar la voz de Dios».

OTRAS ÁREAS DE INTERÉS

Stands en los Concilios de Distrito

«Animo a TODOS a que asistan a sus concilios de distrito, reuniones de sección y demás reuniones de ministerio». —MW

En la mayoría de las organizaciones, con regularidad se celebran conferencias de sección, región o distrito. Las conferencias y convenciones más importantes, como reuniones de distrito o región, suelen ser anuales, mientras que la convención principal de una organización puede ser un evento bienal. Para los ministros itinerantes, la visibilidad suele ser clave para hacer nuevos contactos o compartir eficazmente las últimas noticias sobre el ministerio o las iniciativas misioneras. La siguiente pregunta alude a los eventos de distrito y la disponibilidad de stands comerciales para ministros itinerantes.

P: ¿Alguien ha tenido éxito instalando un stand de evangelismo en la conferencia de su concilio de distrito? ¿Contactaron al distrito para pedir permiso o ellos los contactaron? ¿Suele haber algún costo? Las cartas y los correos electrónicos no parecen ser muy efectivos para dar a conocer mi nombre y ministerio. Estaba considerando tener una mesa en la conferencia de mi concilio de distrito (con fotos, bolígrafos, caramelos e información), pero no sé qué tan efectivo podría ser. ¿Opiniones, comentarios o sugerencias?

«Animo a TODOS a que asistan a sus concilios de distrito, reuniones de sección y demás reuniones de ministerio. No necesariamente para conseguir compromisos, aunque eso se agradece; pero, de todas formas, los evangelistas siempre saben que tienen algunos huecos en su agenda.

Los pastores esperan visitas, así que sorpréndelos cultivando amistades, ¡y te asombrará la frecuencia con la que esto se convierte en oportunidades para ministrar! Lo más importante es que estar presente en grandes eventos ayuda a los pastores a darse cuenta de que tienen evangelistas entre ellos y también les ayuda a saber quiénes son sus evangelistas; y escuchar buenos mensajes es un extra. ¡Ya, basta de eso!»

«Los distritos varían en cuanto a la disponibilidad y el precio de los espacios para stands. Tendrás que llamar a la oficina de distrito o regional de tu organización para consultar si puedes tener un stand, cuánto cuesta, las fechas, etc. Algunos distritos ofrecen stands gratuitos, pero la mayoría no. Los precios oscilan entre los $50 y los $500 (la mayoría son más económicos), según el tamaño del distrito. Si hablas con la directiva del distrito, es posible que te ofrezcan un precio con descuento; a veces, quienes pagan la cuota del distrito obtienen descuentos».

«En el stand, esto es lo que me ha funcionado (si alguien más tiene una sugerencia, me gustaría escucharla). Los dulces están bien, pero el chocolate siempre los conquista: los besitos de Hershey son relativamente baratos y a la gente les encantan. No los pongas todos a la vez, sino unos pocos en un recipiente (tazón, canasta) y una docena sobre la mesa para que la gente los tome sin sentirse obligada a quedarse.

«No gastes una fortuna en bolígrafos, tazas y camisetas, a menos que te sobre el dinero. Cualquier cosa con el nombre de tu ministerio es una gran herramienta, si tienes los recursos. PERO, lo principal que necesitas si vas a tener un stand es un folleto de calidad y un DVD o CD gratuito. Sería bueno que tuvieras tarjetas de presentación de tu ministerio y cualquier otro producto de buen gusto. También tengo una amiga que le pone una etiqueta del ministerio a un paquete pequeño de pañuelos desechables, ya que a la mayoría de la gente le gusta tomar gratis uno de estos paquetitos para llevar en el bolso o el bolsillo».

«Lo principal es no acosar a la gente cuando se acerque a tu mesa, sino ser cordial y "dejar que compren". Si tienen preguntas, acércate lo suficiente para responder, pero mantén la distancia para no molestar. También puede ser beneficioso ausentarte por momentos; así disminuye la sensación de intimidación. No te sientes; eso comunica: "Me es indiferente que estés aquí". Si hay mucha gente, quédate de pie frente a tu mesa, pero a un lado, para que la gente pueda acercarse fácilmente. Saluda a todos y sé amable como te gustaría que lo fueran contigo. Mucha gente te evitará, pero Dios te dará momentos especiales si te acercas a este lugar con oración, esforzándote por glorificar su nombre».

«Estoy planeando instalar un puesto en el Concilio de un distrito vecino y agradezco sus sugerencias. Mi pregunta es si valdría la pena sortear una camiseta tipo golf. Yo mismo hago serigrafía y tengo varias disponibles a un precio razonable. Pero, ¿atraería esto más gente al puesto y/o generaría más oportunidades para conversar? Agradecería cualquier opinión que puedan ofrecerme».

«Siempre que he hecho un sorteo, más personas han visitado mi stand. Claro que, si ofrecieras un nuevo dispositivo electrónico, eso sí que atraería bastante gente. He notado que la mayoría no quiere que la persona que atiende el puesto se comporte como un ave de rapiña... eso los ahuyenta. Normalmente, intento alternar mi presencia con ausencias para que cualquiera que se sienta amenazado tenga la oportunidad de acercarse e inscribirse antes de que yo regrese. Cuantas más reuniones o puestos visites, mejor entenderás qué funciona y qué no».

Tiempo protegido

P: ¿Cómo proteges el tiempo que necesitas para la preparación del ministerio?

En 1 Pedro 5:8 (RVA-2015) se nos dice: «Sean sobrios y velen. Su adversario, el diablo, como león rugiente anda alrededor buscando a quién devorar». Una de las cosas que un ministro itinerante —y todo ministro, en realidad— debe hacer es proteger su tiempo de preparación ministerial. Esto incluye sus tiempos de oración, preparación de sermones e incluso el tiempo posterior a su ministerio. El enemigo de su alma constantemente intentará distraerlos con cosas valiosas e incluso importantes para que no tengan el tiempo suficiente para prepararse para el ministerio. Dicho esto, aquí hay algunas reflexiones sobre su tiempo que pueden serles útiles.

«Soy una persona madrugadora, y he descubierto que dedicar la mejor parte del día a la lectura de las Escrituras y la oración me ayuda a afrontar el resto del día. Cuando viajo, a veces tengo que sentarme en el asiento delantero de la camioneta para tener mi momento de silencio. Viajar en familia puede dificultar la oportunidad de tener momentos a solas con el Señor. Pero he descubierto que a Dios no le interesa tanto el lugar donde te preparas como la persona y la pasión que sientes por su perfecta voluntad».

«¡Estoy de acuerdo! Si te mantienes en la Palabra, ella te ayudará a mantener el enfoque en la oración y la sensibilidad ante los asuntos que le preocupan a Dios: las almas y la redención de los perdidos».

«Estos cuarenta años, me he esforzado por dedicar a Jesús unas tres horas de oración cada día de ministerio. Mi mejor momento para orar es por la mañana. Esto puede ser un obstáculo, ya que el evangelista está llamado a realizar su mejor labor por la tarde. Sin embargo, dos horas de oración durante mi paseo matutino me preparan para estar sensible al Espíritu de Jesús. Este ejercicio es bueno para el cuerpo. "El ejercicio físico es beneficioso". Además, he comprobado que es provechoso dedicar la última hora antes del servicio a orar en el santuario. Para mantenerme espiritualmente activo, me esfuerzo por orar una hora cada día que no tengo ministerio».

Promoción del ministerio

Algunos creen que un evangelista debe dejar que Dios le abra todas las puertas. Otros dicen que hay que creer que el ministerio merece estar presente en todos los púlpitos del mundo y que debe promoverse con entusiasmo; y luego están todas las posturas intermedias.

P: ¿Cómo se promueve un nuevo ministerio?

Estoy seguro de que hay tantas opiniones como evangelistas. Siempre animo a los evangelistas a empezar donde están (es decir, invertir en carteles, membretes, tarjetas elegantes, etc., puede que no sea la mejor inversión para ustedes [o su cónyuge] al principio). Establecer una red de relaciones es la clave principal para la longevidad en el ministerio evangelístico. Esto se logra asistiendo a reuniones de sección, actividades de mujeres (si tu ministerio las alcanza), eventos de distrito, haciendo visitas, escribiendo notas, etc. Envía cartas anuales, boletines informativos (consigan una buena impresora y hagan ustedes mismos) y otros medios con el fin de mantener las relaciones existentes: ¡estas son tu mejor publicidad!

Cuando tengas el dinero (o una iglesia quiera ayudarte), compra tarjetas de buena calidad y con aspecto profesional. Puedes hacer mucho con ellas e incluso crear tus propios carteles para el ministerio. Compra cartulina en Walmart y pega tu tarjeta «profesional» (¿dije profesional?) con algún texto (puedes usar diferentes colores para llamar la atención). Los carteles son una buena idea, pero muchas iglesias ni siquiera los usan. Los misioneros usan este método, así que ¿por qué no pueden hacerlo los evangelistas?

«Les recomiendo que busquen un plan en Dios. Yo utilizo un sistema para familiarizarme con los pastores que siento que Dios me lo reveló en mis tiempos de oración, mientras me guiaba hacia el ministerio evangelístico. Con gusto compartiré los detalles de mi sistema con quien quiera saber, pero sería como si Gedeón les dijera a los generales cómo atacar a 135.000 madianitas con 300 hombres; probablemente no les dará los mismos resultados porque no es el plan de Dios para ustedes. Pero creo que si Él los ha llamado específicamente a este tipo de ministerio, entonces tendrá un plan para brindarles una plataforma desde la cual puedan cumplir su llamado».

Acceso en línea

En una época donde casi todas las cadenas de suministro de alimentos tienen conexión inalámbrica (Wi-Fi) a internet, el mundo se ha reducido. Sin embargo, muchas veces los ministros itinerantes se encuentran en zonas remotas donde una conexión a internet es indispensable. A medida que la tecnología evoluciona, es posible que veamos cambios en las respuestas, pero actualmente, todas estas todavía son opciones viables cuando se necesita un servicio telefónico y un proveedor de internet.

P: Cómo acceden algunos de ustedes a su proveedor de internet? ¿Qué servicios son los mejores para quienes viajamos? He usado mi celular, pero este verano estuvimos en el extremo noreste y este método no está disponible en esa zona. Viajo en casa rodante y la conecto a la línea telefónica de la iglesia (con autorización, por supuesto) cuando puedo. ¿Cómo lo hacen los demás?

«Utilizamos una computadora portátil con conexión inalámbrica. Hemos descubierto que en muchos pueblos hay puntos de acceso a internet inalámbrico a los cuales es posible conectarse sin dificultad alguna. Sin embargo, sé que hay pueblos en que el acceso a internet es muy complicado. En esos casos, suelo ir a la biblioteca pública para consultar el correo, pero por lo general, podemos encontrar acceso inalámbrico».

«Las bibliotecas públicas, las cafeterías (Panera, Starbucks, etc.) y muchos restaurantes de comida rápida ofrecen acceso a internet. Algunas iglesias también ofrecen este servicio. Descubrí que muchos parques de casas rodantes (en el noreste) tienen internet de uso compartido y en algunos lugares es por módem. En zonas muy remotas, se puede usar tarjetas que se configuran con software de comunicación. Hay compañías de telefonía móvil que ofrecen tarjetas para usar con el computador, lo que permite llamar y descargar correos electrónicos a una buena velocidad. Además, he notado que los puntos de acceso Wi-Fi gratuitos están aumentando y puedes buscarlos en http://www.wififreespot.com».

«Mi compañía de telefonía móvil me permite acceder a mi proveedor de internet. Verizon vende un kit para oficina en casa que permite la conexión a internet con el móvil. Mi plan incluye noches y fines de semana gratis, y puedo usarlo sin preocuparme por los minutos consumidos. Aunque lento, es mejor que nada. En algunas zonas de Verizon (no estoy seguro de si está disponible en todas) hay acceso a internet de alta velocidad.

«Cuando estoy fuera de la cobertura Verizon, el servicio sigue funcionando en su área extendida. Pero he estado en el norte de Maine los últimos meses y aquí no funciona en absoluto. Sin embargo, cuando estás en una zona con cobertura, es muy práctico (como ya se ha mencionado, puedo usar mi teléfono móvil sin problema alguno)».

«Hace unos cuatro meses contraté una tarjeta SIM de Verizon para mi computador. A mi cuenta se le añadió una línea con su propio número. Funciona a una velocidad casi comparable a la del DSL en la mayoría de las zonas, y a 14,4 kilobytes por segundo (sí, increíblemente lenta) en muchas zonas remotas. Básicamente, dondequiera que haya cobertura de Verizon, puedo conectarme a internet de una forma u otra. Es genial poder consultar el correo electrónico o las indicaciones de MapQuest mientras conduzco. Lo malo es que se interrumpe repentinamente (se corta la llamada), igual que un móvil, pero no pasa muy a menudo».

TESTIMONIO DE PROVISIÓN DIVINA

Recibí este maravilloso testimonio de un colega evangelista, y me recordó todas las veces que prediqué sobre la fe, pero siempre tenía dificultad cuando necesitaba tenerla. Por cierto, eso es lo interesante de los milagros: ¡la mayoría de la gente no quiere verse en la necesidad de un milagro! A todos nos encanta ver milagros, y sé que Dios sigue obrando milagros incluso hoy, pero necesitar un milagro es una historia completamente diferente. Así que, escuchen a mi amigo Tim mientras comparte lo que Dios hizo por él; y anímense, porque el Dios de la Biblia todavía tiene un milagro para ustedes si lo necesitan.

En julio y agosto me encontraba a 900 millas de casa, con cuatro de las siete semanas que estaría en esta zona completamente libres por diversos motivos. Cuando llegué para predicar en el primer avivamiento, prácticamente no tenía dinero, ni siquiera la gasolina para ir a la siguiente reunión. La primera iglesia donde ministré era muy pequeña y tenía dificultades económicas. Hicieron lo que pudieron, pero la ofrenda apenas cubrió la gasolina para llegar allí, y casi la mitad provenía del pastor. Cuando no tenía a quién recurrir, ni dinero para ir a la siguiente reunión ni volver a casa, Dios intervino.

Durante las siguientes tres semanas, casi a diario, recibí dinero. Varias veces mi esposa me llamó diciendo: «Tim, hoy llegó un cheque por correo». Unos días después, me llamó: «Tim, hoy nos llegó OTRO cheque por correo». Parte de ese dinero correspondía a pagos por trabajos que había hecho seis u ocho semanas antes, y por fin me habían pagado. En un par de ocasiones, algunos amigos me dieron dinero directamente. Un evangelista jubilado con quien había trabajado un verano cuando era adolescente, me invitó a comer y me dio un cheque antes de que empezáramos a comer. A veces eran 10 dólares, un par de veces 100, pero casi a diario durante tres semanas recibí dinero, hasta que llegué a la siguiente campaña de avivamiento. Normalmente, recibía suficiente para cubrir las necesidades urgentes del día, sin saber cómo nos las arreglaríamos al día siguiente. Al día siguiente, recibía dinero de otra fuente, suficiente para ese día. Me sentía como la viuda de Sarepta, que siempre tenía suficiente harina y aceite para el día; me preguntaba si ese barril alguna vez se llenaría, pero SABÍA que nunca estaría vacío.

Durante ese tiempo, un grupo de personas de nuestra iglesia local hizo una colecta discreta (con la bendición de mi pastor) y entregaron un cheque generoso a mi esposa. Ah, y debo agregar que tuve la oportunidad de predicar en algún lugar los cuatro domingos que tenía disponibles, y un pastor me invitó a dirigir un avivamiento en una iglesia donde nunca había ministrado, con menos de tres semanas de anticipación. Como todo evangelista sabe, eso es un milagro.

Antes de terminar, quiero decirles a los evangelistas que se inician en este ministerio (quienes llevan más tiempo activos seguramente tienen más historias que yo) que en tiempos de dificultad económica —que tal vez son la mayoría—, siempre deben centrarse en quién es su proveedor. La iglesia donde ministran no es su proveedor, su lista de correo no es su proveedor, su trabajo o el de su cónyuge tampoco son sus proveedores. Todos ellos tendrán carencias de vez en cuando, pero sí Jehová Jireh es el proveedor, Él es el Dios de la provisión INFINITA, incluso milagrosa en ocasiones. Así que no se preocupen si una iglesia no cumple con su responsabilidad hacia ustedes como evangelistas; de todos modos, ellos no son su proveedor. Y si de verdad creen en todo lo que dice la Biblia (y creo que dice exactamente lo que Dios quiso decir: que es infalible, inerrante e inmutable), entonces dejen de preguntarse si podrán seguir adelante con su ministerio. Podrán predicar todo el tiempo que Dios quiera, si mantienen sus ojos en Él.

REFLEXIONES FINALES

Espero que algunos de los consejos recibidos desde la experiencia hayan sido útiles para ti. Los colaboradores que aparecen al final de este capítulo llevan varios años trabajando en el campo. Si bien algunos son nuevos en la evangelización y otros se han jubilado o se han dedicado a otras áreas del ministerio, es evidente que tienen una larga trayectoria ministerial.

A medida que la cultura y sus desafíos cambian año tras año, necesitarás orar constantemente pidiendo, la guía y la sabiduría de Dios para mantenerte vigente como evangelista. Aun así, habrá momentos en que sabrás que, sin esa intervención tendrás que abandonar el campo. En esos momentos, cuando te encuentres en un callejón sin salida, verás la provisión divina en tu vida.

Porque, en definitiva, el centro de todas las cosas es el llamado de Dios. Si Él te ha llamado, Él abrirá el camino. Puede que no sea a tu manera ni por el camino que otros han seguido, pero será la dirección que Dios tiene para ti y para el ministerio al que te ha llamado.

Que la gracia de Dios repose siempre sobre ti, que su protección te envuelva a ti y a tus seres queridos, que su mano guíe y bendiga tu ministerio, y que su Espíritu obre milagros a través de ti… y que siempre le des toda la honra que merece su Nombre.

Su siervo,

Marshall M. Windsor, D. Min.

Muchas gracias a los siguientes colaboradores evangelistas:

David Copeland, Dustin Miller, Dan Montgomery, Justin Fennell, Marshall Windsor, Pete Olson, Sam Austin, Tim Collins, Tim Enloe

CAPÍTULO 9

La dinámica pentecostal

Cuando tomé el camino de grava, pensé que estaba perdido. Unos amigos me habían invitado a una reunión de avivamiento al aire libre en el noroeste de Arkansas, y yo hacía todo lo posible por seguir sus indicaciones. En esos días no había celulares, y tuve que confiar en las únicas indicaciones que había anotado antes de partir hacia la reunión.

Estaba emocionado, aunque un poco nervioso, por lo que me esperaba en mi primera reunión al aire libre, pero sabía que mis amigos me cuidarían, ya que eran como mis padres espirituales. Después de viajar unas dos horas por carreteras estatales y de condados, tomé el desvío hacia el camino de tierra correspondiente. Recorrí más de un kilómetro a través de los árboles y sorteando curvas cerradas; y justo cuando pensé que me había equivocado de camino, la carretera comenzó a descender hacia una especie de valle. Al llegar a la entrada del valle, me sorprendió encontrar más de cien autocaravanas y casas rodantes alineadas en filas, con cables eléctricos tendidos por todo el valle.

La carretera me llevó a la única iglesia del valle y una estructura similar a un cobertizo con postes que parecía tener serrín o virutas de madera en el suelo. Rodeé la iglesia con el coche y encontré la autocaravana de mis amigos; había llegado al campamento de avivamiento espiritual al aire libre, y estaba a punto de recibir una lección sobre pentecostalismo.

ALGUNA BASE

Si queremos profundizar en el conocimiento de Pentecostés y nuestra experiencia pentecostal, debemos consultar el libro de los Hechos de los Apóstoles. Este libro era el segundo de una obra de dos volúmenes conocida originalmente como la Historia de los Orígenes Cristianos. Ambos volúmenes se consideraban completos en sí mismos y contenían la historia de la iglesia primitiva. El primer volumen fue separado y se conoció como el Evangelio de Lucas. El segundo volumen se conoció como el libro de los Hechos de los Apóstoles. Escrito entre 61 y 63 d. C., su autoría se atribuye a Lucas.

Esto se debe al uso de numerosos términos médicos, a los testimonios externos y, principalmente, a la evidencia interna de los pasajes en primera persona del plural en Hechos 16 y 20. El contexto parece ser Roma, donde Lucas se encuentra con Pablo, y parece estar escribiendo para confirmar la fe de un tal Teófilo. Al hacerlo, muestra la misión de la iglesia, el plan soberano de redención de Dios para judíos y gentiles, la obra salvadora de Jesucristo y el poder del Espíritu Santo.

Los pentecostales basan gran parte de su doctrina en Hechos 1:8; 2:4; los capítulos 10 y 19; y Joel 2:28, donde Dios, a través del profeta Joel, dice que derramará su Espíritu sobre toda la humanidad en los últimos días. Hechos 1:8 se convirtió en una especie de índice del libro de los Hechos. Primero, se les dijo a los discípulos que fueran testigos en Jerusalén (capítulos 1 a 7), luego en Judea y Samaria (capítulos 8 y 9), y finalmente hasta los confines de la tierra (capítulos 10 hasta el final de Hechos). La principal importancia radica en que la misión de los discípulos ya no tenía limitaciones geográficas, como tampoco las tiene para todo cristiano hoy en día.

Todo evangelista (y todo cristiano pentecostal) debe comprender que la experiencia pentecostal, conocida como el bautismo en el Espíritu Santo, tiene como fin capacitarnos para el servicio. Jesús dijo a sus discípulos que esperaran la promesa del Padre en Hechos 1:4,5. Jesús también dijo en Hechos 1:8 que recibirían poder cuando el Espíritu

   LA DINÁMICA PENTECOSTAL

Santo descendiera sobre ellos, y que debían esperar en Jerusalén hasta recibir este poder (Lucas 24:49). Esto no es regeneración ni santificación, ya que todas las demás Escrituras revelan que debemos arrepentirnos, ser bautizados (o manifestar nuestra fe públicamente) y luego recibir la promesa del Espíritu Santo (como en el mensaje de Pedro en Hechos 2:38). Tal vez no se siente una gran oleada de poder físico, ya que es de naturaleza espiritual, pero obtienes revelación de la Palabra de Dios y una mayor capacidad para vencer el pecado. También alcanzas un mayor discernimiento espiritual.

Pero, ¿qué tiene que ver Pentecostés con esta dinámica pentecostal? Como sabemos, Pentecostés era conocido como Fiesta de las Semanas o Fiesta de Pentecostés. Era la segunda gran festividad judía, en que el pueblo de Dios ofrecía a Dios las primicias de la cosecha de grano. Con el tiempo, Pentecostés también se convirtió en conmemoración de la entrega de la Ley en el monte Sinaí. La palabra Pentecostés significa «cincuenta», ya que se celebraba cincuenta días después de la Pascua.

El día de Pentecostés, los discípulos estaban reunidos en un aposento alto cuando el poder de Pentecostés descendió sobre ellos como «lenguas de fuego». Y todos «fueron llenos del Espíritu Santo, y comenzaron a hablar en diferentes lenguas, según el Espíritu les daba que hablasen» (Hechos 2:4, RVR1960). Esta primera manifestación física de hablar en otras lenguas evidenció el poder de Pentecostés. Hoy en día, cuando se habla de la dinámica pentecostal, se hace referencia al poder sobrenatural del Espíritu Santo que capacita a la iglesia para cumplir su misión en el mundo.

MI HISTORIA

Así que, volviendo a la historia con mis amigos, después de saludarnos y abrazarnos, busqué una ubicación y me preparé para disfrutar del servicio de esa noche. Al acercarse la hora del culto, nos dirigimos al cobertizo. Comenzó el culto, pero, en mi opinión, no sucedía nada extraordinario. Entonces, en el escenario, una dama mayor comenzó a tocar la guitarra y a cantar esta canción: «Mi corazón, mi corazón. El

Señor ha cambiado mi corazón. Ahora puedo caminar y puedo hablar, porque el Señor ha cambiado mi corazón». Ella siguió cantando, y un hombre mayor comenzó a moverse al ritmo de la música delante de la plataforma donde la dama cantaba.

Mientras estaba allí, escuchando esa canción que no conocía y viendo a un hombre danzar «en el Espíritu», debo confesar que me sentí un poco cautivado, como un niño en su primera visita a la tienda de dulces. Y la multitud comenzó a alabar a Dios y el volumen de las alabanzas fue aumentando. De repente, parecía que todos gritaban, oraban y alababan a Dios. La presencia del Señor era tan intensa que no sabía qué hacer. El pastor guió a la gente para que formaran una fila de oración, y todos participamos.

Muchas personas experimentaron el poder del Espíritu Santo y fueron inmersos en la presencia de Dios. Incluso me invitaron a orar con algunas personas, y algunos experimentaron la presencia de Dios de una manera muy profunda. Fue una experiencia enriquecedora para alguien que nunca antes había estado en una reunión de ese tipo.

Lo maravilloso de esa experiencia fue que le siguió la predicación de la Palabra de Dios—las Escrituras—y, después del servicio, pude hablar de todo lo sucedido con mis amigos mayores, quienes estaban acostumbrados a este tipo de servicio pentecostal. Pero no todos los servicios de tipo pentecostal son buenos. Hay quienes se aprovechan y usan la apariencia de espiritualidad para imponer las manos sobre las personas y manipularlas. Todos debemos recordar que la Iglesia en este mundo no es perfecta; está compuesta de personas imperfectas que, en su mayoría, procuran vivir una vida como la de Cristo. Por eso necesitamos discernimiento y sabiduría al adoptar la dinámica pentecostal del ministerio.

Durante esa misma campaña de avivamiento, el pastor celebró los servicios dominicales en la iglesia. Durante uno de los llamados al altar, un hombre se acercó a mí, puso sus manos sobre mí y comenzó a profetizar. Dijo algo así como que yo me encontraba en un lugar árido y desértico, pero que él veía «en el espíritu» un estanque de agua a mis pies y que Dios estaba comenzando a derramar ríos de agua viva en mi vida y ministerio. Dijo que el estanque de agua estaba creciendo y que todo lo que el agua tocaba se volvía verde y fértil.

Tal vez piensas que eso me bendijo inmensamente, pero en realidad, sentí una pena tan profunda en mi alma y mi espíritu que quise llorar. Fue la peor sensación que había experimentado hasta ese momento. Fui con mis amigos; les conté lo sucedido y les pedí que oraran por mí. Oraron durante un buen rato y entonces la carga desapareció. Les señalé quién era ese hombre a mis amigos, y me dijeron que lo habían estado siguiendo y orando por las personas después de que él oraba por ellas. Hasta ese momento no me había dado cuenta de que dejar que otra persona orara por mí pudiera ser algo malo, pero sin duda lo fue ese día.

¿Por qué refiero esto? Porque es necesario que sepamos que nunca debemos considerar la presencia y el poder del Espíritu Santo como un sello de aprobación de nuestro estilo de vida ni del de nadie más. A los pentecostales nos gusta adorar con libertad, y a veces interpretamos esa libertad como la liberación que caracteriza a una vida sin pecado o perdonada. Ciertamente hay perdón en Jesucristo, como dice 1 Juan 1:9, pero he visto grandes servicios pentecostales que terminan con personas que van a su auto a fumar un cigarrillo y dicen palabrotas con sus amigos; eso no es ser semejante a Cristo.

En un servicio pentecostal, la gente se abre a la guía del Espíritu Santo, y eso es bueno. Como pentecostales, debemos dejarnos guiar por el Espíritu. Pero también debemos estar firmemente arraigados a la Palabra de Dios. Si no nos cuidamos, otros podrían manipular nuestras emociones. Es refrescante y revitalizador cuando el Espíritu Santo nos guía, pero cuando dejamos que un hombre o una mujer nos mueva a realizar actividades pentecostales, podría ser agotador. He visto marchas de Jericó, personas que saltan, gritan, tiemblan, ríen, cantan en el espíritu y muchas otras expresiones externas de la acción del Espíritu Santo que transforman vidas de una manera increíble. Pero también he visto personas que realizan estas acciones con los ojos bien abiertos y mirando a su alrededor, con la esperanza de llamar la atención.

Sin importar lo que suceda en un verdadero servicio pentecostal, el propósito de todo debe ser glorificar a Dios. El Espíritu Santo de Dios glorificará al Padre. Jesús dijo en Mateo 5:16: «Hagan brillar su luz delante de todos, para que ellos puedan ver las buenas obras de ustedes y glorifiquen a su Padre que está en los cielos».

Pablo dijo en su carta a los romanos (15:5,6): «Que el Dios que infunde aliento y perseverancia les conceda vivir juntos en armonía, conforme al ejemplo de Cristo Jesús, para que con un solo corazón y a una sola voz glorifiquen al Dios y Padre de nuestro Señor Jesucristo». Cualquier experiencia pentecostal que exalte a un hombre o a una mujer no proviene del Espíritu Santo, porque la Escritura nos dice en Isaías 42:8: «Yo soy el Señor; este es mi nombre. No daré mi gloria a otros, ni mi alabanza a los ídolos» (RVA-2015).

UNA MIRADA A LOS DÍAS DE AZUSA

Un gran ejemplo para nosotros es William J. Seymour, un hermano afroamericano que dirigió el Avivamiento de la Calle Azusa a principios del siglo XX. William H. Durham dijo lo siguiente sobre el hermano Seymour: «Él camina y habla con Dios. Su poder reside en su debilidad. Parece mantener una dependencia plena de Dios y es tan sencillo de corazón como un niño, y al mismo tiempo está tan lleno de Dios que se puede sentir su amor y poder cada vez que alguien se acerca a él».[15] Eso es lo que la dinámica pentecostal puede lograr en tu ministerio si lo permites. Puede conducirte a una relación tan íntima con Dios que no solo tendrás una mayor sensibilidad a su guía durante tus momentos de servicio, sino que otros percibirán al instante que la humildad, el amor y el poder de Dios fluyen también a través de tu vida.

Como ministro pentecostal, una de las luchas más difíciles es el orgullo. William Seymour es un gran ejemplo de humildad para todo

---

15 Cecil M. Robeck, Jr., *The Azusa Street Mission And Revival: The Birth of the Global Pentecostal Movement* (Nashville: Nelson, 2006), 91.

   LA DINÁMICA PENTECOSTAL

cristiano y ministro del Evangelio de Jesucristo. Se dice que a menudo se le veía arrodillado en oración ante el Señor durante los servicios, con la cabeza dentro de una caja de madera. Esto debería recordarnos vívidamente que el orgullo es una lucha espiritual constante. Debemos esforzarnos por atribuir todo lo que recibimos al Dador de todo don bueno y perfecto (Santiago 1:17). Cuando nos atribuyamos el mérito de la obra de Dios, sentiremos la presión de tener que rendir al máximo para que las manifestaciones sigan siendo parte de nuestro ministerio. Pero la realidad es que no es nuestro ministerio, sino el de Dios.

Felizmente, la experiencia pentecostal ofrece un lenguaje de oración que permite al creyente perseverar en la oración, incluso cuando no sabe qué orar. Un testigo del ministerio y la vida de oración de William Seymour afirmó: «Antes de llegar a Los Ángeles, Seymour se había comprometido a dedicar cinco horas o más al día a la oración».[16] Esto parece una hazaña casi sobrehumana, especialmente si consideramos el ritmo acelerado de la sociedad actual.

Sin embargo, el ejemplo de Seymour revela mucho sobre su carácter y la importancia que la oración debe tener en nuestro ministerio hoy. Si el evangelista cree de verdad que Dios lo ha llamado al ministerio pentecostal, debe mantener una relación íntima y vibrante con Dios. Dado que Jesús es el único que salva almas, el evangelista debe cultivar y proteger su vida de oración, ya que es el pilar fundamental de todo ministerio exitoso. Lo sobrenatural debería ser parte normal de cada servicio pentecostal, en lugar de la rara excepción en que se ha convertido hoy.

La experiencia pentecostal generó un renovado sentido de misión en la Iglesia en general, especialmente en Azusa. El proceso de los cuatro pasos de la misión de la calle Azusa, que consistía en discernir de inmediato un idioma y un llamado misionero después de que la persona experimentaba el bautismo en el Espíritu, refleja las convicciones de Seymour sobre la venida de Cristo y la misión de la Iglesia.

---

16 Robeck, Jr., 93.

Durante los años de mayor auge del avivamiento de Azusa, muchos misioneros se denominaron «evangelistas misioneros» y, para financiar su labor, viajaban por todo Estados Unidos recaudando los fondos necesarios. El programa misionero de la calle Azusa dio origen a lo que el historiador Vinson Synan describió como «el billete de ida sin regreso». La venida de Cristo se percibía tan inminente que comprar un billete de regreso desde el campo misionero se consideraba una falta de fe.

LIDERANDO COMO EVANGELISTAS PENTECOSTALES

Mientras reflexionaba sobre el concepto de liderar al estilo pentecostal, inicialmente imaginé el «pentecostalismo de antaño», con peinados extravagantes y la separación de hombres y mujeres durante la confraternidad después del culto. Mi historia anterior alude a este tipo de situación. Sin embargo, para mí, la verdadera esencia del liderazgo pentecostal para el evangelista reside en confiar plenamente en Dios y apoyarse en los dones del Espíritu Santo para el liderazgo pentecostal.

Personalmente, creo que todos tenemos cierta capacidad de liderazgo. Liderar es guiar, y si tenemos la capacidad de guiar a alguien a Cristo, entonces podemos liderar. Es evidente que muchos evitan las oportunidades de liderazgo y optan por el camino más fácil de dejar que otros tomen la iniciativa. Pero la verdad es que fuimos creados a imagen de Dios, y esa imagen incluye la capacidad de liderar, que nos ayuda a cumplir la Gran Comisión.

Para definir mi perspectiva sobre el liderazgo pentecostal, debo mirar atrás una vez más. Esto no es una autobiografía, sino solo una mirada sobre mi hombro, que revela mi perspectiva y prepara el terreno para futuros puntos de vista. Esta perspectiva ha sido moldeada por la familia, la denominación, el llamado divino y, se espera, por el Espíritu Santo.

Desde mi perspectiva del liderazgo pentecostal, quiero presentar algunas ideas sobre mayor sensibilidad, audacia y comunicación divina, así como la tensión entre «hacer que suceda» y «dejar que suceda», revelando así el valor que el pentecostal aporta. Nuestro «fruto» será, sin duda, el elemento principal que valide la necesidad y el lugar del evangelista pentecostal hoy, y que, se espera, abra las puertas a una mayor influencia y posición dentro de la Iglesia en general.

MI PERSPECTIVA

Creo firmemente que la experiencia pentecostal no cambia quiénes somos ni los valores que hemos cultivado en nuestra vida, sino que los potencia y los aprovecha. De hecho, la mayoría de las personas hoy en día pueden dar testimonio de su experiencia de salvación como el catalizador que produjo una transformación evidente en sus vidas. Hemos visto a drogadictos y alcohólicos liberados de sus adicciones, a personas violentas transformadas con nueva personalidad, e incluso a prostitutas que dedicaron toda su vida a esa actividad, ahora viviendo un matrimonio feliz y con hijos. Dios renueva nuestra vida en el momento en que mora en nosotros. Incluso quienes han vivido de manera ejemplar, al formar parte de la familia de Dios gozan de una plenitud que antes no conocían.

Digo esto para enfatizar la importancia de los primeros años de vida. Mi perspectiva de vida se forjó durante mi infancia en una granja en el centro de Missouri. Aprendí el valor del dinero y del trabajo esforzado. Aprendí que la palabra de un hombre era sagrada y que un apretón de manos tenía más valor que cualquier documento legal.

La integridad y la honradez eran mis normas de vida, pero fue la presencia de Dios la que agudizó radicalmente mi brújula moral. Mi servicio militar anterior solo contribuyó a reforzar el valor del honor, la valentía y la patria. Por lo tanto, la perspectiva a través de la cual vivo el Pentecostés puede variar considerablemente de alguien forjado por diferentes valores familiares, cultura o incluso idioma.

Haber crecido en la Iglesia Bautista del Sur también conllevó sus propios prejuicios, además de influencias positivas. Gracias al programa de discipulado Master Life de los bautistas del Sur y a la ayuda de mi hermano pentecostal, conocí el pentecostalismo. Cuando busque un conocimiento más profundo de Dios, nunca imaginé que me llevaría a una experiencia pentecostal personal. Yo pensaba que los pentecostales eran extraños, y ahora soy uno de ellos. Dicho esto, no creo que mi experiencia pentecostal cambió mi escala de valores. Sin embargo, sí ha sido un catalizador que me permite aprovechar estratégicamente mis valores fundamentales, valores que son una parte esencial de mi vida.

Un buen líder trabaja con dedicación y toma iniciativas para aportar valor a los demás y ejercer influencia para lograr resultados positivos. Identificar lo que se debe hacer y «hacerlo» es una característica común de la mayoría de los líderes y figuras influyentes de la actualidad.

Por lo tanto, aplicar el trabajo arduo y la iniciativa al ámbito espiritual no menoscaba en absoluto la importancia de desarrollar grandes cualidades de liderazgo, sino que fortalece nuestro liderazgo espiritual. La clave fundamental para un buen liderazgo evangelístico pentecostal reside en utilizar las características distintivas del pentecostalismo para liderar a un nivel superior mediante la guía del Espíritu Santo. Liderar al estilo pentecostal como evangelistas exige sensibilidad a la voz de Dios, quien, evidentemente, es el Líder por excelencia.

Por lo tanto, evangelistas y líderes pentecostales tienen la oportunidad de obtener valiosos conocimientos y formación secular, debemos canalizar esos conocimientos a través de la perspectiva bíblica. Hemos escuchado algunos de los clichés sobre el liderazgo, como «los líderes son aprendices» o «los líderes son lectores», por nombrar solo algunos, pero el liderazgo espiritual debe fundamentar esas virtudes en la Palabra de Dios si los líderes desean sobrevivir y prosperar en la iglesia actual.

William Seymour se estremecería ante la idea de que «nosotros» hagamos esto, pues denota egoísmo y orgullo. Todavía es primordial el fundamento en Dios y su Palabra; y dado que los pentecostales gozan de una mayor sensibilidad al Espíritu Santo, el liderazgo pentecostal puede perder el rumbo si no está arraigado en la Palabra de Dios. La contribución al «arte del liderazgo» se manifiesta en el valor que, según la Biblia le da el Espíritu Santo, no solo en dirigir la Iglesia en general como evangelistas pentecostales, sino al dirigir su propia vida personal.

MI OPINIÓN

Una mayor sensibilidad

Una experiencia personal interesante influyó en mi opinión sobre los evangelistas guiados por el Espíritu. Mi acercamiento al pentecostalismo fue bastante inesperado, ya que no crecí en ese ambiente. Poco después de mi experiencia de «bautismo en el Espíritu Santo», se hizo evidente una mayor sensibilidad al mundo espiritual. Recuerdo vívidamente que las palabras de las Escrituras parecían saltar de las páginas cuando leía la Biblia. Otros han testificado de experiencias similares, junto con una intimidad con Dios que no tiene igual. Una «presencia» del Espíritu Santo los guiaba cada día.

Como el cabello que ondea con la brisa o las telarañas que arrastra el viento, también nosotros somos guiados por el camino de la vida. En lugar de escuchar a Dios solo cuando alza la voz, o de esforzarnos por percibir su tono apacible, o de tropezar con obstáculos en un camino oscuro, el creyente pentecostal puede incluso escuchar a Dios cuando susurra, si así habla. La vida puede ser ruidosa, y los pentecostales son tan culpables como cualquier otro creyente de permitir que el ruido de la vida ahogue la guía del Espíritu.

Todo evangelista y líder pentecostal debe sentir la responsabilidad de buscar con fervor la guía de Dios en cada aspecto de su ministerio. No pretendo insinuar que otros líderes espirituales no escuchen a Dios o que no busquen su dirección y sabiduría. Todo líder espiritual anhela la perfecta voluntad de Dios para su ministerio y vida personal, pero la intimidad que acompaña a la experiencia pentecostal es particular de quienes viven la experiencia del «bautismo en el Espíritu Santo».

Un mayor denuedo

Una unción especial, o la plenitud del Espíritu Santo, es lo que caracteriza al pentecostal; y un evangelista con esta unción procede con denuedo y con los dones para guiar según la dirección del Espíritu Santo. En Números 11 vemos cómo el Espíritu Santo descendió sobre los ancianos para ayudar a Moisés en el liderazgo del pueblo de Dios. El mismo Señor otorgó una capacitación especial de su Espíritu, necesaria para guiar a su pueblo, lo cual debe considerarse un requisito fundamental para el liderazgo pentecostal y una norma para todo creyente pentecostal.

Si realmente creemos en Hechos 1, entonces nos aferramos al propósito de Dios para Pentecostés: poder para el ministerio. Nos aferramos a la importancia de esta investidura de poder para el servicio, porque es algo sobrenatural que nos infunde valor para ejercer algún tipo de liderazgo dentro de la Iglesia de Dios. Si bien estoy de acuerdo en que este nivel de valentía se ha reservado para quienes han sido bautizados en el Espíritu, lamentablemente muchos todavía sienten miedo y ocultan su fe.

Muchos creyentes sienten miedo, no vergüenza, de hablar de lo que Dios ha hecho en ellos. Los evangelistas y líderes pentecostales deben ser un ejemplo de una vida llena de valor, porque el pueblo de Dios necesita un modelo que lidere con humildad y denuedo, tal como lo hizo Moisés.

Esto es muy cierto hoy en día, especialmente al pensar cómo nosotros, como líderes pentecostales, practicamos el evangelismo. En el contexto cultural en que Dios nos ha colocado, debemos encontrar maneras de alcanzar a quienes no comparten nuestra fe, y luego replicar ese método de evangelización y motivar a otros a hacer lo mismo. Si bien es importante predicar desde el púlpito y confiar en que Dios se encargará de llenar los asientos, necesitamos participar activamente en nuestra comunidad por amor al Evangelio. Al hacerlo, las barreras y los estereotipos se derrumbarán, y surgirán oportunidades para mostrar la realidad de Cristo en nuestra vida cotidiana.

El denuedo, por sí sola, no puede ser la característica distintiva de un evangelista o líder pentecostal, ya que a nuestro alrededor, en cualquier ámbito, vemos ejemplos de denuedo en sectores no pentecostales. Sin embargo, cierta dosis de denuedo es indispensable para todo evangelista. El evangelista pentecostal, no obstante, puede acceder a recursos celestiales a través de un lenguaje que no es el suyo propio y, en ocasiones, experimenta una audacia sobrenatural que Dios manifiesta a su discreción. El evangelista pentecostal tiene acceso a una comunicación especial con Dios, de la que no disfrutan los no pentecostales, lo que le abre un vasto arsenal de recursos celestiales.

Una mayor comunicación

Esta declaración divina probablemente representa la mayor diferencia «visible» entre el evangelista y líder pentecostal y sus homólogos evangélicos tradicionales. Orar «en el Espíritu», también conocido como declaración divina, nos brinda una amplia oportunidad para «orar sin cesar» y para orar incluso cuando no sabemos cómo hacerlo. Comunicarnos con nuestro Padre celestial de una manera que solo Él comprende sigue siendo un misterio para la mayoría, pero es una herramienta invaluable para un líder pentecostal. La capacidad de orar, incluso cuando no sabemos cómo hacerlo, abre puertas al entendimiento, nos ayuda a obtener la victoria en las luchas espirituales e incluso nos renueva de maneras que solo Dios puede obrar.

Cuando representé a los evangelistas de las Asambleas de Dios, me apoyé firmemente en el Espíritu Santo como fuente de sabiduría, orientación, discernimiento y valentía. Representaba a varios ministerios y evangelistas itinerantes, y necesitaba la dirección de Dios en todo lo que hacía. No siempre pude complacer a todos los que representaba, ni tampoco ignorar la autoridad bajo la cual servía. No sabía con certeza cómo orar en cada situación que enfrentaba; tenía que confiar en que al orar en lenguas Dios me guiaría a interceder por nuestros evangelistas y por las iniciativas de la oficina nacional que mejor los beneficiarían. Al impartir seminarios, organizar conferencias nacionales, producir materiales educativos o simplemente lidiar con situaciones políticas complejas, la dirección de Dios seguían siendo una necesidad constante, además de una maravillosa fuente de consuelo y fortaleza.

La política está presente incluso en la iglesia y puede paralizar al evangelista o líder pentecostal si no se maneja correctamente. Robert Quinn afirma: «Actuar de forma apropiada y desenvolverse eficazmente en el entorno político es muy importante».[17] He experimentado esto de primera mano y lo he enfrentado con frecuencia. Pasar de evangelista a miembro del personal administrativo y luego a jefe de departamento fue una transición de la pericia técnica a la habilidad política. La mayoría obtiene «ascensos», por así decirlo, gracias a la experiencia técnica, pero esos ascensos introducen al entorno político del liderazgo.

He evitado la política y esta adaptación exigió un profundo cambio para desempeñarme y prosperar como líder pentecostal en un ámbito a menudo politizado. Lamentablemente, este cambio vino acompañado de mucha ira, lágrimas, oración y también la gracia de Dios; un cambio que se produjo a través de una comunicación íntima con Dios para escuchar su voz y no la mía.

Como evangelista itinerante, a menudo oro por las personas en el altar al finalizar el servicio. Al orar por los demás, confío plenamente en el Espíritu Santo para que me guíe en cómo debo orar. Con frecuencia, me encuentro orando «en el espíritu» con mis lenguas celestiales mientras busco la guía de Dios para esa persona y sus necesidades. Cuando surgen situaciones difíciles, también recurro al Espíritu Santo en oración para obtener sabiduría y discernimiento sobre la mejor manera de actuar.

Un ejemplo de esto ocurrió recientemente durante unos servicios de avivamiento en la Assemblée Chrétienne du Nord en St-Jérôme, Quebec, Canadá. Muchas personas recibieron oración durante la invitación al altar, y como acostumbro, utilicé una mezcla de inglés y mis lenguas de oración al interceder por las necesidades de los demás.

---

17 Robert E. Quinn, *Deep Change: Discovering the Leader Within* (San Francisco: Jossey-Bass, 1996), 112.

Mientras conversaba con el pastor y el pastor asociado después de este maravilloso servicio, un joven se acercó para hacernos una pregunta. Me preguntó, de manera retórica y a través del intérprete, si yo entendía las lenguas que había hablado al orar por él. Pensaba que si se hablaba en lenguas, debería haber una interpretación. Era una pregunta sincera y que, evidentemente, tendría un impacto en él.

Le expliqué que la Biblia habla del «don de lenguas», y que requiere interpretación porque es un mensaje de edificación o guía para la iglesia; y también es el lenguaje de oración, que todo creyente pentecostal puede y debe usar. Le dije que en ese momento usé mi lenguaje de oración porque no sabía exactamente cómo orar por él; necesitaba que el Espíritu Santo me guiara. No estaba pronunciando una «palabra del Señor» para él; simplemente estaba orando en voz alta mientras buscaba la dirección del Señor sobre cómo orar. Necesitaba que Dios me revelara los asuntos específicos por los que debía orar en su vida.

Me impresionó la valentía de este joven cuando preguntó sobre lo que le preocupaba. Su inquietud reveló dos cosas: hablar lenguas puede causar confusión, y el liderazgo pentecostal debe orar en el espíritu para comunicarnos con Dios y recibir su guía. Como evangelistas pentecostales, al ministrar debemos respetar a quienes no lo son, para mantener el orden en la iglesia y mitigar la confusión, que no procede de Dios. A quienes nos visitan en nuestros servicios, les digo que los pentecostales expresamos con más libertad el fervor por Jesucristo, que no debe distraernos de lo que Dios quiere hacer en nuestras vidas.

Los evangelistas y líderes pentecostales necesitamos esta comunicación íntima porque a menudo nos encontramos en terrenos desconocidos. Pero incluso cuando estamos en un entorno familiar, el lenguaje de oración pentecostal nos lleva a un nivel de comunicación que no está al alcance de otros. Esto no motiva una actitud de superioridad, sino que revela la maravillosa oportunidad y responsabilidad que tenemos, como pentecostales, de conocer la voluntad de Dios en cada circunstancia. Tenemos una relación privilegiada con nuestro Padre celestial, una relación marcada por la comunicación con Dios.

LA TENSIÓN ENTRE «DEJAR QUE SUCEDA» Y «HACER QUE SUCEDA»

Los pentecostales siempre anhelan ser guiados por el Espíritu Santo en todo lo que hacen, y el evangelista pentecostal en particular; sin embargo, siempre ha existido un aspecto práctico en el ministerio. Si bien algunos han intentado ocultar ese aspecto, los ministros que buscan beneficios personales a menudo ven cómo sus ministerios se estancan con el paso de los años. Curiosamente, los antecedentes de cada persona influyen enormemente en la actitud, especialmente en la administración financiera. Quienes provienen de la pobreza enfrentan problemas diferentes a quienes provienen de un entorno acomodado.

Personalmente, me siento responsable de ayudar a aliviar la presión financiera de los ministros itinerantes. Las finanzas son uno de los principales factores que influyen en que algunos ministros conviertan su ministerio en un negocio, mientras que otros se esfuerzan por escuchar la voz de Dios en todos los aspectos de su vida, especialmente en lo económico. Las presiones financieras sacan a relucir las debilidades de carácter y fomentan técnicas de manipulación y otras atrocidades, incluso en siervos de Dios que de otro modo serían ejemplares.

La tensión entre «dejar que algo suceda» y «hacer que suceda» puede volverse insoportable cuando aumentan las presiones financieras, y constantemente justificamos la acción que nos vemos inclinados a tomar. Cuanto más oraba sobre esta tensión, tanto más sentía que Dios me mostraba que esto es normal en el ministerio, seas pastor o evangelista.

Esta tensión me llevó a apreciar los principios de liderazgo del Dr. Roger Cotton, que encontramos en Números 11. Ante los problemas y las situaciones estresantes, nuestra primera inclinación es buscar las respuestas en nuestro interior. Pero, como Cotton señaló con tanta elocuencia, las respuestas para la iglesia de Dios se encuentran en

«Dios y su Espíritu obrando en y a través de nosotros».[18] Quizás por eso William Seymour oraba tanto. Como seres humanos imperfectos que luchamos por tomar nuestra cruz cada día y rendir nuestros deseos carnales, nuestras respuestas siempre reflejarán algo menos que la perfección. Sin embargo, Dios, en su gracia, ha elegido usar vasijas imperfectas y frágiles para llevar a cabo su plan. Precisamente estas vasijas que necesitan gracia han sido llamadas a liderar al pueblo de Dios y a vivir la experiencia pentecostal que nos fortalece a diario.

Para los pentecostales, el «bautismo» en el Espíritu Santo sucede cuando la persona se rinde por completo a la obra del Espíritu Santo. Esa entrega permite experimentar la plenitud del Espíritu Santo y que posibilita buscar continuamente una mayor sensibilidad y guía divina.

La tensión surge cuando queremos recuperar el control después de haber entregado nuestra vida a Dios para ser guiada por su Espíritu Santo. Buscamos experimentar una mayor presencia de Dios en nuestra vida personal y, a medida que el Espíritu Santo nos guía, nos esforzamos por seguir su dirección. Así, cuanto más buscamos a Dios, tanto más «deseamos» buscarlo: una paradoja interesante, pero que ha sido demostrada una y otra vez. Si bien se podría argumentar que todo creyente debería sentir ese impulso, el ministro pentecostal debe tener una pasión extraordinaria por el Espíritu Santo de Dios.

Es esa «propiciación» la que nos permite «dejar que suceda» dentro de los límites de las Escrituras. Todo líder sabe que la guía y la corrección son parte del liderazgo. El evangelista y líder pentecostal está atento a la dirección del Espíritu para comprender no solo lo que sucede en el plano físico, sino, lo que es aún más importante, lo que ocurre en el ámbito espiritual. Los líderes pentecostales deben cultivar una relación íntima

---

18 Roger D. Cotton, "Numbers 11 and a Pentecostal Theology of Church Leadership," *Encounter: Journal for Pentecostal Ministry*, Verano 2004, Vol.1, No.1 [journal on-line]; disponible en http://www.agts.edu/encounter/articles/2004_summer/cotton.htm; internet; consultado el 23 de enero, 2016.

con Dios para poder intervenir, corregir y «hacer que suceda», o bien, dar un paso atrás y «dejar que suceda» cuando se necesite.

MINISTRAR EL BAUTISMO EN EL ESPÍRITU

Mi reflexión será breve, porque hay varias personas cuyo ministerio enfatiza esta maravillosa dinámica del Espíritu Santo (visita http:// evangelists.ag.org/directory, el directorio de evangelistas, y encontrarás a quienes se especializan en este tema). Sería maravilloso conectarse con ellos. Estoy seguro de que estarían felices de asesorar a quien lo necesite. La oración es fundamental, la sensibilidad al Espíritu Santo y a las personas que lo buscan es vital, y es muy importante brindar una guía clara sobre qué esperar. El Espíritu Santo no los obligará a hablar (puede haber excepciones raras de bautismos poderosos, pero no parece ser lo habitual). El bautismo es como «respirar más profundo» (como lo describe un autor) lo que ya se posee: el Espíritu Santo.

Un evangelista dijo que Hechos 19:6 es el texto que se utiliza para ministrar el bautismo en el Espíritu Santo, pero hay muchas maneras de presentar esta enseñanza. Los líderes ministeriales se esfuerzan para enseñar exitosamente sobre la salvación, y con razón, y sobre cómo restaurar esa relación con Dios, nuestro Creador. Sin embargo, lamentablemente, esperamos que la gente entienda cuando se les invita a orar para recibir el bautismo del Espíritu Santo.

Se han escrito muchos libros excelentes sobre este don, como *El Espíritu Santo revelado en la Biblia* del Dr. Stanley Horton, *La vida en el Espíritu* del Dr. George O. Wood, *Sed llenos del Espíritu* de Doyle Jones y *The Holy Spirit: A Pentecostal Perspective* de Tim Enloe (disponible solo en inglés). La realidad es que debemos centrarnos en cuál es nuestra parte en el proceso y entender que el Espíritu Santo hará la suya.

Las personas que buscan el bautismo necesitan mucho ánimo; los mayores, en particular, enfrentan más obstáculos debido a ideas preconcebidas y oportunidades perdidas en el pasado. Un ingrediente fundamental para cualquier bautismo es el anhelo de Dios, no del bautismo en sí. Se puede orar por las personas individualmente o pedir a quienes oran en lenguas que oren por sus amigos; muchas veces, las personas confían más en sus amigos y bajan la guardia que tendrían ante un desconocido (un evangelista). Los bautismos masivos son diferentes, propios de las campañas de evangelización. Pero, independientemente del lugar o la ocasión, la experiencia pentecostal es algo que Dios desea que todo creyente reciba. Así que, si conocen a personas que llevan mucho tiempo buscando a Dios, anímenlas, enséñenles, oren por ellas y ayúdenlas a superar cualquier obstáculo que se les presente.

ALGUNAS REFLEXIONES FINALES

Cuando la presencia de Dios se manifiesta, a menudo durante la oración después de un servicio, si no se tiene cuidado, podríamos ver excesos. Algunos se desinhiben por completo, y a veces esto puede resultar desagradable. Como evangelistas, debemos dejarnos guiar por el Espíritu Santo, quien nos revela la necesidad crucial de esa dinámica pentecostal, que nos permite comunicarnos con Dios en una profunda intimidad. Los dones de expresión son obviamente importantes y fundamentales para que el pueblo de Dios conozca la plenitud de su voluntad, pero los evangelistas pentecostales deben esforzarse por guiar y actuar en medio de la presencia manifiesta de Dios, especialmente durante los servicios, con el empoderamiento pentecostal que Dios otorga.

Liderar desde una perspectiva pentecostal como evangelista significa que tú y yo debemos cultivar una mayor sensibilidad y audacia, a través de la comunicación divina y la entrega al Espíritu Santo, lo que nos permite anunciar con valentía el Reino de Dios y no el de los hombres. Los dones de expresión son un recurso adicional que brinda al evangelista empoderado por el Espíritu mayores oportunidades de discernir y dirigir, en una capacidad aún mayor que la de nuestros hermanos y hermanas evangélicos. Los dones espirituales que recibimos de Dios, incluido el bautismo en el Espíritu Santo, no están destinados a causar división en la Iglesia global, sino a ser un arsenal de recursos divinos para la difusión del Evangelio de Jesucristo. Cuando dejamos que la generosidad y los demás frutos del Espíritu florezcan, guiados por la presencia de Dios, los evangelistas reflejarán el tipo de liderazgo pentecostal necesario para la Iglesia en nuestro tiempo.

UN MENSAJE DE UN AMIGO

Cuando me encontré con este mensaje del Dr. Gary A. Denbow (mi pastor, quien nos casó a Nancy y a mí), sentí que el Espíritu Santo me impulsaba a incluirlo en este capítulo. El Dr. Denbow y su familia dedicaron muchos años a una destacada labor como misioneros en Filipinas, pastores de iglesia, presidente del Central Bible College y director de misiones en la North Central University antes de su jubilación. No hay otra persona a la que respete más y que me haya animado a perseverar en la lucha cuando era lo último que deseaba hacer. Oro que este mensaje sobre el valor de nuestro testimonio pentecostal sea de bendición para ustedes y les brinde ideas para predicar sobre la característica distintiva pentecostal del bautismo en el Espíritu Santo. El mensaje fue predicado a estudiantes y profesores de la escuela bíblica en la capilla el 27 de enero de 2010.

VALORAMOS EL TESTIMONIO PENTECOSTAL

Lucas 24:48; Hechos 1:4-8

Central Bible College   **27 de enero, 2010**
Dr. Gary A. Denbow, Presidente

Hay muchas maneras de despedirse. He aquí algunas que reconocemos.

- Larga vida y prosperidad (Trekkie)
- Que la fuerza te acompañe (Star Wars)
- Hasta la vista, baby (Terminator)

- Andiamo, Bambini (El Fugitivo)
- Si me necesitas, solo tienes que silbar (Tener y No tener)
- Al Batimóvil... (Batman)
- Buenas noches, príncipes de Maine, reyes de Nueva Inglaterra (Las normas de la casa de la sidra)

Pero Jesús no eligió ninguna de esas opciones. En cambio, decidió dar a sus seguidores más cercanos instrucciones muy claras. Les presentó sus deseos, primero para los siguientes diez días y luego para los días que transcurrirían hasta su regreso. Observen lo que les pidió que hicieran. Les habló como si les estuviera dando instrucciones paso a pasos.

PASO UNO: ESPERAR (Hechos 1:4)

Jesús tenía un plan para enviar a sus discípulos por todo el mundo. Cada paso sería sumamente valioso. Ninguno debía ser omitido. Lo primero que les ordenó fue que esperaran allí mismo en Jerusalén. Y mi primera pregunta es: ¿por qué tenían que esperar?

1. Enfrentaban a problemas como organización. Un líder había caído. Sentían que era su responsabilidad llevar a cabo el proceso de elección de uno nuevo.
2. Entre los discípulos había personalidades fuertes. Sabemos que se reunieron 120 de ellos. Cada uno tenía sus propias ideas y propósitos para la reunión. Estoy seguro de que les tomó uno o dos días concentrarse en una sola cosa: la promesa que Jesús les había hecho. Tenían que estar en un espíritu.
3. También estoy seguro de que cada uno de los 120 tenía problemas personales. Pedro, Santiago, Juan, Tomás y Felipe entraron al aposento alto habiendo interpretado el mensaje de Jesús según su propia comprensión. Quizás, al comenzar su reunión de oración, incluso hubo desacuerdos sobre las canciones o el orden del culto. Harían falta varios días de oración para que todos los discípulos superaran sus diferencias personales y buscaran lo mismo.
4. La espera genera expectación. Un regalo que se debe esperar. La promesa de Jesús transformaría la vida y valdría la pena la espera.

PASO DOS: AGUARDAR

Su espera debía ser con expectación. Jesús les había hecho una promesa que cumpliría. Quería que se quedaran en el lugar donde estaban y recibieran la promesa del bautismo del Espíritu Santo. La verdad era que no sabían exactamente qué esperaban ni cómo recibirían esa Promesa.

Y eso tuvo que ser difícil. ¿Habrá sido tema de conversación? Pero, si tan solo hubieran pensado un poco, Jesús les había dado una idea bastante clara.

- La promesa era otro (de la misma clase) consolador (defensor) que no los dejaría (Juan 14:16).
- La promesa era de un Maestro divino que les revelaría la verdad acerca de Dios, tal como Jesús lo había hecho en la carne (Juan 14:26).
- La promesa era de Alguien que les recordaría constantemente a Cristo mismo (Juan 15:26, 27).
- La promesa era de Alguien que convencería a todos de la maldad del pecado y de la justicia de Dios (Juan 16:8).
- La promesa era de Alguien que los guiaría a toda la verdad (Juan 16:13).

PASO TRES: CONCENTRAR

Inmediatamente presentaron sus propias preguntas en el debate. Pidieron un cronograma de los acontecimientos del fin de los tiempos. Querían respuestas sobre su propio futuro. Las palabras de Jesús constituyen una suave reprimenda. No les correspondía a ellos conocer los tiempos y las épocas que formaban parte del plan de Dios. Estaban haciendo las preguntas equivocadas. Era necesario que volvieran a concentrarse en la necesidad presente que tenían: no poseían el poder del Espíritu Santo, y sencillamente no podían realizar la obra de Dios sin ese poder.

PASO CUATRO: RECIBIR

La intención de Jesús era que esperaran un tiempo y que, después, recibirían el Espíritu Santo prometido y su poder. No especificó cuántos días debían esperar. Resultaron ser diez días.

Pero Él sí les dijo qué pondría fin a su espera. Sería lo que recibirían. No debían arrebatar, apropiarse, atrapar ni perseguir la bendición prometida. Simplemente debían recibir esa promesa.

Eso debió ser difícil. Gran parte de lo que les habían enseñado sobre la adoración les hacía creer que adorar era una acción: seleccionar un animal para el sacrificio, matarlo y quemarlo, etc. Pero esta vez no era así. Debían esperar, tener fe y recibir la mayor bendición que jamás pudieran anhelar, pero no podían ganarla, ni pagarla, ni conseguirla con su esfuerzo. Solo podían recibirla.

PASO CINCO: IR

El resultado inmediato de recibir el poder del Espíritu Santo era que serían enviados a lo último de la tierra con una sola tarea: ser testigos de Cristo, darían testimonio de Él, hablarían en su nombre.

1. Debían ir porque no había razón alguna para quedarse. El libro *Una teología bíblica de las misiones** del Dr. George W. Peters, profesor de misiones durante muchos años en el Seminario Teológico de Dallas, me introdujo a la idea de la diferencia en el efecto centrípeto de la religión judía —que atrajo a la gente a Jerusalén porque este era el lugar de la salvación— y el efecto centrífugo de la religión cristiana —que impulsó a la gente a salir de Jerusalén.
2. El autor Harry Boer lo explica así: «El profundo efecto que Pentecostés tuvo en la vida y la obra de la Iglesia se subraya y se hace más evidente cuando contrastamos la *ekklesia* del Nuevo Testamento con el *kahal* (congregación) del Antiguo Testamento. Es difícil concebir un cambio de mayor alcance en la constitución

de una comunidad religiosa que el que Pentecostés produjo en la estructura interna y externa, a través de la cual se expresaba la vida del pueblo de Dios. Hasta Pentecostés, el lugar central de culto había sido el templo; el sacerdote como oficiante; el objeto central del culto, el altar; el acto central del culto, el sacrificio. Con la venida del Espíritu, todo ese complejo cultural fue abolido. Durante un tiempo, los miembros de la *ekklesia* continuaron teniendo un lugar en el *kahal*, pero esta doble lealtad fue un fenómeno transitorio. Pentecostés marcó el fin del templo, el sacerdote, el altar, el sacrificio, la ley y la ceremonia. Todo ello desapareció, y en su lugar, llegó la predicación del Evangelio y las ordenanzas, que dan testimonio de la obra consumada de Cristo. "Con la llegada de la Iglesia, Jerusalén ya no tiene ninguna función... la caída de Jerusalén y el envío de los apóstoles al mundo: este es el fin del antiguo pacto y el comienzo del Evangelio". *En Pentecostés, tuvo lugar una reconstitución de la Iglesia, que transformó el kahal sacerdotal del Antiguo Testamento en la ekklesia testigo del Nuevo Testamento.* La verdadera adoración del Padre se llevaría a cabo de ahora en adelante no en Jerusalén ni en el monte Gerizim, sino que se ejercería en espíritu y en verdad dondequiera que se predicara el Evangelio y fuera aceptado con fe. Cuando el gran Sumo Sacerdote ofreció su sacrificio en el altar de la cruz, ya no hubo lugar para el ministerio de los tipos y las sombras que habían anunciado su venida. Solo quedaba una tarea: dar testimonio de su obra consumada. El velo del templo se había rasgado y el muro de separación que dividía a judíos y gentiles había sido derribado».

3. Jerusalén ya no los retenía, y sus temores ya no los ataban. Se convirtieron en el testimonio más grande que el mundo jamás haya visto. Citando nuevamente al Dr. Boer: «Puede afirmarse sin exageración que el énfasis principal en todo lo que Jesús dice sobre la venida del Espíritu, y el énfasis principal en el relato de Lucas sobre la venida del Espíritu en Pentecostés y en su descripción de la expansión misionera de la Iglesia en los Hechos de los Apóstoles, recae en la actividad testimonial del Espíritu y de quienes lo recibieron. Fue en Pentecostés donde comenzó el

   LA DINÁMICA PENTECOSTAL

testimonio de la Iglesia, y es en el poder del Espíritu de Pentecostés que este testimonio todavía se propaga».

«El énfasis bíblico de la obra del Espíritu Santo es conferir vida. El medio que Él ha elegido para dar vida es la predicación del Evangelio. Por lo tanto…"el testimonio del Espíritu en la proclamación de la Iglesia es la base de la cual surgen todas las demás actividades del Espíritu en la Iglesia".»

«Por lo tanto, la Iglesia es, ante todo y sobre todo, una comunidad que da testimonio y que proclama el Mensaje».

APLICACIÓN

¿Tiene sentido que valoremos lo que Cristo valoró si decimos ser sus ministros? ¿Pudo haber sido más claro acerca de lo que valoraba que con sus últimas palabras? Nuestra tarea es asimilar los pasos que fueron tan importantes para Cristo, adoptar su plan como nuestro. El testimonio pentecostal es importante en nuestro mundo. Así que, repasemos el plan de Jesús y apliquémoslo a nuestra vida.

1. Esperar. El tiempo de espera nos resulta difícil. Somos la generación que lo quiere todo al instante. Cualquier cosa que requiera tiempo no puede valer la pena, ¿verdad? ¡Piénsenlo!
   * Todos los grandes líderes bíblicos tuvieron un período de preparación. Algunos fueron cortos y otros más largos. Moisés se preparó 40 años para la misión que Dios le dio.
   * Tú y yo tenemos un tiempo de preparación preestablecido para madurar como líderes. Primero, la educación; segundo, la madurez espiritual y emocional; tercero, las prácticas profesionales. En algún momento, el Espíritu Santo nos considera listos y nos impulsa a ser sus testigos.
   * No rechaces el tiempo de preparación, mas bien acéptalo.
2. Aguardar.
   * No es una fe extraña, sino simplemente esperar que Dios haga exactamente lo que dice. No dejes que nadie te convenza de renunciar a lo mejor que Dios tiene para tu vida. Si lees la Palabra y entiendes claramente el mensaje

que tiene para ti, entonces toma para ti esa Palabra. Lo que Dios dice es lo que debes tener.

- Confía en su palabra. Él hará lo que prometió. La experiencia de otros no invalida la Palabra. No rebajes tus expectativas para complacer a las personas. Jesús es quien da el Espíritu.

3. Concentrar.

- Pablo le escribió a Timoteo: «Timoteo, ¡cuida bien lo que se te ha confiado! Evita las discusiones profanas e inútiles y los argumentos de la falsa ciencia. Algunos, por abrazarla, se han desviado de la fe» (1 Tim. 6:20,21).
- Él le escribió a los colosenses: «Cuídense de que nadie los cautive con la vana y engañosa filosofía que sigue tradiciones humanas, la que está de acuerdo con los principios de este mundo y no conforme a Cristo» (Col. 2:8).
- Apunta a metas mayores. «Ya que han resucitado con Cristo, busquen las cosas de arriba, donde está Cristo sentado a la derecha de Dios. Concentren su atención en las cosas de arriba, no en las de la tierra» (Col. 3:1,2).

4. Recibir.

- Recibe poder divino. Espera un bautismo de poder que fortalecerá todas las áreas de tu servicio cristiano.
- Recibe la autoridad divina. Recibe no solo la dirección del Señor para tu vida, sino también la autorización para entrar en el campo de la cosecha que Él tiene preparado para ti.
- Recibe la compañía divina. Él no te pedirá que vayas a donde Él no te guíe. No te enviará fuera de Su protección. No te alejará más allá del alcance de Su mano.

5. Ir.

- ¡Me encanta el contraste! Quédense hasta que venga el poder y luego vayan.
- Me encanta cómo el Señor usó las circunstancias en Jerusalén para impulsar a sus discípulos a salir de allí. Hechos 8:1 registra que la persecución dispersó a los discípulos, pero no a los apóstoles.
- Fue el poder del Espíritu Santo lo que impulsó a Pedro a ir a Jope y luego a Cesarea por vía marítima.

- Los discípulos se dispersaron por los cuatro confines de la tierra llevando el mensaje del Evangelio. Procura responder a estas preguntas.

    1. ¿Murió en España el hermano de Jesús, Santiago?
    2. ¿Murió el apóstol Tomás en la India?
    3. Que sepamos, ¿murió en Jerusalén alguno de los doce apóstoles originales, a excepción de Santiago, el hermano de Juan?

- Todos escucharon la orden directa de Jesucristo y fueron. Ese sigue siendo nuestro deber. Debemos ir y predicar el Evangelio hasta los confines de la tierra.

Los evangelistas y las misiones

Mientras miraba por la ventana de un Boeing 767, me preguntaba si el Señor me daría una oportunidad para compartir mi fe al llegar a China. Había oído de las iglesias clandestinas, de las iglesias oficiales y un amigo me había dicho: «En China necesitan evangelistas». Recordé la declaración oficial que tuve que firmar, en la que me comprometía a no ejercer ninguna función relacionada con mi profesión, y me pregunté cómo el Señor sortearía todos esos obstáculos, ya que yo era evangelista.

Tuve mucho tiempo para pensar en todas esas cosas en mi viaje de más de dieciséis horas. Nuestra familia viajaba para recoger a nuestra futura hija adoptiva, Hannah. Muchos pensamientos me pasaban por la cabeza, incluyendo temores, preguntas y las emocionantes aventuras que nos esperaban. Nunca antes había estado en China y me preguntaba cómo podría relacionarme con el pueblo chino. No conocía el idioma, la cultura ni a la gente de China, y mucho menos a ningún misionero que pudiera estar allí.

Mientras oraba sobre mis oportunidades de ministerio, me di cuenta de la necesidad de comunicar las necesidades y expectativas de los misioneros a los evangelistas y ministros invitados al extranjero para realizar su labor. Hemos oído de los evangelistas en general, pero no se habla mucho de las necesidades de los misioneros que deben considerar los evangelistas. Los evangelistas misioneros activos hoy en día son pocos y dispersos. Las exigencias son grandes y los sacrificios, muchos.

A menudo oímos hablar de pastores o evangelistas estadounidenses que viajan al extranjero para realizar su ministerio, y lamentablemente, la razón suele ser egoísta y con fines de autopromoción. Pero, ¿qué necesita el misionero de un evangelista y cómo puede este prepararse para las demandas del ministerio intercultural? ¿Realmente necesitamos al evangelista? Y si es así, ¿qué hace exactamente un evangelista? ¿Cómo puede un evangelista invitado contribuir a establecer una relación fructífera con el misionero o pastor local que lo recibe?

Estas son preguntas que me esforzaré por responder con el fin de que comprendamos el papel del evangelista desde la perspectiva de las misiones. Incluiré algunas decisiones de ciertos evangelistas que perjudicaron gravemente a los misioneros. También me referiré a algunos detalles en los que debemos pensar y evitar al servir a quienes han dedicado sus vidas al servicio misionero. Creo que este tema me preocupa porque veo que muchos misioneros permanecen en el campo solo por un período, debido al maltrato que sufren por parte de otros.

LA NECESIDAD DE EVANGELISTAS

Así como los evangelistas trabajan con los pastores locales para fortalecer y ayudar a las congregaciones, también deberían estar dispuestos a trabajar junto a los misioneros que luchan en la primera línea de diferentes culturas, buscando nuevas formas de comunicación en comunidades que quizás no aceptan a un extranjero. Sin embargo hay muchos lugares que reciben al occidental con los brazos abiertos. En estas situaciones, abundan las oportunidades para el misionero y el evangelista; pero incluso donde la aceptación es mínima, el evangelista puede ser un valioso recurso para el ministerio de los misioneros en un país, comunidad o con una persona en particular. Un ejemplo bíblico de esto lo encontramos en el apóstol Pablo trabajando con Timoteo.

La evangelización implica la proclamación del Evangelio con el propósito de que las personas se conviertan, ya sea mediante programas persona a persona como «Evangelismo Explosivo»,[19] en presentaciones masivas como las cruzadas. Independientemente del método, el misionero necesita habilidades para la evangelización y debe sentirse libre y seguro al contar con el apoyo del evangelista. La colaboración con el evangelista permite al misionero concentrarse en la cristianización, es decir, en el discipulado y la formación espiritual del creyente que ha llegado a la fe en Jesucristo. Este discipulado abarca todas las áreas del desarrollo humano: intelectual, emocional y conductual, y requiere una planificación exhaustiva y mucha oración.

Es aquí donde creo que los evangelistas tienen la oportunidad vital de acompañar a los misioneros no solo para predicar las buenas nuevas a los pecadores, convertirlos y bautizarlos, sino también para ayudar a revitalizar al misionero, a su familia y a su comunidad de creyentes. Hemos visto el invaluable aporte que los evangelistas han hecho en las iglesias en los Estados Unidos, donde las congregaciones experimentan una nueva perspectiva y enseñanza gracias a ellos. De manera similar, ¡cuánto más podría aplicarse este mismo principio en la labor misionera que la iglesia ya realiza!

LOS EVANGELISTAS Y LOS MISIONEROS

Se podría pensar que «la naturaleza del ministerio del evangelista se refleja en el significado del término en sí: un portador de buenas noticias».[20] Pero, ¿perciben los misioneros al evangelista de esa manera? Sin duda, hay evangelistas excelentes y otros no tanto, pero ¿ha sido el evangelista de ayuda para los misioneros en general, o acaso el término «evangelista» se ha visto desprestigiado por buenas razones? Debemos recordar que el evangelista no compite, ni debería competir, con los

---

19 James Kennedy, "Evangelism Explosion: 'Reaching all the nations' and its impact on world missions," *Evangelical Missions Quarterly*, 33 (July 1997): 299.

20 Abbott, 7.

pastores o misioneros, sino que forma parte del ministerio quíntuple que Dios ha dado a la Iglesia. Las iglesias, incluidas las de otros países, «necesitan evangelistas que sean llamados, comprometidos, compasivos y dedicados para que se obtenga el máximo beneficio de sus ministerios».[21]

Partiré de esta premisa, pero con una advertencia. Las culturas evolucionan, y la lingüística con ellas, por lo que hoy en día observamos una considerable superposición entre las funciones del misionero, el plantador de iglesias y el evangelista. De hecho, vemos al apóstol Pablo desempeñando los roles de «apóstol, profeta, evangelista, pastor y maestro»[22] con Dios utilizando los cinco dones ministeriales en la labor itinerante de Pablo. Y si un evangelista es aquel que «predica el Evangelio», entonces los apóstoles en Hechos 8:4 y Jesús en Lucas 20:1 fueron evangelistas, según el verbo griego *euaggelizo*; y en Efesios 4:11, vemos la palabra evangelista utilizada para «denotar un orden de obreros a medio camino entre los apóstoles y profetas, por un lado, y los pastores y maestros, por el otro».[23] También vemos en Efesios 4:12 que los dones ministeriales de Dios son «para capacitar al pueblo de Dios para la obra del servicio, a fin de que el cuerpo de Cristo sea edificado».[24]

Los roles ministeriales tienden a superponerse a lo largo del Nuevo Testamento, como podemos observar claramente con el apóstol Pablo, y también con Felipe. En Hechos 21:8, vemos a Felipe, «el evangelista», pero en Hechos 6:5 también es diácono, llamado a ser ministro de servicio para ayudar a los apóstoles. Y en Hechos 8 vemos a Felipe dirigiéndose a Samaria para predicar el Evangelio, ganar conversos y bautizar a los nuevos creyentes, como vemos con el eunuco etíope en Hechos 8:26.

---

21 Ibid., 11.

22 Abbott, 11.

23 Donald Guthrie, "New Testament Theology," (Downers Grove: InterVarsity, 1981): 168.

24 *The New International Version*, (Grand Rapids: Zondervan), 1984.

En las Escrituras del Nuevo Testamento, vemos que el *kerygma*, o «el contenido de lo que se predicaba»,[25] se convierte en el enfoque principal de la promesa de Jesús en Hechos 1:8, donde enfatiza el papel del Espíritu Santo en el testimonio del creyente. Parece que la obra y la persona de Jesucristo son los puntos centrales del *kerygma*, así como la importancia de la segunda venida de Cristo y el bautismo para todos los creyentes. Sin duda, el Señor utiliza la «locura de la predicación» (1 Corintios 1:21) para llevar su salvación a los perdidos, ya sea a través de pastores, predicadores laicos, misioneros o evangelistas.

Todos están llamados a ser evangelizadores de una u otra forma para que los perdidos escuchen el Evangelio, sin importar el costo. El misionero John York relató cómo Melvin Hodges consideraba que «el papel del misionero, en un principio, era el de evangelista»,[26] ya que lleva el Evangelio a un nuevo lugar o cultura, a menudo pagando un alto precio por las semillas sembradas. Pero luego, los misioneros pasan del papel de evangelizadores al de maestros, dedicándose a enseñar y capacitar a más personas, como Timoteo, para que realicen la labor de evangelización. De esta manera, vemos en acción el organismo de la iglesia autóctona: autogobernada, autosuficiente y con capacidad de autopropagación.

Este énfasis en la Iglesia «autóctona» generó problemas para algunos evangelistas, especialmente dentro de la fraternidad de las Asambleas de Dios. De hecho, en 1954, «el Comité de Misiones Foráneas decidió dar publicidad únicamente a aquellos evangelistas que habían trabajado en armonía con los misioneros en el extranjero».[27] Surgió un problema con algunos misioneros evangelistas que recaudaban fondos para el sustento de pastores nacionales, y estos evangelistas recibieron «fuertes críticas» por parte de los líderes del Departamento de Misiones. J. Philip Hogan,

---

25 Guthrie, 736.

26 John V. York, "Missions in the Age of the Spirit," (Springfield: Logion, 1973): 155.

27 Gary B. McGee, "This Gospel Shall be Preached: A History and Theology of Assemblies of God Foreign Missions to 1959," (Springfield: Gospel Publishing House, 1986): 200.

junto con las Asambleas de Dios, creían que la iglesia autóctona debía ser autosuficiente, aunque ello implicara sacrificios antes de que pudiera «progresar significativamente hacia la consolidación de una iglesia estable y comprometida con la evangelización».[28] Esta sigue siendo la ideología de la iglesia en la actualidad.

Billy Graham afirmó en sus quince declaraciones, durante la Conferencia Internacional para Evangelistas Itinerantes en Ámsterdam en julio de 1983, que los evangelistas deben estar dispuestos a sacrificarse e ir a donde sea necesario para que «todos los pueblos» escuchen el Evangelio. La segunda declaración dice: «Afirmamos nuestro compromiso con la Gran Comisión de nuestro Señor y declaramos nuestra disposición a ir a cualquier lugar, hacer cualquier cosa y sacrificar lo que Dios nos pida para el cumplimiento de dicha Comisión».[29] En esta misma conferencia, se reafirmó la necesidad del evangelismo global cuando los evangelistas presentes reconocieron la tercera declaración, que decía: «Respondemos al llamado de Dios al ministerio bíblico del evangelista y aceptamos nuestra solemne responsabilidad de predicar la Palabra a todos los pueblos según Dios nos dé la oportunidad».[30]

En esta tercera afirmación, podemos ver el apoyo y la convicción de los evangelistas de que existe una necesidad, una oportunidad y un llamado a viajar fuera de las fronteras de nuestros propios países para proclamar con valentía el Evangelio de Jesucristo a un mundo que está perdido sin Él.

Estas afirmaciones exigen una comprensión del contexto ministerial y la capacidad de comunicarse interculturalmente. El Dr. James Kennedy fundó una iglesia con 17 personas que, través de su programa Evangelismo Explosivo, creció hasta alcanzar más de 8.000 miembros;

---

28 Ibid., 201.
29 Billy Graham, 23.
30 Ibid., 31.

su material se utiliza en todo el mundo, en más de 200 países».[31] Es interesante notar que, después de que Evangelismo Explosivo se renovara, surgió un nuevo énfasis en la amistad y el discipulado de los nuevos creyentes.[32] Cultivar amistades reproduce el aspecto de tender puentes entre culturas, y los evangelistas deben comprender la importancia de construir estos puentes interculturales. La contextualización no ocurre por sí sola. Es necesario dedicarse con esfuerzo a una vida de trabajo arduo dentro del marco de las Escrituras y la cultura.

El evangelista también debe dedicarse a una vida de oración. Hay un viejo dicho que afirma: «El trabajo para Dios no sustituye el tiempo que se pasa con Dios».[33] Sin oración, no habrá poder, y nos convertimos en simples «hombres de negocios". El verdadero éxito reside en seguir la perfecta voluntad de Dios, especialmente en un contexto intercultural donde la provisión y la protección de Dios son necesidades básicas y cotidianas. Una de las cosas más importantes que un evangelista debe recordar es que los ministerios se construyen sobre relaciones, y debemos tratar a los misioneros y pastores como nos gustaría que nos trataran a nosotros.

PAUTAS PARA TRABAJAR EN ENTORNOS TRANSCULTURALES

No cabe duda de que una parte importante del ministerio de un evangelista se dirige al pastor o misionero que lo invitó. El evangelista siempre debe mostrar una actitud de respeto y aprecio por las oportunidades brindadas, y expresar, tanto en público como en privado, su sincero agradecimiento a quien le ha dado la oportunidad de ministrar. El evangelista debe recordar que no es aceptable decirle a un misionero «cómo deben hacerse las cosas ni intentar cambiar su forma

---

31 Kim A. Lawton, "Evangelism Explosion Retools Its Approach," *Christianity Today*, 41 (March 3, 1997): 58.

32 Ibid.

33 Abbott, 44.

de trabajar».[34] A menudo, el evangelista puede desconocer los aspectos cruciales de un grupo étnico en particular y terminar ofendiendo a la gente en lugar de ganar su respeto y lograr conversiones. El misionero o pastor en el extranjero sigue siendo el vínculo vital para las personas a quienes Dios quiere hablar, demostrando su amor y compasión por ellas.

El evangelista debe recordar que habla en nombre de Dios, de la iglesia y de otros evangelistas. Incluso el «Manual de Misiones» de las Asambleas de Dios afirma acertadamente que «todo lo que el ministro visitante dice y hace debe contribuir a la causa a la que los misioneros han dedicado toda su vida».[35] Continúa diciendo que su objetivo principal para «cualquier» ministerio en el extranjero es «complementar la labor de los misioneros de carrera»,[36] y si la División de Misiones Mundiales considera que el ministerio de un evangelista podría ser perjudicial por cualquier motivo, dicho ministerio no será aprobado. Por lo tanto, la meta del evangelista debe ser expandir el Reino de Dios, no perseguir intereses personales, recordando que también ellos son embajadores de Jesucristo y del resto del mundo «occidental».

Hace algunos años, conversé con el hermano Cary Tidwell, anterior director del Departamento de Misiones Mundiales, quien ya falleció. Nuestra conversación me ayudó a comprender mejor algunas salvaguardas vitales que todo evangelista debe tener en cuenta. Cary me dio tres pautas para los evangelistas que visitan a un misionero o a su familia. La primera era ser amable y mostrarse como un amigo. A menudo, los misioneros pasan mucho tiempo sin ver a nadie familiar y quizás necesiten desahogarse de las decepciones o situaciones que han vivido.

No te lo tomes como algo personal, pero considera que eres mucho más que un simple visitante: eres un amigo. El evangelista también debe recordar que los misioneros viajan mucho y a menudo tienen que

---

34 Abbott, 39.

35 "The Missions Manual," The Assemblies of God Division of Foreign Missions, (Springfield, Gospel Publishing House, 1995): 2-22.

36 Ibid., 2-16.

mudarse varias veces durante las primeras etapas de aprendizaje de la cultura y el idioma. Como evangelista visitante, debes recordar que los misioneros a menudo han dejado atrás a amigos, familiares y seres queridos para el resto de sus vidas, si así lo dispone Dios. El evangelista puede ser el único amigo «occidental» en un radio que excede los mil kilómetros, por lo que es importante mostrar sensibilidad ante los sentimientos de «desarraigo» del misionero.

Además, el hermano Tidwell comentó que probablemente el aspecto más valioso de la visita de un ministro o evangelista al misionero es la «comunión» que se establece durante el encuentro. Es en estos momentos cuando los evangelistas pueden brindar la mayor fuente de revitalización para el misionero y su familia. Quizás no con palabras de consejo o sabiduría, sino escuchando con empatía y sin juzgar. Como evangelistas, a menudo nos apresuramos a hablar y no somos pacientes para escuchar, pero el Señor nos exhorta en Santiago 1:19: «Mis queridos hermanos, tengan presente esto: Todos deben estar listos para escuchar, pero no apresurarse para hablar ni para enojarse». Con frecuencia, lo único que se necesita para bendecir a los demás y brindar consuelo es tener labios lentos para hablar y oídos atentos para escuchar.

En segundo lugar, el evangelista deben tener una mente abierta. Evita llegar con una actitud prejuiciosa, viendo todo desde una perspectiva occidental. Es muy probable que el evangelista que critica las costumbres, los líderes, las técnicas, las iglesias o los países no vuelva a ser invitado.

La tercera pauta, la confidencialidad, es probablemente la más importante. Es fundamental recalcar que las dificultades y decepciones que una persona comunica confidencialmente al evangelista no deben ser divulgadas. El hombre y la mujer de Dios deben ser ministros de integridad. De lo contrario, no seremos mejores que los «réprobos» mencionados en Romanos 1:29, que son conocidos por ser «chismosos» o «murmuradores», quienes son una abominación para Dios.

El evangelista occidental también debe evitar el supuesto de que las motivaciones en otras culturas serán similares a las de su propio país.

Otras religiones podrían tener motivaciones más «materialistas» para el cristianismo, como por ejemplo, creer que «el poder de los ejércitos y las armadas occidentales en la guerra sin duda hace que sea mejor tener la religión de estos poderosos extranjeros a favor que en contra».[37]

Encontramos otro problema en el ámbito lingüístico. El idioma del pueblo o la cultura a la que se busca servir siempre es la vía principal para comunicar el Evangelio. Cuando un evangelista llega con un intérprete, los problemas que ha enfrentado el misionero experimentado se intensificarán para quien no habla el idioma local. La barrera lingüística no solo puede distorsionar el mensaje, sino que también «el significado del mensaje puede verse distorsionado por la imagen que el evangelista proyecta a su audiencia».[38]

Aunque solo sea por esta razón, el evangelista debe seguir el consejo del misionero en todos los aspectos de la comunicación. Si no se tiene cuidado, el mensaje del Evangelio que se desea transmitir no será el que se comunique, y mucho menos el que se reciba. Para contextualizar el mensaje correctamente, el evangelista debe comunicarse con el misionero residente para asegurarse de que las verdades teológicas se proclamen de una manera socioculturalmente aceptable.

No cabe duda de que los milagros y las maravillas son medios convincentes que el Señor utiliza para mostrar su autenticidad, especialmente en los países en desarrollo. Pero cuando comienzan a manifestarse señales y prodigios, «todo líder piadoso es susceptible al orgullo. Por lo tanto, quienes son usados por Dios tienen la responsabilidad de atribuir todo honor y gloria a Aquel que es el legítimo merecedor de la alabanza: Jesucristo».[39]

---

37 Alan R. Tippett, "The Evangelization of Animists," *Perspectives: on the World Christian Movement*, 3rd ed. Eds. Winter, Ralph D. and Steven C. Hawthorne, (Pasadena: William Carey Library, 1981): 626.

38 Ibid., 628.

39 Steve Hill, "Confirming the Word with Signs & Wonders," *Enrichment*, 4 no. 1 (Winter 1999): 40.

Podemos ver los peligros de no dar la gloria a Dios en el ejemplo bíblico de Herodes, quien murió por mano de un ángel del Señor y fue devorado por gusanos. Es imperativo que el misionero, el evangelista o quienquiera que esté ministrando «se mueva rápidamente en medio de un ambiente de milagros para compartir verdades espirituales que lleven a las personas al conocimiento de Cristo».[40] Si el misionero, o quienquiera que esté ministrando, no está familiarizado con las poderosas manifestaciones del Espíritu Santo, esto podría causar un daño devastador. Debemos esperar lo sobrenatural al ministrar para Dios, porque Marcos 16:20 nos dice: «Los discípulos salieron y predicaron por todas partes, y el Señor los ayudaba en la obra y confirmaba su palabra con las señales que la acompañaban».

El evangelista también debe ser sensible a los asuntos culturales que puedan prevalecer en su contexto. Esto no solo se refiere a las palabras que se emiten, sino que incluso «el lenguaje corporal puede causar malestar en las personas»,[41] haciendo que el mensaje del Evangelio caiga en saco roto. Esto requiere un espíritu humilde que busque la guía del misionero, y no una mentalidad de sabelotodo que destruya todo el trabajo que ha costado años desarrollar. En muchos países, simplemente tocar a otra persona, incluso para estrechar la mano o, sobre todo, acariciar la cabeza de un niño, se considera una ofensa grave, mientras que en otras culturas las personas caminan del brazo para mostrar amistad. Muchas culturas también consideran que una mano es «impura», especialmente aquellas que todavía comen con los dedos. La mano izquierda puede estar destinada a tareas consideradas «impuras», mientras que se come con la mano derecha. Por lo tanto, ofrecer un regalo o un apretón de manos «con la mano impura» es un insulto tremendo.[42]

Por esa razón, cuando tengas dudas sobre cómo actuar, consulta siempre con tu misionero o pastor local. Esto no debe considerarse

---

40 Ibid.

41 Betty Jo Kenney, "The Missionary Family," (Pasadena: William Carey Library, 1983): 22.

42 Kenney, 24.

una debilidad que debas evitar, sino una muestra de sabiduría y amor por las personas a quienes buscas servir, para ayudarlas a comprender el mensaje del Evangelio sin ofenderlas. El mayor desafío para el evangelista o el ministro visitante reside en presentar el Evangelio de manera contextualizada, de modo que aquellos a quienes se dirige puedan relacionarlo con sus propias vidas.

No critiques al misionero desde un punto de vista material mientras estés allí. Tú no conoces todas las dificultades que implica la situación de este misionero ni de los sacrificios que él o ella ya ha hecho para integrarse con la gente del lugar. Es posible que encuentren viviendas sencillas con pocos muebles y roedores que deambulan en la noche. La iglesia puede tener paredes y techo, o puede que no. No están allí para predicar desde una plataforma o un púlpito, sino para un pueblo que quizás ha caminado grandes distancias solo para escuchar esta nueva enseñanza sobre Aquel a quien llaman Jesús.

Una actitud crítica es un muy mal reflejo del evangelista visitante. Una vez me contaron la historia de un pastor que fue a predicar a Cuba. Allí la carne está racionada y solo se asignan unos pocos kilos por persona al año. En la primera cena, sirvieron carne de res y le dieron al pastor una porción enorme. Solo porque el pastor se había informado sobre algunas de las costumbres locales, pudo comprender el sacrificio que tenía ante sí. Se dice que casi no pudo comer, pero comió mientras lloraba, agradeciéndoles profundamente. Cada momento que dedicamos a prepararnos para el ministerio intercultural será un momento invertido en el destino eterno de un alma. Solo pensar que nuestra pereza podría, de hecho, enviar a alguien al infierno debería ser una llamada de atención para todos los que viajan a otras naciones para ministrar.

Algo que no siempre se debe esperar en otra cultura es la privacidad. En muchos países, «la privacidad no es ni deseable ni comprensible»,[43] ya que es común que haya sirvientes o ayudantes viviendo en la casa del misionero. En China, no hay una palabra para «privacidad», y con más

---

43 Kenney, 75.

de 1.200 millones de habitantes, es fácil entender por qué. Las casetas de los baños suelen estar cubiertas con una sábana, y los «inodoros de foso» son la norma en las culturas asiáticas, ya que los «occidentales» se sientan para usar el baño, mientras que los demás se ponen en cuclillas. Además, es posible que la cama sea simplemente una estera sobre el suelo. Si bien estos pueden ser escenarios extremos, revelan la necesidad de prepararse y comunicarse con la persona que te acoja.

El evangelista también debe recordar que es un invitado. Esfuérzate por ser una bendición en lugar de una carga para quienes has viajado miles de kilómetros para ministrar. Absténte de hacer peticiones a la familia anfitriona que sean puramente egoístas, como por ejemplo, hacer turismo. Es diferente si ellos se ofrecen para mostrarte los alrededores, pero recuerda tu vocación, tu consideración y tu compasión: la familia misionera necesita eso.

Otro problema tiene que ver con la subvención de tus propios gastos. A menudo, se espera una «tarifa de cortesía» en lugar de una «tarifa oficial» al alojarse con familias misioneras, y la percepción que uno tiene de la realidad no siempre es la correcta. Por ejemplo, Betty Jo Kenney comparte lo siguiente:

Conozco a una familia misionera que tuvo que vender su aire acondicionado para pagar la cuenta del supermercado de unos evangelistas que pasaron un mes con ellos. Su departamento de misiones claramente les recomienda a los evangelistas que viajan al extranjero que se paguen sus propios gastos, pero estos hombres dijeron de sus anfitriones: «Tienen mucho dinero. No nos pidieron nada, ¡y comimos como reyes!». Nunca supieron que la familia tuvo que soportar el calor intenso sin aire acondicionado durante un año para poder pagar las «comidas de reyes» de sus invitados.[44]

---

44 Kenney, 91.

¡Aquí vemos el hedor que acompaña a una actitud arrogante, egoísta e ingrata! Si te sirven, debes ofrecer algo a cambio; al menos, debes dar un regalo.

Aunque la vida misionera parece estar llena de aventuras emocionantes, lo más probable es que esto sea solo una ilusión. Jesús nos dijo que siguiéramos su ejemplo y «[diéramos la] vida por las ovejas» en Juan 10:11–15, y dar la vida por las ovejas a menudo implica dolor, tristeza, sufrimiento y persecución. El apóstol Pablo incluso experimentó períodos de angustia externa y, en otros momentos, de gozo espiritual, como se describe en 2 Corintios 4:16. Pero a veces surge un estrés «no bíblico» que causa estragos en la vida del misionero, ya sea a nivel personal, en las relaciones familiares o en la comunidad en general. El estrés puede provenir de asuntos tan graves como la pérdida de un hijo o de algo tan trivial como una mala interpretación de la factura de la luz, pero sigue siendo estrés.

Una de las fuentes de estrés parece residir en la «ambición terrenal por el éxito».[45] Si bien esto refleja una actitud «mundanal», incluso en el ámbito eclesiástico persiste un arraigado miedo al fracaso. Además, pueden surgir conflictos «en el campo o entre diferentes campos de misión cuando los misioneros comparan sus estilos de vida».[46] Misioneros, evangelistas, pastores y cualquier otra vocación ministerial se encuentran bajo la presión de triunfar como si fuera una necesidad. Sin embargo, el verdadero cristiano está impulsado por la pasión de ver a Jesucristo glorificado, negándose a que las inseguridades se impongan cuando las cosas no salen como se espera. Los misioneros son personas como cualquier otra, y cuando atraviesan momentos difíciles, los evangelistas tienen la oportunidad de desempeñar un papel vital en la revitalización de los misioneros, sus familias y sus comunidades.

---

45 Ajith Fernando, "Some Thoughts on Missionary Burnout," *Evangelical Missions Quarterly*, 35, no. 4 (October 1999): 441.

46 John Sherwood, "The Missionary Lifestyle," *Evangelical Missions Quarterly*, 35 no. 3 (July 1999): 337.

Es un hecho que, cuando uno sufre junto a otro, se obtiene respeto. Pero cuando el misionero o evangelista no sufre junto a las personas a quienes busca servir, esas mismas personas por las que siente compasión a menudo se aprovechan de él. Si la comodidad y la prosperidad siguen siendo nuestras metas principales, tanto los misioneros como los evangelistas serán menospreciados. Y aunque sufrir nunca es agradable, el evangelista tiene la oportunidad de marcar la diferencia en la vida de un misionero al acompañarlo en el sufrimiento.

Esta diferencia que se marca puede conducir a años fructíferos si somos sensibles a la dirección de Dios, o a otra rama seca si buscamos egoístamente la gloria para nosotros mismos y para nuestros ministerios. Probablemente uno de nuestros mayores desafíos se manifiesta en el aspecto de «sufrir con alegría», como lo describe el apóstol Pablo en Colosenses 1:24.

REFLEXIONES FINALES

En el Concilio Mundial de Iglesias de 1989, se proclamó que todas «las demás religiones no cristianas son tan buenas como (si no mejores que) lo mejor del cristianismo».[47] Si esto fuera cierto, los únicos objetivos concebibles serían el diálogo y el intercambio de ideas, y nos convertiríamos en la sociedad pluralista que tantos anhelan. Sin embargo, es el misionero cristiano quien sigue siendo nuestra primera línea de defensa en el extranjero contra la distorsión del Evangelio y el pluralismo, y no solo el misionero, sino también «los cinco ministerios». Dios le ha dado a la Iglesia todo lo que necesita para tener éxito, y sigue siendo nuestra responsabilidad cumplir con nuestra obligación, trabajando juntos en la gran comisión. Si hacemos nuestra parte, Dios sin duda hará la suya.

---

47 Tokunboh Adeyemo, "Whatever Happened to Evangelism?" *Christianity Today*, 37 (April 5, 1993): 34.

Si los evangelistas van a apoyar y fortalecer la labor del misionero, deben mantener una actitud de servicio. Con demasiada frecuencia, los evangelistas llegan al campo misionero esperando que todos los demás se inclinen ante ellos y les extiendan la alfombra roja, sin la menor consideración por la carga financiera que esto representa para el misionero ni por las consecuencias de una «mentalidad occidental». El misionero ha sido llamado por Dios y sostenido por creyentes que confían en él, y debe administrar los recursos con prudencia, esforzándose por contextualizar el Evangelio de Jesucristo para un mundo perdido. El ministerio del evangelista fue creado para «servir» a la Iglesia, y eso es precisamente lo que debemos esforzarnos por hacer, ya sea en Norteamérica o en los «confines de la tierra».

En siglos pasados, hubo numerosas ocasiones en que grandes movimientos del Espíritu Santo en naciones enteras comenzaron con un evangelista obediente, y al colaborar nosotros con los misioneros de hoy, nuestra oración debe ser eco del apóstol Pablo en 1 Corintios 9:22b: «Me hice todo para todos, a fin de salvar a algunos por todos los medios posibles». En verdad, no se trata de agendas personales ni de buscar reconocimiento, sino de proclamar y exaltar el nombre que está por encima de todo nombre: Jesucristo.

CAPÍTULO 11

¿Puedo lograrlo?

Es necesario hablar con franqueza sobre si un ministerio evangelístico a tiempo completo puede ser financieramente viable hoy en día. Muchos líderes ministeriales desean animar a quienes sienten el llamado al ministerio y los exhortarán a seguir ese llamado con todas sus fuerzas. Quizás existan motivos ocultos detrás de este aliento, pero la mayoría de los líderes ministeriales tienen un sincero deseo de ayudarles a tener éxito. Después de todo, es el llamado de Dios lo que deben esforzarse por escuchar y obedecer, por lo que, en última instancia, deben buscar la guía y la dirección de Dios.

REALIDAD #1 = DEBES SABER QUE HAS SIDO LLAMADO

Hace poco me reuní con un joven evangelista que aún tenía un año de estudios bíblicos por terminar antes de dedicarse al ministerio a tiempo completo. Estaba muy entusiasmado con lo que Dios estaba haciendo en su ministerio y cómo Dios estaba proveyendo para sus necesidades. Él compartió algunos detalles sobre un viaje misionero a Sudamérica que había realizado recientemente. Dios, de manera milagrosa, usó a una persona de su círculo de amigos y conocidos para cubrir la parte final de los gastos de ese viaje. Le expresé mi alegría por la providencia de Dios, pero luego le pregunté: «¿Eso solo cubrió los gastos del viaje, verdad?» Respondió afirmativamente. Entonces le compartí algunas reflexiones adicionales:

—Entonces, supongo que todavía vives en casa, ¿verdad?

—Sí.

—Y no había ninguna provisión adicional para pagar las cuentas y encargarte de las obligaciones aquí, ¿verdad?"

—Sí.

—Entonces, como te vas a casar, también tendrás que pensar en mantener a tu cónyuge, ¿verdad?"

—Así es.

—Así que, lo único que hiciste fue pagar el costo del viaje. No te sobró dinero para los gastos diarios al regresar, ¿verdad?"

—¡Exacto!

Debo reconocer que soy bastante exigente con las personas que me preguntan cómo pueden ser evangelistas. Les explico la cruda realidad de lo difícil que es mantenerse en el ministerio sin fuentes adicionales de ingresos. Si no logro disuadirlos, concluyo que realmente han sido llamados por Dios. Si, por el contrario, consigo que desistan del ministerio evangelístico, concluyo que su entusiasmo inicial surgió de una experiencia emocional de llamado al altar o de la influencia de alguna persona que intentaba guiar sus vidas según sus propios deseos en lugar de la voluntad de Dios.

Esta es una importante y gran decisión vocacional. Debes analizar detenidamente tu vida y tus recursos para determinar si se trata realmente de una vocación o simplemente de un deseo. Un deseo es admirable, pero no es una vocación. «¿Cómo puedes saber si es una vocación o un deseo?»

Sabrás que es un llamado por dos razones principales: Primero, notarás que no puedes hacer otra cosa. Todo lo que piensas, sueñas y haces gira en torno al llamado de compartir el Evangelio.

En segundo lugar, habrá frutos que confirmarán tu llamado al ministerio. Esto significa que a menudo te sorprenderá la cantidad de personas que responden al llamado al altar para tomar una decisión de salvación—sin manipulación—o la manifestación de los dones espirituales si sientes el llamado a un ministerio de avivamiento.

Para ilustrarlo, tengo un amigo que tiene una vocación innegable de evangelista. Dondequiera que va, habla con la gente sobre Cristo y los guía a la salvación. Esto no es obra suya, sino una clara evidencia de que el Espíritu Santo obra a través de él para que otros conozcan a Jesucristo. Cuando estoy con él, la persona que nos atiende en el restaurante acepta a Cristo; hace invitaciones de salvación en el transporte público, en parques, tiendas y en cualquier otro lugar donde este hermano percibe una oportunidad para anunciar el mensaje del Evangelio. Estar con este hermano es emocionante, ¡aunque a veces también te intimida!

Esta fecundidad también se ve en quienes sienten el llamado de Dios al avivamiento. Este aspecto del ministerio del evangelista se asemeja a la labor de los profetas del Antiguo Testamento, quienes llamaron al pueblo a restablecer una recta relación con Dios. A menudo, la sanidad, la profecía y otros dones ministeriales se manifiestan en el contexto de un ministerio de avivamiento o profético. Estos hombres y mujeres sienten una profunda preocupación por la Iglesia herida y buscan animar y ministrar a los creyentes para fortalecer a la comunidad de fe y prepararla para la «obras de servicio» (NVI) o «la obra del ministerio» (RVR1960) en su comunidad (Efesios 4:12). Pero, independientemente de si sientes el llamado al ministerio evangelizador o al de avivamiento, Dios confirmará el llamado mediante la fecundidad en tu ministerio.

Ahora que sabes que has sido llamado por Dios, ¿cómo puedes hacer que esta vocación sea financieramente sostenible? Si esa es tu primera pregunta, ¡necesitas ir a orar en privado y pedirle a Dios un cambio de corazón! En el ministerio, parece que el dinero sale casi más rápido de lo que entra en el banco. Por eso es necesario un cambio de corazón: es el ministerio de Dios, y Él es quien nos ayuda a asumir la responsabilidad financiera.

Sinceramente, nosotros extendemos los cheques y pagamos las cuentas, pero es Dios quien nos da las oportunidades y las bendiciones financieras necesarias para que sus ministerios sigan adelante. Cuando uno sabe que ha sido llamado, tiene fe para creer que Dios es la fuente de todo sustento financiero y que proveerá una y otra vez. George Müller descubrió esta verdad eterna a través de todas las oportunidades ministeriales que Dios le brindó, y nosotros debemos adoptar la misma mentalidad: Dios es suficiente. Dicho esto, hay algunas realidades adicionales que quiero compartir con ustedes en los siguientes párrafos.

REALIDAD #2 = EL COSTO DE LOS VIAJES ES ENORME

Si los ministros itinerantes pudieran encontrar una manera de cubrir los gastos de viaje, probablemente podrían vivir de las ofrendas. Los gastos de viaje hoy en día, desde los vuelos hasta los automóviles, siguen aumentando. Incluso cuando se utiliza un vehículo propio, hay gastos ocultos. El Servicio de Impuestos Internos (IRS) lo sabe y por eso permite a quienes trabajan en negocios o en organizaciones benéficas deducir los gastos de gasolina al usar su propio vehículo. Un dicho común entre los ministros que suele ser cierto, es que «te pagarán el avión antes que la gasolina». Esto refleja la realidad de que una iglesia a menudo estará dispuesto a pagar el billete de avión antes de siquiera considerar reembolsar los kilómetros recorridos en coche.

El problema es que la mayoría de los ministros itinerantes que recién comienzan en el ministerio no viajarán en avión. Cuando uno es nuevo, poca gente lo conoce, así que ¿por qué gastar mucho dinero para que alguien desconocido venga a predicar a su congregación? Realmente no lo harán, por lo que conducir a los lugares donde hay oportunidades de ministerio sigue siendo el principal medio de transporte al principio.

Una forma de abordar la necesidad de reembolso de gastos de viaje es a través de la carta de presentación que se envía un mes antes del servicio (véase el capítulo cinco). En esta carta, puede mencionar amablemente:

«Agradeceríamos que nos ayuden a orar para que Dios provea para los gastos de viaje». No necesitas dar muchos detalles, pero puedes incluir esta petición entre otros motivos de oración que son cruciales para el éxito de tu ministerio en la iglesia. No se trata de parecer preocupado únicamente por las finanzas, sino principalmente por la bendición de Dios sobre el servicio.

Las cargas financieras adicionales pueden distraernos de lo mejor que Dios tiene para nosotros, pero no exijas ni seas insistente; ¡esa es una buena manera de que no te vuelvan a invitar! Si el líder de la iglesia está dispuesto a ayudarte, se fomentará un diálogo futuro sobre el tema, pero si no lo está, simplemente déjaselo al Señor. Entra a tu espacio de oración y dale tiempo a Dios para que mantenga puro tu corazón. Dios sabe cómo cuidar de sus siervos y nuestra responsabilidad es ser fieles.

Incorporar legalmente tu ministerio puede ser otra manera de cubrir los gastos de viaje. Esta es una decisión por la que debes orar y buscar el consejo de otros. Si sientes que el ministerio itinerante será tu vocación a largo plazo, entonces la incorporación legal podría ser la opción adecuada para ti. Esto le da al ministerio mayor credibilidad ante algunos y brinda la oportunidad de mantener la contabilidad del ministerio completamente separada de los asuntos personales. La incorporación legal, seguida de la obtención del estatus de organización sin fines de lucro 501(c)3 (en los Estados Unidos), te permite conseguir el apoyo de personas que creen en tu ministerio y desean ayudarte económicamente.

Dios ha bendecido a muchos con la capacidad de ganar dinero, mientras que a otros los ha bendecido con el don de predicar el Evangelio. Quienes contribuyen a tu ministerio comparten la responsabilidad y la bendición de todo lo que realizas a través de él. Cada estado de los Estados Unidos tiene normas diferentes para la constitución y el estatus de organización sin fines de lucro; debes consultar la página web del Secretario de Estado para conocer los requisitos y tarifas más recientes.

Una tercera manera de cubrir gastos de viaje es la venta de productos. Dejar un legado de tu ministerio a través de grabaciones digitales, libros y otros productos todavía es una excelente manera de sembrar la semilla del Evangelio. Sin embargo, es importante no darle demasiada importancia a la venta de productos y descuidar el tiempo y la oportunidad de ministrar a las personas. Algunos ministros itinerantes solicitan a la iglesia una mesa y una persona que los ayude. La iglesia recibe los recursos necesarios, así como una bolsa o caja con unos 40 dólares en billetes pequeños para dar cambio o un dispositivo para pagos digitales, para la persona encargada de la mesa.

Los ministros itinerantes, que ofrecen productos relacionados con su ministerio, a menudo tienen familia o trabajan con editoriales que envían una cantidad de productos a las iglesias donde predicará esa semana. El peligro, y lo repito, radica en ser percibido como un «negociante» que se preocupa más por el dinero que por el ministerio. A veces, lo mejor es compartir el costo de un producto o sugerir una donación para el ministerio por ciertos artículos que se ofrecen en la mesa de productos.

Un desafío adicional para los evangelistas nuevos es no tener ningún producto para vender hasta que su ministerio alcance una cierta antigüedad. Las grabaciones de audio y video del ministerio suelen provenir de iglesias más grandes que cuentan con equipos de calidad. Si el ministerio musical es tu fuerte, necesitarás encontrar un estudio de grabación que ofrezca productos de calidad. Los ministros itinerantes dedicados al teatro, la evangelización de niños y otros ministerios especializados se enfrentan al desafío adicional de comprar o crear nuevos recursos para su ministerio cada uno o dos años.

Una cuarta forma, bastante común, de cubrir gastos de viaje es trabajar en un empleo secular a tiempo parcial o jornada completa, especialmente al principio. Hay trabajos compatibles con los viajes, pero se debe procurar no descuidar el ministerio. A veces, los ministros itinerantes encuentran un trabajo temporal durante las festividades, cuando las empresas locales necesitan personal adicional. Los ministros bivocacionales abundan en todo el mundo e incluyen no solo a ministros itinerantes, sino también a líderes de iglesias. Por eso siempre les digo a los nuevos evangelistas que no dejen sus trabajos hasta que estén tan ocupados en el ministerio que no les quede otra opción.

Sea cual sea la opción que Dios te guía a elegir, hazlo con excelencia y sin quejarte. Si tiendes a quejarte de las circunstancias y la adversidad, por favor, no te dediques al ministerio. El ministerio implica enfrentar las luchas espirituales más grandes que puedas imaginar, así que si buscas un trabajo fácil, búscalo en otro lugar. Eres un ministro, alguien que será usado, maltratado, criticado, presionado, extorsionado, estafado y con pocos recursos. Pero nuestra recompensa no es de este mundo: hay un Reino Celestial que será nuestro hogar, y allí nos espera un tesoro a quienes nos llamamos cristianos. Oro para que seas uno de nosotros.

REALIDAD #3 = LAS DEUDAS TE DESTRUIRÁN

Hace varios años, un joven me llamó y me dijo que creía que Dios lo había llamado al evangelismo. Después de conversar un poco más, descubrí que tenía dificultades en su puesto actual en el ministerio y que no se llevaba bien con el pastor... ¡qué curioso! Tras seguir conversando, me reveló que había estudiado en un instituto bíblico y también en un seminario, financiando sus estudios con préstamos estudiantiles para obtener su maestría. Por muy impresionante que parezca su historia, ¡este joven debía unos 100.000 dólares solo en préstamos estudiantiles!

Le dije al joven que era imposible que pudiera hacer frente a esa deuda con el presupuesto de un evangelista. El pago de un préstamo de ese tamaño consumiría hasta el último centavo que un evangelista principiante podría ganar en un año. Si de verdad quería saldar esa deuda, tendría que buscar un trabajo fuera del ministerio en la iglesia. Incluso muchos puestos de trabajo en el ministerio no le proporcionarían los recursos necesarios para subsistir y pagar sus préstamos estudiantiles.

Comprendo la necesidad que tienen muchos de obtener préstamos para terminar sus estudios universitarios. Sin embargo, cursar una maestría antes de saldar las deudas existentes me parece un tanto irresponsable. Como cristianos, tenemos la obligación moral de pagar los préstamos que contraemos. Incumplir un préstamo nunca debería ser una opción para un cristiano. Entiendo que puede haber circunstancias excepcionales que justifiquen una excepción a esta norma de conducta, pero definitivamente no debería ser la actitud habitual que adoptemos.

Entonces, ¿qué haces cuando tienes una necesidad económica y no dispones de los recursos necesarios? Recurres a la oración. Al principio de nuestro ministerio, compramos una camioneta usada para remolcar nuestra casa rodante. El vehículo estaba en buen estado y nos dio espacio para un hijo más. Unos seis meses después de comprarla, la radio y el reproductor de CD empezaron a fallar. Teníamos un reproductor portátil de CD y casetes que dejamos permanentemente en la parte delantera de la camioneta.

Decidí que teníamos que arreglar la radio y la llevé a un taller para que me dieran un presupuesto. Allí recibí la triste noticia de que la reparación costaría unos 110 dólares. Me subí a mi camioneta y conduje de regreso a casa. En medio de mi desánimo empecé a hablar con Dios, y le dije algo como esto: «Dios, no tengo ni 10 dólares, mucho menos 110. ¡No sé qué hacer! Tú nos dijiste que compráramos esta camioneta, y ahora ni siquiera podemos practicar nuestra música porque la radio y el reproductor de CD están inservibles. Esto no es justo, Dios». (¿Alguna vez has tenido conversaciones así con el Creador del universo?)

Me detuve en una gasolinera para comprar un refresco… sí, no tenía los 10 dólares, pero estaba dispuesto a gastar un dólar en un refresco para ahogar mis penas. En aquella época, las botellas de refresco tenían una tapa que a veces escondía un premio. Estaba tan triste que pensé: *Bueno, quizás me gane un refresco gratis.* Definitivamente en ese momento no era un hombre lleno de fe y poder. Cuando quité la tapa y miré el fondo, decía: «Acabas de ganar 100 dólares». ¿Qué? Estaba tan agradecido por la provisión de Dios (en realidad no) que tuve que preguntarle al dependiente: «¿De verdad que gané 100 dólares?»

—Sí, señor. ¡Felicitaciones!

¡No podía creerlo! Me subí a mi camioneta, lancé un grito como buen texano y comencé a alabar a Dios por su bondad, a pesar de que

    ¿PUEDO LOGRARLO?

solo unos momentos antes me había quejado. Dios cumplió su promesa, y sigue cumpliendo cuando dejamos de confiar en nuestras propias capacidades y lo buscamos con todo nuestro corazón. Él nos mostrará qué hacer y nos ayudará en los momentos de necesidad.

REALIDAD #4 = RECORTA GASTOS EN TODO LO QUE PUEDAS

Siempre me sorprende lo rápido que se va el dinero. Cada vez que recibo fondos adicionales, parece que surge una necesidad al mismo tiempo. Dios nos ayuda generosamente en nuestro ministerio, pero debemos administrar bien lo que recibimos e implementar algunas medidas que nos ayuden a reducir los gastos al mínimo. Aquí presentamos algunos pasos que Nancy y yo damos para reducir los gastos cuando viajamos.

Preparamos almuerzos. Siempre que salimos en coche, Nancy prepara sándwiches y meriendas para no gastar dinero en restaurantes. Esto también nos ayuda a comer de forma saludable y a no excedernos en los restaurantes. Además, compro provisiones para calmar cualquier antojo durante las reuniones de avivamiento, si planeo ayunar durante la semana. Hablo con el pastor para saber qué suelen hacer y trato de adaptarme a su horario. Normalmente mi almuerzo es abundante y me salto la cena para no tener que predicar con el estómago lleno.

Después del servicio, quizás tome una merienda con el pastor o regrese a mi hotel o al alojamiento para comer algo de lo que compré. Intento no ser una carga para el pastor ni para la congregación; procuro ser una persona «poco exigente». También evito llegar justo a la hora de la cena para que el pastor no sienta que debe invitarnos a comer fuera.

Tal vez el pastor querrá reunirse contigo, y eso está bien, pero debes evitar caer en la costumbre de esperar o manipular a otros para que te inviten a cenar la noche anterior al inicio de los servicios. Si los servicios comienzan por la noche, esto quizás no se aplique, pero ten en cuenta que no debes causar molestias sino ser una bendición para los demás.

Busca ofertas. Al reservar vuelos, con anticipación busca buenas ofertas en línea. Hay muchos sitios web especializados para viajeros frecuentes. Si no vives en una gran área metropolitana con un aeropuerto internacional, considera buscar vuelos desde aeropuertos cercanos. A veces, volar desde un aeropuerto más pequeño, incluso con una escala, puede resultar más económico que conducir hasta una ciudad grande y volar desde el aeropuerto internacional. El alquiler de coche funciona de la misma manera, y comparar precios puede ser muy bueno. Los programas de viajero frecuente también pueden ser muy buenos si hay una aerolínea en particular que opera cerca de tu localidad.

La ropa es otra área donde se puede encontrar buenas ofertas. Mi esposa, Nancy, ha encontrado vestidos de $100 por solo $2 en tiendas de ropa de segunda mano. A Nancy y a mis hijos les encanta «buscar» ropa nueva a precios de oferta. Por lo general, ni siquiera les gusta ir de compras, a menos que haya rebajas después de Navidad con descuentos del 75%. Me han ayudado a encontrar tiendas con descuento y zapatos de marca a precios muy bajos. Creo que es importante vestirse de forma profesional y esforzarse por vestir con elegancia, pero se pueden encontrar ofertas maravillosas en Internet y en las comunidades locales donde uno trabaja. ¡También el pastor o su esposa podrían disfrutar de la emoción de comprar en tiendas de segunda mano y estar encantados de poder ir de compras con alguien!

Crea tus propios materiales. Como mencioné anteriormente, cuando comenzamos nuestro ministerio, creamos nuestro propio afiche con cartulina de colores que compramos en una tienda local. Luego pegamos nuestra tarjeta de presentación del ministerio al afiche. No eran los materiales de última generación que tenemos hoy, pero muchas de las pequeñas iglesias donde comenzamos los apreciaron. Ahora, por correo electrónico se envían folletos, presentaciones de PowerPoint y otros materiales para que los líderes de iglesia los compartan con su congregación. Algunas tiendas incluso venden tarjetas de video donde puedes grabar un mensaje personal si tienes el presupuesto para ello. Hagas lo que hagas, sé creativo y no necesitas tener desde el principio los afiches, dispositivos y presentaciones multimedia más modernos.

Aprovecha lo GRATIS. Hoy contamos con muchos recursos gratuitos para el ministerio. Hay sitios web y servicios de correo electrónico gratuitos, también tarjetas de oración para el ministerio a precios muy económicos e incluso folletos evangelísticos gratuitos. Las Asambleas de Dios ofrece sitios web gratuitos para sus evangelistas y la inclusión en un directorio en línea donde los pastores pueden buscar por nombre, enfoque ministerial, ciudad, estado, distrito de acreditación o incluso fechas de ministerio. Otras organizaciones también tienen listas de sus evangelistas, como también los distritos locales. Busca recursos gratuitos que puedan ser una bendición al aumentar la visibilidad de tu ministerio.

REALIDAD #5 = ESPERA QUE DIOS HAGA MILAGROS

Presento todas estas situaciones, ideas y opciones para el ministerio porque es necesario reflexionar sobre los desafíos y elaborar un plan. Si estás casado, debes incluir a tu cónyuge y llegar a un acuerdo sobre cómo proceder en el ministerio. Si tú o tu cónyuge no se ponen de acuerdo sobre cómo funcionará el ministerio, no pueden esperar tener éxito, ya que Dios no es autor de confusión ni de división en el matrimonio. No estoy seguro de quién lo dijo originalmente, pero se suele decir: «Si no planificas, planificas para el fracaso».

Es fundamental que planifiques con tu cónyuge, y si eres soltero, debes reflexionar sobre cómo evitar situaciones difíciles que puedas encontrar. Otro dicho muy acertado es: «Debemos trabajar como si todo dependiera de nosotros y orar como si todo dependiera de Dios». Cuando abordamos el ministerio con esta actitud de humildad, encontraremos el favor divino en los lugares más inesperados.

EN RESUMEN

El evangelista empoderado por el Espíritu es aquel que se entrega por completo a Su guía. Hechos 1:8 revela que el Espíritu Santo nos capacita para el servicio, este puede cumplirse plenamente al dejar que el Espíritu Santo tenga la primacía en nuestra vida. Cuando el Espíritu Santo dirige todo en tu vida: ministerio, agenda, finanzas, familia o cualquier otra área, tendrás la gracia y la ayuda de Dios siempre.

Sin duda, a lo largo de los años te encontrarás con muchas personas difíciles; estas personas son las más necesitadas del Evangelio. Dios te ha confiado el regalo más preciado que puede dar a sus hijos: el glorioso mensaje de cómo restaurar la relación con Él. Dios ama a sus hijos y continúa buscando a quienes responderán al llamado único de ser evangelizadores. Es tiempo de que te levantes y digas, como Isaías: «Aquí estoy. ¡Envíame a mí!».

Recuerdo que un amigo dijo una vez que todo se reduce a la vocación. Esas palabras resuenan en mis oídos mientras me esfuerzo por revestirme de toda la armadura de Dios (Efesios 6:10) cada día para «[pelear] la buena batalla de la fe» (1 Timoteo 6:12) en el ámbito espiritual que a veces me asalta. Debo reconocer que, a lo largo de los años, he querido rendirme, dejar la espada espiritual y marcharme.

El fundamento de todo es el llamado de Dios. Él no permitirá que te rindas, y si escuchas con atención, oirás el susurro alentador del Espíritu Santo, como una suave brisa que trae sanidad y restauración, o como las gotas de rocío matutino sobre los prados. Quizás te sientas insignificante, pero a los ojos de Dios, eres uno de sus hijos amados. Enfrentarás circunstancias difíciles y atravesarás momentos de desánimo en esta vocación de servicio. Pero cuando esperes en el Espíritu Santo y sigas su guía, escucharás estas preciosas palabras: «¡Hiciste bien, siervo bueno y fiel!» (Mateo 25:21).

Espero que aceptes el don del evangelismo si sientes que Dios te ha llamado a ser un mensajero de las buenas nuevas, el Evangelio. Y pido que este libro te haya sido útil de alguna manera. Que Dios te bendiga abundantemente mientras buscas ser el evangelista lleno del Espíritu que Dios quiere que seas, sin importar a dónde te envíe.

APÉNDICE A

CURRÍCULO VITAE

Tu nombre

Dirección postal o física
Ciudad / Estado / Código postal
Teléfono# (fijo)
Teléfono# (celular)

Rev. Nombre del Pastor
Nombre de la iglesia
Dirección postal o física
Ciudad / Estado / Código postal

Pastor _________,

Aquí encontrará información adicional y referencias para su comodidad
y verificación (**Dos páginas como máximo**).

Información personal

Nombres de la familia y edades

Preparación profesional

Graduado: Nombre de la escuela
Servicio militar: Si lo ha hecho
Prep. ministerial: Más reciente a más antiguo – solo 2 a 4

Servicio cristiano

Conversión:	Rededicación 1987
	Bautismo en el Espíritu Santo 1988
	Llamado al ministerio 1990
Actualidad:	Ministerio evangelístico - música y predicación
Ocupación actual:	Evangelista a tiempo completo – Credenciales de las Asambleas de Dios – Ordenación 2005

Referencias – una lista de 4 a 8 nombres debería ser suficiente; incluye solo información de contacto; guarda las recomendaciones o reseñas para tu sitio web o para cuando te las soliciten. Los pastores están ocupados y no es necesario que les entregues una pila de documentos para que los lean.

Gracias de nuevo por su tiempo, y si tiene alguna pregunta, no dude en contactarnos por correo electrónico o por teléfono.

En su Nombre,
FIRMA
Nombre en letra de molde
Fecha de hoy

APÉNDICE B
CARTA DE PRESENTACIÓN PARA ENVIAR CON LOS AFICHES

Tu diseño, aquí

Fecha de hoy

Rev. Nombre del Pastor
Nombre de la iglesia
Dirección postal o física
Ciudad / Estado / Código postal

Pastor __________,

¡Saludos en el nombre del Señor

Le envío algunos afiches de nuestro ministerio y pido a Dios que todo marche bien en __________. Aquí estamos muy ocupados con el ministerio, la familia y tratando de retomar la rutina después de nuestros viajes de verano, pero como siempre, ¡Dios está con nosotros para ayudarnos a salir adelante!

Quiero agradecerle nuevamente por brindarnos la oportunidad de servir al Señor a través del canto y la Palabra en los servicios matutinos y vespertinos del [**Fecha del Ministerio**]. Nancy, Joshua, Hannah y yo estamos esperando con entusiasmo el día en que estaremos con ustedes, y oramos que el plan perfecto de Dios se cumpla en estos servicios.

Intentaré llamarlo una o dos semanas antes de la fecha programada para restablecer la comunicación, pero si tiene alguna pregunta o necesita más información, no dude en enviarme un correo electrónico o llamarme. Mi teléfono móvil es probablemente la mejor manera de contactarme. También puede visitar nuestro sitio web en www.yourown, que Dios nos ha dado generosamente, para estar al tanto de todo lo que el Señor está haciendo en nuestras vidas.

¡Que Dios lo bendiga!

Su hermano en Cristo,

Juan "Bubba" Doe

"Un versículo bíblico favorito o una declaración de misión"

Teléfono: (123) 456-7890 | Correo electrónico: bubba1@someisp
Página web: www.yourown | Cuenta misionera# 123456

APÉNDICE C

DESIGNACIÓN DE SUBSIDIO DE VIVIENDA

Rev. Tu Nombre
Tu dirección postal o física
Ciudad / Estado / Código postal

A quien concierna:

Gracias por brindarme el privilegio de predicar el Evangelio de Jesucristo a su maravillosa congregación.

Por favor, pido que mis honorarios por mi labor pastoral en su congregación se distribuyan de la siguiente manera:

Subsidio de vivienda (50% del honorario total) ________

Reembolso por kilómetros/millas recorridas
(tasa del IRS para este año es ****¢) ___N/A___

Compensación imponible ________

Honorario total ________

Gracias por ayudarnos a garantizar que se sigan los procedimientos contables adecuados mientras compartimos el maravilloso Evangelio de Jesucristo

Que Dios lo colme de bendiciones,
Tu nombre

Reconocido y autorizado por: (pastor de la iglesia / personal del lugar
donde presta servicio)

_______________________________   _______________________________
(Nombre)   (Título)

_______________________________   _______________________________
(Firma)   (Fecha)

APÉNDICE D
CARTA DE CONFIRMACIÓN

Tu diseño, aquí

Fecha de hoy

Rev. Nombre del Pastor
Nombre de la iglesia
Dirección postal o física
Ciudad / Estado / Código postal

Pastor __________,

¡Saludos en el nombre del Señor!

Espero que las cosas marchen bien para usted y que no tenga una agenda demasiado ocupada en __________. Aquí las cosas están bastante ajetreadas, con una lista de tareas pendientes además de otros asuntos, pero como siempre, ¡Dios ha sido extremadamente fiel!

Quería confirmar y agradecerles por brindarnos la oportunidad de servir al Señor en el servicio matutino del [**Fecha del servicio**] y por el alojamiento en el hotel. Nancy, Joshua, Hannah y yo estamos deseando verlos a todos allí, y oramos que el plan perfecto de Dios se cumpla en este servicio. También quiero compartir un poco sobre nuestros viajes misioneros a África.

Mi plan es llamarlo una o dos semanas antes de la fecha acordada para comunicarme con usted, pero si tiene alguna pregunta o necesita más información, no dude en enviarme un correo electrónico, un mensaje de texto o llamarme; mi teléfono móvil sigue siendo la mejor manera de comunicación. También puede visitar nuestro sitio web en www.yourown, que Dios nos ha dado generosamente, para informar a las iglesias de todo lo que el Señor está haciendo en nuestras vidas y ministerio.

¡Que Dios lo bendiga!

Su hermano en Cristo,

Juan "Bubba" Doe

"Un versículo bíblico favorito o una declaración de misión"

Teléfono: (123) 456-7890 | Correo electrónico: bubba1@someisp
Página web: www.yourown | Cuenta misionera# 123456

APÉNDICE E
CARTA DE PRESENTACIÓN / CONFIRMACIÓN

Tu diseño, aquí

Fecha de hoy

Rev. Nombre del Pastor
Nombre de la iglesia
Dirección postal o física
Ciudad / Estado / Código postal

Pastor _________,

Quiero decirle lo mucho que disfruté nuestra conversación telefónica la semana pasada, y le agradezco enormemente que nos haya brindado la oportunidad de servir al Señor en los servicios de avivamiento, en **[Fecha de los servicios]**, aunque fue el hermano Smith quien me sugirió que lo llamara☺. Le envío información sobre mí, con referencias y mi calendario actual, así como una tarjeta de presentación de mi ministerio para su consideración.

En cuanto a nuestro ministerio, (nombre del cónyuge, si aplica) y yo lo definimos como un ministerio de aliento, restauración y sanidad para el cuerpo de Cristo. Buscamos que aquellos creyentes que sufren sepan que Dios no los ha abandonado y que Él se preocupa incluso por sus necesidades más pequeñas. «Acercarnos a las personas dondequiera que se encuentren» y «prestar atención a quienes otros ignoran» son algunos de nuestros lemas mientras nos esforzamos por compartir con los demás, a través del canto y la predicación de la Palabra de Dios, la importancia de tener una relación con un Salvador que se preocupa por ellos. Buscamos con fervor que aquellos que sufren reciban sanidad, y creemos que el Señor nos está usando para ser un ministerio de aliento, educación y empoderamiento a través de los principios de Su Palabra.

Sabiendo lo ocupados que siempre están los pastores, quiero agradecerle su tiempo y oro que el Señor continúe bendiciéndolo a usted y a su congregación en este nuevo año. Espero verlos pronto y, si tienen alguna pregunta o necesitan más información, no duden en enviarme un correo electrónico o llamarme. Mi número de teléfono móvil es probablemente la mejor manera de contactarme.

¡Que Dios lo bendiga!

Su hermano en Cristo,

Juan "Bubba" Doe

"Un versículo bíblico favorito o una declaración de misión"

Teléfono: (123) 456-7890 | Correo electrónico: bubba1@someisp
Página web: www.yourown | Cuenta misionera# 123456

APÉNDICE F

LISTA DE VERIFICACIÓN PARA REMOLQUE DE 5ᵀᴬ RUEDA

Aquí tienes algunos puntos importantes que debes tener en cuenta al usar un remolque de quinta rueda o casa rodante. Muchos de estos consejos también son aplicables a las casas rodantes convencionales. Estas son solo algunas ideas mías, y te recomiendo que crees tu propia lista de verificación. ¡Con el tiempo, tendemos a confiarnos demasiado! He visto más de una puerta posterior que alguien olvidó bajar antes de dar marcha atrás para enganchar la casa rodante de remolque, ¡y también una casa rodante dañada porque alguien olvidó subir la puerta posterior después de engancharla!

- Preparar el interior – desconectar la electricidad
- Apagar el refrigerador
- Bloquear las ruedas con cuñas
- Bajar el portón posterior
- Desbloquear el enganche
- Retroceder hasta enganchar el remolque de quinta rueda
- Subir/bajar el enganche
- Conectar el remolque de quinta rueda
- Soltar el pestillo: asegurarse de que el pestillo de seguridad de la quinta rueda inferior esté levantado
- Guardar las cuñas (si se usan) en la camioneta
- Conectar la electricidad
- Conectar el cable de seguridad del freno
- Cerrar el portón posterior
- Revisar las luces
- Extender los espejos laterales de la camioneta
- Cargar el remolque de quinta rueda (agua, ropa, etc...)

Si sientes que el Espíritu Santo te ha hablado a través de este libro,
tanto en tu vida personal como en tu ministerio,
y crees que sería una valiosa adición a la biblioteca de alguien,
ayúdanos a distribuirlo al mayor número de personas posible.
Escríbenos hoy mismo para obtener información sobre
cómo realizar pedidos y descuentos por volumen.

Marshall M. Windsor
PO Box 9907
Tyler, TX 75711

mail@marshallwindsor.com

Conéctate en línea
www.marshallwindsor.com
www.windsmin.org

EL AUTOR

Marshall Moore Windsor nació en Dallas, Texas, pero pasó gran parte de su infancia en la granja familiar en Missouri. Amante de la naturaleza y acostumbrado al trabajo duro, Marshall con sus siete hermanos colaboraban para mantener la granja familiar en marcha. La pesca y la caza de ranas eran algunos de sus pasatiempos favoritos cuando no estaba limpiando establos, transportando heno, cuidando el ganado o ayudando en las labores del campo.

Marshall se graduó de la Universidad Texas A&M con una licenciatura en Agricultura Mecanizada antes de ingresar al Ejército de los Estados Unidos como oficial de artillería de campaña en 1983. Fue durante su servicio militar que Marshall reafirmó su fe en Dios.

En 1999, Marshall y Nancy vendieron su granja y se mudaron a Springfield, Missouri, para cursar el programa bíblico de un año en el Central Bible College e iniciar su ministerio evangelístico. Marshall obtuvo su Maestría en Divinidad en lenguas bíblicas y su Doctorado en Ministerio en evangelismo y discipulado en el Seminario Teológico de las Asambleas de Dios. Marshall fue profesor adjunto de evangelismo de 2007 a 2011 en Central Bible College y de 2003 a 2011 en el Seminario Teológico de las Asambleas de Dios en Springfield, Missouri. Posteriormente, Marshall y Nancy se mudaron al este de Texas, donde residen con su familia y desde donde desarrollan su ministerio actualmente.

En 2005, Marshall fue nombrado Representante Nacional de Evangelismo para la fraternidad de las Asambleas de Dios y sirvió como Presbítero General de Evangelismo, representando a todos aquellos hombres y mujeres que se han consagrado a seguir el llamado de Dios en el ministerio evangelístico. Marshall y su familia ministran alrededor del mundo y continúan enseñando y capacitando a jóvenes evangelistas para cumplir la Gran Comisión de Dios.

Recursos que enriquecerán su vida y lo ayudarán a compartir su experiencia de fe con otros.

Manual Aprenda A Evangelizar: Cómo dar el regalo más grande

Únase al Dr. Windsor mientras comparte estrategias, anécdotas de la familia llenas de humor y sus propias aventuras de fe que lo ayudarán a percibir cuán sencillo es iniciar conversaciones de fe en su vida diaria. Este atractivo recurso le ofrecerá ideas clave para compartir el mayor y mejor regalo que un cristiano puede ofrecer. También en inglés. (225 págs. $14.99 Española)

Aprenda A Evangelizar: Cómo dar el regalo más grande [folleto]

Un panfleto de bolsillo de 28 páginas que acompaña al L.E.A.R.N. MANUAL de Evangelismo: Dar el regalo más grande. En solo 30 minutos, podrá leer y releer algunos consejos sencillos sobre cómo compartir la esperanza de Jesucristo dentro de cada cristiano. * ¡Disponible en eBook y en rústica! ** Descuento por cantidades al por mayor en rústica. También en inglés.

Note from the Publisher

Are you a first time author?

Not sure how to proceed to get your book published?
Want to keep all your rights and all your royalties?
Want it to look as good as a Top 10 publisher?
Need help with editing, layout, cover design?
Want it out there selling in 90 days or less?

Visit our website for some exciting new options!

www.chalfant-eckert-publishing.com

Mariella is in her mid-thirties, and looking backward at a bad divorce and an uncertain future. Then she meets Jakob and Lucas, two cowboys who own the largest cattle ranch in the territory. The handsome men introduce Mariella to a new world of uninhibited passion that she never dreamed was possible. But modern-day cattle ranchers put dark clouds on the horizon . . .

This book is a work of fiction. Names, characters, places, and incidents either are products of the author's imagination or are used fictitiously. Any resemblance to actual events or locales or persons, living or dead, is entirely coincidental.

Mariella and Her Cowboys
Copyright © 2022 Robin Gideon
ISBN: 978-1-4874-3556-1
Cover art by Angela Waters

Published by eXtasy Books Inc

Look for us online at:
www.eXtasybooks.com

Mariella and Her Cowboys

By

Robin Gideon

DEDICATION

To Keith. With gratitude.

Chapter One

Mariella Monetti was nervous. She felt this to be rather ridiculous, since, at thirty-four years of age and a divorcee, she was a long way away from being a quivering teenage virgin about to get together with a new boyfriend that she might, or might not, allow touch her breasts if he wanted to get fresh.

They're just men. Simple cowboys. Get a grip on yourself.

Only it wasn't quite as uncomplicated as that. Not with Jakob and Lucas Sandstrom. They owned a sizeable cattle ranch, and they bought all their insurance through Mariella, an independent agent. For the past month they had been stopping by her small, tidy office in a renovated motel that had gone bankrupt, asking her questions that could easily have been dealt with over the telephone. They'd also seen her several times at Jimmy's Saloon and Grille, where she sometimes stopped after work for a libation. She wouldn't pretend that she hadn't truly anticipated a meeting with them. She didn't really like to lie to herself. At least she tried to pretend she didn't, though the truth of it was in the murky ground between fact and fiction.

The conversations, which had started out being strictly professional, had turned into subtle flirtation over time. But the last time they were having a drink at the saloon, the flirtation was more than just mild banter—both Jakob and Lucas had turned up the heat until Mariella wasn't at all certain she wouldn't simply burst into flames right there sitting at a booth in the bar. And they hadn't even kissed.

It didn't help that the Norwegian-American brothers were drop-dead gorgeous. And the fact that it had taken two long years for Mariella to finally get her divorce hadn't helped matters any, either. Since her ex was a total jerk and would do anything to torture Mariella more than he already had, Mariella had remained celibate during the entire two-year legal process. It damned near drove her to the brink of insanity, because Mariella was passionate by nature.

They're coming here to talk about life insurance policies for the cowboys who work for them. Nothing more than that. Stop worrying so damn much.

But worrying was one of the things that Mariella practically had a master's degree in. In fact, she did it so well it was nearly an art form. On occasion, she thought of trying to get a patent for it.

From her purse she extracted a compact and checked her makeup in the small round mirror. She decided that a touch-up on the lipstick was in order, and promptly took care of that. She always put on eyelashes first thing in the morning, so they were fine, but she decided that maybe her cheekbones could use a little more magic. She applied the required beauty aid with an artist's touch.

She thought about it for several seconds before she added a touch more perfume behind both ears. She didn't want to overdo it—she believed that nothing was worse than a woman who bathed herself in perfume—but she wanted the men to notice that she was someone who had a feminine fragrance to her. Things like that were always important. Overlooked, but critical just the same.

It's ridiculous that I'm this nervous.

Alone in her office, she smiled to herself. It had been a long time since she had done anything to please a man.

So, which of the brothers is most appealing?

That was the sixty-three-thousand-dollar question, the one that Mariella knew she had to have an answer for, and the one that she had avoided asking herself for nearly a month now.

Jakob and Lucas were both Alpha males—in the extreme. They were the kind of men who had never taken a backward step for anyone, and never would. Mariella had met men like that only a few times in her life, but she'd never gotten to know them as well as she wanted to, for one reason or another.

How long has it been since a man has caressed me?

It was not a question Mariella liked to ask herself, mostly because the answer without fail embarrassed her.

She thought of pouring herself yet another cup of coffee, then remembered that her doctor had warned her about high blood pressure and the need to treat herself "more compassionately." Her doctor wasn't her friend, but he did know his business.

The knock on her office door made Mariella flinch. She looked at her wristwatch—it was gold-plated, and a gift to herself for living through a divorce process that would have caused lesser mortals to turn to drugs, alcohol, or bizarre cult beliefs.

Mariella smiled, the wristwatch reminding her that she was stronger than she sometimes suspected she was, and called out, "Come in. The door's unlocked."

She had remembered that the Sandstrom brothers were handsome, but seeing them for the first time that day, in their boots and jeans and Stetsons, and those red neckerchiefs that made them look right out of an Old West movie, made her suddenly wonder whether she hadn't given them enough credit for being truly and righteously panties-wetting drop-dead gorgeous. They were both tall, broad-shouldered, lean-hipped, blond haired, and blue eyed. With the right clothes, they would look perfectly natural on a Viking ship.

"Hello," Jakob said, smiling broadly, and showing the dimples in his cheeks that were erotic enough to make scores of women lose their panties and be thrilled with their loss.

It wasn't an exaggeration for Mariella to think that way. She had heard the rumours about the sex lives of the Sandstrom brothers.

Lucas walked in behind his older brother, and said with a handsome smile, "Hello, Mariella. It's good to see you again."

Mariella rose to her feet—or rather her stilettos, since at an even five feet in height, she nearly always wore five-inch heels and considered any shoe with a three-inch heel or less to be a flat—and walked around her desk, her hand extended, her smile genuine.

Jakob looked at her hand, then slipped his own hand around the back of Mariella's neck beneath the fall of her ebony hair, bent low from his six-foot-four height, and kissed her lightly on the cheek, very near her right ear. She could hear his breathing when he kissed her.

It wasn't a terribly intimate kiss. It was quick and casual, the kind of kiss big, strong men like Jakob give to their sisters or cousins.

But it was the first time that Mariella had felt his lips touch her, and the electricity that had shot through her body was high-voltage and profoundly evocative. Her heartrate instantly accelerated.

Don't start thinking that way. Nothing good can come of thoughts like that.

Lucas kissed her cheek next. When he had started to bend down toward her, Mariella knew this time what was coming, so she wasn't quite so surprised. The kiss was brief.

Still feeling rather disoriented, Mariella made a waving motion toward the two bentwood chairs that faced her desk and said, "Please, have a seat. I have all the paperwork ready for your signatures."

That's better. Be professional. Stick to the facts and what must be done.

She sat in her chair, and as she looked at the legal documents she'd helped prepare, she felt her confidence returning.

The gorgeous Sandstrom brothers had rattled her for a moment, but not for longer than a few seconds, she told herself. She was once again a top-flight insurance agent who knew how to protect her clients, no matter what insurrection was broiling. She was back to playing a game that she played so very well.

There was no reason in the world she should be selling insurance in a barely existing, nowhere city like Bear Creek. She could make a fortune in a big city.

Jakob was no stranger to feminine charms, but when he had opened the door to Mariella's office and she stood up, every masculine instinct in him went from slumbering to high alert in an instant.

She was simply dressed, looking every bit the professional in a simple white blouse, with snug black slacks that defined her hips. She walked around the desk to greet him. She was wearing heels that made her significantly taller than she would otherwise appear.

"Hello," he said to her, and wondered whether she heard the sexual tension in the single word that he spoke. She simply touched every nerve in him that was responsive to eroticism.

Her hair was raven black and pulled back in a ponytail that was held with a white ribbon at the crown of her head. Her eyes were the color of onyx jewels that were moist and glittering. She had an hourglass figure with extravagant breasts, a narrow waist, and well-rounded hips.

"Hello," she replied. Her smile was warm and inviting. "I'm so glad you could make it."

"We always show up, and on time," Jakob said. He made it sound like it was a point of honour with him—which, in fact, it was. "Got all the papers set for us?"

"You've already read them, but maybe you should read them one more time before you put your signatures on the line."

"No need for that," Lucas said. "We only made a few insignificant changes to the last draft." He grinned. "Besides, I'm hungry, and we did promise to take you out for lunch once we got the papers signed all right and proper."

"That's a kind offer, but you needn't put yourself out."

Jakob said with quiet authority, "We insist." Then, to soften what was very nearly a command, he said, "Our ranch's word of honour, and that sort of thing. Old fashioned, but we've got to follow through on our promises."

"Ranch honour? I like the sound of that."

"Then show us where to sign, and the three of us will head off to the Jimmy's Saloon and Grille. Seems like hot steaks and cold whiskeys are in order."

Mariella walked around her desk and picked up a manila folder. She placed two separate multi-page documents on her desk, bending at the waist to present them to Jakob and Lucas. In doing so, she gave both men a mouth-watering, cock-hardening view of lusciously mounding cleavage that was made all the more erotic because its display was seemingly unintentional.

Unbelievable. She's amazing. In a thousand different ways, she's damned amazing.

"You sign here," Mariella said, putting the tip of her forefinger on one of the documents, "and then here."

He noted that her fingernails were quite long and immaculately filed and polished. He suspected they were acrylic. The polish on them was a sparkly metal flake red.

Jakob signed where he was supposed to. When Lucas took his turn at signing, it gave Jakob the chance to enjoy the sight of voluptuous, virtually flawless breasts, lovingly held in a white balconette bra trimmed in floral-pattern lace. Jakob had a "thing" for women in pretty lingerie.

Breasts that beautiful deserve nothing less than the best. If she were my lady, at home she'd wear nothing more than a bra and panties. He smiled, his gaze lingering on Mariella. *Or maybe some nice lingerie, like a baby doll, or something like that. Nothing trashy. Nothing slutty. Sexy, but classy.*

When the documents were all signed, and the hired hands of the Flying S Ranch were guaranteed life insurance policies, Mariella immediately photocopied them, then gave the photocopies to Jakob and prepared to send off the originals to office headquarters in Fargo.

"Well now, doesn't it feel good to have that business behind us?" She smiled.

"Yes, but not just yet," Jakob said in a low baritone.

Mariella heard the sexual undercurrent in Jakob's tone, and her heart seemed to do a summersault in her chest. She hadn't seen Jakob looking down her blouse when she had presented the contracts, but she could sense it with feminine instincts. And it hadn't been an accident. She knew exactly what she was doing, as women *always* did whenever they wanted to be looked at, but didn't want to admit it. A month of flirting with the Sandstrom brothers had made her bold. Or at least impatient with their gentlemanly country-folk ways.

She pretended she was unaware of the rapidly escalating sexual tension as she walked around the desk toward them. She felt the sudden urge to run, to flee, even though the Sandstrom brothers were the polar opposite of a physical threat to her. They were men who would protect her from harm, even if it meant putting their own lives in jeopardy.

As she rounded her desk, Jakob moved a half-step to his right, blocking Mariella's path to the door. And instant after he did that, Lucas moved to his side. The two presented themselves as a thickly muscled wall of masculinity, barring Mariella from escaping. She stopped instantly.

She looked up into Jakob's handsome face. Standing so close to him, even in her five-inch stilettos, she felt herself to be small—but oddly, with these men, this didn't make her feel diminished in any way. They seemed very large and powerful, but this strength did not make her feel weak or by comparison diminutive.

"When people come to an agreement, they generally shake hands," Jakob said, and Mariella felt a ripple of desire go through her entire body. "But where you're concerned, that just doesn't seem the right and proper thing to do."

Another shiver went up Mariella's spine. She said softly, "Oh?" She thought it the most naïve, silly thing she could have possibly said.

"I'm thinking the phrase *sealed with a kiss* is a lot more appropriate."

Mariella uttered a soft sob at the words that echoed in her ears.

Jakob raised his right hand, intent on sliding it around the back of Mariella's neck. She moved quickly to raise her hand, blocking him—but this was effective for no more than a second. In a move that took only the blink of an eye, Jakob wrapped the fingers of his right hand around Mariella's slender wrist and pulled it to the side.

An instant after that happened, Mariella felt Lucas's hand wrap around her left wrist, and pull her arm straight out to the side. They acted as though their moves were choreographed.

"Oh . . ." Mariella said softly, unable to look anywhere but up into Jakob's ice blue eyes. They were seductive, and she though she should look away, but she couldn't. "Oh, no . . ."

With his left hand, Jakob eased his fingers around the back of Mariella's neck, beneath her ponytail. Then, very slowly, very deliberately, he bent down from his six-foot-four height.

Mariella felt that the right thing to do would be to scream.

If not actually scream, then at least make some show of protest.

But as Jakob's lips drew nearer to her own, all she managed was a soft, ambiguous, "Oh . . ."

She closed her eyes a split second before Jakob's lips touched her own. She was surprised — with Jakob being such a hulkish man — that he kissed her mouth with astonishing gentleness. It was almost a butterfly kiss, very nearly tentative, as though he was testing the waters of her libido to find out just how far, how ardent in his passions, he could be. She was being questioned, and she knew it. And she liked it, because it meant he was concerned about her desires.

Second passed. He kissed toward the right side of her mouth, then made his way leisurely to the left side. These were almost casual kisses. It was a kind of kiss that Mariella had never before experienced.

And then he did something completely unexpected, and when he did it, sensual nerve endings in Mariella were suddenly awakened, and she knew that they wouldn't go back to sleep any time soon, no matter how much she wanted them to.

Jakob kissed her nose, then kissed both of her closed eyelids. The kisses were infinitely gentle, delivered with an artisan's sense of both strength and delicacy. These were kisses meant to elicit pleasure rather than demand it.

Mariella had never felt any kiss affect her so powerfully. Jakob could have kissed her intimately anywhere on her body and not have had the same effect he had when he kissed her eyelids.

These things don't happen to me.

It was an annoying, discordant thought, and she tried with effort to push it out of her consciousness and never think of it again.

The men, still holding her wrists, held her arms apart. Mariella made a small effort to free herself, but the glaring reality that couldn't be denied was that the muscular Sandstrom brothers were holding her captive, and they would continue to hold her until they decided to set her free.

Until that time, she was their hostage.

And the implications of being held hostage made Mariella's pussy clench and become suddenly very moist and astonishingly sensitive.

Jakob kissed his way slowly down to Mariella's mouth again. But this time, when he kissed her directly, there was more firmness in the kiss, and the hand at the back of her neck kept her from pulling away. When the tip of Jakob's tongue touched her lips, seeking entrance into her mouth to deepen the intimacy, Mariella initially resisted, but scant seconds later let the kiss become more passionate when she opened her mouth.

My God, this man knows how to kiss.

It was an epiphany, but not one she was particularly happy about. She always liked to feel that she was in control of her own life, but the longer she kissed Jakob while he and his brother held her captive in her own office, the more she realized that while she might be in charge of her own life, it was the Sandstrom brothers that were controlling her libido.

They might not have taken her heart captive, but they certainly had taken complete, dominating control of her body. Especially her sex organs, which were all on high alert — and wildly alive and ready for anything!

Jakob's tongue danced with Mariella's, gliding, moving, probing. And when it retreated entirely, Mariella shocked herself by putting her tongue in Jakob's mouth, initiating deeper intimacy — even though she was still trying very hard to pretend that this kissing while in pseudo-bondage with two cowboys wasn't really any of her doing. It was self-deception she did not believe. Not even a little.

Jakob ended the kiss, and Mariella leaned forward slightly. She did not want the kissing to end. She was a long, long way from the finish line where she would want Jakob's kisses to stop.

He started kissing first her cheek, very briefly, but then he moved down to her throat, his lips warm and moist and endlessly evocative.

Oh, God, not my neck.

Mariella was quite certain that her throat was even more sensitive than her clit. She knew in her heart that it wasn't really that way, but what logic and reason told her was adamantly refuted by a libido that simply liked what it liked and didn't give a damn what Mariella thought or said.

I'm a strong woman. I know what my limits are.

Then Jakob bared his teeth, and instead of kissing and licking Mariella's throat lightly and leisurely, he began biting her softly, teasingly, using just his incisors, hinting at pain but never quite reaching that disconcerting threshold where what was implied became an unpleasant fact. Jakob, it seemed, knew *exactly* how far to go . . . without going too far.

He knows how to go to the edge of the envelope but not cross it. The reality of this made Mariella shiver in her five-inch heels. *That makes him more dangerous than any man I've ever known. Ever.* Mariella suspected he was a master of his trade craft.

She heard a soft, feminine voice say, "Oh, Jakob . . . that's so . . ."

It took several seconds for Mariella to understand that she had just heard her own voice. She hadn't intended on speaking aloud. Gentle kisses to her neck made things like that happen.

She felt hands on her body, and the sudden awareness that she was being touched by two different men at the same time sent a jarring awareness through her psyche.

I'm so wet.

The reality that her pussy was hungry for stimulation, that her clit needed attention and couldn't be ignored, was an awareness that exploded in her brain like a bomb.

I don't do things like this.

The thought died in the ether of sexual purgatory. She felt a strong hand on her bottom, cupping one cheek of her ass through her slacks. The touch was firm, confident, distinctly masculine. Even more precisely, it was distinctly Alpha male. She just didn't know which brother's hand it was, and the not-knowing made it that much more erotic. She was in new territory sexually . . . and that was exciting.

She felt another hand on her left breast, touching her through her blouse and balconette bra, tantalizing a nipple that hadn't been caressed by anyone but its owner in more than months, in years. She could feel the lips of her pussy swelling, becoming more moist, getting ready for the penetration from powerful men that her body most definitely wanted, even if her better judgment was screaming quite the opposite advice.

"I don't do things like this."

This time Mariella actually heard herself say the words aloud. She considered it, under the circumstances, a not insignificant achievement. When she heard her own words, there was so little conviction in h er tone . . . .

"We know," Jakob said. His was voice was, deep-toned, and terribly seductive. She wondered if he could induce a climax just by talking to her. It was possible. "But not *having* done something isn't the same as not *wanting* to do something . . . now is it?"

The breath caught in Mariella's throat at the truth of Jakob's words. She wanted to refute them, but to do that would be to lie, and though she accepted the fact that she had lied to people, generally to spare someone from getting hurt, she didn't want to lie to *herself*. Not knowingly. That was the worst kind of untruth, the one that did the most damage to the person who told the lie and who the deception was about.

A sob caught in Mariella's throat, and then she said, soft as a whisper, "No . . . no, it's not."

Firm fingers closed around the nipple of her right breast and squeezed. Mariella was suddenly quite afraid that her knees would collapse beneath her and that she would fall to the floor, helpless against the sexual excess that Jakob and Lucas seemed effortlessly capable of inspiring.

Something happened then that Mariella had never even fantasized about. Dominating masculine lips captured her mouth, while another man kissed her throat.

This is too much. I've got to stop this now.

She felt the sensory overload, the runaway freight train of emotions that she was certain would only eventually end in a wreck of epic proportions.

When her head turned to the side, she moved her tongue, dancing it with Jakob's. While she did this, his brother nipped lightly at her throat, his teeth profoundly evocative, teasing at pain, tempting her to leap headlong into the world of submission.

She turned her face sharply to the right, and said, "Wait. Wait. I've got to think." It was one of the most honest things she had ever said to men in her life.

"No," Jakob said, softly but with dictatorial authority, "you don't have to think . . . all you have to do is *feel*."

This is madness.

The thought went through Mariella's brain, and though she knew in her rational self that it was entirely the right attitude to take, she resisted it.

I'm tired of being the polite divorcee Bear Creek says I'm supposed to be.

The thought, when it finally registered in her consciousness, hit Mariella like a sledgehammer to the forehead. The truth of it, simply and honestly and utterly without artifice, shocked her with its sincerity.

With her head turned aside, she said to Lucas, "You don't have to mean it, but kiss me like you lust for me like no other woman in your life."'

Things started happening very quickly after that, and Mariella had the vague sense that she really had very little control over what was being done. She felt the buttons of her blouse being undone, and though there was a part of her that said — and it was a mild suggestion, at best — that maybe she should put up some protest, she said nothing at all. She didn't even make a *sound* of protest. Not even the slightest moue.

But when she felt strong, masculine fingers at the buckle of her belt, the warning sirens in her brain started to clang and it certainly seemed to her that a good, righteous woman should make at least some defence of her virtue . . . she found herself unable to make so much as a squeak.

There wasn't anything that was happening that wasn't joyfully accepted . . . even if she wouldn't admit it aloud.

She felt her slacks being opened, and the soft sob that she issued was one of utter, complete feminine acquiescence. She had surrendered, and even though she didn't want to admit it, she knew that she had done exactly that . . . and she wondered what the future held in store for her. She felt rudderless, no longer truly in control of her own life. She was on a boat that she wasn't the captain of, sailing in uncharted waters.

"Kiss me," Jakob said, his lips brushing hers as he said the inciteful words.

She kissed him. Or, rather, she allowed him to kiss her. It was a dominating, forceful kiss that stole her breath. One that was meant to reach her soul — which it did. It touched every nerve in her body.

Once again Mariella found herself swirling her tongue against Jakob's and just as before she could feel the juices of passion lubricating the lips of her sex, readying her for the penetration that her body was certain — or at least certainly wanted — would follow.

With some effort, Mariella turned her face away to end the kiss. She breathed in deeply several times, trying to compose herself. It seemed to her, at that moment, that the men weren't really men at all, but were devils of some sort, demonic creatures that had been put on this world to strip her of her better judgment and reasoning. Only something supernatural could so completely take away the reasonable woman she had been when she woke up that morning.

But the rational side of her mind knew that wasn't true. Those men weren't demons, and they weren't monsters. What they were was frighteningly sexy men who were directing their charms toward her, and there was nothing—as in *absolutely nothing*—that they were doing to her that didn't arouse every sensual nerve ending in her body.

Continuing to hold her wrist, Jakob got down on his knees.

She felt her belt being unbuckled and opened. Then she felt the zipper to her slacks being tugged down slowly, and though a part of her wanted to protest, another part of her—a part much more dominant under the circumstances—made her remain silent. What was happening to her was unprecedented, scary as hell, and wildly, wickedly arousing.

She shivered as a man's hand curled into the waistband of her slacks and pulled them down to her knees. A moment later, her panties were also around her knees.

She heard Jakob say, "Beautiful." She could feel the warmth of his breath.

Mariella would have said something then, but Lucas kissed her fiercely, passionately, and that made speaking words impossible. And a moment later, when Jakob's tongue was gliding between the lips of her pussy, working its magic on her clit, coherent words were completely impossible.

"Eat," Mariella said, shocked at the single word she had spoken. "Eat me."

She had never before spoken so coarsely to a man. Not in a romantic situation. But under the circumstances, it seemed like the only rational thing to say. She understood these were unprecedented times.

16

CHAPTER TWO

*D*evine. *Nothing less than heavenly.*

Mariella thought, a moment later, that the sensations she was experiencing probably weren't divinely inspired, but that didn't mean they weren't ecstatic. Still, she decided that she would do well to keep anything even remotely celestial out of her thoughts. No need in combining ecstasy with blasphemy. She already had too many things she had to answer for when standing before St. Peter at the gates of Heaven.

Once again, she turned her face aside to end a kiss with Lucas. She uttered the words "Oh, God" and followed them up with "fuck." It occurred to her, in some far corner of her brain that was still functioning with some semblance of propriety, that she shouldn't combine those words under these conditions. But the thought didn't last long, and it was entirely forgotten within a minute.

She tried to escape from the hands that were holding her wrists. The masculine hands were very strong, and though a part of her wanted to free herself, there was another part of her soul that was quite aroused by being held captive by two handsome, lustful men.

Jakob took his mouth away from her pussy and said to his brother, with steel in his voice, "Hold her. Hold her tightly."

The words should have frightened Mariella, but they didn't. Though she didn't know what was about to happen next, what she knew in her soul was that these men wouldn't hurt her. They might ravish her body — actually, she was quite certain that's exactly what they intended on doing — but they wouldn't hurt her, either physically or emotionally.

She felt a single finger get gently, erotically inserted between the lips of her pussy, and she trembled. When the hand turned so that it was palm-upward and the finger curled to caress the front wall of her vagina, which was smooth and particularly sensitive, the emotions that went through her veins were molten hot, like lava.

That was where her G-spot was, though she had never explained that to anyone.

How does he know? How does he know exactly where I'm most sensitive?

Despite the fact that his knowledge aroused her, it also frightened her. Knowledge was power, and she did not him want him having power over her.

Mariella felt as her captors move her arms in a position they wanted. Whereas earlier each of the Sandstrom brothers had held one of her wrists, now they transferred her so that Lucas held both of her wrists tightly together, captured in one powerful, dominating hand behind her back. Mariella might just as well have been placed in handcuffs. Her chances of escape from Lucas's grip were precisely zero.

She felt, quite distinctly, Jakob's tongue as he licked her clitoris, then sucked the small nub of flesh between his lips. The sensation was nothing less than exquisite.

He's so good at this.

This thought went through Mariella's mind only moments before she realized that an orgasm—which held the golden promise of being all-powerful—was approaching her with astonishing speed. And she was greedily looking forward to its arrival.

She wrenched her face aside, ending the tongue-entwining kiss with Lucas, and gasped, "Oh, God." And then, with rather more volume, she exclaimed, "Fuck."

The orgasm that ripped through her body was, quite possibly, the most powerful one she had ever experienced. She shivered as waves of raw emotion went through her, one after the next, then the next one after that, and the next. For some time she worried that they never would end.

She could hear a woman screaming, and it took a moment before she realized that she was hearing herself in ecstasy. And then it was over.

"Oh, God. Stop. Stop. Please, Jakob, I am begging you, stop."

She was much too hypersensitive for Jakob to continue his lustful assault on her pussy with his lips and tongue. There was also that wickedly skilful finger that knew just where to touch her, and just *how* to touch her, to make her climax like a lit stick of dynamite exploding.

She heard Lucas, standing behind her, still holding her tightly, say to Jakob, "Give me your bandana. I've got to get in on this action. I've been a member of the audience as long as I'm going to tolerate."

Mariella blinked her eyes. She was in a post-orgasmic emotional haze, and though she knew that decisions were being made — without her input, and that she should probably say something about it — she couldn't think of a single word that would accurately portray the emotions that were going through her. Post-orgasmic lassitude made lucid thought difficult.

"Hold her," Jakob said as he unknotted the red bandana from around his neck. "Hold her tight. We're a long way from being finished with this game."

Mariella closed her eyes as Lucas held her wrists together, then Jakob tied his cotton bandana around them, securing her arms behind her back. No man had ever before tied her up, and the reality of it now made her clit throb hotly with appreciation.

It wasn't a response from her libido she had expected. Nor was she happy about it. She had made a discovery about herself that she didn't necessarily like.

It's hardly noon, and I've already had an orgasm that damn near killed me. Now I'm tied up and utterly defenseless. What the hell is going to happen next?

The fact that she didn't know the answer heightened her arousal.

If I don't set my cock free, I'm going to die.

Jakob, on his knees in front of Mariella and looking at the pussy he had just tongued into a climax, knew he was exaggerating. His life or death didn't hinge on whether he opened his jeans.

Jakob rose to his feet and looked at his younger brother.

"Now what the hell are we going to do?"

Lucas chuckled and replied "Well, it seems to me that we're one hell of a long way from finishing what we started. Look that way to you?"

"Yeah," Jakob said. "Damned straight."

Mariella said, "Wait a minute. Don't I get any say in what's going on? I mean, I get a vote, don't I?"

Jakob looked at her standing in front of him, with her slacks and panties lowered to her knees and a pussy that not only *looked* delicious, but *was* delicious, and considered his options.

I could untie her, set her free. Then we could all go our separate ways. That would be the sane thing to do. He smiled in a canine way. *The insane thing to do would be to keep her tied up, then fuck her into more orgasms than she's ever experienced in her life. Fuck her and fuck her and fuck her until she can't breathe. And then start the loving all over again.*

"You get a vote," Jakob said, looking into her dark brown eyes. "Just not yet." His smile was roguish. "Soon . . . but just not yet."

Mariella said in a soft voice, "That doesn't seem fair."

Jakob replied, "What in hell makes you think that life is fair?"

She looked into his eyes, and he smiled back. He could see that she was in emotional turmoil over what was happening, but whether she wanted to admit it, or not, her body—her passion—was definitely responding to having her wrists tied together behind her back and having the lustful charms of two strong men directed solely and exclusively at her. The realization of this made his cock just a little bit harder.

"I think," Mariella said, quietly but with determination, "that I could learn to hate the two of you."

Jakob considered his reply, censored himself for a moment, then said with more honesty than he was accustomed to with women, "I think I could learn to love us."

The words, quietly and simply spoken, had a jolting effect on Jakob. He *never* used the word *love* when he was talking to women. He avoided that particular word with all the zeal that a confirmed, committed bachelor could to avoid matrimony. For him, it was almost a religious obligation to stay a bachelor.

"Please . . . will you untie me?"

Mariella's words were softly spoken, but to Jakob's ears—which were fine-tuned to such things—her tone lacked a certain sincerity. What she said and what she really wanted were not the same thing. Not even close.

He finished unbuttoning her blouse, then slipped her balconette bra beneath the pale, full, gently quivering mounds of her breasts. She stood before him, completely vulnerable, and the Alpha Dom in him pumped through his veins like a powerful aphrodisiac.

"Do you have any idea of just how beautiful, how sexy, how erotic you are?" It was an honest question. He had serious doubts as to whether she actually understood the power and majesty of her own staggering beauty. Sometimes the most beautiful women were the most insecure in their looks. After several seconds, Jakob said, "My God, it's hard to believe, but you don't know. You really don't know how lovely you are."

Mariella had closed her eyes and turned her face away. Jakob looked at her, with her slacks and panties around her knees and her blouse completely unbuttoned, with her balconette bra tucked beneath her lovely, heavy breasts to let him see them in their ostentatious magnificence, and he knew at that moment that he'd never seen a more enticing woman in his entire life.

Jakob had bedded women poor and rich, from the Dakotas to Montana, Wyoming, and beyond, but at that moment, he had never seen anyone more erotic, more tantalizing, more soul-searingly sexy than Mariella. Every other woman was just *another* woman.

He took her face gently between his palms and kissed her lips. With his lips brushing hers, he said, "Get down on your knees."

It took a couple seconds before Jakob realized he had actually given an order that had to be obeyed. It was a command, not a suggestion. Jakob looked into Mariella's eyes and knew that she understood. Her defiance wasn't an option.

Without words, he challenged her to defy his order, to refuse to surrender to his Dominance.

When Mariella began to sink slowly to her knees in front of him, Jakob felt a surge of white-hot pleasure charge through his veins. It was more powerful that he could fully comprehend.

The men were standing side by side, and Mariella looked the brothers in the eyes. This was something new to her, and she was no stranger to sensuality. She had been married, and been divorced, and she had gone through all the joys and the ugliness that went along with those social conditions.

While it was true that she had given blow jobs before, they were given to her husband, while they were prone in bed. He liked being on the receiving end of oral sex, Mariella remembered . . . but she also remembered that he wasn't particularly skilled in giving as much pleasure as he demanded. And giving wasn't really something he liked doing.

That, and so much more, were just some of the reasons why she despised him now. Sex was always about what he wanted. She was there, but whatever happened wasn't really about her. She was only a vehicle for his satisfaction.

Mariella felt the carpeted floor against her knees. She closed her eyes and turned her face down. This was different for her. Now she was on her knees, in a distinctly submissive posture, with powerful Alpha male men standing in front of her, both of them big and strong and more than willing to demand what they wanted, take what they desired. They did not beg for anything. They took it.

These were men unlike any she had ever met before. They frightened her to the very marrow of her bones and aroused her more completely than anyone ever had — to a factor of ten.

Was there such a thing as civilized barbarians? Mariella had to consider the possibility.

She took several seconds to compose herself while she was on her knees. When she opened her eyes, she found herself looking at Jakob's crotch as he slowly, deliberately, released the silver belt buckle that was engraved and about the size of a coffee cup saucer, and unzipped his jeans. Each move was a distinctly theatrical move meant to be seen.

I want to suck their cocks.

When the conscious thought went through her head, she flinched. She squeezed her eyes tightly shut. Never before had she had such a thought. She had sucked cock before, of course, but it had always been something that she suspected was assumed of her in a romantic encounter, not something that she enthusiastically approved of.

But with the Sandstrom men, it was different in every way that something was possible to be different.

Right now, giving a blow job wasn't some vague obligation, it was something that Mariella wanted to do. She even salivated at the prospect of having those hulkish heroes holding her head tightly as they fucked her mouth.

I didn't just think that. I really didn't. I've never let any man fuck my mouth. Never. Not ever.

Mariella tested the neckerchief surrounding her wrists. It was tight and secure. Not so tight that it would cause bruises or stop the blood flow, but secure enough that she wouldn't escape bondage until the brothers decided to set her free.

Oh, God.

But a moment later she was quite certain that God had nothing to do with what was currently happening in her life.

Jakob looks delicious.

This was not a particularly comforting thought for Mariella as she watched Jakob open his trousers and expose an erection that was, without a doubt, the largest she had ever seen. It wasn't just very long—though that was impressive enough—it was also thick. As in *really* thick. This was something Mariella never had to deal with before.

He's going to put that thing inside me.

The thought in Mariella's brain brought with it equal measures of fear and fascination.

She had enjoyed her sex life in the past, and she'd had her ups and downs, victories and failures, but she began to consider whether or not there was some truth to the phrase "too much of a good thing."

She heard herself say, "I . . . I . . . don't know what to do."

Lucas replied immediately, "Don't worry, my darling. We'll guide you . . . every step of the way."

Mariella felt a shiver go up her spine. This was new

territory for her, and she wasn't at all comfortable with it. She really *didn't* know what to do, and for a thirty-four-year-old control freak, that was a fact of significance.

But there was something particularly erotic about having her hands tied behind her back—but only by Jakob and Lucas. It added an element of danger that she had never before experienced, and though it was uncomfortable to admit to herself, she found the bondage to be distinctly, profoundly erotic.

Damn. I'm a sub into bondage.

This thought exploded in her brain like dynamite, and when it did, Mariella closed her eyes and turned her face away.

It was an uncomfortable truth.

"Open your eyes," Jakob said, his voice low and faintly menacing. "And look up at me. I want you looking in my eyes when you take my cock into your mouth."

Mariella tilted her head back on her shoulders, then opened her eyes. Jakob's ice blue eyes seemed to be on fire. They were moist and glittering. He reached down and lightly took her head between his palms. The crown of his cock hovered near her mouth, just inches away from its target.

"Open," Jakob said, the timbre of his voice low and a little raspy.

Mariella considered defying him—out of principle more than anything else—then she opened her mouth. Not wide, just a little. His cockhead touched her lips, and she let the crown force her lips open more, pretending she had no choice.

She moaned as her lips tightened around his shaft and she held his entire knob in her mouth. When she moved her tongue in a circular motion against the underside of his cockhead, Jakob flinched, and Mariella knew that she had found where on his towering arousal he was most sensitive.,

She tried to keep her eyes open, but that seemed to be impossible when he started pumping his hips slowly, sliding his cock between her lips until the knob pressed against the opening of her throat, hesitated there for several seconds, then pulled back until only the tip remained between her lips.

She heard herself moan again and felt her vagina clench in arousal.

"Time to share, big brother," Lucas said.

Mariella opened her eyes as Jakob took his hands from her face. She looked at Lucas when he combed his fingers into her hair, clenched his hand into a fist, then pulled her hair, tugging her head far back on her shoulders as he bent at the waist.

"You're too beautiful for me to let my brother have you all to himself," he said, looking into her eyes.

He kissed her then, a hard, demanding kiss, with his hand clenched threateningly in her hair. It was shockingly erotic for Mariella to be on her knees, her body exposed, hands tied behind her back, knowing she was seconds away from having a man's cock in her mouth—a man she'd never kissed before until just moments earlier.

And there was something sinfully erotic about having her hair pulled . . .

She opened her mouth to accept his tongue, and when she did, he gave her head a little shake to establish his complete dominance over her. Mariella made a sound of protest in her throat when she felt strands of hair tug against her scalp, but she did nothing to end the kiss.

Lucas kissed her for a full minute before finally straightening and, while still holding her by the hair, thrust his cock at her face. Mariella took him to the back of her mouth on the very first plunge.

This is what it feels like to get my mouth fucked.

It surprised Mariella how erotic she found it to have Lucas forcefully moving her back and forth at a pace he chose, his hand in her hair as he filled her mouth time and time again with an erection that was far too long and thick for her to ever consider trying to take it down her throat.

Soon she developed the rhythm of going back and forth between the men, first sucking on one brother and then the other. She wondered if the men wanted to come in her mouth. If they did, she would let them — but she was hoping for much more than that. Her pussy was pulsing, throbbing with a need that would only get satisfied by a long, hard, Alpha male erection inside her pussy. Two of them would be even better.

"Enough of this appetizer," Jakob said. "I'm ready for the main course. Let's get her over to her chair."

Each man grabbed her by an upper arm and hauled her to her feet. It was a good thing that they continued to hold her arms, because as they guided her to her padded leather desk chair, she tottered in her stilettoes, and it was difficult to walk with her slacks and panties down now to her ankles.

Mariella uttered a short gasp when the men turned her around, then shoved her indelicately into her chair.

Jakob pushed Mariella into her chair and watched as her heavy breasts rolled and swayed when her naked bottom hit the seat cushion. He now had visual access to the entire front of her naked body. Standing in front of her, with his jeans lowered to his thighs and his erection pointing at her, he took a moment to visually drink in her beauty. Her breasts were large and round, and as she leaned back in the chair, the pale mounds were spread slightly to the sides of her body. He watched as her midsection rose and fell with her shallow, rapid breathing. Slowly, savouring what he saw, he let his gaze go down to her hips, then the finally to her pink-lipped vagina. Above her cleanly shaved or waxed labia — Jakob didn't know which — there was a small, closely-trimmed patch of pubic hair, shaped like an arrowhead that was pointing the way toward heavenly pleasures.

Her thighs, he noted, were deliciously tapered. Her panties

and slacks, bunched around her ankles, seemed somehow obscene.

When he looked into her chocolaty eyes, he saw a combination of excitement and apprehension.

Never in all his life had he ever wanted to sexually possess a woman as much as he did Mariella just then.

He got down on his knees between hers. He took her by the hips and pulled her several inches closer, so that her bottom was halfway off the seat cushion and the pussy that beckoned him was now accessible. Her head and shoulders were against the backrest of her chair. Taking his cock by the shaft, he rubbed the knob up and down over her slick entrance.

"Look into my eyes," he said, repeating words he had spoken earlier. "I want you looking in my eyes when you feel me inside your pussy for the first time."

He waited until she had followed his command, then he slowly began pushing into her sweetly receptive body. Her mouth opened as he began spreading the lips of her sex, and for a moment he thought she was about to scream, but instead she just inhaled very deeply, then closed her eyes.

Able now to look down, Jakob watched as his shaft slid slowly, smoothly between pink lips that were stretching to accommodate his girth. He pushed forward only a short way before stopping, giving her time to adjust. If she hadn't had sex in a long, long time — she had once talked about her savage divorce, and he inferred the celibacy — then he had to be careful to not hurt her with too much exuberance on his part. Judging by how tight she felt surrounding only half the length of his erection, his inference was accurate.

He retreated slowly, and Mariella let out a soft, wavering sigh. He pushed forward again, slowly but with strength, and he invaded deeper this time.

"Easy," Mariella said. "Careful. It's been forever."

Jakob withdrew immediately, and when he was almost

completely out of her, he paused a full minute to give her delicate body time to adjust.

Reaching out with both hands, he placed them over her breasts, pinching her nipples lightly and giving them a gentle tug and twist. Again Mariella sighed, and Jakob knew his transgression had been forgiven. He pushed forward again, very slowly, his hands caressing her breasts, his gaze on her face, minutely searching her expression for any sign of discomfort.

Lucas grabbed his brother's wrist nearest to him and pulled Jakob's hand off Mariella's breast.

"I need in on some of this action," he said with a smile, then got down on one knee, bent over Mariella, and began sucking lustily but tenderly on her nipple, burying his face in the lush mound.

"Yes . . . oh, yes," Mariella purred.

A smile tugged up the right corner of Jakob's mouth. This time, when he moved his hips, it was a solid thrust that didn't stop until his pelvis collided with hers and the full, pulsing length of his cock was buried inside her slick, tight sheath.

Lucas had been in many *ménage* encounters with beautiful women and his brother, but none had ever involved bondage. And no other woman they had shared had made his blood run so hot as Mariella. As he sucked on her nipple, he reached across her body and cupped her breasts. Women's breasts had always fascinated and aroused him, but none before had delighted him so completely as Mariella's. He suspected he could spend hours amusing himself with nothing but her breasts—but still, he wanted more than that.

Straightening, but remaining on one knee, he looked at Jakob, gave his brother a roguish smile, and said, "Time to switch."

Jakob made a low, growling sound in his throat, but hesitated only a moment before he pulled himself completely out of Mariella. The two brothers exchanged positions quickly, and in just seconds, it was Lucas whose cock was inside her, not Jakob's

She had already been primed, so he wasn't worried about hurting her. Looking down, he watched as his cockhead pried apart the pink lips of her pussy.

"She's so fucking hot," he said quietly, sincerely.

Chapter Three

Now I've got Jakob's brother's cock inside me. I go for two years without having sex, and now I'm fucking two men at the same time. And they are brothers.

It seemed unbelievable, but she was looking up at Lucas's face as she felt his erection forcing itself deep inside her body. The throbbing in her clit was growing stronger with each passing second, with each hard thrust.

"Make me come," she said as a whirlpool of emotion began turning her insides in circles. "Please. Don't make me beg."

Any pretence that this encounter was anything other than a game was gone now. The bondage was just added spice to an already exotic *ménage à trois.*

Lucas churned his hips full force, driving with all his might, spearing into her as Jakob began sucking on her nipple.

She felt it happening. That ever-tightening knot was somewhere between the points of her hips, but deep inside her. Each power stroke of Lucas's cock made that knot just a little more intense.

Fifteen seconds after Mariella said she didn't want to beg for sexual relief, the contractions began. She started screaming, her high-pitched wail of ecstasy ricocheting obscenely off the walls of her little office. The force of the explosion in her sex was jolting, almost violent.

It had been years since the only climaxes she experienced were prompted by anything other than her own fingers, naughty videos from the Internet on her computer, and the assortment of vibrators and dildos she had bought online.

She looked up into Lucas's face, and she could see the strain he was putting into his efforts. But the climax, though satisfying, wasn't the only one that she wanted, and she could feel another one was not far off.

"Don't stop," she said through clenched teeth. "Keep going."

She suspected that Lucas wouldn't stop plowing his erection into her even if someone put a gun to his head. Her impassioned pleas seemed to spur him on, and his lean torso pumped even more furiously. Seconds later, Mariella's next orgasm hit her, and she writhed in blissful agony, her body being pummelled by Lucas's as she screamed in praise of something that had not happened to her in a long, long time.

Mariella was just coming down from the sexual stratosphere when Lucas groaned, buried himself inside her as far as he could, then gave her an exhausted smile, chuckled for a moment, and said, "I hope that's what you were looking for."

Mariella closed her eyes and smiled. It felt like her heart was going to pound right out of her chest. Small tremors of post-coital pleasure rippled across the surface of her skin.

Lucas completely withdrew from her, but once again, she was without cock in her body for only a very short period of time. Hardly had Lucas made his exit before Jakob was back in position on his knees between her spread thighs, rubbing the crown of his cock against the lips of her sex briefly before driving full-length into her hard and fast.

Jakob was anything but gentle, and he certainly wasn't patient. Mariella took a pounding, a hard, very physical pummelling that forced her to come twice more in quick succession before Jakob unleashed a torrent of semen inside her. When the last of the clenching spasms had gone through her and Jakob had emptied his lust inside her, he slumped forward, his face between the mounds of her breasts, her heart beating like a kettle drum.

She closed her eyes, breathing deeply in post-climax lassitude.

What the hell have I just done? And when can I do this again?

Samuel Cartwell looked at the butcher and knew instinctively that he had found the right man to go into business with.

"The process is pretty simple," the butcher said. "You just bring the cattle in at night when the rest of the county is sleeping, and before sunrise, I'll have them skinned and curing on hooks. There won't be a man in the county who will be able to tell where they came from. No brands to trace. No ear tags to trace. You bring them in, and I'll pay you cash."

Samuel felt himself on the verge of finally being on a lucky streak, and the surge of emotion that went through him was almost sexual in its intensity.

"But you've got to butcher them every night or they can be traced, right?"

The old man pursed his lips, spit out a long stream of tobacco juice, and said, "All I need to do is get them ready to be aged. Once they've been skinned and cleaned out and so forth, there ain't no lawman anywhere that can say where those steers come from."

Samuel reached over the counter at the butcher's shop and extended his hand. "I'll see you tonight around one o'clock. You say you can handle fifteen head every three nights or so?"

"Should be able to handle that. Might have to make it every four or five nights." He grinned. "I guess I'm going to have to learn to take a nap around noon if I'm going to be working all night."

"I'll keep you busy," Samuel said, thinking about the Sandstrom brothers and how they had profited so nicely from everything that had been stolen from him with help from the banks and the government. "I'll keep you as busy as a goddamned beaver."

There had been several embarrassing post-coital moments among the three of them when they were finally finished having all that sex and they could all breathe normally. The first was when Jakob found it difficult to untie the knot in his neckerchief that he had used to tie up Mariella. She had to stand there, blouse unbuttoned and slacks and panties around her ankles, as both men, down on one knee each and face-level with her naked buns, fought with the knot.

The second was when she had to adjust her breasts inside the balconette bra, accomplished that task, but then discovered that her hands were still shaking so much that she couldn't button her blouse. The third was when Lucas volunteered to do that for her, and Mariella realized that sex had never made her hands shake like that before. The fourth was when she pulled up her panties, then moaned with pleasure when the garment touched her pussy, and she inadvertently let the brothers know just how turned on she still was. Getting her slacks up and in place was no problem, but then she felt the semen moving inside her. She put a hand between her legs and rushed off to the bathroom before she made an embarrassing mess of herself.

Both men were very virile, and she'd had no experience with having the cum of two men inside her at the same time.

She made it to the bathroom in time. Barely.

"Well, I sure as hell didn't expect that to happen," Jakob said while Mariella was in the bathroom.

"Neither did I." Lucas shook his head. "How in hell did you know you would get away with doing that? You and I have done a lot of weird shit together with women, but never anything like that."

"I didn't know if I'd get away with it. It's just that I've been wanting her more and more every time I see her, and finally I realized that I just had to make my play." Jakob grinned and tugged at his lower lip. "If she'd told me to stop, I would have."

"We always do," Lucas said quickly. "We always have. She wouldn't be the first woman to tell us to fuck off."

"But she didn't." Jakob sighed, and ran fingers through his hair, smoothing the strands back off his forehead. "I can't tell you how many hours I've spent thinking about her since the first time we met her."

"I've been with two different women since we met Mariella, and when I was with them, I'd close my eyes and fantasize that I was with her."

Lucas shook his head and sighed as though carrying a heavy burden. "Oh, brother . . . we've got a pretty bad case of Mariella, don't we?"

"I think we do."

The bathroom door opened, and Mariella stepped out. She looked at them sheepishly, as though she wasn't certain what kind of reception she would get. Jakob wanted to assure her that their respect for her hadn't diminished one iota after their three-way lovemaking . . . which included some slightly kinky bondage, oral sex, regular sex, and the kind of kissing that can melt a woman's spine. Especially one on a two-year sexual drought.

In a soft voice, Jakob asked Mariella, "How are you?"

She lowered her eyes. "Surprised, mostly." Then she looked directly at Jakob and Lucas and said, "And very, very sexually satisfied. More satisfied than ever before in my life." She put a hand to her mouth, as though she could somehow stop words that had already been spoken. Through her fingers she said, "I shouldn't have said that."

Jakob felt a surge of relief go through his heart. He breathed a sigh, glanced at his brother, then back at Mariella, and said, "Then the three of us all have something in common." He glanced at his wristwatch. It was a heavy stainless-steel model meant to withstand rough treatment. "It's almost two o'clock, and we were all going to have lunch at noon. I'm famished."

Lucas said, "I seem to have worked up an appetite." He looked at Mariella and asked, "Are you still up for getting something to eat."

"You mean eating something besides you two?" She raised a single eyebrow. "Yes, I am."

They arrived at the Jimmy's Saloon and Grille a little after two o'clock, the three of them getting there in Jakob's pickup truck, having left Mariella's trusty but old sedan in the parking lot in front of her office. During the drive, Mariella had wanted to address the *very* sexual things that the men had done with her, but she didn't know how to start the conversation, much less what she would say once the dialog began. Instead, she made small talk by asking them questions regarding the Flying S Ranch, and what their plans were for the future.

Do those plans include me?

She showed the self-discipline to not ask the question while Lucas talked of their planned expansion when a soon-to-retire, reasonably nearby cattleman finally decided he'd had enough of Bear Creek winters, packed up and moved to Phoenix, or maybe Tampa.

They pulled into the parking lot of what looked like a very large cabin. There were perhaps a dozen vehicles — all of them pickup trucks or SUVs — in the parking lot.

"This place burned to the ground about a year and a half ago," Mariella said as they got out and walked. She wished one or both of the men would hold her hand as they walked, but she knew that it was best for all of them if there were no public displays of affection. "There was a crazed maniac who tried to kill Nanci—she's the owner—but all he managed to do was kill himself and burn the place to the ground." Mariella made a soft, sympathetic sound in the back of her throat. "The original place wasn't nearly as nice as this one, but she has her insurance through me, and I got her as good of a settlement as I could. She had to pay for a lot of the upgrades herself."

"We live here, remember?" Jakob said, smiling. "We know all that. We're regulars here."

Mariella realized she was talking because of post-coital nervousness.

Shut up. You're making a fool of yourself.

She watched as Jakob hurried his stride to open the front door for her. She was aware that he was being the perfect gentleman, even though he had earlier tied her hands behind her back, then fucked her into innumerable climaxes. She was also aware that his ass, in those well-worn jeans, really made her want to take those jeans off.

Good God, Mariella, haven't you gotten enough of him yet?

She walked into Jimmy's Saloon and Grille, took three steps, then once the door had closed behind her, stopped immediately. She could see almost nothing. It was two o'clock in the afternoon, and the sun was shining brightly, but the saloon was dimly lit—mostly with colorful neon signs advertising various types of beer—so she waited in one place until her eyes adjusted to the light.

"Mariella, you're here!" a female voice called out from behind the bar.

Though Mariella couldn't yet see her, she recognized the voice. It was Nanci Sutton, the owner of the saloon. She was a friend—not truly a close friend, but a friend nevertheless—and they enjoyed each other's company when Mariella stopped in after work for a drink or something to eat.

"Hang on, Nanci," Mariella said, loud enough so that her voice carried across the room and above the sound of the juke box playing country western music. "I can't see a thing."

She felt Jakob take her arm just above the elbow, and Lucas take her by the other.

"Don't worry," Jakob said quietly, bending down so that he could speak directly into her ear. "We've got you."

And just exactly what does he mean by that?

The question sent a shiver down Mariella's spine. It could either be an innocent comment by a man who was just trying to be a gentleman, or it could mean he and his brother were taking possession of her.

Both possibilities held great promise.

By this time Nanci had stepped up to the trio, and Mariella could at last see her surroundings.

"It's been a while," Nanci said. "What's kept you away?"

"Work has been a killer," Mariella explained. She felt herself blush, her face getting warm. "You wouldn't believe the things I've had to do lately. My clients have had me completely tied up."

She watched as her friend gave Lucas and Jakob smiles. They were friendly smiles, but nothing more than that. Mariella felt a pang of relief. She didn't want to wonder if she should be jealous of her friend and her new lovers. Nothing good could happen of questions like that.

"Good to see you boys again," Nanci said. "What'll it be? Booth or table?"

"Booth" Lucas said quickly. "We're going through some insurance matters, so we'd like to be able to talk without being overheard."

He's quick. I wonder if he planned this in advance . . . or if he and his brother have had other women here, and they needed privacy?

"I've got just the booth you need," Nanci said. "It's empty, and there's nobody in the booth next to it. I'll make sure you've got your privacy."

It was a corner booth with windows on two sides, and there was no one seated near it. Nanci escorted the trio there herself and explained that she would be their waitress. Since the fire and all the hassles that went along with the insurance and reconstruction, Nanci made sure that she always attended to Mariella's needs personally, rather than turning the assignment over to one of the waitresses.

"Do you want a drink?" Nanci asked, looking at the men. "I can bring them when I come back with the menus."

"You know, it's usually a bit early for me, but this is kind of a special day, so why don't you bring me a good ol' Tennessee sippin' whiskey on the rocks?" Jakob chuckled. "What the hell, make it a double."

Lucas said, "You're making sense, big brother. Make the same for me."

These men make me want to do things I've never done before.

"Nanci, I never drink until after six, but can you make a gin-and-tonic for me with lots of lime?" Mariella saw the shock on Nanci's face. "And make it in a goblet."

Nanci smiled at her, then glanced at Jakob and Lucas, then back at Mariella. Clearly, Mariella's beverage request had surprised her deeply.

"I'll make the drinks myself, then be back with them and the menus."

The booth was big enough to seat three on each side, and since it was high-backed, when customers were in the booth, they couldn't be seen from the interior of the saloon. Though Mariella had been to Jimmy's Saloon and Grille many times, she'd never sat in the corner booth, and she strongly suspected that Jakob and Lucas wouldn't be such gentlemen if they thought they could get away with some shenanigans without anyone spotting them.

"I can read your minds," Mariella said sternly. "You two sit over there." She pointed to the bench seat that faced into the saloon. "And I'll sit here. And that way we'll all behave ourselves and keep a safe distance."

Jakob said, "I'd say you never let us have any fun, but I know that's just not true."

His grin was boyish, and the dimples in his cheeks were the kind that men who didn't have them would buy if they could.

Mariella got onto the padded bench facing them, with the table between them. Jimmy's Saloon and Grille was in the wooded hills outside of town. She saw sunshine and trees and felt a certain sense of pride that she had helped Nanci rebuild. Then she looked at the Sandstrom brothers.

I so adore those guys.

Nanci returned with the drinks and menus. When she made eye contact with Mariella, Mariella took the menu from her, then pretending to be immediately interested in what was being offered. The eyes were the window to the soul, and on that afternoon, Mariella didn't want her friend seeing into her soul or reading her thoughts. She still hadn't quite come to terms with her behaviour earlier in the day, when her passions had run wild and free.

She was happy that Nanci had walked away. What the Sandstrom brothers might say shouldn't be heard by anyone but her.

"What looks good?" she asked the men, pretending to be scanning the menu, though what she was really doing was trying to make sense out of why she was suddenly behaving so scandalously.

In unison, the brothers replied, "You."

Mariella's gaze darted from the menu up to their faces, and she softly said, "Oh . . . oh, my."

"Good enough to eat," Jakob added, a sly grin on his face.

Lucas followed it up with, "And when we need a second course, you'll still be the only item on the menu."

Mariella's hand had a slight tremble to it as she picked up

her cocktail goblet and took a sip, paused a moment, took a second, paused another moment, then took a third. It was delicious. Mariella's eyes briefly closed. On this afternoon, she needed some liquid fortification.

They want me again. I'm sore from the first bout of lovemaking, and still they want me again. What can I do? I can't say no to them. Not after the way they satisfied me in the office.

"I was talking about something on the menu," Mariella said, pretending to be a little annoyed with her new lovers. She was flattered, not disappointed, with their desire for her. "Can we get serious for a bit?"

Jakob looked at Lucas and said quietly, but loudly enough so that Mariella could hear, "You'd think after all the orgasms she's had today that she'd be in a better mood."

"Do *not* tease me about what happened this morning. If you ever want anything like that to ever happen again, you can't tease me about it now." She glared at the men, all her senses prickly after behaving in ways she could hardly fathom. "Understand?"

"We understand," Lucas said.

Nanci came back, order pad in hand, and Mariella was glad for the intrusion. She did not want anything to completely dampen her spirits, but she was feeling distinctly insecure suddenly.

Nanci was showing her usual amount of bountiful cleavage, and the Sandstrom brothers noticed—and Mariella saw them look at her. She saw the flame of sexual appreciation come to light in their ice blue eyes.

She's got such big boobs she makes mine look tiny.

She knew that wasn't true, but the thought had come into her head anyway.

She tried to not get envious or angry with her friend, but it was difficult when the two men she'd just spent hours having sex with were looking at the bosom of the first women they'd come in contact with after she'd satisfied them both. Mariella wasn't at all certain how she was supposed to react. After all, looking was not the same as touching, but still . . .

"Have you made up your mind?" Nanci asked, pen in hand.

Jakob said, "I'll have a bacon cheeseburger, fries, and another whiskey."

"Same here," Lucas said.

Mariella, conscious as always of her weight, but also loving the delicious burgers served at Jimmy's Saloon and Grille, said, "I'll have the same, but cut it in half. Your half-pound burgers are just too much for me."

Nanci chuckled at her and smiled. "Don't worry about that. I've been feeding Jakob and Lucas long enough to know that they'll finish anything you can't." She leaned down to be closer to Mariella, and there was a mischievous glint in her eyes. "Can I make you another goblet?"

Mariella felt a warm blush creeping up her neck to her cheeks and ears. Another? Now she was being completely wicked. A bacon cheeseburger, fries *and* another big cocktail? This early in the afternoon?

She heard herself say, "Would you please? Just like the last one. It was perfection in a glass."

After Nanci had walked away, Mariella turned to her men and said, "It's like I lose all self-control when I'm with you. Why is that?"

Jakob said, "I prefer to think that instead of losing your self-control, you're being your true self when you're with us."

The impact of the words she'd just heard—the marrow-deep truth in them—startled Mariella.

After several seconds of absolute silence, in which she simply looked into Jakob's eyes and nowhere else, Mariella said softly, "What if you're right? I'd never even considered it." She folded her hands on the table and stared at them. "Oh, my . . . isn't that something to think about?"

Chapter Four

Lucas went to the insulated plastic water barrel, put a red plastic cup under the spigot, and poured himself sixteen ounces of ice-cold water. He downed half the contents, then leaned back against his pickup truck and inspected his five-member crew and the ninety-foot-by-ninety-foot warming shed he and his men were putting up.

They had already framed in the low, floorless structure, so all that was left was to nail into place the plywood walls and roof, then cut openings in three of four walls so that the cows in the winter, could get fresh air as they huddled together for warmth.

He thought of Mariella. That wasn't unusual. It seemed he was always thinking of Mariella.

When Jakob showed up, if luck was on Lucas's side, he'd have Mariella with him. Lucas tried to tell himself that it wasn't necessary for his personal happiness to see her that day . . . but he knew it was. It had been days since their wild, entirely unplanned *ménage à trois* encounter in her office. Since that time, Lucas had found himself many times daydreaming about her, turning over and over in his mind all the sensory input from that encounter that had turned his soul inside-out.

I'm too old to be pining away for a woman. I'm too old and too jaded to be smitten.

The thought did precisely nothing to make him feel better about himself.

Get back to work. You can't swing a hammer and think about

Mariella at the same time.

"I'll be waiting for you," Mariella said into her phone, then ended the connection.

Jakob had just called and said that he had to show her the new "winter warming shed" that would, naturally, need to be insured. Since it was in one of the more remote pastures the Sandstrom brothers owned, he'd take her there himself. She wouldn't have to drive.

She tried to pretend that she wasn't utterly thrilled to be seeing the brothers again, but the pretence really didn't last much more than a couple seconds. She had never been very good at self-deception, and since her divorce, she understood that to deceive oneself was more than just foolish, it was dangerous.

She walked to the bathroom and looked at herself in the mirror. Her makeup was acceptable, and her clothes were perfectly professional. Not necessarily sexy, but perfectly professional. She wore a simple pale blue short-sleeved cotton blouse above a navy-blue skirt that came down to the tops of her knees. Even her shoes had just a four-inch heel, which, for Mariella, made them pretty tame. At her height, she had long ago come to the conclusion that she had to do everything in her power to give the illusion that her legs were longer than they really were. High heels helped with the deception.

Calm down. When he comes to get you, keep your distance. You can do this. Your strengths are vastly superior to your weaknesses.

She touched her wrist with the fingertips of the opposite hand. Checking her pulse, she could feel that her heartrate was elevated, but it wasn't pounding. Not like it had raced when the Sandstrom brothers had tied her up with a neckerchief, then made love to her for hours while she shivered through one wrenching climax after another.

No, Mariella, that wasn't making love, that was fucking. Hot, sweaty, mind-blowing fucking.

She smiled. Her no-bullshit sensor was still working just exactly as it should.

The rumble of a motorcycle outside in the parking lot caught her attention, but she quickly dismissed it. Jakob drove a four-door pickup truck that was quite new, and the muffler worked perfectly.

She heard the engine get turned off, and a moment later there was a knock at her office door. Mariella sighed. Just about the last thing she wanted was to deal with some biker's motorcycle insurance. She had signed several policies so far, but it had cost the bikers and arm and a leg, since they all had convictions for Driving Under the Influence.

How stupid is that? To get drunk, and then hop on a motorcycle. Fools.

There was another knock at the door, and Mariella called out, "One moment."

If this prick interferes with my time with Jakob I'm going to write him the most expensive motorcycle insurance policy in history.

She opened her office door, and there stood Jakob, looking slightly more delicious that a T-bone steak done medium-rare and fresh off the grill. He was wearing a white T-shirt, a denim jacket, jeans, and his dusty, every-day cowboy boots.

He smiled down at Mariella, and her heart did a couple summersaults in response.

"You ready to go?" he said without any greeting or small talk.

Mariella stepped outside, moving past Jakob without touching him. She looked around the parking lot. There were several pickups, along with a couple SUVs, but they were all vehicles Mariella recognized. They belonged to other people who leased offices from the owners of the converted motel.

Then she looked at the motorcycle. It was big and black and, she thought, a little scary looking.

"No," she said quietly. "That can't be yours."

"Sure is. That's a three-year-old American-made low rider. About as sweet of a machine as you'll ever find on two wheels." He put his hand lightly on her shoulder. "Just bought it for a great price because it's used. We'll talk about insuring it soon. Are you ready to leave?"

She turned her head and looked up at him as though he lived on another planet.

"I . . . I've never been on a motorcycle. And I most certainly am not dressed to do so now," Mariella said. She turned to face up to Jakob directly. "Why didn't you take your truck?"

"Because it's a beautiful day, and there was no need to use my pickup when I can ride my new hog." He walked to his bike, and over his shoulder, said, "This shouldn't take too long, but still, you'd best lock up."

"I've got to get my purse," Mariella said, heading toward her office. "Do you always get your way?"

He chuckled, and Mariella suspected that he did, in fact, get his way most of the time. Especially when women were involved.

She grabbed her purse, then out of sheer vanity, checked her makeup one more time before stepping outside. Jakob had turned the bike around so that it was facing away from the building, and he was holding a helmet in his hand.

"Put this on."

"What are you going to wear?"

"I don't wear helmets." He put on aviator-style sunglasses. "Hop on. We'll take a bit of a ride before we go to the boys."

"I'm wearing a skirt. Skirts aren't really made for motorcycles." She looked at the big machine and told herself it wasn't sexy . . . but it kind of was. The sound of it idling was sexy, too. More than just a little. And Jakob looked like the ultimate bad boy that every woman wanted to rehabilitate through hearty, home cooked hot meals, and non-stop sex that was even hotter. "In fact, I wasn't made for motorcycles, either."

"Trust me," Jakob said, pointing with his thumb to the small, padded passenger seat behind him. "Everything is going to be just fine."

Mariella put on the helmet and was really happy that she hadn't taken the time to put her hair into a French twist that morning. She'd put it in a low ponytail instead.

You can do this. You can't keep your distance, but you've got enough self-discipline that you can do this.

She stepped on the passenger footrest, then swung up into the saddle seat. Once seated, she had to adjust her skirt beneath her. Though the skirt was modest, an awful lot of naked thigh was showing now that she was sitting on the motorcycle.

"Put your arms around me," Jakob instructed. When Mariella hesitated, he said, "It's for safety reasons. I don't want you falling off the back when I accelerate."

Mariella put her arms around Jakob's trim middle, then laced her fingers together over his stomach.

"Ready?" Jakob asked.

"Ready. I think." As Jakob headed out of the parking lot, Mariella said, "Please, go slow. I'm scared to death, and I hate being scared."

"I'll be careful."

Jakob was good to his word, and for that, Mariella was eternally grateful. As they rode down the central street of Bear Creek, whenever they reached a stop light, he braked slowly. And when they got moving again, his acceleration was smooth and easy.

But the wind kept blowing Mariella's skirt higher up her thighs, and though she always tugged the garment back down, when she did one leg, the other would be exposed. After fighting with her skirt for a couple of blocks, she decided to abandon her effort at modesty.

It wasn't long before they were out of the city proper and on the highway headed into the country. Lucas kicked it up to sixty miles an hour but did not go faster than that.

Above the roar of the wind and the motorcycle, Jakob asked, "How are you doing?"

"Not nearly as nervous as I was to begin with."

"Good. I don't want to scare you or make you nervous. I'd never do that. At least not intentionally."

Mariella unlaced her fingers, then pressed her palms flat on Jakob's stomach. Touching him through the thin barrier of his cotton T-shirt was to touch a two-legged stallion. Despite being in his late thirties, his stomach was rock-solid and without any flab. Men twenty years his junior would be grateful to possess such a physique.

Mariella discovered that it was difficult to keep her hands on Jakob's stomach without caressing him. She wanted to play her fingers over him, especially his thickly muscled chest. Did he have sensitive nipples? Would he like it if she sucked on them? These were tantalizing questions for Mariella. Though she had done wickedly sexual things with the man, her hands had been tied behind her back, and though that added an erotic kink to the encounter, it also meant that she hadn't the chance to explore his body the way she would have liked.

He slowed down, then turned right onto a gravel road. Most of the roads in the county were gravel. Only the highway and some of the more often-used streets were paved.

"Where are we going?" she asked.

Mariella's heart skipped a beat when the big motorcycle wobbled on the gravel for a bit. Jakob didn't seem at all worried, but Mariella wished they were back on the blacktop.

"Lucas and I have a pasture I want to show you. High meadow above the foothills. The grass is as thick there as anywhere around here, and the view of the foothills, the valley, and the prairie are second to none." He reached down and patted the backs of Mariella's hands. "It's beautiful there.

Sometimes I go there and just sit and quietly take in the beauty." She saw him smile. "And sometimes I go there to drink and think and brood and drink whiskey. It helps me get my head on straight."

Mariella found it difficult to imagined Jakob sitting still, much less sitting still so that he could enjoy the scenic beauty of a country he obvious knew every acre of.

They went over a mile on the gravel road, steadily climbing the entire way. When Jakob brought the motorcycle to a stop, Mariella breathed a sigh of relief. Riding on the gravel, they were constantly sliding about, though Jakob didn't seem in the least bit nervous about it.

He put down the kickstand and turned off the engine.

"You've got to get off first," he said.

Mariella swung her leg over the back of the machine. Though she had enjoyed the experience, it felt good now to have her feet on the solid ground.

"We've got about a one-hundred-yard walk ahead of us, but trust me, it's worth it," Jakob said.

He started walking toward the bank of trees, and at first Mariella was confused, since the trees were thick. Then she saw the narrow animal trail that snaked through the trees.

"Those aren't exactly hiking boots you're wearing," Jakob said. He reached his right hand out. "Better take my hand."

Mariella put her left hand in his. When his fingers curled around hers, Mariella felt an electrical charge go through her body.

He's just holding my hand. It's not really that sexy.

But it *was* sexy, and she knew it. She lengthened her stride to get even with Jakob. When she looked sideways, up at his profile, she was consciously aware of the fact that she was looking at one of the most handsome men she'd ever met in her life.

They walked in silence, surrounded by trees and shadows and unspoken thoughts. Mariella was surprised at how little she knew about this world around her. She had been in Bear Creek her entire life, and she never had seen, up close and with her own eyes, beautiful scenery like this. She wondered how many other beautiful things in life she had missed simply because she wasn't paying attention.

Suddenly, Jakob stopped walking. He put the index finger of his left hand to his lips, indicating silence, and pulled Mariella closer, so that her shoulder was against his ribs. Mariella looked up into his face, and he smiled, then pointed into the trees.

A young male elk, its antlers not nearly as impressive as they would be when he grew into full maturity, was looking at them, his nostrils flared as he sniffed the air, his ears twitching and turning, independent of each other. *Is there someone there?* he seemed to ask.

Then, suddenly, he turned and bolted, disappearing into the forest of trees.

"He finally got a whiff of us," Jakob explained. "If you stay very still, they'll walk right up to you without even seeing you. I once had a mama and her calf walk up so close to me, I could have touched them. It's movement that draws their attention. Movement and scent. They've got good eyesight, but they really don't understand what they're looking at if it's not moving." He squeezed Mariella's hand and gave her a smile, and it took serious willpower on Mariella's part to not kiss him. "Come on, we're almost there."

"Lead the way," Mariella said.

I'll follow you anywhere.

After another thirty yards, the surrounding trees simply stopped, and a large, grassy meadow appeared.

"Oh . . . my . . . God," Mariella said through her fingers. "I never would have guessed."

"It's called a highland meadow."

"And it's beautiful."

The meadow was surrounded on three sides by trees. On

the fourth side it opened out onto the prairie far below. From the edge of the meadow it was a forty-yard drop straight down.

"We keep about fifty mamas and babies here," Jakob said. "The grass is thick and green and full of nutrition." Jakob, still holding onto Mariella's hand, started walking to the vast opening. "Let me show you my thinking place."

They walked another hundred yards, to the edge of what Mariella now realized was a cliff. But looking to the east, she could see the foothills of the mountains which led out onto the prairie, and beyond that, she could see for miles across the endless plains.

"You've never seen a sunrise until you've stood where you are right now and watched the yellow sun lift up over the horizon. It's magical. It's like a religious experience."

"Thank you," Mariella heard herself say. Jakob looked down at her while still facing the vast prairie. "Thank you for bringing me here. I know it's special to you."

"I've never brought anyone here." He grinned and his dimples made their presence known. "Well, never a woman. Hired hands, on occasion, but I try to keep even them away from this meadow as much as I can."

Mariella wanted very much to kiss Jakob, but this wasn't the time for passion.

For the next thirty minutes, in silence, they either looked out at the foothills and the endless prairie, or toward the mountain, where the cows and their calves were contentedly munching on the lush, abundant grass.

Lucas heard the distinctive rumble and roar of a Harley-Davidson motorcycle long before he actually saw it. He felt his heart skip a beat. It was Jakob's motorcycle—Lucas recognized his own brother's motorcycle almost as well as he recognized the sound of his voice—and if the gods were benevolent, Mariella would be with him.

Jakob rode into view, riding into the pasture, and Mariella was with him.

Yesss.

Lucas turned toward the partially finished plywood warming shed and called out to his men, "Everybody take a break. I want to introduce you to someone."

Five young men, all shirtless, all fitter-than-fit, blond and shaggy-haired, put down their hammers and started walking toward Lucas, as Jakob rode his motorcycle slowly over the thick, prairie grassland.

Jakob pulled his bike up close to Lucas's pickup and killed the engine. When Lucas looked at Mariella and she smiled at him, he felt like he was fifteen, still in high school, and the cutest girl in the class had just shown some interest in him for the first time.

It's ridiculous the amount of influence she has over my emotions.

The self-castigation did absolutely nothing to change Lucas's response to her smile.

Mariella started to get off the motorcycle, and Lucas hurried forward to assist her. When he took her hand, it was warm and soft. She kicked her leg over the back of the bike and stepped down into the grass. Lucas held her hand a second or two longer than he needed to. He wanted to touch her, even if it was only her hand.

"It's good to see you again," he said, noticing that his vocal chords seemed constricted.

"It's good to see you, too," Mariella replied. "I'm afraid that's the first time I've ever been on a motorcycle."

"Exhilarating, isn't it?"

"That isn't exactly the word I'd use."

"What word *would* you use?"

"Not terrifying, exactly. More like anxiety-inducing."

The three of them laughed for a moment, and as Lucas

looked down in Mariella's chocolaty eyes, he was convinced beyond doubt that he'd never looked into such lovely eyes in all his life. There was no question that she alone possessed the most beautiful eyes in all the world.

"Well, in that case, let's take a couple minutes and reduce your anxiety levels." Lucas looked at his brother. "Time for introductions?"

"Now would be the right time."

Lucas turned to his hired hands and said, "Boys, get in line and stand with your shoulders square."

The five young men immediately stood shoulder to shoulder. Lucas was pleased with how quickly they responded to his command. They were all in their very early twenties, but already they were top-notch cowboys and first-class ranch hands.

"Mariella, let me introduce you to the young men that allow Jakob and myself to run the Flying S Ranch." He stepped up to the first young man and waited until Mariella was standing beside him. "Mariella, this is Ben. He's a good man but he's got a stubborn streak in him."

Ben extended his hand, and Mariella shook it. Lucas noted with no small measure of pride that Ben didn't hold her hand any longer than necessary, and he didn't squeeze her hand too hard, as young men who felt they needed to make some masculine point often did.

Mariella was introduced to Paul, Leon, Noah, and Axel. Each young man smiled at her and shook her hand. None ogled her, which pleased Lucas. He was finding himself increasingly possessive of Mariella, though he had never before been possessive of any women who came and went in his life.

But as he looked at Mariella, he couldn't say that *she* didn't ogle the bare-chested, lean-muscled young men she was introduced to. There was definite interest in her eyes, even if that emotion was hooded.

"Okay, all of you get back to work."

Lucas made a motion with his hand, and the five young men hurried back to their hammers, resuming work without a moment's hesitation.

Lucas noticed that Mariella continued looking at the ranch hands for several seconds before turning her attention to the Sandstrom brothers.

Mariella cleared her throat and, apparently with some difficulty, did not look at the young men.

"So, what is this going to be," she said, nodding her head toward the building under construction.

"It's so the cattle in the winter have some place to go to get out of the wind and the cold," Jakob explained. "They'll all pack in there together, and the body heat alone will keep them comfortable. Over the door we'll hang sheets of thick, clear plastic to keep the heat in."

"I see," Mariella said. "So there's no electricity. It's just a wooden shed made of two-by-fours and plywood. Shouldn't be much to insure."

Lucas took a step closer to Mariella and said, "Maybe we should kiss on it, then." He slipped his right around the back of her neck, his fingers sliding beneath her ponytail. As he bent down to get to her level, he said softly. "Yes, this is definitely something we should seal with a kiss."

Before Lucas could kiss her, Mariella looked at the workers.

"Don't," Mariella said, taking a step back to put a bit more distance between herself and Lucas. "It's not that I don't want you to kiss me, it's that they'll see." She nodded her head toward the young men to indicate who she was concerned would witness their public display of affection.

She put her hand on his forearm and tried to move him, but with very little effort he proved that he was infinitely more powerful than she. His hand remained hooked around the back of her neck. He pulled her toward him. Mariella resisted a little, but she knew that resistance would get her nowhere.

"Just a kiss," Lucas said, bending at the waist. Mariella felt her heart suddenly start hammering in her chest. Lucas was very handsome, and under the circumstances, that was a little frightening. "That's not asking too much, is it?"

His lips touched hers, and despite her embarrassment, Mariella felt the immediate electrical charge go through her. She had one hand on Lucas's forearm, and the other hanging limp at her side as Lucas moved his head slightly, caressing her lips with his own. When she felt the tip of his tongue moistened her lips, she opened her mouth invitingly, and second later her tongue was dancing erotically with his.

Jakob moved into position behind her. And since Mariella's head was angled to the side as she kissed Lucas, Jakob had enough room to kiss her neck.

Mariella made a purring sound in her throat. She loved it when these men kissed her on the neck, and it was especially erotic to be wedged between their muscular bodies, French kissing one brother while the other nibbled teasingly at her much-too-sensitive throat.

Jakob's pickup truck was between Mariella and the ranch hands, and she was grateful for that. It meant the young men couldn't see her from just below her breasts on down. But they certainly could see her kissing their bosses. With that in mind, she ended the kiss with Lucas and tried to take a step to the side so that she wouldn't be trapped between the brothers, but Lucas's hand was still around the back of her neck, and Jakob had now, from behind, snaked his arms around her middle, and was holding her securely. She could feel the heat of his body against her back.

"Wait, guys, please," Mariella said a bit breathlessly.

"Can't this wait until we have some privacy? Let's all go back to my office. It's worked for us in the past, remember?"

"Remember?" Jakob asked incredulously, laughter in his tone. "It was an afternoon I'll never forget."

He shifted his weight from side to side behind her, and against the small of her back she felt his erection, solid as iron and trapped inside his jeans. She felt almost overwhelmed by masculinity, overpowered by virile cowboys who had the infuriating ability to seemingly always get whatever, and whoever, they wanted.

Lucas captured Mariella's wrists in his hands. He was smiling down at her, standing tall and close, his chest just inches from her breasts, the nipples of which had grown erect during their kissing.

"Please," she said softly, "they'll see us."

Mariella put her hands on Lucas's chest, intending on pushing him away. Instead, his hands moved with lightning speed, his long, callused fingers encircling her wrists.

"Hold her," Jakob said to his brother. "I've got an idea."

Mariella replied, "I don't think I like the sound of that."

"You will," Jakob said. "Trust me on this one."

"Trusting you isn't one of the easier things I can do."

A moment later she felt the zipper of her skirt, at the small of her back, get quickly pulled down. She looked over her shoulder, able to twist just enough to look at Jakob. His ice-blue eyes were brilliantly alive.

"You can't do this to me," Mariella said, a certain quiet desperation in her voice. She looked at the cattle shed, and all five of the hired hands who had stopped hammering nails and were instead looking at what was happening near the pickup truck. "They're all watching."

Jakob got down on his knees in the grass behind Mariella, slipped his fingers inside the waistband of her skirt, then tugged down the navy-blue garment

"Oh, no!" Mariella gasped.

A moment later her panties were down around her ankles as well.

"Come on down here," Jakob said to his brother. "Let's show her that two is twice as much fun as one."

Lucas released the hold he had on her wrists, but not before he got down on his knees directly in front of her. Both brothers held her hips and thighs securely, so that she couldn't twist, and certainly couldn't run away.

"What a spectacular ass," Jakob said, then pressed his face between the rounded cheeks, and put his tongue in motion against her back entrance.

Mariella let out a little yelp when she felt a slick, probing tongue teasing nerve endings that seldom had been pleasured by an experienced, active tongue.

Mariella's mouth dropped opened. Her eyes closed, even though she tried to keep them open. She did not see Lucas make his move until she felt his lips, warm and moist, pressing against the lips of her pussy. An instant later, when his tongue grazed over her labia, then began dancing on her clit, Mariella thought her legs would buckle beneath her.

"Oh . . . oh, God . . ."

This was an entirely new experience for Mariella. Her body was not prepared to have one tongue tantalizing her taboo entrance while another tongue slithered between the lips of her pussy then tantalized her aroused clit.

Soft, passionate sounds of sensuality came from Mariella's soul. She put one hand down on Lucas's head as he licked her pussy, and reached behind herself for Jakob. Their blond hair was soft against her fingertips and palms. She held them, pulling them toward herself as their tongues tantalized her body in a certain leisurely way, as though the men were in no hurry at all — even though every nerve in Mariella's body was vibrantly alive.

She looked to the cattle shed. The five hired hands were now grinning, every one of them looking at her. They couldn't see Jakob and Lucas on their knees, but there was no doubt in Mariella's mind that they could figure out what the men were doing to her.

Let 'em look. They can't really see anything anyway.

Mariella got the impression that she was getting the best of two worlds. She was letting her inner exhibitionist have some fun, but the ranch hands couldn't see where the real action was, so she was still maintaining some modesty.

They can't really see me.

She shivered as a powerful, kneeling cowboy tongued her with slowly increasing vigor. As tongues delved and caressed, Mariella looked at the ranch hands. They were all grinning. At thirty yards they could see her upper body clearly, and she could see them, their muscular torsos naked, glistening with fresh sweat from honest labour.

"They're so young," Mariella said, talking to herself. "I know they're men . . . but they're practically boys."

"Yes, they are young," Jakob said, then planted two loudly-smacking kisses on the cheeks of her ass before resuming his oral magic directly between the two globes.

"Make me come," she whispered. "Oh . . . please, don't stop until you make me come. I'll do anything, anything you want me to do, if only you'll make me come."

With his mouth pressed lightly against her vagina, Lucas said, "How many times?"

"I have options?" For a woman who had provided all her own climaxes for quite some time, the thought of someone else causing *any* climaxes, much less *multiple* climaxes, seemed like a fantasy that was too good to even dream about. "You promise?"

She looked down at Lucas. He was looking up at her as he used the tip of his tongue on her clit.

"Um-hum," he replied affirmatively without stopping his

pleasuring.

"Is two asking too much?"

"Un-huh," he replied. To reinforce his response, he shook his head from side to side before capturing her clit between his lips.

If I asked for fifty they'd do their damndest to give me fifty orgasms.

She stood up straight and put her hands on her hips. She didn't have to try to keep her balance, because the Sandstrom brothers were holding tightly onto her hips and thighs. She looked toward the cattle shed. The young men were still there, watching silently. She let herself visually caress their naked chests and stomachs and shoulders.

They're so young. But they're men. Beautiful. Powerful. Virile. And there are five of them. Five. Oh, God, the possibilities . . .

Mariella's eyes were open and she was looking at the ranch hands when the first climax washed over her. She shivered in her stilettos. Opening her eyes, she leaned forward at the waist and put her hands on Lucas's shoulders to steady herself.

"S-Stop," she stammered when the last of the contracts went through her. "J-Just for a little while. Then you c-can give me the second one." She stood up straight, taking her hands from Lucas. "Give me one minute. Sixty seconds. Then I want the second one. Don't worry. It won't take much to push me over the top. I'm so close already."

Sixty seconds later, as two wickedly skilled tongues played magically with Mariella's intimate places, she sensed a second climax appearing on the horizon.

I may have had a long dry spell when it comes to sex, but with Jakob and Lucas now in my life, I'm making up for lost time fast.

She screamed when the second climax hit her. It was a loud scream, and she knew that the handsome, young ranch hands would know she was coming. When she had finished the climax, she clutched onto Lucas's broad shoulders.

"No more. You've got to stop," she said, breathing deeply. "I can't take any more."

She looked toward the cattle shed. All five ranch hands were smiling—and all five of them had a bulge in their jeans that was clearly visible from thirty yards.

Chapter Five

Mariella had thought with confidence that after Jakob and Lucas had so willingly and expertly given her two climaxes that did everything but cause her head to explode, that surely they would want her to settle in kind, but Jakob got a call on his cell phone, and after talking quietly but heatedly, he pulled Lucas aside and they talked privately. Whatever the hell had happened must have been pretty important, because when the brothers were done talking, Lucas barked at the ranch hands, telling them they had to get to work, and Jakob said he had to take Mariella back to her office immediately.

The effect of the sudden change of moods put ice water on Mariella's post-orgasmic bliss. Jakob got on his motorcycle, his expression cold and stony hard. Mariella got on behind him. He wasted no time whatsoever in taking her back to her office.

"Is something wrong?" she asked after she'd gotten off his machine in front of her office. "Can I help in any way?"

"No." He shook his head. Mariella wanted desperately to kiss him, but she didn't dare. "I'll call you later. Everything will be fine. Just fine. My brother and I just have to deal with a situation, that's all. We'll be in touch with you as soon as we can."

He roared off, leaving Mariella as confused as she'd ever been in her life.

Jakob took a sip of his whiskey, enjoyed the smooth burn as

the liquor went down his throat, then looked at Lucas and the five young men who worked at the Flying S Ranch. They were sitting in the bunkhouse after a hard day's work, and the young men were drinking cold American pilsner beer while Jakob and Lucas were enjoying Tennessee whiskey on ice.

"You're certain?" Ben asked. "There can be no mistake? They couldn't just have wandered off? It wouldn't be the first time some of our steers have walked away from the herd."

"I saw the tire tracks myself. They drove a truck with dual wheels. They had a second truck that was pulling a trailer," Jakob said. "My guess is that the trailer held their horses. The big truck was for the cattle. They rustled about fifteen cattle from the north range Monday night. On Wednesday night they took the same amount from our west branch at the foothills. They chased the cattle out of the hillside and the trees down onto the flatland, then they herded them up the ramp and into their trailer. I'm guessing that fifteen head is about as many as the truck can carry." Jakob sipped his whiskey and combed fingers through his tawny hair. "They've probably taken forty-five head or so in the past couple weeks."

Lucas said, "At first we thought the cattle had just gone for a walk. Like Ben said, cattle don't always stick with the herd. But with the tire tracks in two different pastures, and the number of cattle that have gone missing, there can really be no doubt now that we've got a cattle rustling operation working against us."

Ben asked, "Any idea who it might be?"

Jakob shook his head. "I can think of a dozen men in or around Bear Creek who wouldn't have the slightest compunction against rustling cattle. Expand the territory a bit and there would be thirty or forty men that I can think of who wouldn't mind stealing our cattle to make a profit for themselves."

"Shit," Ben said softly. "Like our job isn't hard enough

without having to deal with cattle rustlers."

"Amen to that," Jakob said. "Now how about you pour Lucas and I another round and get the boys fresh beers. Let's put our heads together and maybe we can figure out who the hell the bad guys are, and where they're going to strike next."

Samuel looked at his son and thought for the nth time that the young man had nothing but oatmeal between his ears. Overcooked, mushy oatmeal at that.

"The cattle are used to being moved from one pasture to another, so they're not going to get spooked easily," Samuel said, keeping his voice low. Even though it was long past midnight, there wasn't any breeze, so a man's voice carried a long way at night. "We're in no hurry. Just ease them up the ramp into our trailer and then everything will be just fine."

"And the butcher will pay us in cash?"

"No," Samuel said, looking his son directly in the eyes, "the butcher will pay *me* in cash. I'll pay you when I think you deserve to get money out of my pocket. Now ride on out there and ease those steers into the trailer. And if you gets those steers stampedin' I'll take it out of your hide and your share of the rustlin'."

Days went by without a single word from the men Mariella now thought of as *her men*. No phone calls. No text messages. A thousand times Mariella decided that she'd just send Jakob and Lucas a quick, harmless text message. What could be wrong with that? Harmless enough, right? But Jakob had made it clear that he and his brother had to "take care of something" and they had "things to do" and when they could, they would "reach out to her."

So she went to her office, making sure that even when she

went to the bathroom, she had her cell phone with her. She simply *was not* going to miss their call. And if they sent her a text, she would reply to it instantly. It was Friday, and she was *not* looking forward to another weekend if it didn't include Sandstrom brothers.

I am not going to obsess about them.

But she was obsessing about them, and she knew it. They haunted her every thought, and they were even in her dreams. When she made a conscious decision to *not* think about them, her efforts only made her think about them all the more.

She was sitting at her desk, just having finished the paperwork necessary to get a client's car repaired after an innocuous fender bender, when her phone chimed, signalling an incoming text message. She snatched her cell phone off the desktop as fast as a rattlesnake strike.

It was from Jakob.

Mariella, on Sunday afternoon the Cowboys play at three. Lucas and I have decided on a new ritual. For Cowboy games, we'll have a Submissive Sunday, and we're Doms. Wanna guess who our sub is? Dress however you want to because you won't be wearing it long. We've picked up something for you to wear that we'd like seeing you in. Be here promptly at two. Bring an appetite. I'm a wizard at the grill. We're having porterhouse steaks with baked potatoes, peas, and sauteed mushrooms. Better bring your libido, too. We'll supply the lube. You're going to need it. Jakob & Lucas

Just to make sure she had read everything correctly, she read the text, start to finish, four times.

Submissive Sunday? Now that sounds interesting. And bring your libido? Oh, yeah, I can do that. Porterhouse steak? I haven't had one of those in ages. It's going to blow my diet all to hell. They're going to supply the lube.

She wondered if they were going to tie her up, like they had with a previous passionate tryst. Having her hands tied behind her back had been a kinky experience. At first she didn't like it, but when she learned that she really had nothing to fear with the Sandstrom brothers, that it was all just a game, she discovered that kinky could also be erotic as hell.

All I've got to do is make it to Sunday. Submissive Sunday a ritual? That implies a permanence they haven't really talked about. Is this just a fling I'm having with two men, or do I want something more than a couple weekends of wild sex?

She could hardly wait for the end of the workday. As she sat at her desk, she began making generalized plans for what she would do that evening, then for all day Saturday. Gin and tonics were a certainty. Maybe crack out her toys, and put on some interesting videos on her computer? Indulge in a little voyeuristic delight while passing the time waiting for 2 p.m. Sunday?

She decided against naughty videos and her toys. The next time she felt sensual pleasure, it would be at the hands, lips, tongues, and cocks of the two men who had taught her what it felt like to be multi-orgasmic.

A paper map of the territory was spread out on the dining room table. The map was four feet by six feet. There were five areas that had been highlighted with a marker, indicating the boundaries of property that the Flying S Ranch had cattle on.

"They've hit here," Jakob said, stabbing his finger on a large, rectangular area that contained both flatland prairie and mountain foothills. "And here, and here." He touched a pasture ten miles from the previous one. "Each time, they took about fifteen head. With a value of around a thousand two hundred each, they've stolen tens of thousands in cattle from the Flying S Ranch in a couple three weeks."

Lucas stepped behind Jakob and looked at the five young cowboys. "The trick is to figure out in advance where they're going to strike next, and be waiting for them. It's not elk season yet, but you'd better get your rifles out and make sure your scopes are accurate. There's not much law enforcement in Bear Creek. Hell, there's not much law enforcement anywhere in the county. We're going to have to take care of this ourselves. You don't have to take this assignment. You can stay in the bunkhouse and there'll be no hard feelings."

Ben, the unofficial foreman of the ranch hands, said, "Hunting rustlers isn't something I signed on for, but you can count me and the boys all in. Just tell me when and where, and I'll be there with my rifle. It's accurate to six hundred yards."

Jakob looked at his men and felt a swelling sense of pride. They were young, but they were proud and determined and they knew right from wrong. What more could he ask for?

Samuel Cartwell eased the cattle trailer door shut, pleased with the night's take. There were fourteen steers in the trailer, under the full moon and cloudless sky.

"They're all thinking they're going to a new pasture," he said quietly to his son. "They don't know they're about to become somebody's supper."

Samuel smiled. He was getting his revenge on the Sandstrom brothers, and that tasted on his tongue as delicious as a New York Strip steak.

What difference does it make what I wear? Jakob and Lucas will only strip me naked the second I walk through the door. I wonder what they've bought for me to put on? I'll bet it's sexy lingerie of some sort. Maybe a baby doll? Oh, or maybe something see-through and crotchless.

Mariella was looking forward to prancing around the Flying S Ranch wearing sexy lingerie while the men she adored were playing full-on Doms for the day.

I predict an awful lot of sex during Submissive Sunday.

Mariella was glad now that she hadn't relieved her sexual tension with her toys and some videos. Since she hadn't, she was wildly horny now, having deprived her body of self-induced entertainment when she otherwise would have indulged her secret desires and taken the nasty edge off longings that eat at the soul.

She selected a matching set of balconette bra and bikini panties, then went with a snug-fitting pair of jeans and a short-sleeved white cotton shirt. As always, she wore heels, but they were only four-inch heels, not her typical five-inch.

I wonder if they will take my clothes off, have me do a strip tease for them, or if they'll rip my clothes off. I suppose I shouldn't want them to rip them off . . . but I do. Tearing off my clothes would add fuel to the fantasy.

There were ten eighteen-ounce porterhouse steaks on the tray. Each was hand-cut by the butcher in Bear Creek that the Flying S Ranch had been doing business with since approximately forever. Ten large potatoes were wrapped in aluminium foil and waiting to go in the oven. The vegetable would be peas, sauteed in butter and garlic. The gravy for the potatoes was canned, but it was good quality beef gravy just the same. There would be no desert. There never was at the Flying S Ranch, but no one had ever left the table hungry. In the refrigerator was a case of beer, an American pilsner. On the liquor cart was a fresh bottle of Tennessee whiskey, a large bucket of ice, and an unopened bottle of London gin, a bottle of tonic water, and a large bowl of limes sliced in quarters.

The only thing I'm missing is Mariella.

Jakob smiled to himself. He looked at his wristwatch. It was fifteen minutes to two.

He hadn't smiled much since discovering that the Flying S Ranch was the target of cattle rustlers. The cattle that had been stolen wouldn't really make a critical dent in the family finances. It was the principal of the thing more than anything else that set Jakob's blood boiling. The Flying S Ranch had just over a thousand head in the four pastures where they had their herds. But if Jakob believed anything, it was that the rustlers wouldn't stop unless someone *made* them stop. They would steal and steal and steal some more because that was what thieves did. And with just a sheriff and three deputies acting as law enforcement in Bear Creek, a law enforcement presence was minimal, at best. But then that was really all that Bear Creek had ever needed.

He and his brother had driven into town and given their report to the sheriff, who was clearly concerned with the rustling. He took his job, and the responsibilities that went with it, very seriously.

"This is cattle country," the sheriff had said. "Cattle rustling isn't some penny ante crime. It's not some kid stealing candy from the five-and-dime on Main Street. I figure there's got to be at least two of them. Whoever is doing this isn't doing it alone. Let me ask some questions from sheriffs in neighbouring counties."

"Thanks, sheriff," the brothers said in unison.

They drove back to the Flying S Ranch in silence, each of them pondering what the future held in store.

Jakob walked from the kitchen to the living room. Lucas was sitting on a seven-foot-long leather sofa, which was flanked on each end with a matching wingback chair. In front of the sofa was a long cherry wood coffee table, which was brightly polished, lacquered, and obviously custom-made to match the sofa and chairs. On the wall facing the sofa and chairs was a mammoth flat-screen television, which was playing the football game that had started at noon. On the coffee table was a large bowl of salted in-the-shell peanuts, and an empty bowl beside it for the shells.

He checked the time on his wristwatch. It was a heavy-duty watch that was virtually indestructible. In his line of work, he needed something rugged and reliable. In ten more minutes Mariella was scheduled to arrive.

"You've been checking the time every three minutes for the last hour," Lucas said from the sofa, a smile on his face. "If it's any consolation, so have I." He chuckled. "I've been watching this game for the last hour, and I don't even know what the score is."

"She does make it hard to concentrate on anything but her, doesn't she?"

"Yep."

"Want a drink?"

"Naw. I'm waiting until she gets here. Seems like whiskey tastes better when she pours it."

"Isn't that the damndest truth you've ever heard of?"

Mariella pulled her sedan to a stop in the wide gravel driveway in front of the Flying S Ranch. She felt a tingling excitement begin in the pit of her stomach. For several seconds she stood outside her car, looking at the house, wondering just exactly what it was she felt for Jakob and Lucas. It wasn't just decadent lust. She couldn't stop thinking about them.

She had initially decided that it was just sexual satisfaction that she wanted from the men, but the more she thought about them, the more she realized that what she felt for them involved her heart, not just her libido. And that was a *serious* problem. Her heart had gotten her in *deep* trouble in the past.

The Sandstrom brothers had a way of making the world a fun place to live. In particular, they could make the small country town of Bear Creek a vibrantly alive city to live in. A month earlier, Mariella would have sworn that the words *vibrantly alive* and *Bear Creek* should never be spoken in the same sentence.

She started toward the front door, and before she got there, it opened. Jakob was standing there filling the doorway with his big frame, with Lucas standing behind him looking over his shoulder. Because of how they were standing, Mariella could see both of their faces side-by-side. Each man had a subtle smile on his face.

My God they're handsome. And they're mine. Both of them. How in hell did I ever get so lucky?

"Good afternoon," she said as she approached.

She couldn't see what Lucas was wearing, but Jakob, standing in front, had on his polished Sunday boots, jeans that were dark blue and hadn't had many washings, a robin's egg blue cotton shirt with the sleeves rolled up to his forearms, and, of course, his red bandanna tied loosely around his neck.

Mariella wondered if it was the same bandanna he had used to tie her hands behind her back. Just seeing it made her pussy come to life. She had fond memories of that red piece of cotton cloth.

"I'd say it's good to see you, but I don't like understatements," Jakob said.

The nearer she got to him, the bigger he seemed. When she was away from the men, she forgot their size, but when she stood directly in front of them, their height and breadth and sheer, masculine force was almost overpowering to the senses.

When Mariella got to the steps, Jakob extended a hand to her. He moved onto the front step and pulled Mariella toward himself. As his arms went around her, she looped her arms around his middle.

He bent her backward. He had to if, from his height, he was going to kiss Mariella's mouth. The only way Mariella remained standing was with Jakob's help. If he should release her, she'd fall onto her back.

The kiss was firm, but not fierce. It was just what Mariella wanted. A long, slow, almost leisurely kiss that involved lots and lots of tongue action. She shivered when Jakob slid a hand from the small of her back to cup one cheek of her ass. Her eyes were closed as she sucked on the tongue that filled her mouth, loving the strength and power that she felt in the fingers that squeezed her bottom.

The kiss with Jakob seemed to go on forever, which pleased Mariella enormously. She was easing her tongue between Jakob's lips when she felt Lucas, moving into position behind her, wedge his hands between her body and his brother's. A moment later his hands were on the globes of her breasts, caressing and squeezing, seeking out her nipples through her blouse and balconette bra. As her nipples hardened and became more sensitive, he pinched them with just enough force to maximize the pleasure.

Mariella moaned into Jakob's mouth. She shivered when Lucas released one breast, slid his palm down over her stomach and pelvis, then boldly reached between her legs to caress her intimately through her slacks and panties. Mariella heard the ranch hands in their bunkhouse cheer about something, and it occurred to her that she should probably make it all the way into the house and close the door, otherwise the gorgeous young cowboys might see her wedged between their employers as she got thoroughly kissed and felt up.

Eventually, Jakob straightened Mariella and ended the kiss. She was quite breathless when that first kiss had finally concluded. Though she was standing upright now, Lucas continued to caress her, one hand massaging her breast while the other rubbed back and forth between her thighs.

"Inside," she managed to say. "Inside, so we can close the door."

"They're watching the football game," Jakob explained. "We could be standing here buck naked and they wouldn't notice."

Still standing behind her, Lucas reached over her shoulder, cupped her chin in his palm, then angled her face upward and to the side. He kissed her deeply, passionately, and the whirlwind of emotions that went through Mariella from kissing one man lustily, and then another one, made the tingling in her pussy intensify.

Standing in the entryway to the home, Mariella parted her lips to let Lucas's tongue fill her mouth as Jakob cupped her breasts in his large hands, tweaking her nipples. When she felt Jakob unfasten the top button of her blouse, Mariella knew she had to move this action indoors.

She ended the kiss with Lucas and, rather breathlessly, said, "Inside. You can do you want to with me, but it's got to be inside."

Each man took one of her hands and started to escort her into their home. Before she got inside, Mariella looked over her shoulder at the bunkhouse. All five of the young cowboys were standing in the sunshine, each one smiling. They were a mere thirty yards away, and they undoubtedly had seen almost everything that had transpired over the past four minutes.

Mariella trembled as a flush of mixed emotions went through her in an instant. She was immediately embarrassed at being seen behaving so wantonly with Jakob and Lucas, but at the same time she felt a tickle of taboo passion in her pussy from knowing she had given the young men an R-rated show.

Once the door was closed, the men released Mariella's hands, and she breathed in deeply several times to calm her jagged nerves.

"If that's how Submissive Sunday starts," she said, a subtle smile touching her lips, "I get the feeling it's going to be a very long day."

"And night," Lucas said. He casually reached out and

caressed Mariella's cheek with his fingertips. "Let's get you properly undressed." He glanced at his wristwatch. "And the Cowboy's game is a ways off. We should get the grilling started."

He crossed the large living room to a doorway which led to a hallway. They walked past two closed doors. Mariella suspected they led to bedrooms. At the end of the hallway, the door was open. When Mariella looked inside, she saw a king-size four-poster bed, a four-drawer chest of drawers, a full-size standalone mirror, and a small desk and chair with an attached mirror that would be just perfect for putting on makeup. The walls were knotty pine and shiny with lacquer.

"Step into the room," Jakob said, standing behind her. "And once you do, the game begins. You're our sub, and we're your Doms. You'll do everything we tell you, and you'll do it without hesitation, or we'll have no choice but to punish you. Understand?"

Mariella tried to speak, found she couldn't, so she nodded.

I really am a sub. How the hell did that happen? How did Jakob and Lucas know I am a sub when I didn't even know it myself?

"Step through the doorway, Mariella," Lucas said. Though he didn't raise his voice, the commanding quality of his tone was distinctly authoritarian. "I know you're afraid to . . . but I also know you want to."

I know he could make me climax just from talking to me that way.

"You're not just stepping into a bedroom," Jakob said in explanation, "you're stepping into a whole new world."

"Why am I doing this?" Mariella whispered to herself as she stepped into the room, with the men following close behind.

"This is what you are to wear," Jakob said, pointing to a white garment on the bed. "This and your shoes. That's all. Nothing more."

And then, without explanation, the brothers turned and walked out of the room, closing the door behind them to give

Mariella privacy.

She was about as confused as she'd ever been in her life. She was about to take her clothes off . . . and her men simply walked away? For a moment she wondered if she should be offended, but then she decided she just didn't understand the rules of the game.

She picked up the delicate garment on the bed. It was a robe. A very sheer robe made of snowy white silk. When she held it up, she could see that it was short. At best it would come to the middle of her thighs, but maybe not that far. A shiver of anticipation went through Mariella. Her breasts would be unbound, and her aroused nipples would be on display, even though concealed by paper-thin silk.

She stepped out of her shoes, tugged the tails of her blouse out of her jeans and began unbuttoning. Her blouse and balconette bra went onto the bed, then her jeans and panties. She then slipped her arms into the robe and knotted the sash around her waist. Stepping up to the free-standing, oblong mirror, she looked at her reflection, and the breath caught in her throat at the image of the woman she saw.

First, she adjusted the robe to show a bit more cleavage. Then she let her gaze go slowly south. The bottom hem of the robe came down to somewhere between the very tops of her thighs and the middle of her thighs. Bending over at the waist would be completely impossible without putting her bottom on display—and she wasn't wearing panties.

She gave her shoulders the briefest, mildest of shakes. Her heavy breasts wobbled tautly from side to side, but she remained covered, though it showed a lot of the inner swells of her breasts. When she gave her shoulders a bit more forceful of a shake, her left breast slipped free of the wrap-around silk garment.

Mariella knew that she would have to spend the day moving *very* carefully if she was to maintain any modest at all. But wasn't that one of the things that made this game so much fun? The exhibitionism.

She sat at the foot of the bed and picked up the shoes that had been bought for her. The men had had to guess the size of her feet, and though the shoes were a size too large, since they had straps that buckled around her ankles, it wasn't a problem. She stood, turned her back to the mirror, then looked at her reflection over her shoulder. The five-inch heels made her legs look longer and thinner, just like she wanted. She raised her arms straight over her head, and the hem of the robe lifted up nearly to the crease where her thighs joined her bottom.

I'm going to be nervous all day and night.

She decided it would be a good kind of nervousness. The Sandstrom brothers — *her* men, as she now thought of them — had a way of expanding her world, of making her feel bold and daring in ways she never had before. With them, she was willing to take risks, she was willing to gamble. She would travel into unknown territories, which was something she would never have done prior to their involvement in her life. They'd had a profound influence on her self-confidence, especially — but not limited to — her *sexual* self-confidence.

Not bad for a thirty-four-year-old divorcee.

Before leaving the bedroom, she adjusted the gown to let some of her breasts show, but not all of them. The sheerness of the silk made it impossible to hide the shape of her breasts, and certainly she could not hide the aroused condition of her nipples. All the essentials of her femininity were hidden by the garment, but the silk was of such quality it concealed none of her charms.

She stepped out of the guest bedroom. In the back of her mind she wondered whether it would be Jakob who ravished her first, or Lucas. Or, maybe, they'd take her at the same time. Mariella decided that this was a question that had no wrong answers.

The instant she stepped into the living room, she caught the aroma of steaks on a charcoal grill. To Mariella, that was one of the most satisfying scents in the world. At her little apartment, she couldn't have a grill. She walked through the living room until she found the sliding screen door that led out onto the back deck, where the grill was working overtime, and Jakob and Lucas were watching it with the focused attention of expectant fathers watching their wives when they're in labor.

"Hello," she said, stepping onto the deck attached to the back of the house. "Something smells delicious."

When the brothers turned toward her, she saw an instantaneous glow come into their blue eyes. They liked the way she looked, and she liked the way they reacted.

"It's good to have you here," Jakob said, holding tongs in his hand.

"Wow, that's a big grill."

Lucas said, "Well, you never know when you're going to be grilling for a dozen hungry cowboys."

When Mariella stepped closer, Jakob slid his free arm around her waist, pulled her close, then kissed her lightly on the mouth. It wasn't a long kiss, and there was no tongue involved. It was just a sweet, loving, brief kiss . . . that rocked her world, and would have knocked her socks off had she been wearing any.

When he took his arm from around her, Lucas immediately took his place. He placed his hands on her shoulders and bent down to kiss her mouth. Mariella expected him to go for her breasts since they were so obviously both on display and available for caresses, but he did not.

"What time have you got?" Jakob asked.

Lucas looked at his wristwatch. "The potatoes will be done in three minutes, and the Cowboys game starts in ten. I'll put out the peas and mushrooms for the boys." He turned to

Mariella and almost casually slipped his right hand inside her robe to cup her naked breast. "Would you please pour a cocktail for my brother and me? And make a drink for yourself. I think you'll find everything you need." As he spoke, he rubbed the side of his thumb back and forth over her nipple, causing goose bumps to form on her skin.

How long are they going to tempt me without making love to me? Oh, it's going to be a long, lusty day at the Flying S Ranch.

Chapter Six

She stepped back into the house, walking through the living room where the pre-game show was playing on the enormous television. Lucas was in the kitchen which attached to the dining room and was using an enormous spoon to scoop peas out of a large kettle. Even though she was in a separate room, she could smell the garlic and melted butter.

She went to the liquor cart and started making the cocktails, carefully using tongs to fill lowball cocktail glasses with ice for Jakob and Lucas, then filling them nearly to the rim with whiskey.

She was making her own cocktail — a gin and tonic with a squeezed wedge of lime — when she heard Lucas step up behind her. She didn't turn around to face him, though she did smile when his right hand slipped around her middle, stopping with his palm against her stomach, warming her through the silk. He kissed her once on the neck, and she angled her head to the side to give him easier access to her throat. She wasn't disappointed when his lips parted, and he started using his tongue on her neck.

"It's good to have you here," he whispered into her ear.

He slipped his hand between the folds of her robe to cup her breast. He squeezed twice, then captured her nipple between his index finger and thumb. At first it was just a firm pinch . . . but then it slowly but steadily became tighter and tighter. Mariella's eyes opened wide, and though she did not cry out, her mouth opened and the discomfort she felt showed in her expression. "Just don't forget that this is Submissive

Sunday. You're to do everything we tell you, and do it without hesitation. Understand?"

The sensation was getting dangerously close to pain. Mariella nodded her head but did not speak.

"I asked you a question, and I need an answer."

"I understand," Mariella said quickly.

Lucas immediately released her nipple, and Mariella sighed with relief. Lucas walked out through the doorway to the deck, carrying with him an enormous silver serving tray.

She finished making her cocktail; then, holding all three drinks in a triangle between both hands, she walked out onto the deck, where Jakob was taking ten huge porterhouse steaks off the grill with the tongs and putting them on the serving tray that Lucas was holding. She waited until the men were finished.

"Just set mine aside for now," Lucas said, very casually, as though he hadn't pulled a full-on Dom on Mariella just a few moments earlier.

She handed Jakob his whiskey on the rocks. He was looking down into her eyes as he took a manly swallow of the potent brew. As he drank, his gaze never once wavered from Mariella's.

Mariella could hear the ranch hands entering from the front door, walking through the mud room where the washer and dryer was, and directly into the kitchen/dining room. They were all quite excited about the savoury meal that had been prepared for them, and all anxious for the Cowboys' pregame show. Even though Mariella couldn't see them, and they couldn't see her, she felt vulnerable being so scantily dressed when they were in the house with her.

"The boys being here make you nervous, don't they?"

Mariella nodded. She took a sip of her cocktail. "This robe . . . it doesn't hide very much. My breasts . . . they're covered, but you can see their shape and see them move. And my nipples are standing out." She closed her eyes for a moment. "My nipples are always erect whenever I'm with you and your brother. It seems that way, anyway."

"Beautiful breasts," Jakob said. With his left hand he brushed the backs of his knuckles over one of her nipples through the silk. It took an effort on her part for Mariella to not moan aloud. "When you masturbate, do you ever suck on your nipples?"

Mariella gasped. No man had ever spoken to her like that. The fingers holding her cut crystal highball glass tightened. Still looking up into Jakob's eyes, she took a sip of her drink, and then another.

In a cold voice, Jakob said, "I asked you a question. I want an answer."

"S-Sometimes," Mariella said, being more honest that she would have liked.

"So, you sometimes suck on your nipples when you play with yourself. Do you just finger-fuck yourself, or . . ."

There was something tantalizing about the way Jakob left the sentence unfinished that tickled Mariella's libido. She simply wasn't accustomed to men talking to her this way. Then, realizing Jakob had implied a question, and not wanting to be punished for not answering, she cleared her throat and took another sip of her cocktail.

"If you must pry the embarrassing truth from me, I like to put on pretty lingerie and have a little gin, or maybe wine. Then I sit at my computer and put on some naughty videos. There are a couple of sites that are women-friendly. I use my fingers, of course, but I also have a small assortment of vibrators, and two very life-like dildos. They . . . the act that I perform . . . it takes the edge off. That nasty, jagged edge that is so frustrating that sometimes I gnash my teeth and want to bang my head on the wall, or drink way, way too much so that the empty ache will just go away." She closed her eyes. "I can't believe I just told you that. I really can't. You've been wickedly intimate with me, but the truth is, I hardly know you."

"You know me well enough to accept me as your Dom."

She watched as his gaze went from her face down to her cleavage. She was showing an indecent about of her breasts. As Jakob looked at her, her nipples tightened and became even more noticeable through the gossamer-thin silk of her robe. She let her own gaze go from his face down to his crotch. She saw the long, thick length of his cock fighting against the confines of his jeans.

"Show me how you suck on your nipples."

Mariella's eyes widened. She didn't worry about Lucas seeing her behaving so intemperately, but she could hear there the ranch hands—and it sounded like all five of them—were still in the dining room. If they walked out into the living room, they would easily be able to see her through the screen door leading out onto the deck. She stood motionless, looking up at Jakob.

"Mariella . . ."

His tone was low, ominous, the threat implied though that only made it even more scary.

Woodenly, Mariella set her drink down on the small table beside the grill, breathed deeply several times to bolster her courage, then eased her robe aside to expose her left breast. She took her breast in both hands, raising the plump mound, turning it so that the nipple pointed upward. With her eyes still open, she dipped her head down and licked the erect tip of her breast several times, then straightened up and looked at Jakob.

He shook his head slowly. "That wasn't enough. I want to watch you suck on your nipples. Both of them."

Mariella's heart started pumping even faster. She could hear the ranch hands in the other room. Even though they couldn't see her, their presence was disturbing.

Once again, she lifted her breast, angling the firm flesh so that the nipple was available. She licked the nipple several times, then captured it between her lips. She drew a firm suction on it—just the way she liked to when she was using a vibrator on her clit—and felt her sex get even more dewy. Without having to be ordered to, she released the nipple, then repeated the process with the other one. When she sucked, she did so hard enough to cause her cheeks to hollow inward.

She was still sucking on her nipple when she heard Lucas's bootheels clicking against the hardwood floor before he stepped out onto the deck.

"Well, well, well," she heard him say. "I see we've kept ourselves entertained in my absence."

She had closed her eyes, and she kept them closed as she continued pleasuring herself. What aroused her wasn't just tactile, it was emotional. The exhibitionist in her was blossoming. The sub in her was embracing the role with open arms.

Mariella released the hold on her breast, and it fell back into place. She adjusted her robe so that both breasts were properly covered—at least as properly as the robe would allow.

There wasn't a nerve in her body that wasn't ready to get fucked.

That was when she watched the five ranch hands walk into the living room, each holding a plate laden with a big steak with sauteed mushrooms spooned over it, a baked potato, and peas. Two of them sat in the chairs flanking the sofa, and three of them went to a closet and extracted a folding tray and a folding chair. The trays and chairs were placed directly behind the sofa, facing the big, flat-screen television.

Oh, God . . . they're going to watch the game with Jakob and Lucas. They're going to see me. Oh, no . . .

"The boys have dished up. It's our turn now," Lucas said.

Jakob smiled at Mariella. He took her hand and squeezed

it. "Let's get food and sit down on the sofa. Don't worry. Everything's fine." He bent down and planted a light kiss on her forehead. "You look ravishing."

"I thought . . ." Mariella began, but then her throat tightened up and she couldn't speak. She cleared her throat, then continued. "I thought you wanted to be with me. *Alone* with me."

"Later, darling. Right now, we've got a feast to eat and a football game to watch."

Mariella felt the eyes of the ranch hands on her as she walked between them and the television on her way to the dining room. She tried to walk as smoothly as possible so that her breasts wouldn't wiggle too much, but having no movement at all with her bosom was simply impossible. When they reached the dining room table, where all the food was waiting for them, Mariella felt a small measure of relief.

Quietly, without looking at the men though addressing both of them, she said, "I thought you wanted to be alone with me."

"We will be. After the game. Now make a plate for yourself," Jakob said. "The game's about to start, and I always like to see the kick-off." He grinned. "There nothing so superstitious as a true fan."

It was almost as though Mariella had a ringing in her ears. It was as though she could hear the sound of her own blood pumping through her veins.

What the hell have I gotten myself into?

She took a fork and stabbed one of the porterhouse steaks. When she put it on her plate, it took up almost the entire surface.

"I'll never be able to eat all this. It's like five times too much," Mariella said.

"Those boys in the living room will finish whatever you can't," Lucas said. "They're thin, but that's only because they're young, and Jakob and I work them like rented mules.

Those five eat as much as ten grown men. And Jakob and I should know, because part of the employment package is that they get free food and lodging."

That satisfied Mariella a little, but only a little. She was far too conscious of the people in this world who didn't have anything to eat, so she made a point of never throwing food away unless it was absolutely necessary to do so.

She sliced open her baked potato, made a promise to herself to go on a strict diet starting the following day, then put a truly sinful amount of butter inside the steaming potato, along with a little salt and a lot of pepper.

She had used a week's ration of butter on one baked potato.

Today's pleasures are tomorrow's guilt.

She followed Lucas and Jakob into the living room. Once she was in the same room with the ranch hands, her heartrate again began to accelerate. Their proximity had an undeniable influence on her.

When they got closer to the sofa, Jakob turned to her and said, "Let me have your plate. I'll set it down for you." He smiled at her as he took the plate from her hand. "It looks like the boys all need a beer. And Lucas and I could use fresh drinks." He bent at the waist to whisper into her ear. "Remember, sub, it's your responsibility to make sure that nobody goes thirty. This is the last time I'll tell you. From now on you've got to interact with them to see if they need anything." He stood up straight, holding the two plates, his blue eyes as cold as an iceberg. "Got it?" he asked quietly. "Or do you need a spanking, right here, right now, in front of the boys?"

Mariella shook her head, and without delay, headed straight for the tall refrigerator. When she opened the door and looked inside, she was shocked to see that there must have been five cases of beer in there, each one a different brand of beer.

Damn. I'm going to have to ask them who wants what.

Mariella realized that if she had thought she might be able to just sit quietly on the sofa and mind her own business while the ranch hands were in the room with her, she was sadly and profoundly mistaken.

Standing near the open refrigerator door, she turned and faced the room. "Cowboy fans, tell me what you want."

The instant those words were out of her mouth, she regretted them, and made a mental not to never again say anything to the cowboys that might be misconstrued.

Mariella watched as four of the ranch hands turned and looked at Ben. By their actions they let her know that he was the foreman, and though they all worked for Jakob and Lucas, their immediate superior was Ben. They always followed his lead, and did so without hesitation. Mariella suspected it was very important that she know this.

Ben said what brand he wanted, and then the other four called out their choice. Mariella took from the refrigerator what they needed, but she couldn't hold five beers at once without cradling them in her arms and pressing those cans against her bosom. The cold cans made her nipples distinctly more erect.

Understanding now how the hierarchy was laid out, she walked to Ben first.

"I can't hand it to you or I'll drop the others," she said.

Ben remained seat in the chair beside the sofa, so for him to reach the beers that Mariella was holding, she had to bend at the waist — and expose a bosom that had drawn the attention of all men, even when she wore high-necked sweaters.

"Thank you," Ben said as he took his preferred brand.

Mariella noted that he moved slowly so that he could look closely at the breasts she was exposing. She simultaneously felt a flush of pride and embarrassment.

The other four men looked at her breasts, though none of them were obvious about their interest in what they were seeing. When she had dispensed the beers, she went to the liquor cart, made two whiskeys on the rocks, then mixed herself a strong gin and tonic with a squeezed wedge of lime. She made it strong because she was quite certain she'd need some liquid courage to survive the next three hours.

That's about how long a football game takes, isn't it? Catch a buzz if you need to, but always keep your wits about you. Alcohol makes you lose inhibitions, and this is most definitely not the setting where you want to just let yourself go.

When she returned to Jakob and Lucas, she had to bend forward to hand them their drinks. Since three of the cowboys were sitting in folding chairs directly behind the sofa, she gave them all a good view of large breasts that she had long ago thought were unnaturally sensitive.

They had put her plate on the coffee table, and it was clear that she was to sit between Jakob and Lucas. By the time Mariella sat on the leather sofa, she could feel that most of the crimson blush had finally left her cheeks, and her heart was beating at a far more appropriate pace.

She sat down, sliced off a piece of the medium-rare porterhouse, then tasted the most delicious beef, fresh off a charcoal grill not quite the size of Nebraska, that she ever had in her life. Her eyes closed and she moaned with an almost sexual appreciation of what she was tasting.

I'll go on my strictest diet tomorrow. Today, all bets are off. Today I do whatever the hell I want to.

"In this part of the country," Jakob said as they ate and watched the game, "we don't have what you'd call a local team. We all love football, but we didn't have a hometown team to root for. We had a Flying S Ranch meeting, and we decided on the Cowboys as our team. We're all real-life cowboys, and they call themselves America's team and the Cowboys. Anyway, that's the reason we've made it a ritual of watching them every week."

Lucas said, "We bought a satellite package so that even if

the games are not televised in Bear Creek, we can see them. And during the off-season, on Sundays, we watch a rebroadcast retro game. We can watch any game from about the mid-eighties to today."

Mariella could picture the bonding, the comradery that went on. The football game probably wasn't nearly as important as the seven of them all getting together, eating voraciously, drinking copiously, talking endlessly — and often talking over each other — and by doing so slowly and steadily growing closer and closer and closer.

The ranch hands were quiet at first, but as the game picked up — and they started paying exclusive attention to what was happening on the big-screen TV instead of the scantily clad woman sitting between Jakob and Lucas — their analysis of the game became more frequent and much louder.

Lucas leaned to the side and whispered directly into Mariella's ear. "Better get up and see who needs a beer. I'm sure all of them do by now." He kissed her on the temple, then said, "This is the last time I'll remind you. If I have to again, I'll put you over my knee and give that lovely ass of yours a spanking hard enough so that both cheeks will be bright pink and stay that way for at least an hour."

Mariella tried to remember which cowboy preferred which brand, realized she couldn't, then went around to each young man and asked what he wanted. As she went from cowboy to cowboy, Mariella discovered that though she had initially been embarrassed to be wearing only a sheer silk robe that didn't really come down to the middle of her thighs, she found herself taking a certain amount of erotic pleasure in being looked at by handsome *young* men who, she strongly suspected, had more than their fair share of lady admirers.

She dispensed the beers, but now she was in no particular hurry to get back to her position on the sofa, sitting between the two men she was quite certain would fuck her into multiple orgasms later in the evening.

Mariella stepped to the side so that she wouldn't block anyone's view of the television, then she looked at the ranch hands as they stared, almost unblinking, at the game underway. They took the game obviously *very* seriously.

All five of them are handsome. I've seen them without their shirts on, and they are lovely. They're all like young mountain lions, lean and powerful and probably inexhaustible sexually. Not one of them has outright ogled me, though every one of them has looked at me when he got the chance. None tried to cop a feel, even though there were plenty of chances when I handed out the beers. They've got discipline . . . and I'll bet that Lucas and Jakob has played a powerful role in teaching them that.

She replenished cocktails, but this time, when she made her own gin and tonic, there wasn't much gin in it, though a person couldn't tell that by the color of it. It was mostly tonic water, with a lot of squeezed lime.

Halftime was fast approaching. The ranch hands had finished their plates. So had Jakob and Lucas. Mariella had eaten half of her steak, half of her baked potato, and had hardly touched her vegetable, even though it was delicious, and had the mouth-watering aroma of butter and garlic.

Mariella looked at Jakob, sitting to her left, and asked in a whisper, since she really didn't know what was expected of her in the erotic game they were playing, "Should I clear away the plates?"

Jakob shook his head. "That's Ben's job. Six days a week, he gives the orders. But on Sundays, the men get to sit back, enjoy the meal they've just hand, and Ben deals with the plates, and so forth. Lucas will put everything into the dishwasher later."

Mariella grinned, and shook her head a little. "My, you really do have your life down to one ritual after another, don't you?"

Jakob nodded, looking int her eyes. "Yep. And everything

works like clockwork. We like it that way. There aren't many surprises."

And then, as though directed by an invisible hand, Ben rose from his chair and picked up Mariella's plate.

"Finish this up, boys. We're not throwing anything away," Ben said to the ranch hands who obeyed his every order without question or hesitation.

The ranch hands were sitting directly behind her, so she couldn't see them, but she could hear them attacking the food she had been unable to eat and left on her plate. The sounds of eating didn't last long.

She said to Jakob, "They have hearty appetites."

He smiled cryptically at her, looped his right arm around her shoulders, and said, "You don't know the half of it."

There was something mysterious in his tone of voice, and it was the look in his crystal blue eyes that made Mariella shiver. He was often as frightening as he was arousing. She knew that something was going to happen, and happen soon. She just didn't have any idea what it was. All she was certain of was that it would be intense. With the Sandstrom brothers *everything* was intense.

"Halftime," Lucas said, a twinkle in his ocean blue eyes as he looked over at Mariella. "We can either find out what action is happening around the league, or we can make some action ourselves." The pink tip of his tongue slipped out to moisten his lips. "I think it's time for a little harmless debauchery."

Lucas started to lean into Mariella to kiss her. Terribly conscious of the young men with them in the room, who were only just feet away, Mariella tried to back away, but she couldn't move more than a few inches before her head struck Jakob's shoulder.

"Surrender," Lucas said in a low, heated, threatening voice. "It's inevitable."

Mariella wanted to say something in response. She wanted to put forth some credible protest. But the words just wouldn't come, and neither did the indignation her more prissy inner self insisted she should feel. Instead, when Lucas's lips slanted down over hers, she moaned softly and opened her mouth, inviting Lucas's tongue to caress and explore to his heart's content.

She was dancing her tongue with Lucas's when she felt Jakob's lips on her throat, and his left hand on her naked thigh. Mariella felt another warm flush go through her, and though she tried to block from her consciousness the fact that there were five young cowboys—every one of them more than a decade younger than she—who were probably watching her with avid interest as she behaved wantonly.

The hand on her naked thigh—she was pretty certain it was Jakob's though she couldn't say for certain since her eyes were closed, her head was spinning, and she was kissing Lucas—began sliding slowly upward, touching her softly. It was a caress, not a heavy-handed grope, and Mariella felt the tingling in her clit which, though gentle, was entirely pleasing. There was a slight throbbing in her vagina that was nothing short of utterly delightful.

Surrender. Jakob and Lucas know what they're doing. They'll always protect you. They'll never hurt you. This Dominance and submission is their game, and not only do they know the rules . . .they wrote the rules. Surrender . . . and enjoy.

Mariella turned her face away from Lucas and availed herself to Jakob. Her lips hadn't been abandoned a full five seconds before Jakob was turning up the sensual heat, and dancing his tongue with hers, deep in her mouth.

Mariella was French kissing Jakob when she felt the sash of her robe being unknotted, then the two halves being pulled aside to completely expose the entire front of her body. The breath hitched in her throat.

She knew that it was Lucas who had done that. Jakob had

his right arm around her shoulders, and with his left hand he was touching her inner thigh with slow caresses of his fingertips which were moving slowly closer and closer to her sex. She felt herself getting more creamy by the second.

The halftime show is not exactly the romantic music I'd like in the background while making out with two men. And there are five handsome, young cowboys watching me.

The thought almost made Mariella giggle, despite the escalating lust that was surging through her veins. This was *not* the way she thought Submissive Sunday would unfold.

The boys are watching. I know they're watching. At least I hope they are.

For a moment, insecurities grabbed Mariella by the throat, and did so with an iron grip. What would they think of a thirty-four-year-old woman exposing herself to them? The ranch hands were so young. She was at least ten years older than every one of them. Surely they would want to look at a naked girl more closely aligned to their own age . . . wouldn't they? The thought that at thirty-four she might be considered too old to be lusted after cut into her like a serrated knife, shredding flesh, not cutting cleanly like a scalpel.

Lucas's hand captured her left breast and squeezed at exactly the same time that Jakob's hand reached the apex of her thighs, and his fingertips began tantalizing the naked lips of a pussy that had been anticipating caresses for literally days now.

"Please," Mariella said. She wanted to say much more, but the words just wouldn't come.

"So beautiful," Jakob said softly, his lips warm against Mariella's skin.

Mariella could feel the eyes of the cowboys gazing upon her. Though she didn't want to be aroused by being watched as she made out lustily with two men, the fact of the matter was that the voyeurs—very young men whose last names she had never been told—were watching her behave lewdly added significantly to her arousal.

Mariella took Jakob's tongue deep in her mouth, and she trembled when he kissed her with a passion that reached down deep in her soul.

I can't believe this is happening.

When Mariella ended the kiss, her emotions were in something of a panic. She had experienced passion before, but never this kind of passion—not when there were seven men in the room, two of whom she had previously had sex with.

This is going too far.

It was Jakob's silky caresses to her sex that had caused Mariella to hit the panic button.

She ended the kisses and grabbed Jakob's wrist to push his hand out from between her thighs.

"I've got to get drinks for everyone," she said, almost breathless, conscious of the ridiculousness of her excuse for leaving. Jakob and Lucas continued to hold her, and she began to struggle with greater earnestness. "I'm your sub. You gave me a command. I'm going to follow that command. Isn't that what you want?"

To Mariella's profound relief, the men did release her. She got quickly to her feet, wrapped her robe tightly around her curves, then tied the sash. She did not look any of the ranch hands directly in the eyes, afraid of what emotions she might find there.

You can do this. Compose yourself . . . then get on with the role-playing game that Lucas and Jakob are such masters at.

As she walked to the refrigerator, she said out over her shoulder, "Beer call. Who wants what?" She was trying to sound nonchalant. She was marginally successful.

The ranch hands all laughed, and Mariella felt an immediate lessening of the tension—sexual and otherwise—in the room. For that, she breathed deeply and sighed with relief. When she opened the refrigerator door she felt the cold air on her naked legs—the robe came down less than halfway to her knees—and she was a little shocked at how responsive the unpleasant stimulation was to her body.

Are Lucas and Jakob going to want to make love to me with the ranch hands watching?

It was a tantalizing notion for her. Teasing an audience by showing some skin and fooling around with two handsome men was one thing. Daring, to be sure, but nothing too terribly taboo. A little kinky, perhaps, but in a fun sort of way.

The young men called out their beer preferences, and once again, for Mariella to hold all five cans, she had to cradle them against her bosom. With her skin already heated from the brothers' caresses, the beer cans, fresh out of the refrigerator, felt like twelve-ounce chunks of ice being squished against her always-sensitive breasts. Her nipples got even tighter. She felt her pussy get just a little wetter, more ready for what she hoped her men wanted to do to her.

She looked at Ben. His face was slightly flushed, but there were other young men who were either distinctly pink-cheeked, or flat-out red-faced.

"I hope you haven't had empty beers for long," Mariella said, pretending that she wasn't scantily clad and showing an enticing amount of her breasts and thighs as she dispensed the beers. Her charade fooled no one, but was appreciated by everyone. "Sorry. I was a little distracted for a bit there."

The young men all chuckled, and Mariella felt significantly more confident in playing this D/s game with Jakob and Lucas. High arousal required high confidence.

"You don't have anything to apologize for, Miss Mariella. Me and the boys are happy as can be that you're watching the football game with us," Ben said.

Mariella knelt on the sofa to hand beers to the three cowboys sitting behind the sofa in the folding chairs. As she handed them their cans, she made a point of looking each one of them directly in the eyes. She also let them have a long, leisurely look at her breasts, which were just barely covered.

When she let her gaze roam downward from their eyes, she noticed that all three of them had erections trapped inside blue jeans that hadn't seen hard work or many washings. They were all in their Sunday clothes. Their dusty, well-worn boots and jeans were still in the bunkhouse.

Better cool it on the flirting. You don't want them to blow a gasket.

Mariella went to the liquor tray, and using fresh glasses, poured drinks, with ice and Tennessee whiskey to the rim, and a gin and tonic made with the regular measure of liquor.

The smile that curled Jakob's mouth was barely there, but still Mariella could see it—and she knew he appreciated that she was willing to play along with this deliciously sinful game, the rules of which she had little understanding of.

She sat between the men just as the second half kick-off started the game clock.

CHAPTER SEVEN

Jakob took a sip of whiskey, watched the kick-off, then surreptitiously turned his head just enough to look out the corner of his eye at the beautiful, voluptuous brunette sitting beside him.

How in hell did I get so lucky to get someone like Mariella in my life?

It was a question he had asked himself countless times since that first fateful encounter in her office, when all he wanted to do was buy some property insurance to protect himself from dangers he couldn't foresee.

Don't question good luck too much, old boy, or it might go away. Just count your blessings, do everything you can to make her happy and want to spend time with you and Lucas, and leave it at that.

He put his right arm around her shoulders, and when he did, Lucas put his hand on her thigh.

On the big screen TV, the Cowboys' quarterback had just thrown a forty-yard bomb to a fleet-footed wide receiver, giving the team a six-point lead over their opponent. The men in the room all cheered and bolted to their cowboy-booted feet to give each other high-fives, and in doing so, sloshed more than just a few drops of beer and whiskey onto the carpeting.

Mariella did not bolt to her feet at the touchdown like the men did. She waited until they were all seated once again, then asked, "After all that cheering, how many of you need fresh drinks?"

Oh, she's good. She's very, very good.

His appreciation of her went into the stratosphere.

The two-minute warning had just sounded, and the men in the room were watching the football game with an intensity that bordered on fanaticism. Heart surgeons didn't concentrate during an operation the way the ranch hands did just then. Throughout the game, Mariella made a point of getting up off the sofa at frequent intervals, sometimes legitimately wanting to find out if anyone needed a new drink, and at other times just to experience the forbidden thrill of having five young men she didn't know much about look at her wearing a silk robe that was so sheer the shape of her body was clearly outlined and the jiggle and sway of her full breasts was put on stark, erotic display.

The Cowboys were two points down with seventeen seconds to go. Mariella looked at the men. Some had their fingers crossed. Others of them had their lower lip trapped between their teeth. Jakob was pressing a huge fist against his mouth, his eyes unblinking, glittering like diamonds. Not one of them seemed to be breathing.

The long field goal attempt was snapped, the holder put the ball in place, and the soccer-style placekicker put it over the crossbar and inside the left upright of the goal post with just inches to spare.

What happened next was sheer, exuberant pandemonium. The seven men jumped up and down and hugged each other with a maximum enthusiasm that Mariella had never before seen. It was theatrical, but the emotions were real, honest, and not in the least bit exaggerated.

Seven big, strong, virile-as-hell men, and they're jumping up and down and hugging each other like third-graders who have just been told they're going on a field trip to the zoo.

Once the post-game celebration was over, Jakob and Lucas escorted the ranch hands to the front door and sent them to their bunkhouse. Their presence was welcome only for the game. That was clear to Mariella. She guessed that the post-game victory celebration was about to begin anew — and that she would play an essential, and hopefully central, role in the joyous festivities.

"How about a kiss to celebrate the Cowboys' last-second win?" Jakob asked as he and his brother returned to the living room. The light in Jakob's eyes was the polar opposite of innocent.

"I was hoping you'd say something like that," Mariella replied, feeling an anticipatory tingle work its way from her vagina to her nipples, and from there, move outward slowly but evocatively.

Jakob stepped in front of Mariella, towering over her even though she had was wearing high heels worthy of the descriptor. Lucas went to the remote control on the coffee table and shut off the TV. The sudden silence in the room was disconcerting.

"And now," Jakob said, his tone low, raspy, richly sensual as he slipped his arms around Mariella, touching the small of her back through sheer silk. "It's time to rejoice."

He bent down to kiss Mariella's full-lipped mouth. He did it gently, but with steadily increasing firmness. When Mariella felt the tip of his tongue caress her lips, she was only too happy to open her mouth.

She wondered if Jakob could make her climax just from French kissing her. When she was with the Sandstrom brothers, it seemed she was always either pre-orgasmic or post-orgasmic. Either way, her libido was always on high alert with them.

Her head was angled to the left as she kissed Jakob, so Lucas stepped close behind her, pressing a bulging crotch into the small of her back. He began kissing her on the neck. She reached for her men, looping one arm around Jakob's shoulder as she reached behind herself, down low, and gave

Lucas's hard cock a tantalizing squeeze through his jeans. He groaned with pleasure, and that was precisely the response she had hoped for.

"You're so hot," Lucas said, momentarily stopping the kisses he was delivering to Mariella's neck. "I don't have to look at you to get hard. I don't need you to touch me for my cock to turn to steel. All I have to do is think about you, and my balls start aching and I'm ready for action." He groaned as though in pain. "No woman has ever had that power over me."

Mariella ended the kiss with Jakob and murmured honestly, "I can't tell you how pleased I am to hear that." She sighed. "Can I be thrilled and scared at the same time?"

"Before we go any farther, there's something we've got to do," Lucas said. His voice was very low and, standing behind Mariella, he was speaking directly into her ear. "Put your hands behind your back. Cross them at the wrists."

Mariella closed her eyes and tried to not smile.

I've played this game before, and when I did, they gave me two. If limitless climaxes are what I've got to look forward to, then count me in. Count me in to the finish line.

She felt Lucas's bandanna being tied around her wrists, exactly as the brothers had done prior to their first wild encounter in her office. Her nipples get just a little tighter and her clit tingled more insistently once the cloth was tightly surrounding her wrists and securely knotted.

But then the rules of the game seemed to change, and Mariella experienced momentary uncertainty that bordered on fear. Standing in front of her, Jakob took his bandanna from around his neck and reached over her shoulder to hand it to his brother.

"Fold it first," Jakob said.

In an annoyed tone that younger brothers reserved for older brothers who just can't help but give instructions on how things are to be done, Lucas said, "I know how to do this."

Mariella asked, "What's going on?"

She tried to look over her shoulder at Lucas, but Jakob took her chin in his hand and forced her to look up. His eyes were blue, icy, and a little scary.

"Sub, you'll know what we want you to know."

Mariella started to say something but then, from behind, Lucas put his bandanna over her eyes, blindfolding her with it. He tied the folded ends into a knot at the back of her head. Now Mariella was bound and blindfolded. She felt as defenseless as she ever had in her life. The tension going through her made it difficult to breathe.

They are masters at the Dom/sub stuff. They know what they're doing.

This awareness gave her little comfort. Actually, none at all.

She cleared her throat, then said with no small amount of anxiety in her tone, "Well . . . this is different." She immediately wished she hadn't said that.

Jakob said in a growl, "Don't talk unless you're told to."

"Okay."

Lucas said sharply, still standing behind her, "What did you say?"

Mariella swallowed the dry lump in her throat, then replied, "Yes, *sir*." She wondered if she should have called him "master," but she wasn't at all well-versed in the unwritten rules and regulations of a D/s relationship. Her training was far from complete.

Mariella expected them to ravish her immediately, or at least put her on her knees so that she could pleasure them with her mouth. She knew they liked it when she was on her knees. Men *always* did. Without exception.

But they didn't do anything. They didn't touch her. They didn't even kiss her—much to Mariella's annoyance. They weren't dispensing even a little amount of pleasure, and she was finding it increasingly difficult to keep her balance being blindfolded.

No kisses. No caresses. They're not giving me a spanking. They don't even have me on my knees. What the hell is going on?

She could hear bootheels retreating on the hardwood floor of the dining room and then, a little while later, from the living room, the tinkling sound of ice cubes being dropped into an empty lowball glass. One of the two brothers was making himself an entirely fresh drink, she knew.

The footsteps returned, then were muffled by the thick carpeting in the living room.

"You made yourself a new one?" It was Lucas talking. "Time for me to do the same. My ice was melting, and if there's anything I can't stand, it's a watered-down whiskey."

Once again, she heard ice being dropped into an empty glass. The men had now made themselves fresh drinks, she decided, so now it was time for some *serious* debauchery. She wondered if they'd launch themselves at her one at a time, or have their way with her at the same time. She knew she really didn't have any say in what she would or would not do for the next couple of hours. The only thing she was certain of was that when whatever was about to happen would come to an end, she'd be exhausted and satisfied.

She felt two hands at her shoulders. Even through the silk, the palms were very warm. She dismissed this as just an overreaction from her feminine body that was aching for strong, masculine attention. Absence *really did* make the heart grow fonder.

The hands slipped slowly down from her shoulders, moved inward briefly, then travelled outward again, so that his fingers were now touching her skin beneath the robe.

"Ohhh," Mariella moaned.

Being blindfolded and bound, it seemed that the rest of her senses were magically made much more sensitive because the other senses had been shut off. The fingers touching her flesh on the slope just above her nipples threatened to burn her flesh. Her mouth opened, and she inhaled shakily.

Who was touching her? Jakob or Lucas? She couldn't tell just from the way she was being caressed.

But that's part of what makes this so exciting. I'm being aroused, but I don't know who is getting me turned on.

Simultaneously, both of her nipples were captured between fingers and thumbs and given a pinch and twist, then a firm tug. Her mouthed opened wider, but before she could either gasp or moan, warm lips were sealed over hers. The fingers that had only pinched her nipples now splayed wide. Then the hands tightened to squeeze the globes of her breasts so firmly it bordered on discomfort.

Mariella began caressing the tongue that had entered her mouth with her own. The hands manipulating her breasts were forceful — almost *too* forceful — but just when she was going to say something in complaint, her breasts were released.

She exhaled deeply when her breasts were set free, but before she could really get her bearing on what was being done, she was given a solid shove backward. She cried out in shock, but instead of landing hard on the carpeted floor, she dropped into one of the leather, overstuffed chairs that flanked the sofa.

"Oh, God, I've never . . ." she said, very quietly, fear and passion colliding inside her like runaway trains on the same track but rushing headlong toward each other. The crash was inevitable.

Mariella was barely sitting on the chair. Her shoulders and head were against the backrest, with her chin nearly touching her chest. Her thighs were spread wide.

Now I'm going to get it.

She felt the sash of her robe get unknotted, then the halves of the garment were flung apart to expose the front of her naked body. The mouth that had captured her left nipple and much of the areola drew a very firm suction on Mariella, and as she moaned because of the pleasure her nipple felt, a single finger was inserted between the lips of her sex.

"Oh, God . . ." she said, reverting to her unconscious fallback exclamation whenever sexual excitement was escalating at a furious pace.

Mariella felt a naked chest against her lower abdomen. Whether it was Lucas or Jakob, she couldn't say. But whoever it was, he had taken the time to take off his clothes so that during their feverish encounter, they could be flesh to flesh.

I'm going to insist that they untie my hands. They can have me however they want me the first time, but after that, I want to take my time. I want to explore their bodies and really get to know them.

Only a few seconds passed before Mariella had a finger inside her body, and then it retreated completely. It wasn't long before she felt the plump crown of his hard cock rubbing up and down over her entrance. Seconds later, a single, rather harsh thrust forward caused her sex lips to stretch to accommodate a manly invasion.

Mariella cried out, in shock and pleasure, not pain. Whoever was on his knees on the floor in front of her was clearly not in a patient or particularly sophisticated mood. He retreated once, and on his second powerful thrust, he buried all of his cock in Mariella's slick, tight slit.

From the very beginning, he pumped furiously, with an almost machine-like energy, even fury. Mariella's breath was expelled from her lungs each time his thrashing body collided with hers. The pounding—and that was exactly what it was, a pounding—continued, and as it did, Mariella heard Jakob ask Lucas, "Want me to freshen up your drink?"

"No, but thanks," Lucas casually replied. "I'm fine for now."

And that was when Mariella realized, to her shock and unlimited horror, that whoever was fucking her *wasn't* either of the Sandstrom brothers!

"Oh, God, wait, stop. Who is this?"

She was still begging for someone to let her know whose cock was inside her when a masculine growl preceded a complete stop of all movement.

Mariella's brain was whirling. She had just been fucked, and though she was quite certain it was one of the ranch hands, she didn't know which one had just released his sperm inside her.

And that was when the next horrifying thought went through Mariella's consciousness, and when it did, she felt a fear unlike anything she had ever before known.

The Sandstrom brothers had five young ranch hands, and one of them had just fucked her until he climaxed. There were four more young cowboys at the Flying S Ranch. Would Jakob and Lucas direct the four of them take their sexual pleasure with her, too?

"Time to leave," she heard Jakob say.

It had been a type of torture that Jakob never dreamed he would experience — and it was his own idea that had caused his torment.

When he had first seen the response that Mariella had upon seeing his five young bare-chested ranch hands, and when he heard her making disparaging comments regarding her own age and favourable comments on how young and handsome the cowboys were, he knew he had to let her indulge in a little fantasy. But how to go about doing that? He knew his ranch hands were lusty as hell, so getting them to find Mariella erotic would be no trouble at all. The trick was satisfying Mariella's unconscious fantasies and desires, while at the same time solidifying her romantic relationship with himself and his brother.

Jakob had long ago learned that nothing was as easy as it seemed.

When the answer came to him, it was as though the pro-verbial light bulb had suddenly been turned on in his head. Instantly, everything was crystal clear in his mind. He knew exactly what he had to do, and how he was going to set about doing it. All he had to do was get his brother to agree with his plan. He wouldn't do this without Lucas's buy-in.

Standing near the overstuffed chair that Mariella sat in, Jakob took a sip of his whiskey and let his gaze go slowly over Mariella's naked, voluptuous body, drinking in her stagger-ing, cock-hardening beauty.

The lips of her vagina were a little puffy, moist but some-what swollen. It was clear she'd recently been sexually active.

Ben gave her a good working over, but it'll be nothing compared to what Lucas and I intend to do to her. Ben was just a warm-up. Lucas and I will provide the real action.

"I . . ." she said, then her voice trailed off.

Jakob waited several seconds, then asked, "You what?"

"I want to get cleaned up. Will you until me . . . please?"

Jakob looked at his brother, and together they smiled. Eve-rything was going according to plan.

"Of course, my darling," he said as he eased the blindfold off her head.

She bent forward at the waist while remaining in the chair, and Lucas untied the bandanna wrapped around her wrists. When she bent forward, her breasts pressed against her knees, causing the mounds to appear even more round and full. Jakob felt the swelling in his jeans become even more pro-nounced.

There wasn't anything about Mariella—either physically or socially—that didn't trigger a favourable response in him.

"I'll be right back," Mariella said, pulling her sheer robe tightly around her body, then knotting the sash.

From the coffee table she picked up her purse, the hurried off out of the living room to the bathroom.

"Well, what do you think?" Jakob asked his brother.

"I think she's trying to make sense of it all," Lucas replied. "And I think that the more she mulls over what we're offering, the more likely we are to succeed. If we push her, she'll push back. But if we give her options, she'll choose us . . . and the delights we will provide."

Jakob nodded. "That's the way I see it, too. If we try to capture her, she'll run like a rabbit, but if we put out the proper bait and show her what kind of life we're offering, she'll be ours."

The thought of having Mariella living under his roof seven days a week was something that was almost too delicious to consider — and it was something he had thought of virtually every day since the first time that he had tied her wrists together with his bandanna.

"What's taking her so long?" Jakob asked.

"She's a woman. With them, things take time." He smiled. "I guess that's something we'll have to get used to with her."

"You always have had the cooler head," Jakob said with both honesty and love. "How many times have you talked me out of losing my temper?"

"Lots. And I suspect that total will go up as the years go by."

Jakob took a swallow of his drink, draining the crystal lowball glass. "I suspect you're right."

That was when Mariella entered the living room. Jakob's heart tightened in his chest, and every nerve ending in his body seemed to crackle with high-voltage electricity on the verge of blowing circuit breakers.

"How are you?" he asked slowly, carefully, watching her intensely.

She had refreshed her make-up, he could see, as well as taken out the elasticized band that held her ponytail. Her hair was freshly brushed, flowing over her shoulders and down the front of her body, obscuring the mounds of her breasts.

He'd never seen any woman look more ravishing than she did at that moment. He thought her to be nothing less than breathtaking.

"You two," Mariella said, pointing a finger back and forth between the brothers, "have cooked up something. Some plan or plot or whatever the hell you want to call it."

He watched, hardly blinking, as she walked to the liquor cart and made herself a gin and tonic with lots of ice and squeezed lime. Every move she made, no matter how innocent or innocuous, delighted him.

At the age of thirty-eight, Jakob found himself smitten like a schoolboy. Thoroughly and completely head-over-heels for a woman he had the staggeringly good fortune to meet because he wanted to make sure that his cattle and property were properly covered by an insurance policy.

What were the odds of that happening?

When she was finished making her cocktail, had sipped it and was apparently pleased with the results of her efforts, she turned and looked at the Sandstrom brothers.

"Well?" she said. "Which one of you is going to tell me the truth? And trust me, if you lie, I'll know it and make your lives a living hell because of it."

"If I've ever believed anything in my life," Jakob said, "it's that you have the ability to make my life a living hell. Let's sit, and we can put all our cards face-up on the table."

Chapter Eight

Mariella could feel the coolness of the sofa's leather seat cushion against the backs of her thighs when she sat down. There was a part of her that wanted to demand serious, honest answers from the two men that she had given so much of her trust to, but there was another part of her—a far more prudent and cautious side of her personality—that told her these weren't men who would tolerate threats or intimidation. Not the Sandstrom brothers! They just didn't put up with that kind of bullshit.

"There's a young man in your bunkhouse," Mariella said, leaning back on the sofa. She was struggling to keep her breathing even, her voice level. She had Jakob to her right, and Lucas to her left. Both of them appeared entirely edible. "That young man had sex with me. He fucked me. I'd like to know who he is. I think I've got that right."

Lucas said, "Yes, you'd like to know, but we're not going to tell you. And they're going to keep a secret a secret."

"Why is that?"

"Because the secret, the *not-knowingness,* is part of what makes it so sexy. It is the mystery that's important," Jakob explained slowly and quietly. "On Submissive Sundays, you'll be entertained by a young man who will do everything he can to see to it that you are sexually satisfied. You won't know his identity. But you will know that he is young, that he desires you very much . . . and that once a week, you'll be blindfolded and then have sex with a virile young man who thinks the world of you. You'll know it's one of five, but beyond that, you won't know exactly which young man is willing to do everything within his power to fuck your brains out."

Mariella could hear a buzzing in her ears, in her brain. Could it really be—as it seemed to be—that she had fallen in love with two strong, able-bodied, handsome, successful men—and they had arranged her world so that once a week she would have access to a bunkhouse full of boy toys whose sole purpose on that day was to give her sexual satisfaction?

"But there are . . ." she said, her voice a breathy whisper. For several seconds she nibbled on her full, lower lip, and twirled a lock of ebony hair around her forefinger. The surreal had just become frighteningly real. "There are five of them."

"And each one more hungry than the next, "Lucas said, "to unleash all that youthful energy on your magnificent body." He reached out casually and cupped Mariella's left breast through her robe, caressing her erect nipple lightly with the side of his thumb, touching her through the garment. "And you'll never know which one of them it is. But you'll always be safe, and Jakob and I will always be there."

Jakob put his hand on Mariella's left leg, stroking lightly, his fingertips on the inside of her thigh. "And when you've had your fun on Submissive Sunday with young blood, then Lucas and I will see if it's possible to give you even more pleasure."

Mariella closed her eyes. The reality of what these men were offering her was something almost too enticing to be believed. They were implying a romantic permanence that she longed for, with a dalliance with five gorgeous young men—each one more physically fit than the next—who would give her sexual gratification without guilt or commitment. And they were young. She suspected they were also endlessly inexhaustible where sex was concerned.

"This can't be happening to me," Mariella whispered. "Things like this just don't happen to thirty-four-year-old divorcees in Bear Creek."

"Actually," Jakob said, his voice the only sound in the room, "yes, they do. And they're happening to you right now." He chuckled. "And this evening is far, far from over."

When Jakob slid his hand higher on Mariella's thigh and touched the petals of her sex, she felt the breath hitch in her throat and a sudden flush of heat course through her body. Whenever she was with these brothers, she was always intensely alive.

"Take me," she heard herself say. "Both of you. Together. Right now. Take me with all your strength." She closed her eyes, find it difficult to believe that she was actually speaking such wanton words. "Take me like I'm the only woman in the world for you."

Jakob and Lucas removed her robe. Even her stilettos were taken off.

"Now it's my turn," Mariella said, getting into a more playful spirit now that the reality of the journey she was about to embark upon was setting into proper place in her consciousness, and she felt a certain sense of security. "Stand up for me. Let your hands rest at your sides."

Lucas and Jakob were not the kind of men who took orders, they were the kind that gave them—and expected those orders to be followed without question, complaint, or delay. But for Mariella, they were making an exception. Mariella suspected that, with *her* in *their* future, they would be making a lot of exceptions, but only where she was concerned.

"Take your boots off," she said, rapidly warming—emotionally as well as sexually—to this game she was playing with the Sandstrom brothers. She waited until they had removed their boots and tossed them aside, then took several steps backward and looked at them critically, her left arm crossed sideways beneath her breasts, touching her chin with her right hand like a professor might when paying careful attention to his students taking a test.

"Nice," she said after nearly a full minute of complete silence. "Both of you. Very nice." She made a point of letting her gaze go over the men, not merely looking at them, but studying therm. "I find you . . . acceptable."

The less-than-subtle slur caused instant fire to come to life in their eyes, but neither man said a word—and their silence was precisely what she wanted.

"Oh, I see you're without drinks," she said, speaking nonchalantly, as though she was nothing more than an attentive hostess and not a woman completely naked willing to do anything they demanded of her. "Let me take care of that for you. Won't be just a minute."

Mariella took her good sweet time making the cocktails, even though whiskey-on-the-rocks was probably the easiest and quickest of all possible libations to make. She brought them their lowball glasses, then made herself a drink. She made a point of adding very little gin to the highball glass. She had no intentions of dulling the senses when she had so many thrills to look forward to.

"Now then," she said, taking a sip of her drink, and then setting it on the coffee table, "let's see about those shirts."

She walked to Jakob and, while looking into his eyes, untucked his shirt from his jeans. When she let her gaze flick downward briefly, she saw that he was already sporting an erection that was fighting against its denim confines.

He may be my Dom, but likes the game I'm playing.

With confidence surging through her veins, Mariella unbuttoned Jakob's shirt, starting from the top and working her way downward. When she was finished, she unbuttoned the cuffs of his shirt, then eased the garment off his shoulders. As she died this, her palms slid along his torso, touching him through his T-shirt. The sensation of solid muscle beneath her palms made Mariella's clit tingle.

"My, my, my," Mariella said quietly as she tugged Jakob's

T-shirt out of the waistband of his jeans, "you have kept yourself in shape, haven't you?"

It was a rhetorical question. She really didn't want him to say anything, and it impressed the hell out of her that he didn't.

These men always know what I want, even if I don't know myself. How often in life can a woman meet men like that?

Mariella pushed Jakob's T-shirt up, but she wasn't nearly tall enough to get it over his upraised arms, so he had to do that himself. When he was naked from the waist up, Mariella looked first at his face, then slowly downward to visually caress his chest and stomach.

If I had Jakob or Lucas for lunch instead of a hamburger, I'd not only lose some weight, I'd have a smile on my face constantly.

Mariella almost giggled at the thought. But she had enough self-discipline to not do that.

"Yes," she said, sounding quite serious. "I find you acceptable."

"Acceptable?" Jakob said through clenched teeth.

Without smiling, Mariella replied, "Yes, that's what I said."

Oh, I'm pushing my luck. They're going to punish me for that.

She immediately began anticipating the punishment that she'd be given, and she wondered whether she would come four or five times during the punishment.

Behaving badly had never had such profound possibilities for ecstasy for Mariella.

"And now you," Mariella said, stepping in front of Lucas. "Let's see what you have to offer." She looked up into his eyes. "And I warn you, my standards are high. I won't settle for a man who isn't in his prime."

Once again, she saw the fire of competitiveness flame brightly in his blue eyes. Mariella could tell that the Sandstrom brothers simply weren't men who allowed women to trifle with them—but that was exactly what she was doing. She wondered if she was doing it at her peril.

As Mariella finished unbuttoning the cuffs of Lucas's shirt, she closed her eyes, and a shiver went through her, slithering up her spine. She was taunting men who didn't get taunted, and because of it, she was going to get a response—she just wasn't at all certain what that response would be.

Mariella tried to take off Lucas's T-shirt, but she wasn't nearly tall enough to do that without his help. But soon she found herself looking at two bare-chested men who gave off a heat and virility that suggested a wildness that Mariella had only recently experienced. Yes, they were polite and articulate, they were mannerly and acute in business matters . . . but there was something about them that was utterly wild and untamed. She could sense it in the core of her soul.

These are scary men.

The thought caused Mariella to close her eyes. She had to come to terms with what she had just thought.

They're scary and they're dangerous . . . but not to me. They'd never hurt me. They'll always protect me.

She opened her eyes, and with herself now completely understanding the two men she was standing naked in front of, she gave them a confident smiled and said, "I think the socks should come off first, then the jeans, and lastly, I'll divest you of your underwear. And since I don't want to act like the Queen of Sheba, are my plans suitable to your desires?"

Both men nodded in agreement—emphatically.

With sensual delight and no ticking clock to hurry her along, Mariella leisurely removed their socks. When she—on her knees and trembling a little because of it—looked at Jakob's belt buckle, it seemed to be about the size of a coffee saucer. Engraved on its silver surface was a cowboy riding a galloping horse, and above that, the logo of the Flying S Ranch. Lucas's belt buckle was identical. These were men who were proud of their family ties and the cattle ranch they owned.

She rose to her feet. She wished she was wearing her shoes.

Five-inch heels would help her self-confidence.

Mariella had her men—and she now thought of them very possessively as *her* men—down to their boxer-brief underwear, and nothing else. And those boxer briefs were fighting with all their might to contain two erections of memorable size.

Mariella stepped closer to Jakob. She ran the pads of her fingers lightly along the long lump of captured man-flesh Jakob had inside his underwear. She touched him softly, like a woman would a dangerous animal that she wasn't certain wouldn't attack. A soft purr came from her throat.

"I want to take your underwear off," Mariella said, in as casual and conversational a tone as she could manage. She didn't want to sound desperate—even though she was. "If I get down on my knees in front of you, do you promise to behave like gentlemen? You'll stand there with your hands at your sides and behave yourselves?"

Mariella knew she was pushing her luck. There was only so much self-discipline that she could expect of men like Jakob and Lucas. They had lived their lives writing their own rules, taking whatever and whoever they wanted, and now she was turning the tables on them. She wasn't at all certain how far she could take this game before the brothers reached the end of their tether and decided to break free.

She looked into their eyes, and to her endless delight, saw that they were letting her write the rules. They were manly and confident enough to allow—at least for now—her to be in control of them. She adored them just a little bit more because of it. She couldn't imagine any other men having such self-confidence.

"Keep your hands at your sides," she told the men. "I'm going to have a taste test. No cook worth her salt would ever not taste the food as she's cooking it." She smiled. "My grandmother taught me that. Is it any wonder I'm endlessly fighting my weight?"

With that, she saw that both Lucas and Jakob were struggling to keep from smiling.

Great! We're all on the same page. This is going to be even better than I had hoped.

Jakob and Lucas were standing shoulder to shoulder, their skin in places bronzed by the sun, and in other places almost milky white. The power of their muscles was obvious, relaxed under the surface of their skin. The men were muscular, but not muscle-bound. Fit, but not something suitable for a carnival show. Mariella liked that.

"Wait just a second," Mariella said. She hurried to the bedroom, stepped into shoes, then hurried back to her men. She always felt more confident in heels.

Mariella walked up to Jakob and said, "My nipples are sensitive. Sometimes—most times, actually—I think they're unnaturally sensitive. They give me so much pleasure. What about your nipples? Do they give you as much pleasure as mine do me?"

Mariella rose up onto her tiptoes and kissed Jakob on the chin. Then she kissed him on the neck, and when she did, inhaling, she caught the fragrance of his after-shave. She recognized the scent of aftershave. It triggered an immediate and highly sensual response from Mariella, one that was both instinctive and primordial. He was not simply a man, he was an Alpha male, and there wasn't anything in Mariella that didn't respond to that. For several seconds, Mariella thought of putting an end to this dalliance and getting right down to the nitty-gritty of hardcore *ménage à trois* fucking, but self-discipline and the confidence that delayed gratification was always infinitely better than instant gratification played the winning hand.

Mariella kissed Jakob's shoulder, and made her way slowly and almost breathlessly down his powerful chest . . . until she reached his left nipple. The small button of brown flesh was significantly darker than the pale flesh that surrounded it. Jakob was not a man, Mariella realized, who spent much time in the sun without his shirt on.

Just as well. He spends too much time in the sun to be shirtless.

She glanced at his arms, and it was distinctly clear how far up his arms—to the middle of his biceps—he rolled up his shirt sleeves. His lower arms were a deep, coppery brown, but his chest and stomach were the color of vanilla ice cream. There wasn't an inch of him that Mariella didn't want to taste.

"You are lovely to look at," Mariella said with a certain logical, detached quality to her tone. "You know that, don't you?"

She waited for an answer, didn't get one, then leaned forward and sucked on Jakob's left nipple. He inhaled sharply in shock, though he kept his hands at his sides. Mariella found his self-discipline nothing short of amazing.

He does have sensitive nipples. I'm going to make a promise to myself right here and right now that I'm going to suck on his nipples at least as often as he sucks on mine.

She kissed her way slowly across his chest, then leisurely sucked on his other nipple. She was in no hurry for this activity to come to any kind of an end. While she sucked on his nipple, she could feel his muscles moving beneath the surface of his skin as he tried to control himself. His discipline aroused her.

Baring her teeth, she bit his nipple lightly, and despite his great personal willpower, a low, rumbling groan of desire worked its way out of his chest.

Mariella straightened her spine, stood erect, and looked up at him. As she stared into the blue depths of his eyes, she could tell that he was dying to throw her onto the floor and ravish her.

It's what he wants more than anything else right now.

But at least for now, he was letting her write the rules to this wickedly erotic game they were playing.

This day will not come to an end until the Sandstrom brothers haven't a single drop of semen left in them. Not one drop.

Mariella felt a little naughty about thinking such an intemperate thought, but she decided that with the Sandstrom brothers, devilishness was a good thing, or at least something to be expected.

She took a half-step to the side and was then standing directly in front of Lucas. Like his older brother, his blue eyes were alight with passion, and his boxer briefs were struggling mightily to hold back an arousal that seemed frantic to be given free rein to plunder and pillage a woman however its saw fit to do so.

"There's nothing you could ask of me that I wouldn't do," Mariella said, looking up into his eyes. "But for the next few minutes, please let me decide what we will and won't do. Can you do that for me?"

Lucas cleared his throat once, then twice, and eventually replied, "I can do anything for you that you want me to."

"When you say things like that," Mariella replied, then paused because she wasn't certain she should complete the sentence, "you make me want to suck your cock." Her eyes opened wide. "Oh . . . I didn't really intend to say that aloud. I thought it, but I wasn't going to actually say it."

The sly grin on Lucas's lips told Mariella that he understood completely, and that he most heartedly approved of Mariella's plans, whether spoken or silent.

Several seconds of awkward silence followed, then Mariella said, rather quietly, "Is it okay if I suck on your nipples? Would you like that?" She smiled. "I'm pretty certain I will like it." She leaned closer, lifted onto her tiptoes, and whispered, "I'll suck your nipples whenever you want me to."

She watched as Lucas moistened his lips with his tongue, tried to speak but couldn't, then nodded his head once, but then did it again four more times.

Mariella smiled. "I thought you might like me sucking on

your nipples." She rose up on to her tiptoes and kissed his throat, then began kissing her way down his chest. "Just so that you know, I love the taste of you." She licked his chest several inches above his nipple. "There isn't anything about you that doesn't strike me as delicious."

When she sucked on his nipple for the first time, Lucas gasped and clenched his hands into fists.

Jakob's more of a barbarian, and Lucas is a bit more sensitive.

This awareness brought with it nothing but delight for Mariella. Since she had both men, what could be better than for one of them to be the bad cop, and one the good cop? She had gone so long without any masculinity in her life, and now she had so much . . . .

I've got everything with these two men that any woman could ever want.

Mariella eased the tips of her fingers into the waistband of Lucas's underwear. She did this very slowly while she continued to suck on his right nipple. The urge to sink immediately to her knees was almost overpowering, but she resisted this. Delayed gratification, she reminded herself once again, was *heightened* gratification.

She brought his underwear down over his hips and down his legs. She did it even more slowly that she had with Jakob. When his cock sprang out, his erection already fully formed with veins running along its length that she could see were pulsing with his furious heartrate, she felt her mouth salivating.

I deserve this.

The thought came as a shock to Mariella. She didn't like to think of herself as a selfish woman, and most certainly not a greedy one . . . but she had gone so very long without a decent man in her life, and now she had *two* of them. And that wasn't even counting the five boy toys she had access to on Submissive Sundays.

Out of the corner of her eyes, she watched as Jakob stepped

marginally closer, his hard cock leading the way, like a jouster holding his lance at the ready.

A smile curled Mariella's lips. She liked the idea of Jakob being her personal Lancelot, her protector, her knight in shining armour.

No men in the world could play the role of heroic knights better than Jakob and Lucas.

The thought made her smile, because she knew it was absolutely true that they were heroes. They were her protectors . . . and her lovers, and the men who could unleash her libido and open up a world to her that was more sensual, and more orgasmic, than anything she could previously imagine.

She wrapped her fingers slowly around the shaft of Lucas's cock. She noted that with his erection in her hand, she couldn't touch her fingertips to her thumb.

He's thick. And long . . . and mine. A purr of contentment came from her throat. *All mine.*

She looked up into Lucas's eyes as she leaned toward him and kissed the crown of his cock. She watched as his nostrils flared when her lips touched him intimately, and a certain sense of feminine power went through her.

He needs the pleasure I can give him.

The thought gave her pleasure . . . and even more importantly, it gave her confidence. The kind of confidence that she sometimes lacked, but always wished to hold to her bosom with a surety that could not be compromised.

She licked the underside of his cockhead, purred softly, then stroked his arousal from stem to stern.

Teasingly, she said, "Tell me what you want. You can ask for anything. There's a ninety-nine-point-nine percent chance that I'll be only too happy to give you what you desire."

Lucas groaned softly, the sound coming from deep in his chest. Mariella understood that she was burrowing into a place of his libido that he didn't let women go. Other women could arouse the outer surface of his libido, but when they got to the inner core of his most intimate and deepest desire, he kept an iron gate surrounding his primordial passions.

Mariella tongued his balls briefly, then licked up the underside of his shaft, dallied with the bottom surface of his cock's crown, then finally gave the head of his cock a moist, smacking kiss.

"Tell me what you want," she said quietly, almost conversationally. "If you don't tell me, then maybe I won't do what you really want. But if you tell me—"

Mariella would have said more, but Lucas grabbed her by the hair and pulled her toward himself as he thrust his hips at her face. An instant later, Mariella had his throbbing manhood filling her mouth and threatening to drive down her throat—whether she wanted it to or not.

Mariella understood that she had challenged Lucas as much as she could without him taking control. The reality that she had pushed a man like Lucas to the edge of his self-discipline, then beyond, made Mariella, on her knees, shiver with delight.

A low, animal growl came from Lucas's throat as he forced the head of his cock to wedge even more tightly against the opening of Mariella's throat. She started to squirm on her knees, now on the verge of gagging . . . and just when she was certain that she could take no more, he pulled her head back on her shoulders, releasing the pressure against her throat.

He tilted her head far back on her shoulders as he bent forward at the waist. His ocean blue eyes were ablaze with lust, and looking into them, Mariella wondered if she had played this gamed too long, whether she had pushed her opponent—Lucas—too far.

"You . . . intoxicate . . . me."

He said the words slowly, enunciating each one carefully and precisely. Mariella understood, deep down in her soul, that he was telling her something that he really didn't want to, but somehow felt compelled to. She understood this instinctively, as a woman would.

She felt honoured, but also a little afraid. There were times when the person who was given private, privileged information often suffered for being the person who had learned another person's secrets—especially a *man's* secrets. She had learned from experience that nothing in life was gained without a cost. If a woman looked hard enough, she'd see that every freebie had a price—and sometimes that price was devastating.

"It's the greatest buzz that I've ever experienced," he said after several seconds of silence. "You the sweetest high that I've ever known."

A shiver went through Mariella. Nobody had ever said anything like that to her before, and the impact of it now—on her soul, on her heart, on everything that she held dear—was more powerful than she had thought possible.

"Kiss me," she said, still on her knees. "Kiss me like you really, really mean it . . . then let me pleasure you at my leisure." She winked at him. "This is *sooo* far from over, you can't imagine."

Lucas smiled at her, said, "I like imagining," and then pushed his hips forward, driving the shaft of his cock through the circle of Mariella's fingers, filling her mouth with the crown of his arousal.

Chapter Nine

Samuel looked through the binoculars, scanning the endless horizon of the plains. He could see two roads. One headed straight east and west. The other went north and south. Like most of the roads in the county, the roads were gravel. In land this flat, it made sense to have geography on a grid.

He paid special attention to the barbed wire fences. They defined the Sandstrom pastureland. They also marked the land that Samuel and his family had owned until just two years earlier, but now was owned by Jakob Sandstrom and his clan.

It doesn't fucking change one thing that I didn't pay my taxes. The government had no damned right to take what was mine, and Jakob sure as hell had no right to buy what was mine.

He felt the bile percolating in his stomach and rising up into his throat, just as he did whenever he thought about the Sandstrom brothers and how they had stolen his land. And it was rich, green pasture that a herd could graze on and grow big for the stockyards. It was the land that he had ridden on and tended to his family's cattle when he was hardly old enough to ride a horse . . . but then the government said he had to pay taxes, and if he didn't, he'd have to come to some government building in the capital to explain why he hadn't paid.

Samuel didn't go to the capital, of course. Why should he? It was his land, after all. And if they wanted to talk to him, then they could goddamned well get off their asses and come to him to talk about it.

But they didn't come to Samuel. And because they didn't, he felt no obligation whatsoever to go to them to explain why they had no right to charge a tax on land that his family had tended to for more than seventy years.

That goddamned Sandstrom family is going to pay for what they've done to me and mine. You don't mess with Samuel Cartwell without paying a heavy price.

He smiled.

"We're going out tonight" he said to his two sons. "We're going to the Northland herd."

Pauly, his eldest son, made a quizzical expression, took a sip of cheap whiskey, and asked, "But wasn't that the herd we rustled last time?"

Samuel smiled at his son, and hoped the young man was learning a trick or two about cattle rustling.

"And that's exactly why we're going to hit it again. They'll never think we'll hit the same herd twice in a row."

Samuel watched as his son's expression slowly changed into a smile of appreciation first, then evolved into respect.

"I get it now," Pauly said. It wasn't something he said very often. "You're out-thinkin' them, ain't you?"

"I always do," Samuel replied. "Never doubt that. I always do."

When he looked into his son's eyes, he knew that his son believed him.

I've never been so happy to be on my knees in front of a man in my life.

For a moment, Mariella closed her eyes as the magnitude of her thought struck home with her consciousness. She looked at her right hand as she stroked a cock that was impressive in a thousand different ways, but most notably in its current state of rigidity. She watched as a pearl of fluid—almost clear, but not quite—formed at the slitted tip.

Just some pre-cum . . . before the deluge.

The taste of a man's cum was something that Mariella had never enjoyed. Not even a little. Actually, she hated it. She understood that there were certain sexual obligations a woman had to bear, but still . . .

But as she stroked her lover's cock and looked at the drop that had oozed out of the tip, she found herself questioning whether she had made a hasty decision. Did every man's cum taste the same? She really didn't have much of a database to intellectually reference.

She tilted her head back on her shoulders and looked up into Jakob's eyes. They were shimmering blue and bright with passionate excitement. Mariella could think of nothing more arousing than to look into his eyes.

"How do you want to come?" she asked softly, her lips nuzzling the head of his erection as she spoke. "In my mouth?" She inhaled deeply to bolster her courage, her lips against the crest of his cock. "Or do you want to come on my face? I've never let a man give me a facial . . . so you'd be the first." She licked the crown of his cock. "The first and only . . . ever." She kissed his erection somewhat noisily. "Would you like that?"

It was almost impossible for Mariella to comprehend the fact that she said that she would let a lover give her a facial. Her husband — no, her ex-husband, which was a critical dif-ference — had once said that he wanted to do that to her. She had rejected the act as something she would never allow to happen. It seemed such a porno thing to do, and while she sometimes enjoyed naughty videos, she sure as hell didn't want to act in one.

But with the Sandstrom brothers, the things that she had thought of as utterly unthinkable were suddenly options that were open to suggestion. Behavior she previously wouldn't even consider was suddenly up for debate.

At the age of thirty-four and with a divorce behind her, it

wasn't like she could offer up her virginity to the Sandstrom brothers now, could she? That was a mare that had already left the barn a long time ago.

"Tell me," she said in a voice hardly more than a whisper. Once again, she kissed his arousal. "Tell me what you want."

She watched as he moistened his lips with the tip of his tongue, then cleared his throat before saying, "What do I want from you? Everything. Everything you are. Everything you ever will be. And nothing less will satisfy me. It's all or nothing."

A shiver went through Mariella that started in her vagina, worked its way up her spine, and didn't stop until it exploded like a small grenade in her brain.

I've always been holding back. Just a little of me, but I've always kept something to myself. Even when I was married. But now these men want everything. Everything.

She closed her eyes and tilted her face downward. This was no longer just about sex and the number of climaxes she might experience in a night — it was about much more than that, and that reality frightened Mariella. After achingly long months of celibacy she was suddenly in a virtual overload of sexual excess, and this was something that had never before happened in her life. It was something she had never even thought of because, quite simply, why would she think about something that wasn't a possibility?

Without the slightest consideration that she might be doing something wrong, Mariella leaned forward, planted a rather loud, smacking kiss on the head of Lucas's cock, then took as much of his lusty flesh into her mouth as she possibly could.

His groan of pleasure was music in her ears.

Those stupid fucks don't have a clue.

Samuel smiled as he looked through the binoculars at the starlit pasture. His sons were on horseback, sitting comfortable in saddles they had used for more than a dozen years. The cattle they were going to rustle were on the plain, not up in the foothills, and they were incredibly docile. It couldn't be easier.

"Nice and slow now," he said to his sons as fifteen head of prime Holstein steers made their way slowly toward the gate. The ramp led the cattle into the carrier that would take them that would take them to the butcher who didn't ask a lot of questions. Actually, he never asked questions about where the steers he was about to process had come from. "We don't want to spook them."

As the cattle started walking up the ramp into the carrier attached to his pickup truck, Samuel once again put the binoculars to his eyes and scanned the horizon.

There wasn't a single electric light burning. Not one sign of human life for as far as he could see.

I took fifteen steers off this pasture yesterday, and I'll take another fifteen tonight. Those fucking Sandstrom brothers think they're so goddamn smart, but they can't top me. I'll run circles around them every day of the week.

This is too good to be true.

This thought went through Jakob's brain as he watched Mariella's lips push over the head of his cock, then slide down an inch of his shaft. When the crown was pressing against the back of her mouth, she rotated her head around his erection. The sensations she evoked were astonishing. He felt his balls pull up slightly in their sac, and suddenly there was a buzzing in his ears, a high-pitched whine that hadn't been there before. He realized she had a way of inspiring bizarre bodily reactions. He wasn't at all certain how he should intellectually feel about that.

"Are you sure you're not a goddess?" he asked Mariella.

The sound of his own voice surprised him. The question

was quite honest, though he hadn't consciously thought of saying it to Mariella. He knew that sometimes in life the most important questions should remain unspoken, and even more importantly, unanswered. It was usually best for everyone that way. The real trick was knowing which answers one truly wanted.

It's the mysteries of life that fascinate the most.

Jakob had to suppress the urge to drive his cock even more deeply into Mariella's mouth. She inspired in him a savage, almost animalistic urge to be a Viking, to let loose his most primitive, undisciplined desires. The urge to behave utterly without restraints was a fact that Jakob had to deal with every day of his life.

But he was not that kind of man. Despite all that he had done in his life—and all that he had experienced with Mariella—he was still a civilized man who controlled himself. There were boundaries that could not be crossed, lines of conduct that would be honoured.

He watched as Mariella used the tip of her tongue on the slit of his cockhead. The sensation that she provoked caused a tremor to go through him, from the base of his spine all the way up to the top of his head. He consciously reined in his libido. This wasn't the time, he realized, to let his desire for Mariella be completely unchecked. This was not, however, an easy decision. Mariella had a way of making almost every decision more difficult than it needed to be.

When Mariella turned her attention to Lucas, he looked down and watched as Mariella took his brother's cock into her mouth.

He didn't feel the slightest bit of jealousy.

"Have some fun," he said quietly but with the authority of an Alpha male who ruled his world with an iron hand. "You've got sixty seconds. Then you're going to get what's coming to you."

"You've got sixty seconds. Then you're going to get what's coming to you," Mariella heard Lucas say.

Oh, damn. What the hell does that mean?

If there was anything Mariella was certain of, it was that she was about to have an answer to the question she hadn't put to words — and that she was about to get that answer whether she liked it or not. It was going to hit her like a runaway freight train.

The next couple minutes were a rollicking good time for Mariella, even if they were wildly confusing. It started with Jakob grabbing her by the upper arms and hauling her to her feet. This was immediately followed by her being put on the sofa, the act having been done not particularly gently. Actually, she was thrown onto her stomach on the sofa and pounced on by a pair of lions who, in this case, had the human names of Jakob and Lucas Sandstrom.

The lion metaphor fits. If I were an antelope on the plains of Africa instead of Central America, I'd feel their teeth at my throat right now.

Hands that felt as strong as steel — they were Jakob's hands, but they could just as well belong to some fiendish mechanical monster — grabbed her by the hips and lifted her, hoisting her so that rather than being on her stomach, she now had her knees beneath her, though her face was still on the leather seat cushion.

Smack!

Mariella's naked body reacted instantly to the pain her bottom felt. It took a moment for her brain to register what had actually been done to her.

She had been spanked!

"I'm thirty-four years old," she declared with righteous indignation. "You can't spank me. I'm too old for this."

Smack! Smack!

This time she got spanked twice, the second coming

immediately after the first. The punishing hand struck just as hard as the initial assault, though her bottom didn't sting quite as much.

It was all happening so fast. Mariella's mind was a thunderstorm of mixed emotions. The independent, strong woman in her wanted to cry out at the injustice, but the submissive in her — that taboo, dark corner of her libido that had not only been a secret to the outside world but a secret to herself — thrilled at the reality that she was being manhandled by two powerful cowboys and given a bare-bottom spanking in the process.

She could never find the courage to ask to be treated this way . . . but somehow, the Sandstroms knew what her secret soul, her private and unrealized passions, truly wanted.

Her pussy creamed, and her clit throbbed as it never had before.

She felt Lucas gathering her hair in his hands as he knelt on the enormously long leather sofa in front of her. He pulled up on her hair, and she felt the strands tugging harshly against her scalp. The combined sensations of having her bare bottom spanked and having her hair pulled caused Mariella's insides to clench in anticipation of more intense sensations to come. There were parts of her body that were heating up rapidly, and other parts of her that were beginning to melt like a wax candle under the flame. She was being taken — involuntarily and joyously — into emotional territories that she understood very little of, and which frightened and fascinated her to the core of her soul.

Mariella first got her elbows beneath her, then she got her hands down on the sofa. She straightened her arms. Her ascent was assisted by Lucas, who was pulling on her hair, which he had wrapped around his left hand. He gave off all the indications of a man who had no intention of letting go of Mariella any time soon. She knew the lurid invitation she was making . . . even though it was entirely unintentional. At least she tried to believe that.

"Stunning ass," Jakob said. "Absolutely gorgeous ass."

Mariella wanted to smile, but she couldn't, because Lucas still had her hair wrapped around his fist, and he was pulling her head so far back on her shoulders that her neck was very taut. She had no choice but to open her mouth.

That handsome man thinks my ass is gorgeous, and he sounds like he means it. There isn't anything he could ask of me — sexually, or otherwise — that I wouldn't do for him. Nothing . . . I . . . wouldn't . . . do.

"Kiss me," Lucas said. It was really a demand that she couldn't refuse.

He bent low and brought his mouth to hers. When she tasted his mouth, she couldn't imagine a more manly taste than his lips against her own.

She felt his tongue enter her mouth. It happened at the same time that Jakob rubbed the crown of his arousal up and down along Mariella's slick entrance.

Two men. Two beautiful cowboys. And within seconds, I'm going to have them both inside me.

It was a startling thought — to have two big men inside her body at the same time — for a woman who had gone without *any* cock inside her in approximately forever.

As Jakob's cock pried apart the lips of her pussy, Lucas's cock forced her jaws to open wider. A sultry purr came from Mariella's throat, and she felt the first tingles, the initial warning signs, that she was soon going to have an orgasm — and it would be one for the ages!

"Deeper," Lucas growled, and to put added emphasis to his demands, he pulled just a little harder on Mariella's hair, forcing her head farther back on her shoulders, and her neck to stretch even more tautly. He was a supremely erotic man, just not a gentle one.

Mariella felt the bulbous crown of Lucas's erection

pressing against the entrance to her throat, and if she were certain of anything in life, it was that she couldn't take any more of his lusty flesh between her lips. Not without gagging and choking horribly.

No more. Please, Lucas, no more.

It was then that she felt Jakob's hips strike the cheeks of her bottom and the full, throbbing length of his erection get buried deep inside her.

No deeper. No deeper. I can't take it.

The brothers both retreated at the same time, and when they did, through her nostrils, Mariella breathed deeply a half dozen times, filling her lungs with fresh air before exhaling slowly, recovering the composure that she had lost when the two men had pushed her body to the limits of its endurance.

After they gave her a full forty-five seconds to get her wits about her, Mariella knew that she was with men who had sexually challenged women before, who had taken those women to places in their sexual soul that they had never before had the courage to explore. What was happening to her now was all new to her, but it wasn't for the Sandstrom brothers, and though a little voice inside her head said she should be resentful of their experience, another voice—a more dominant and confident one—said she should be grateful for the skill they had in giving her pleasure, and not begrudge them for the experience they possessed.

The brothers went at her slightly less vigorously than they had previously, and to Mariella's profound surprise, she wasn't pleased with the change. No longer did Lucas thrust so deeply into her mouth that her head snapped back on her shoulders, and when Jakob plunged his cock into her, his pelvis came in contact with the cheeks of her ass, but he didn't pound into her as he had before. He filled her with everything he had, but now it wasn't like he was trying to drive his cock completely through her.

They think I'm fragile. That's why they're taking it easy on me.

They think I can't take it when they put all the strength they've got into it.

It was a challenge Mariella was giving to herself . . . and she wasn't at all certain why she was doing it, though she knew it was necessary.

The next time Jakob plunged into her, she rocked backward to grind her bottom against Jakob's torso, squeezing his hard cock with her vaginal muscles so that he didn't just feel it in his erection, he felt it deep down in his soul.

She heard his growl, that lusty sound that he made deep in his throat when she was really giving him pleasure, and she felt a surge of confidence go through her.

Mariella drew an even tighter suction on the cock that was seesawing back and forth between her lips, and when she did, Lucas also gave her that low, animalistic sound that the Sandstrom brothers made when she was hitting all the right nerve endings and making every one of them crackle and sizzle with electricity.

"She's . . . so fucking . . . hot," Jakob said, the words coming out between strokes of his hips.

With his right hand, he reached around Mariella's hips, and while he continued to piston his hips to drive his erection to the hilt into Mariella's sweet sex, he began caressing — rather vigorously — her clitoris with his fingertips.

The added stimulation of strong fingers rubbing her clit while a wonderfully man-sized cock filled her pussy, and another hard one filled her mouth, was simply much too stimulating for Mariella to withstand.

At least not without coming.

She began to tremble. She tried to let her arms buckle beneath her so that her bottom would still be up and available for anything that Jakob wanted to do to it, but Lucas continued to hold her by the hair. Even when she raised her hands up off the sofa, Lucas didn't release his hold on her hair. She turned her face aside to get his cock out of her mouth.

As she was buffeted by Jakob's charging cock, her hands trembled inches above the sofa. Her head was far back on her shoulders, and her mouth was open wide as she gasped audibly, though at least now she didn't have Lucas's arousal between her lips.

She was screaming when the orgasm ripped through her. Screaming in a way and with a sound that she had never before emitted. The contractions seemed to go on forever. She was dimly aware that even after the Sandstrom men had stopped plunging into her body, a half dozen small spasms still went through her.

As though from a great distance, though her rational mind said that that simply couldn't be possible, she heard Jakob say, "Let go of her hair. We've got to give her some time."

With her entire body shivering and tingling in post-orgasmic tremors, she felt Lucas release the hold he had on her hair. The moment he did, she fell forward onto the sofa, sprawling out flat on its leather seat cushions.

They know when to quit. Oh, thank goodness, they know when I've had enough.

Naked, sitting on the sofa where he'd just had so much libidinous entertainment, Lucas looked at his older brother, who stood near the liquor cart making himself a post-coital libation.

Lucas asked, "Do you think we pushed her too hard? Did we go too far with Mariella?" Lucas's voice was low, and his tone carried with it every ounce of sincerity that he possessed. He was a very brave man who was very scared.

He always looked to his older brother at a time like this because he trusted his sibling's judgment, and always had. Completely. Implicitly.

Jakob turned slowly away from the liquor cart to face Lucas. He took a sip of the Tennessee whiskey, then let a slow, almost lazy smile curl his lips. When Jakob smiled that way, it always did wonders for Lucas's confidence.

"No, we didn't go too far." Jakob took another sip. "In fact, I don't think we went far enough."

Lucas felt a sudden tightening in his groin. He asked, "Are you serious?"

"When it comes to Mariella, I'm always serious," Jakob replied, looking straight into Lucas's eyes. "Trust me on this one. Where she's concerned, I'm as serious as a heart attack."

Lucas took a sip of his whiskey, cleared his throat, then asked the question he was most afraid to ask: "So how far is too far?"

"What you have to understand is that with Mariella, there is no such thing as *too far.*"

Lucas was not a man to faint, or even get weak-kneed under any conditions, but what his brother had just said to him instantly opened up doors and the possibilities of pleasure that were almost too much to comprehend. It made him light-headed.

Chapter Ten

I let them down. I came as hard as a woman can, and neither one of them had a climax. Men like that don't tolerate giving and not getting. Not from me. Not from any woman.

She looked at herself in the bathroom mirror. She was thinking that an uncharitable woman might say she was "worse for wear."

I'm not looking worse for wear; I'm looking well used.

The thought made her smile. It had been several minutes since her last draining climax, and she finally had her heartrate down to something resembling normal. After some post-coital self-recrimination, she came to the conclusion that she hadn't done one damn thing wrong. Any thirty-four-year-old divorcee in her place would do the same damn thing.

She'd be a fool not to.

She picked up her purse and opened it. She had her makeup, but only the bare essentials. She didn't have any re-placement eyelashes, though it appeared that the ones she'd put on that morning were still fine, considering all she had been through. Mariella liked highlighting her eyes. She thought it brought a man's gaze away from her oversized bosom, which got a lot more attention from men than she wanted. At least, she tried to pretend she didn't like being looked at.

She looked at herself again. Her lipstick was gone. Not even a hint of it was left. That came as no surprise at all—not considering what she had used her lips for in the recent past.

The memory made her smile. The brothers hadn't just used

most of her body, they had used all of it.

Well, almost all of it.

There was still a part of her body, a very tender, very responsive, very excitable part of her that they had so far avoided.

It's only a matter of time. The question isn't if, it's only when.

She touched up her cheeks, then did her lipstick, eyebrows, and eyeliner. When she was finished, with her face just inches away from the mirror, she wasn't exactly thrilled with the end results, but she wasn't disgusted by them, either.

Sometimes in life, good enough had to be good enough.

Straightening and putting her makeup back in her purse, she checked herself once again with a critical eye. She was completely naked. She felt as vulnerable and as sexually uneasy as she had since she had been a teenager, when she wasn't certain if she should let her boyfriend take off her bra to touch her naked breasts.

But that was back when she only had one man in her life at a time. That was before she realized that there were romantic options far more adventurous than one boyfriend per girlfriend.

They'll want me. I know they will. Neither one of them climaxed the last time they took me. She smiled to herself. They aren't the kind of men to not have an orgasm.

Mariella looked into the reflection of her eyes in the mirror and tried to see into her soul. She wasn't at all certain what she saw. Or who.

After several seconds of hesitation, she opened her purse and extracted a small plastic bottle of intimate lubricant.

Better safe than sorry.

She put a small amount of the lubrication on the lips of her pussy, contemplated a moment, then put a liberal amount of the colorless lotion on and around her anus.

Too much lubrication back there is a thousand times better than too little.

The thought made her smile. She dropped the plastic bottle of feminine lubrication into her purse. When she stepped out of the bathroom, she felt a lot more confident than she had just moments earlier.

Now I'm ready for anything.

This thought rattled around in her brain for several seconds. She really didn't know what to make of it.

Well, maybe anything.

When she looked at Lucas and Jakob, they were standing side by side, naked, both men magnificently Alpha male in the extreme in their demeanour. Both men had lost their erections, though this neither surprised nor disappointed Mariella. She was quite certain she could get them ready for battle whenever she wanted to. She had no doubts about her lovers' ability to perform on command.

"Is there a drink for me?" she asked, pretending that none of the three people in the room were naked.

I like this game. I like it a lot.

She walked toward them, conscious of the wobble of her breasts with her steps.

"A pitcher has been made for you," Jakob said, nodding his head toward a small, clear-glass pitcher. She could see the ice cubes and squeezed limes inside, floating in the gin and tonic. "The limes have already been squeezed. All you have to do is pour and drink."

She poured herself a glass, took a sip, decided it was something more than perfection, sighed rather theatrically, and took another sip—which was significantly greater in volume than the first.

"That's . . . wonderful," she said, quite consciously aware of all the eyes upon her. "It's better than the best. Is that even possible? Is there something better than the best?"

Jakob moved a step forward. Mariella noted that his once-slumbering penis was now at half-mast . . . and growing with a rate that couldn't be ignored.

"With the Sandstrom brothers, we like wonderful. In fact, wonderful is what we strive for." His voice softened. "Trust me, if you hitch your wagon to the Sandstroms, wonderful is going to be a common occurrence in your life."

Mariella looked at the man, and she knew that every word he had just spoken was the truth. On something like this, he would lie, or even exaggerate.

Mariella turned slowly, infinitely aware of every inch of her body. She gazed at the Sandstrom brothers, and they were naked and gorgeous and looking as tempting as any men ever could.

"There's a thousand very good reasons why I should hate the hell out of the two of you," she said, then cleared her throat softly. "But I suppose it is my own bad luck that I'm utterly smitten you. I've got to have both of you, not just one of you. It's a package deal, I'm afraid."

Mariella sipped her drink, then set it down on the long polished coffee table in front of the sofa. When she stood straight again, she looked up at Jakob and Lucas. Their size was intimidating.

"Without my shoes on, you two seem even bigger." She let her gaze go from their faces down to their cocks, which were rapidly turning into full-grown erections. "Bigger everywhere. Or so it seems." With both hands, she reached out for the brothers, her slender fingers curling intimately around growing flesh. "But without my shoes on, I'm five inches closer to these." She stroked the men, and as she did, she could feel the blood coursing through the constantly thickening shafts, making them become longer and thicker.

"Don't worry about the height differential," Jakob said, a roguish smile curling his lips. "When we're horizontal, we're all the same height."

"How convenient," Mariella replied. "Keep sipping your drinks. I want to amuse myself for a while. Go on and continue with the conversation you were having before I came back. I'm sure it was terribly important."

Mariella sank to her knees midway between the Sandstrom men, with one slightly to her right and the other a little to her left, both of them filling her hands with lusty flesh that was pointed straight at her.

She got settled comfortably on her knees, sitting on the backs of her heels. She watched her hands for several seconds as they travelled back and forth, massaging two cocks into steely readiness.

Such a bounty. A woman is fortunate to have one man so endowed as this . . . and I've got two! And all for myself. I'm the luckiest woman in the world.

Tilting her head back on her shoulders, she looked up at her men, each one standing tall and proud, broad-shouldered, thick-chested and shockingly, spectacularly virile.

A shiver went through Mariella. She angled her face down, and for a moment closed her eyes, composing herself.

It's not going to be easy keeping these men satisfied, sexually or in any other way. I'll have to be ever vigilant, constantly on my guard to see that they don't grow bored with me.

She leaned toward Jakob, licked the tip of his cock briefly, and said, "You're not talking. Why not? I told you I don't want to disturb your conversation." She licked him again. 'Or do you want me to leave so you can concentrate?" Her tone was the essence of innocence.

She gave Lucas's cock a few impish swipes of her tongue, then turned her head and took Jakob's crown between her lips and deep into her mouth, putting her tongue in motion. Her cheeks hollowed as she drew a firm suction on Jakob's arousal.

She heard him groan with pleasure and then say something to his brother about *rustling* and that it wouldn't stop *until we catch the bastards red-handed.*

She filed that information always in the back of her mind.

She'd concern herself with what that involved later — after she had drained her men of every drop of semen they had in their bodies.

Mariella nodded slowly, enjoying herself immensely, even though her actions were so casual they bordered on nonchalance. There was nothing frantic about what she was doing, nothing frenzied. Her men were a delicacy to be slowly savoured, to eke out every last bit of their deliciousness.

But as she gave the blow jobs, she couldn't help but listen to some of the conversation they were having. The word *rustling* came up repeatedly. And she distinctly heard Lucas say, in a somewhat elevated tone of voice, "It's got to be someone we know. They know too much about our pastures and our herds for this to be the work of outside strangers."

"Besides, if there are strangers in Bear Creek, hanging around for no reason, we would have heard about it by now," Jakob replied. "The sheriff keeps an eye out for things like that."

Don't think about that now. Just give them pleasure.

She looked up and saw that both men had finished his cocktail. Without hesitation, and still adopting the aura of innocence, she rose to her feet, smiled at the men, and reached for their glasses.

"It seems like you both need a refresher."

She turned her back on them, but before she took even a single step toward where the liquor bottles were, the brothers resumed their talk of *rustlers* and *thieves* and *someone we know.*

She made their cocktails. When she turned back toward her men, she saw that their erections had lost no rigidity whatsoever, but their conversation had lost none of its vehemence, either.

Mariella decided that it was time to amp up the sexual tension in the room by about three hundred percent. Her men were obviously thinking *way* too much about business matters, and not *nearly* enough about the naked woman in the room who only moments earlier had been on her knees administering blow jobs to both of them.

I will not be ignored when I'm on my knees.

"Here you go," Mariella said in that conversational tone she had earlier adopted. She handed the brothers their cocktails. "Now since the two of you seem very busy, very occupied, please allow me some time to amuse myself."

The men hardly paid her any attention at all. They took their drinks from her outstretched hands, then turned toward each other again and went right back to where they had left off about *rustlers* and other such things that Mariella would inquire about—later.

She walked around the coffee table, then stretched out lengthwise on the long, leather sofa. She allowed herself a quick glance toward the men and saw that they were looking at each other with intense concentration.

Mariella felt a momentary pique. Wasn't she—especially under these circumstances—significantly more important than business matters?

She rolled onto her side and raised her left knee so that her bare foot was very near her bottom and her hips were angled toward the men. Then, as her right hand slipped confidently between her spread thighs, her left hand came up to cup the mound of her right breast. As the pads of her middle two fingers began massaging her clit, she pinched her nipple between her index finger and thumb, then rolled it slightly, and tugged with just the right amount of pressure to provide the maximum amount of pleasure.

She noted, with a great degree of self-satisfaction, that the conversation didn't last for another thirty seconds.

"Holy shit," Lucas suddenly said, his tone hushed.

"Would you look at that?" Jakob said, his voice almost a whisper.

I've got their attention now. Complete and undivided.

She let herself sigh, because she knew that now that she

was, at least metaphorically, on center stage, with an audience of two gorgeous men who were pretty much unblinking in their focus on her.

She felt the nectar of passion combine with the commercial lubrication that she had applied to herself earlier. It made her very slick, and when she eased her middle finger between the tingling lips of her pussy, the passage was smooth and easy and entirely delightful. She pushed the finger in until her palm was pressed against her clit. She felt a fresh, warm flush of excitement go through her.

I like it when they watch me.

She didn't have to open her eyes to know that they were looking. She could feel the heat of their gaze as they visually devoured her, taking in her lurid performance with lustful appreciation. She began moving the hand between her spread thighs slowly, fingering herself the way she had so many times in the past—but that was when she was alone, seeking relief from the empty ache that gnawed at her. Now she was doing it so that she could entertain two men she was utterly infatuated with, and being watched made her self-pleasuring so much more delicious.

Though she couldn't hear their steps—their bare feet were soundless on the floor—she could sense them walking around the coffee table. It was as though she could feel the heat of their powerful bodies, sense it on the surface of her naked skin. She knew this couldn't possibly be true. No woman could be *that* sensitive to the presence of men. But as aroused as Mariella was, she had to wonder whether it couldn't be so.

Mariella pulled her finger completely out of her slit, then used the pad in a circular motion directly on her clit. She felt the warmth of passion get just a little hotter inside her. She switched the breast she was caressing, and now when she touched her nipple, she did it more firmly, her body instinctively seeking even more fierce stimulation.

Jakob cleared his throat, then said, "Can we help, or do you want to do this all by yourself?"

Mariella opened her eyes, though she continued to give herself pleasure. Jakob was standing near her shoulder, and Lucas was standing near her knee. Their cocks were rock solid and visibly pulsing with lust. Neither man was touching himself in any sexual way. Each man, she noticed, had put his cocktail glass down.

"You can help," Mariella said quietly, "but before you do, I want you to give me a show. Stroke yourselves. I want to watch you, but you mustn't come. That's for later . . . when you're both inside me . . . at the same time." The pink tip of her tongue made a quick but futile attempt to moisten her lips. Her mouth was dry. "I've taken it in the ass before, but I've never been double penetrated, of course." A purr of contentment escaped her throat when she watched her men begin stroking themselves slowly. "I've put in lube, so I'm ready for you. But you must be careful. I haven't used the back door in a very long time."

"I'll try," Jakob said quietly, "but I can't promise."

"I guess, with men like you," Mariella said, "that's the most I can hope for."

"A high hope," Jakob said with a theatrical flourish and a smile on his lips, "for a low heaven."

Mariella looked at Jakob carefully, suddenly suspecting that she might have underestimated him significantly.

They're not just cowboys, and they're not just studs. They're much more than that. So much more.

The awareness made her shiver. She wasn't sure what she had prepared herself for with the Sandstrom brothers, but being literate gentlemen wasn't qualities she had considered. It was something she hadn't ever dared hope for.

"Now if you don't mind," Lucas said as he got down on his knees at the side of the sofa, "let's find out if my tongue can be more entertaining than your fingers."

"Oh." Mariella sighed when Lucas kissed the inside of her

thigh, just inches from her pussy. "Yes. I think I'd like that."

What a foolish thing to say!

"I'm sure you will." He chuckled softly. "Trust me on this one. I know what I'm doing."

"I'll bet you do," Mariella purred.

Under the circumstances, it seemed a wild understatement, but moments later, when Lucas's tongue grazed over her clitoris, the warbling moan she emitted made up for whatever deficit the previous comment had undervalued.

Two cocks to deal with are so much better than one. It doesn't take a mathematician to figure that one out.

Mariella realized that it was probably a selfish conclusion to come to, but when Jakob sealed his mouth over hers and kissed her demandingly while his brother tongued her clitoris, Mariella was quite certain that it was impossible to feel this level of emotional arousal from just one man. At least two were necessary.

Mariella parted her lips wider, and just as she had hoped, Jakob slipped his tongue more deeply into her mouth. She sucked on his tongue, and for the nth time when she was with these men, thought herself to be the luckiest woman in the world.

"Move over a little, my darling," Jakob said.

The words registered in her brain, but she wasn't at all certain what they indicated she was supposed to do. She felt herself rather fortunate that she wasn't expected to make any decisions on her own. The men—her gloriously erotic Sandstrom brothers—would move her however they wanted to. They were in charge. They were the ones in control. All she had to do was enjoy herself and try to not scream too loudly when she climaxed.

It took only a matter of seconds for Mariella to be put into position above Lucas, who was on his back on the sofa, holding his erection in his hand, angling it so that it pointed straight up toward her instead of hovering over his stomach, as it normally would have when fully erect.

"Remember, you've got to be careful," Mariella said softly, though in truth she wasn't at all certain she wanted these men to be gentle with her. The thought of them being wildly exuberant when they ravished her sexually was not without its appealing psychological aspects. In fact, if they wanted to ravish her like savages, that might be virtually everything she could possibly hope for. But it had been so long since she had . . .

Reaching down between her tapering naked thighs, she took Lucas's cock between her first two fingers. When he groaned his approval, she smiled at him, then rubbed the crown of his erection against the lips of her sex.

"You will fill me so completely," she whispered. "Every woman fantasizes of having a lover like you."

She knew she had said the words that he wanted to hear, but the fact of the matter was that she was speaking the truth. She wasn't playing a role and she wasn't exaggerating. He really was the man that women dreamed of making love with. It was Mariella herself who was lucky enough to call him a lover.

She lowered her hips a couple inches and felt the crown of his cock spread the lips of her pussy, then enter her body as she opened to him.

Mariella tossed her head back on her shoulders, sending her hair flying. She whispered, "Oh, God, it's heaven to have you inside me."

Stretching the truth, perhaps, but not by much.

A moment later, Mariella felt Jakob's palm on her bare shoulder. The hand was strong, its presence significantly more than just slightly intimidating. Jakob always inspired at least a little fear — whether he tried to or not.

Without saying a word, Jakob pushed Mariella down so that her breasts were pressed against Lucas's chest.

"Oh, God," she whispered, though she knew that religiosity had nothing to do with what she was about to do. Celestial beings would play no part in this drama.

She thought of telling Jakob to use caution, or at least be gentle, but she didn't want to repeat herself. She was confident that he already knew what was expected of him. He knew more about everything that was happening than Mariella could even imagine — and he knew it from experience, she suspected. Lots and lots of experience.

This has gone too far.

It was a sober and rational thought, and for fleeting seconds Mariella was rather pleased with it and herself.

But this thought did not last long.

If this has gone too far, then there's nothing I can do to stop it.

The self-justification of galactic proportions didn't bother Mariella in the least. She understood that once in a while it didn't hurt a girl in the least bit to practice a little therapeutic self-deception. It was both good for the psyche and the libido. And at that precise moment in time, her clitoris had a lot more control over her actions than her rational brain.

Mariella lowered her hips, taking the full length of Lucas's cock into her tight sheath, and when she did, she felt his hands, strong and commanding, on the cheeks of her bottom, pulling her toward him, holding her tightly. Every inch of him was throbbing inside her.

She thought of speaking obscene words, but she refused to say them.

"Oh, yesss!" Mariella purred into Lucas's ear. Her breasts pressed against his chest, with her legs bent with her knees up high near his ribs. "Now I feel you so deep inside me."

She would have said more, but she felt Jakob's weight against her back as he lowered himself upon her. He was not a man of insignificant size.

Uh-oh. This time I'm going to really get it.

Mariella wasn't certain whether she should be scared or

thrilled beyond mere anticipation. The only thing she knew was that what she was about to experience was going to be absolutely new, and that when the experience was over, she would never forget it. Never. Not ever. All she had to do was live through what was about to happen in the next few moments.

Hardly anything at all.

The sarcastic thought made her smile, even as she kissed Lucas's mouth.

She felt the crown of Jakob's cock pressing against her bottom, pushing aside the cheeks of her ass, letting her know precisely and just exactly how he intended to sexually take her.

This awareness made Mariella tremble. Intellectually imagining something happening and actually living through that event were miles apart from each other, both emotionally and physically.

She felt the pressure against the ring of muscle surrounding her back entrance. She tried to relax, but that was something easier created in theory than accomplished in reality. At first it was just a firm pressure, but then it became much more than that.

Jakob was a man who wouldn't be denied. He was a man who always got what he wanted. Always.

Mariella's eyes opened wide, and so did her mouth. She looked into Lucas's eyes, and what she saw there was confidence and experience. This wasn't his first rodeo, his eyes told her. This wasn't the first time that he and his brother had double-teamed a woman. Without words, his eyes told her that even if she was nervous and terribly unsure of herself, the men she was with were nothing less than supremely self-confident and assured that the end—which most certainly wouldn't happen for several hours—would be supremely satisfying for all participants of the encounter.

Relax. You can do this.

But she couldn't relax. The only man who had ever gone

Greek with her was her ex-husband, and the erection he possessed was so different from Jakob's that the two men could hardly be compared.

Mariella turned her face aside, ending the kiss with Lucas, and whispered to Jakob, "Don't stop. No matter what, once you start, don't stop." And then, after several seconds of silence, she said in a firm, declarative voice, "Fuck me. Fuck me like you really mean it. I don't care if you fuck me like you love me or hate me. But fuck me harder than you've ever fucked anyone in your life."

I shouldn't have said that. Now I'm really going to get drilled.

This was not the worst consequence she could imagine.

Then she felt her back entrance being forced open, and even though she tried with all her willpower to relax and let the invasion occur without resistance, she could not—but her resistance was poor defence against Jakob's virility.

"Oh, God!" she gasped when the crown of Jakob's erection forced itself into her ass, causing sensitive tissue to stretch and expand, to surrender to masculine forces greater than her own feminine ones. She felt stabbing pain, but it lasted only a second or two.

She heard Jakob groan. It was a low sound, one that came from deep in his chest, from a place where there was only honesty and marrow-deep lust. It was a primordial place that was nothing other than masculine.

Oh, God.

He pushed himself deeper into her, and Mariella was conscious of every centimetre of the hard, manly flesh that slipped between the cheeks of her bottom to drive into her lubricated ass. She'd never been so full of *men* in her life.

"Oh, God," she said, this time aloud. She couldn't think of anything else to say. Under the circumstances, it was *all* she could say.

Jakob retreated, withdrawing almost his entire cock out of Mariella's bottom. It wasn't at all clear whether she was more pleased when he retreated, or whether it was better when he drove so deeply inside her.

It's not the length of his cock that's so impressive, it's the thickness — it's the girth. That's what hurts . . . and that's what feels so fantastic.

She knew she would never admit the awareness to anyone.

"All the way in," Mariella said, and it surprised her that she had spoken the naughty words aloud. Until the Sandstrom brothers entered her life and reintroduced her to sex, she had never been very verbal when making love. "I want all of you — both of you inside me. Inside me at the same time." She grimaced. "Every inch of you — both — at the same time."

She felt Jakob grab her hair, fisting his hand furiously into her tresses before jerking hard, forcing her head far back on her shoulders. Then he bit her throat, his teeth sharp and cruel, his domination of her complete.

"Jesus!" Mariella exclaimed, intensely aware of the teeth at her throat, the hard cock filling her pussy, and the determined hunk of masculine flesh that was prying apart the cheeks of her bottom and ploughing ever deeper into her. She curled her toes.

Pleasure and pain mixed, mingled, then became indistinguishable as Mariella felt her orgasm approaching with lightning speed. She was overwhelmed physically and emotionally.

Mariella had Lucas beneath her, his lean hips churning as he struggled to drive his cock upward into her. She was forced downward by his brother's thrashing torso as Jakob ploughed his hips downward to plunge his cock full-length into her ass.

It's the teeth. As much as the cocks inside me, it's the fucking teeth.

Mariella's climax, occurring seconds after that awareness, shook her to the very core of her soul. It ripped apart her world and shook her to the foundation of what she had always believed about herself.

She was screaming. Loudly. At the top of her lungs.

At the time, and under the circumstances, it seemed to Mariella to be a perfectly rational thing to do. So therefore, she made no effort to either stop her screaming, or to limit its volume.

She felt Jakob's tongue in her ear. His powerful body was continuing to thrash and strain above her as he plundered her in Greek fashion.

He's going to kill me.

But she knew, in her heart of hearts, that Jakob wouldn't kill her—he wouldn't even hurt her—but he was very *physical,* and that meant that sometimes intense pleasure came with a cost.

Mariella was willing to pay that cost, whatever it was. She knew what it was like to accept a life of mediocrity, of banality . . . and she was determined that she would never again be that woman or live that life. She had known what it was to just survive—but now she knew what it was to live!

She turned her head to the side and said over her shoulder, "Harder. Give me everything you've got." She closed her eyes. "If I get bruises . . . I'll wear them with pride."

Mariella understood that Jakob wasn't the type of man to be given a challenge without squaring his shoulders and confronting the opposition head-on. He simply wasn't a man who backed down from a provocation, and certainly not from a threat.

Mariella felt her lover's chest pressing against her back, forcing the front of her body to press tightly against Lucas's nakedness. She was distinctly aware of every inch of his manhood filling her as Jakob thrashed above her.

I'm going to be sore afterward.

The thought made her smile. Sex had sometimes in her life been rather boring, and occasionally really quite pleasant . . . but never—not ever—had she been worn out. Never had she been exhausted. Never had she felt as though she couldn't withstand another second of deliciously physical lovemaking.

She suspected that this might be the night.

She shivered.

She was vaguely aware of discordant thoughts as her mind started to drift. Oddly, she was for the first time conscious of the sound of perspiring flesh smacking moistly against flesh.

The silly and rather naïve notion that the brothers were going to fuck her to death flittered foolishly through her consciousness for only a matter of seconds, but it didn't last long because following close on its coattails was the awareness that another orgasm was on its way — and it promised to be a doozie!

Nothing had ever felt quite like having her vagina and anus plundered by two well-hung men at the same time. In fact, nothing else was *anything* like it.

Mariella was screaming again when she climaxed. She was coming down from the height of her orgasm — which had nearly, but not quite, made the top of her head come right off — when both Jakob and Lucas emitted that low, leonine groan that let her know they had released their passion deep inside her, and she had satisfied them sexually. And maybe — just maybe — she had satisfied them in ways that were so much more than just physical.

Chapter Eleven

"Good lookin' animals," the butcher said as fifteen stolen Holstein steers began walking slowly down the ramp out of the long trailer towed by a Detroit-made pickup truck with a V-10. The back wheels were big dual tires.

"I knew you'd see it that way," Samuel replied. "Where you going to sell them?"

Samuel watched as the man's expression hardened instantly. He wished he hadn't asked the question, but he couldn't take it back.

"I don't talk about things like that for the same reason you don't jaw about where you rustled those steers." The man spit a long, brown stream of tobacco juice onto the ground between Samuel's boots. "Seems to me that a man in your line of work ought to know things like that."

Samuel hated the man, but he paid for stolen steers in cash, without asking questions, and that trumped a sense of personal affront.

"New to the business," Samuel said. It was a lie. He'd been a thief since he was a child. He was just new to this kind of thievery. "I'll have the next trailer for you in four nights." He looked at the man's profile and decided that maybe a little deference wouldn't hurt. "That is, of course, if that's all right with you."

He watched as the man's features soften gradually.

That's his weakness. He likes bootlickers. He doesn't know I'll be playing him for the fool if he gives me half a chance.

"Next week should be just fine," the butcher said. "That'll

give me a chance to get rid of my overstock." He grinned. "You've been busy, ain't 'cha?"

From his back pocket, Samuel pulled out a half-pint bottle of whiskey distilled in Minnesota. It wasn't the good stuff from Tennessee, but it was all he could afford. Most of the time he pretended he liked it.

"Want a nip?" Samuel asked. He took off the cap, wiped the neck of the bottle with the sleeve of his shirt, and offered the whiskey.

The butcher smiled. "Don't mind if I do. Right neighborly of you."

"If any of you have any bright ideas on who our rustlers are, I'm damned sure willing to listen," Jakob said to his brother and their five ranch hands. "I've been wracking my brain day and night since this began, and every time I think I'm going to figure those bastards out, they outfox me."

Mariella could hear the tension and frustration in her lover's tone. What had started out as an annoyance — the ranch could lose a couple head of cattle without it having a serious negative impact on the financial bottom line — had turned into a personal grudge match between the Sandstroms and the rustlers. What had begun as a business matter was now a very personal financial assault on Jakob and Lucas.

The men were sitting in the living room. The ranch hands had eaten supper in their bunkhouse, while the Sandstrom brothers had made their own meal in the main house. Mariella had driven to the ranch on a whim, preferring the company of her lovers over being alone in her little apartment. Everyone was now in the ranch house for the brainstorming session.

Ben took a sip of his beer, then asked, "How many head do you think we've lost so far?"

"Ninety or so," Jakob answered. After a moment, he added, "Maybe up to a hundred. I haven't made an exact count. Hard to do a count in the dead of night."

"Damn," Lucas said. "That's a lot of fine beef we've raised and didn't profit from."

"We could spread out, each of us going to a different pasture," Ben suggested. "That way we could cover a lot more land."

Jakob shook his head. "I don't want to do that. We don't know how many of them there are, but we can bet they're armed to the teeth and willing to kill to stay out of prison. If we stick together, we've got numbers and we can protect each other. If we split up, one of us could find himself outnumbered in a gunfight." He shook his head again, then sipped his whiskey. "Losing some profit just isn't worth the life of one or more of you. None of you get hurt on my watch."

Mariella felt her heart clench at hearing Jakob's solemn words. He meant what he said. There was truth in each and every word.

She turned and walked into the next room. At least a few nights a week, it was her personal bedroom. She undressed quickly, then, naked, walked to the closet where she had fine clothes and lingerie that the men like seeing her wearing. She had been spending more and more time at the Flying S Ranch, so it was only practical that she had pretty clothes available should her stay be several days long.

She was still nominally saying that she was an independent woman on her own. She still had her apartment, but she was seeing less and less of it. Mostly, it just held her clothes. The refrigerator was practically empty. There were only a few cans of food in the cupboard. The dishwasher hadn't been used in weeks.

On one side of this closet she had day clothes, mostly casual dresses and blouses. There were also some of her favourite jeans. She almost never wore shorts because she liked wearing heels, and denim shorts combined with heels *always* looked trashy — in public. Besides, she was thirty-four, and it seemed to her that she had too many years behind her to tart it up like she was twenty. But in private, she'd found that her men rather appreciated her appearance in short-shorts and stilettos, and she liked the response she got from her men for dressing that way. But it was too late in the evening for that kind of look.

On the other side of the walk-in closet was her collection of eveningwear. It was lingerie that a woman wore when she wanted to draw attention to herself. The kind of lingerie that a woman wore when she knew she wouldn't be wearing it very long. They were garments meant to be seen and appreciated right before they were removed hastily. Baby dolls, chemises, silk robes as thin as paper, nightgowns showing a varying amount of cleavage and thigh . . . she had something to suit whatever mood the Sandstrom brothers were in.

After some deliberation, she selected a knee-length, fire-engine-red robe. She slipped her arms into the sleeves, then knotted the sash around her waist. She stepped out and walked to the full-length dressing mirror in the corner of her room. She loosened the neckline to show more cleavage — quite a bit more, actually. The question of whether she should wear heels or not went through her mind. Being as short as she was, she almost always had on stilettos, but for tonight she decided against it.

Barefoot, she walked out of her bedroom and back into the living room where the Sandstroms and their ranch hands were still discussing the vexing question of where the rustlers were going to strike next.

She noticed that the men had all taken seats, though they weren't in their usual positions. On the long sofa were three of the cowboys, with Lucas and Jakob sitting in the wingback leather chairs on the ends of the coffee table, and two of the cowboys sitting in folding chairs facing the table.

When all seven men turned to look at her approaching, she saw the appreciation in their eyes. Mariella felt a spark of desire coming to life within her, at a place between the points of her hips but deep inside, above her pussy but below her navel. She pretended to not be aware of it, but she was. As she walked, she could feel her heavy breasts moving gently inside the sheer silk robe. The sensation of silk against her nipples made them pebble up, and another spark of lust was ignited.

"I know you're busy, so don't let me disturb you," she said, approaching Jakob, the undisputed Alpha male in the room. "Can I refresh your drinks?"

Seven men nodded. All of them were looking at her with varying degrees of nascent desire.

She took her time collecting five empty beer cans. She bent a touch lower than she needed to, moving a bit more slowly that necessary, making sure that the five cowboys all got a long, leisurely look at her breasts, which were exposed nearly to the areolas, showing her stomach nearly to her navel.

"I'll be back in just a second to get yours," she said to Jakob, who gave her a smile.

He likes me flaunting a bit. Damn, I adore that man.

She put the empties in the recycling bin, picked out the appropriate brands of beer from the refrigerator for the cowboys, and returned clutching five cans of beer to her bosom. Her nipples had been somewhat erect before she pushed cold cans against them, but now they were wickedly hard, their aroused condition undisguised by the gossamer-thin silk.

She repeated the process with the Sandstroms' lowball glasses. The conversation had resumed by then.

"Thank you," Jakob said as he reached up for his glass, remaining seated in the comfortable, leather chair.

Mariella put the glass into his right hand, then she tapped his leg to indicate she wanted him to spread his knees wider apart. When he did, she sat down on his left thigh and put her right arm casually around his broad shoulders.

Jakob sipped his drink. "Thank you, darling," he murmured. He turned his attention to Ben. "Have you made inquiries around town?"

"Casually, yes," the young cowboy replied.

Mariella noticed he seemed to have trouble keeping his gaze on Jakob instead of her. She liked that. "I haven't said anything about rustling, just like you told us. Just made some small talk about if anybody had seen anyone new in town, making it seem like maybe the Flying S Ranch might be needing a few more men in the saddle." He grinned. "By the way, there's a number of young men in town who'd love to be on your payroll."

"Nicely done," Jakob replied. His left arm was around Mariella's back. She felt as he slid the tips of his fingers from her ribs up to the lower curve of her breast. Her heart quickened. "That's just the way I wanted you to play it."

Mariella felt her heart quicken. She had discovered, with the Sandstroms' guidance, that she liked letting the exhibitionist in her get out and play, if the occasion was right. And just then—with all seven men of the Flying S Ranch in the room—seemed the ideal time.

Jakob turned his attention to the opposite end of the coffee table, where Lucas was sitting with an ankle on the opposite knee, leaning back in his chair in a deceptively lazy sprawl. Mariella looked at him, and though his lips didn't curl, she could see the pleased, lusty smile in his eyes. He was only pretending to be nonchalant.

To Mariella, Jakob said, "Why don't you make yourself a nightcap, darling?" Then to his brother, he said, "What do you think?"

"I think the sheriff's doing about as much as he can," Lucas answered. "But this is Bear Creek, and he doesn't have any deputies to work extra patrols. At night, every deputy on duty is either dealing with drunks in the saloons or looking for drunks behind the wheel."

Mariella got off Jakob's thigh and crossed the room to make herself a single gin-and-tonic. She made a cocktail weak on gin and strong on tonic, and put in two squeezed wedges of lime to add a little zip to the flavor to make up for the shortage of gin.

"Do you think we should go over his head to the county sheriff's department?"

Lucas shook his head as Mariella returned to her position on Jakob's lap.

"I wouldn't do that," Lucas said. "If we do that, the county might think the sheriff's not competent, not doing his job. The sheriff will feel insulted, and the truth of it is, he's always been a pretty damned good lawman for Bear Creek We want him on our side."

Mariella crossed her legs at the knee and her robe split, showing her legs to the tops of her naked thighs. All seven men in the room looked at her. Several of the young ranch hands inhaled sharply, then held their breaths for several seconds. She sipped her nightcap as though nothing was unusual. Her self-confidence was soaring.

"You're right," Jakob said.

He put his left arm around Mariella's back, briefly caressed the underside of her right breast through the robe, then pulled the silk aside to expose the lush fullness with its peaked nipple. This time it was Mariella's turn to inhale sharply, then hold her breath.

Lucas said, "We don't need to antagonize the sheriff. He just doesn't have the staff to be everywhere at the same time. We're going to have to figure this one out on our own."

Jakob reached farther around Mariella's body and began lightly stroking four fingertips up and town over her nipple.

The sensations pulsing from her nipple were electrifying. As Mariella took a sip of gin, she noticed that her hand was shaking slightly. Her sex had been slumbering, but now it was beginning to awaken. She could feel herself getting damp. She wasn't actually wet yet, but she was definitely moving in the direction of penetration preparedness.

Mariella glanced at the three cowboys sitting on the sofa. They were looking at Jakob as he caressed her exposed breast. They were drinking their beers rather quickly.

"Darling," Lucas said, "perhaps you'd better get the boys another round. They seem particularly thirsty."

Mariella got up from Jakob's lap, then bent at the waist to set her glass down on the coffee table. In doing so, she gave the men on the sofa a leisurely, unhindered look at her breasts, and the men in the folding chair a long look at her legs almost to her bottom. Eventually, she straightened and casually tugged her robe closed a bit more—at least enough to cover her nipples—then set about the task of once again delivering a fresh round of beers.

As soon as the boys go back to the bunkhouse, Lucas and Jakob are going to give me a pounding.

Mariella shivered in anticipation. She enjoyed nothing so much as a good old-fashioned Sandstrom brothers pounding.

The moon was nearly full, but it was very bright on this cloudless night, and Jakob was pleased with that. It meant he had better visibility than he had expected. They were in the ditch at the side of the road. Their pickup was parked behind the only two trees nearby, so it wasn't well concealed, but it was the best the Flying S Ranch could do under the circumstances.

He looked to his right. The five ranch hands were in line, all on their stomach, each one holding a big-calibre hunting rifle that could reach out hundreds of yards with pinpoint accuracy. At the end of the line was Lucas. He hadn't said a word in more than two hours.

They had been looking out at the Holstein herd in the pasture on the opposite side of the gravel road. The steers were scattered into several groups, which was typical of them. Some were eating. Some were lying down. Some were standing up, and though their eyes would be closed, they were not sleeping, merely resting.

Jakob checked his wristwatch. The luminous hands told him it was past three. They had been in their lookout position since a little before midnight, searching for the headlights that would tell them approaching pickup trucks of the rustlers would soon give them something important to accomplish. But there was nothing but prairie darkness and twinkling stars and the moon.

"We'll give it another half hour, then we'll call it quits," he said quietly.

He heard some of his men sigh with relief. They were all cold, stiff, and frustrated that they hadn't put an end to the rustling.

"All of you are getting something extra in your pay checks this month," Lucas said. "You're good men and you've been loyal. The Sandstroms don't forget things like that."

This was a good, smooth haul, and Samuel was pleased. Waiting for him in the cab of his pickup truck was a bottle of good whiskey. Sippin' whiskey from Tennessee, not the rotgut that he usually bought. But he was saving that for when they were on the highway with another fifteen head of steers from a pasture belonging to the Flying S Ranch.

"Close up quiet now, boy," he said to his son, keeping his voice low.

Pauly was a slow learner, but he was getting better at this rustling business every night they went out. That pleased

Samuel. It wasn't often he took pride in his son, but on this night he did.

His only concern was the size of the steers. Many of the steers that were ready to be sold to market had been shipped off in the previous days. That meant that several of the ones he'd just stolen were smaller than ideal for the butcher. Samuel wondered for a moment whether the butcher would notice, then dismissed this. Of course he would notice. He could estimate the weight of a steer at a glance and be within a couple pounds. He didn't need a scale to tell him what was what.

He watched as his son closed the door to the cattle trailer and locked it. Samuel would drive the pickup with the cattle trailer attached to it, leaving his son to drive the trailer with the horses.

Samuel anticipated the taste of the smooth whiskey as he got behind the wheel of the pickup and turned on the engine. Before switching on the headlights, he looked around the pasture one more time.

All was quiet. There was not a single light to be seen.

Chapter Twelve

Mariella was standing in her bedroom at the Flying S Ranch, looking out the window at the expanse of drying grass and the low-hanging clouds, wondering if it was going to snow. Her bones told her that snow was imminent, and so did the weatherman on television. She always trusted her bones more than the weatherman.

Turning away from the window, she looked at the lingerie she had spread out on the bed. She needed to wear something, but she was uncertain of what the something should be. The first game of the playoffs—which included the Cowboys—started at three p.m., and the men of the Flying S Ranch were in high spirits. She wanted to be especially pretty for them on that afternoon so that whatever disappointments they might have regarding the outcome of the game, at least they would be happy with her.

Mariella walked around her king-sized bed slowly, consciously aware of the carpeting beneath her feet and the gentle sway of her full breasts. It was nearly two o'clock, and though she had been wearing flannel pyjamas earlier, now she was going to put on something the men—*her* men, she mentally amended possessively—would like to see her in.

She had baby doll pyjamas that were pretty, with the added advantage of the material being pink and see-through. The G-string panties that went with the baby doll covered the essentials, but just barely. And she had a nightgown that came down to her ankles, but had a decolletage that came down to her navel and exposed the inner swells of her breasts nearly to her pale areolas. She had worn it for her men several times before, and when she had, she saw the lust in their eyes, especially when she was forced to almost constantly adjust the neckline of the gown to keep her bountiful breasts from spilling out.

During the months that she had been with Jakob and Lucas and their ranch hands, Mariella had learned to embrace her inner exhibitionist. When the men looked at her with lust in their eyes, she felt beautiful and wanted. Before her experience with Lucas and Jakob, when men looked at her lustily, she felt like she needed a shower to be clean. The difference was profound.

So many things have changed since the Sandstroms became my lovers.

She decided on the baby doll with the miniscule G-string panties. She'd prance about for a good two hours, driving the men crazy with lust for her while the first playoff game of the season was on television.

Mariella dressed quickly, then adjusted her breasts inside the decolletage of the baby doll. She stepped into her panties and felt a warmth come to her neck and cheeks. Looking down, she could see through the gossamer material over her nipples. Though her breasts were covered, they certainly weren't concealed. When she gave her shoulders a little shake, she watched as her heavy breasts rolled tautly from side to side.

Which of the ranch hands is going to have me this afternoon?

By this time, she had been "taken" by all five of the cowboys who worked on the Flying S Ranch. She just never knew which one was ravishing her on any given Submissive Sunday, because her hands were always tied behind her back with a bandanna, and another Sandstrom-owned bandanna was used to blindfold her.

It's the mystery — the not knowing — of who is fucking me that makes it so erotic. How did Jakob and Lucas know it would be that way for me?

If there was anything in life that Mariella was certain of, it was that the Sandstroms had the most erotic imaginations on the planet. Every time she was with them, they made it somehow new. It was as though their sensual repertoire was inexhaustible.

And I'm the grateful recipient of all that glorious creativity.

A smile curled Mariella's lips. She knew exactly how lucky she was. For much of her life, she had felt like the unluckiest woman on the planet, but now she felt nothing but gratitude for the way the earth had turned gently on its axis.

She checked her makeup and appearance one last time in the mirror, then walked out of the bedroom and into the living room, where seven gorgeous men were watching the football game that preceded the Cowboy's game.

Seven men looked at her when she stepped out of the bedroom, and she saw desire they had for her in all their eyes. Every man wanted her, but only the Sandstrom brothers and one of the ranch hands, would have her.

A shiver went through Mariella at the conscious awareness that she would make love with Jakob and Lucas, then have what was by any measure anonymous bondage sex with one of the five cowboys who worked for the Flying S Ranch.

Forcing herself to appear calm, even though she was anything but, she gave the men a smile and pretended that there was nothing scandalous about walking around in a see-through baby doll nightie that barely contained her breasts and exposed her midriff above the see-through G-string that covered her sex but didn't hide anything.

"How are drinks?" she asked breezily. "Who needs what?"

"I could use a whiskey," Jakob said without hesitation. "The game starts in just a couple minutes, and it's bad luck for me to not have a whiskey in hand when they have the kick-off, especially when it's not the early game."

Mariella laughed softly as she headed for the liquor cart.

"There's nothing more superstitious than a football fan."

Lucas said, "That's where you're wrong. There's nothing more superstitious than someone playing craps or roulette."

"I suppose you're right." As Mariella turned her back to the men, she could feel the heat of their collective gazes on her backside. The G-string covered her femininity, but the slender string of fabric that held everything else together hid nothing of her bottom. "Who needs what?" she called out over her shoulder as she slocked Tennessee whiskey with a flourish into a lowball glass she had filled with ice.

The men called out their beverage wishes, and Mariella made a point of being in no hurry whatsoever in either getting them their drinks or of hiding the charms she was putting on display.

Thirty minutes later, the Cowboys were on offense but were three points behind, and Mariella could no more draw attention to herself and away from the television than she could suddenly become tall, blonde, and svelte—the three physical characteristics she wished she possessed but most certainly did not.

Mariella sat on the sofa between Lucas and Jakob, feeling a bit scandalous, since the baby doll lingerie was more revealing than anything that she had worn for the men in the past. Her bottom had hardly touched the seat cushions of the sofa before Jakob put an arm around her shoulders, his hand coming down to cup her left breast through the baby doll, and Lucas put his hand on her right thigh, midway between her knee and the apex of her thighs.

"Who is predicted to win?" Mariella asked. She really had no interest in football, and only talked about it because she knew her men wanted to. "Are the Cowboys the favorite?"

One of the ranch hands said something—she thought it was Ben, though she couldn't be sure—but Mariella didn't realty hear him, because Jakob had caught her nipple between his index finger and thumb and was pinching it lightly. At the same time, Lucas had slid his hand up her thigh until the edge of his little finger was caressing her lightly through her sheer G-string panties.

"Come on, Cowboys, don't let us down," Lucas said softly, under his breath. His eyes were open wide, almost unblinking as he watched the action on the television.

He rubbed his palm up and down over her naked thigh, and Mariella forced herself to keep her eyes open. His touch felt heavenly.

How does he know exactly how much pressure to put against me to give me the maximum amount of pleasure?

It was, she decided, a delightful question to have foisted upon oneself. She was concentrating on Lucas's hand as he caressed the inside of her thigh from her knees to her pussy, when Jakob tightened the grip he had on her sensitive nipple, and her concentration switched from one brother to the other.

To no one in particular, Lucas said, "I'll bet Jimmy's Bar and Grille is packed to the rafters with everyone watching the game. There's probably not a car on the roads of Bear Creek right now."

Jakob could feel that Mariella's nipple was erect, but he didn't take his eyes off the enormous flatscreen TV where the Cowboys were doing their best to make him a happy man.

But something registered in his subconsciousness and was trying to fight its way all the way into his consciousness. What was it?

Jakob took a sip of his cocktail, and though he continued to look at the TV, he wasn't concentrating at all on the athletic activities on the screen.

Something was wrong? At least something was *important,* if only he could figure out what it was.

Mariella placed her hand on his thigh, dangerously close

to that part of him which found her endlessly amusing. But he hardly noticed her hand.

Jakob sipped his whiskey, fighting to dredge up from his subconscious whatever it was that was taunting him. Jakob was certain that it was important . . . if only he knew what it was.

"Lucas, what did you say just a moment ago?" Jakob asked his brother quietly.

"I don't know," Lucas in an annoyed voice. "The game's on."

"Think about it." He looked his brother in the eyes. His expression conveyed the importance of the question.

Lucas closed his eyes for several seconds, then a broad smile curled his lips. "I said that Jimmy's would be packed, and there wouldn't be a car on the streets of Bear Creek."

The reality hit Jakob as viciously as a sucker punch to the stomach. It struck him so hard it nearly took the breath from his lungs.

"That's it! You're right, and unless I'm very wrong, we're going to catch the rustlers today," Jakob said as he set his drink down on the coffee table, then rose to his feet.

"But they only hit us at night," Lucas replied, setting his glass down and getting to his feet, following his brother's unspoken direction. "Under cover of darkness, and all that stuff. You said so yourself."

"Under normal circumstances, yes. But these aren't normal circumstances. The Cowboys are in the playoffs, and there isn't a man, woman, or child who isn't in front of a television set right now." Jakob clapped his hands together and rubbed them vigorously. He could almost taste victory—and revenge—on his tongue. "Our rustlers are going to hit us in daylight because Bear Creek is a ghost town unless you're in a bar."

To all the men in the room, he said, "Get your guns and

dress warm in case we have to wait for them outside. We'll take two trucks."

Ben asked, "How do you know where they'll hit us?"

"We've got warming sheds in just two pastures. All our cattle are in those two pastures, and the cows will be nice and all packed in together. Rustling them right now will be the easiest stealing those bastards have ever had."

Samuel unscrewed the plastic cap of his bottle, took a good swig, then replaced the cap and put it back into the side pocket of his heavy woollen winter coat. The bottle was 750 millilitres of some of the finest Tennessee sipping whiskey on the market, and his warm coat was new this winter. It had been purchased through a sporting goods catalogue. Now that he had a profitable, steady stream of income—thanks to a butcher who didn't ask questions, and the Sandstrom brothers, who had more cattle than they could keep track of—Samuel had, for the first time in his life, more than just pocket change. In fact, in his closet, on the shelf above his clothes, he had an old glass pickle jar with a lid on it. In that jar were thousands of dollars in one-hundred-dollar bills. Some of the bills were fifties, but that was the smallest denomination he would accept. His success as a rustler had made him picky about certain things.

Samuel didn't drink cheap booze these days. Not since he'd found his true calling as a cattle rustler. He liked to think of himself as an entrepreneur, though he wasn't entirely certain what the word meant. It sounded pretty fancy, and he liked that.

"Dad, we don't even need to use the horses," Samuel's son said, his face alight with pleasure. "Pull the trailer up nice and tight to the warming shed, and we'll walk them one at a time up the ramp into the trailer."

We could make two runs. Load up fifteen steers, bring them to the butcher. Then come right back here and do it again. Everybody within fifty miles of here is getting drunk and watching football.

He chuckled and rubbed his bare hands together to warm them. "Let's move," he said to his son. "The sheriff and his deputies are going to be watching the bars like eagles looking to arrest drunks."

"Eagles?" his son asked. "More like vultures, if you ask me."

The statement caught Samuel by surprise. He was getting more impressed with his son all the time.

"Yeah, I guess you're right. Now let's get this trailer loaded pronto."

Mariella was aware of a kind of marrow-deep fear that she had never before experienced as she watched the Sandstrom brothers checking their hunting rifles. The expression on their faces was colder than the weather outside. No, she corrected herself, it wasn't cold — it was icy. Even deadly. Murderously so.

Do you have to do this? I don't want you to do this!

She could think the words, but she couldn't speak them aloud.

"We'll split up this time," Jakob said quietly, his eyes never leaving the large-bore bolt action hunting rifle he was inspecting. "You take three of the men, and I'll take two. Who do you want?"

"If you're only taking two with you, then you'd better have Ben. I saw him drop a fourteen-point mule deer with a perfect shot at over three hundred yards."

"Fine. I'll take Ben. He can make the assignment on whoever else he wants to go with him."

The words were out of Mariella's mouth before she could even try to keep them silent.

"I want to go with you."

The men turned to look at her. They looked at her as though she was crazy. They were—quite literally—open-mouthed with shock.

A full thirty seconds passed in absolute silence.

Mariella licked her lips to moisten them. Her throat felt like a desert.

"I mean it," she said, a quiver in her voice. "I want to go with you."

"No. This could get dangerous," Jakob said. "It's out of the question. It's Flying S Ranch business, and that's that."

In an agonized whisper, Mariella asked, "Are you telling me that I'm not part of the Flying S Ranch?"

The Sandstrom brothers' heads snapped up, their attention immediately taken away from their rifles, their focus now unwaveringly on Mariella.

After even more seconds of total silence, Lucas turned his head, looked at his older brother, and said, "Well, you know, she does have a point there."

Mariella's heart seemed to stop beating as she waited for the clan's Alpha male's response.

"You can't hunt rustlers in your lingerie," Jakob said brusquely. "Put on long johns, both top and bottom, and the snowmobile suit the guys bought you. Snow boots and those insulated leather mittens we just bought. You've got five minutes before the pickups leave the ranch. If you're in one, you're along. If you're not, that's just fine with me, too."

Chapter Thirteen

"Easy now," Samuel said. "Don't get 'em spooked."

He took the whiskey bottle out of his coat pocket. He had started out the day with a new, traveller-size bottle containing 750 millilitres of fine, expensive whiskey. Now the bottle contained less than half of that. Samuel could feel the whiskey in his stomach. He could feel it warming his blood. He took a sip—a small one this time—then put the bottle in his coat.

He wasn't worried about the bottle going empty. He had found that online, a man could buy almost anything and do it anonymously. From warm winter coats to nasty porn to smooth liquor to fine tires for a pickup truck, it could be bought on the internet, if only one knew where to look.

And one had the money.

Samuel now bought his traveller-size whiskeys by the case.

"They've already been here," Jakob said, pulling the pickup to the side of the road. "Keep your voice down, and don't slam the doors."

He walked around his truck and got down on one knee. The light dusting of snow from the previous evening had been crushed by truck tires.

Mariella got down on a knee beside him. She was very quiet.

"Normally, when I'm studying tracks, it's because I'm hunting mule deer or elk." He smiled bitterly. "It's two trucks with two trailers, and one of the trailers has two sets of duals.

That'll be the cattle trailer." He walked thirty yards away from the highway and his truck, studying the tracks in the fresh snow, looking for anything that might give him more evidence of who had trespassed on his property.

"And there it is," he said quietly, to himself, pointing at tracks in the snow that varied on the gravel road. "See here? Two trucks and trailers went up, then came down. And later, one truck and trailer went up, *but it hasn't come down.*"

Jakob straightened, and though he did not run, he speed-marched back to the pickup, where two ranch hands were waiting near the bumper, well-oiled hunting rifles in their hands.

"They're still up there," Jakob said quietly to his men. "One pickup with a big trailer. Remember, only shoot the tires. If they start shooting back, retreat to the pickup and take cover. Call the sheriff. I'll stay back and cover your retreat." He turned to Mariella "Stay in the truck. This won't take long. We'll take out their tires, then the sheriff and his men can round them up and take them away."

"I 'm going with you."

Jakob chuckled, but there was no mirth in it. "Like hell you are. There's about a thousand percent chance of gunshots." Jakob turned dismissively away from Mariella, then addressed the two young cowboys who would willingly fight, kill, and die for the Sandstrom brothers and the Flying S Ranch. "No unnecessary risks whatsoever. And if they're near the warming shed you built last summer—and that's where they'll be since that's where all the cattle are—then we'll have plenty of cover in the woods around the pasture." He patted one nervous young cowboy on the shoulder. "You're going to do just fine. When we get there, spread out. And nobody shoots until I do. Then let her rip."

Mariella sat in the front seat of the pickup and watched Jakob and Ben and another young cowboy making their way slowly up the narrow, snow-covered gravel road. She had never seen Jakob quite like this. She had seen him tense, and she had seen him angry. She had seen him consumed with joy and consumed with lust. She had seen him so quiet and contemplative she sometimes checked to see if he was still awake.

But she had never seen him preparing to go into armed battle—and it scared the hell out of her. She had never liked guns. Not for hunting elk and deer. And certainly not for hunting men.

She was proud of one thing, though—the cowboys the Sandstrom brothers had at the Flying S Ranch. They were young and they were scared, but judging by the way they looked at Lucas and Jakob, there wasn't a place on earth or in hell that they wouldn't follow their leaders. Their loyalty to the brothers was limitless, and their faith in the Sandstrom leadership bordered on religious worship.

If those young men will follow Jakob into battle, then damn it, so will I!

Mariella opened the door. The heater had been going, so the interior of the cab was warm, but when she opened the door and stepped outside, a blast of cold western arctic wind hit her with physical force. She blinked her eyes several times to clear her vision. She looked up the gravel road and saw the three figures—one taller and much more broad-shouldered than the other two—walking slowly, cautiously, up the road. They were perhaps a hundred yards away. Perhaps less than that.

Come on, old girl, you can catch up to them.

Mariella didn't even want to think about how long it had been since she had jogged. Even as a schoolgirl she had disliked it because she was, even then, full-figured. It was when she got into college and her bosom went from voluptuous to ridiculous that she learned to *hate* running. When she did have to run, she was either openly ogled, or she was laughed at. Neither one was a response that any girl liked to get.

She didn't run up the gravel road to Jakob, but she did keep steady dog trot that didn't wind her and yet ate up the yards that separated her from her Alpha male and his young cowboys.

She was twenty yards from Jakob when he obviously heard her footsteps. He wheeled around quickly, simultaneously moving his rifle from the crook of his arm into a position where he could fire it from the hip. At first he looked relieved at seeing her, and an instant later he appeared furious.

He's glad I'm not an enemy, but he's pissed as hell that I've come after him.

"Don't be mad," she said, breathing more heavily than she had at the truck, but not nearly exhausted. "I couldn't stay behind."

"You're a damned fool!" Jakob said through clenched teeth, though he kept his voice low.

"Yes, I know that," Mariella said. She couldn't resist smiling. "But I love you, so I had to be here with you. You can understand that, can't you?"

Jakob's thickly muscled shoulders slumped. He was defeated. Mariella could see that.

"I love you, too," Jakob said after aching seconds of silence. "Now keep your mouth shut and your head down, because if you get hurt, I'll never forgive you . . . or myself."

He just said he loves me!

It took every ounce of willpower that Mariella possessed to not launch herself into Jakob's arms. She could see that he was angrier with her than he ever had been.

Doing her best to not smile impishly, Mariella whispered, "I know you're angry with me, so I'll understand if—when this whole thing is over and done with and we're back at the Flying S Ranch all safe and sound—you want to put me over your knee and give me a good, old-fashioned, bare-bottomed spanking the likes of which I'll never forget, I guess I deserve that."

Jakob just shook his head slowly in amazement, and to his men said, "Let's go. Keep your eyes open and stay quiet."

Mariella's heart was singing because Jakob had just said he loved her, so a little matter like walking into a gunfight didn't seem like something that really needed to consume much of her concentration.

It was the mooing of a steer that entirely drew Mariella out of her romantic thoughts and into the very real Here and Now.

Jakob, who was walking five yards in front of her, flanked by his stalwart young men, stopped walking and raised his left fist to shoulder level. The cowboys froze in place instantly. Mariella watched as Jakob angled his head one way, then the other, as an animal did when listening for an enemy.

Jakob motioned with a forefinger for the cowboys to come closer. Mariella did as well, though she hadn't been summoned. Into the ears of the men, Jakob said, "Stay in the trees, but position yourself so you have a clear line of fire at their tires. If they start shooting back, blend into the woods and we'll meet up later at the pickup. And remember, nobody shoots until I do. You," Jakob said, pointing at the youngest of the cowboys, "go one hundred yards parallel to the pasture into the woods, then approach the warming shed slowly. You," Jakob said to Ben, "go fifty yards in, then approach the shed. He put his hand on Ben's shoulder. "And keep an eye on the greenhorn."

"Yes, sir," Ben said, then turned and almost immediately disappeared into the woods.

For a moment, Mariella wasn't sure she actually believed her eyes. It was though the two cowboys had, like smoke in the wind, simply disappeared. It was a bright, sunny afternoon, but they were in their element so they simply . . .

vanished.

A chill went through Mariella that had nothing to do with the weather. She was dealing with men who were nothing like men she had ever known. They had skills that she couldn't imagine, even though she now knew they possessed them. If they could disappear at will, what else could they do.

Jakob looked at her and said, "It's not too late. You can still go back to the truck."

"I'm with you," Mariella replied. Her gaze met his and she added, "All the way."

He touched her cheek lightly with his fingertips. "I like the sound of that."

They walked on the road for another forty yards, moved into the trees where they had cover, and at the edge of the treeline where they could look out over the pasture and the warming shed, they saw the pickup truck with the cattle trailer. One steer was trotting in the pasture. It obviously had already been taken out of the shed, but between the shed and the ramp leading up into the trailer, the steer decided to be bull-headed and chose to take a stroll.

Mariella could see two men, one clearly older than the other. The younger one seemed confused about what had happened and what he was to do next. The older one was tipping a bottle to his lips. When the bottle was empty, he tossed it aside onto the pasture.

"Forget him, you idiot," the old man said, "there are dozens more in the shed. We've only got two in the trailer, and we need fifteen 'fore we can git. Now let's fill up and git the hell out of here.,"

Mariella watched as Jakob raised the high-powered, scoped rifle to his shoulder.

He's only going to shoot the tires. It was a reassuring thought.

And that exactly when a thought struck Mariella like a lightning bolt.

"Don't," she said quickly, but without raising her voice. She put a hand on Jakob's shoulder. He gave her a look of absolute incredulity. She shook her head. "Not yet." Now he gave her a questioning look. She smiled at him. "If you shoot their tires out now, they'll still be able to drive away with a mostly empty trailer. But if you wait until they've got the trailer full, and *then* you shoot their tires out, how much weight will they have to drag with only the tires on the right side of the trailer and pickup?"

She watched as Jakob did a quick calculation. If there was anything he knew, it was cattle. And women, of course.

He smiled at her.

"Fifteen steers are an extra eighteen thousand pounds." He bent to the side while staying hidden by trees, and kissed her quickly. "That's one hell of a load to pull through grassland on rims without tires." He kissed her again. "You're not only beautiful, you're smart as hell." He kissed her again, but this time it wasn't a quick one. It was one of his we'll-finish-this-later kisses that let her know the best was yet to come. And so would she. "Now let's wait until that trailer's full."

It took nearly forty-five minutes for the rustlers to fully load the trailer. During that time, Mariella could see out of the corner of her eye that Jakob was, with a fair frequency, glancing at her. She pretended that she didn't notice, but she did. It could have been thirty degrees below zero in those woods surrounding the high pasture, and still Mariella would have felt warm inside.

The old man was now leaning against the pickup, letting the younger man do all the work. The old man had a fresh bottle to his lips, though Mariella noticed that he was now taking smaller sips when he drank.

"We're full-up, Pa," the younger man said.

The old man belched loud enough to be heard by Mariella, who was every bit of fifty yards away. The old man said,

"Then lock it up tight and we'll get the hell out of here while the leavin' is good. Two loads in one afternoon is pretty damned fine work, if you ask me."

Mariella watched as Jakob brought the high-powered rifle to his shoulder, then thumbed off the safety.

"April fool, motherfucker," Jakob said, then squeezed the trigger.

Mariella was very close to Jakob when he squeezed the trigger, and she was not at all accustomed to the explosive roar of a hunting rifle being fired. At the first roar of the rifle, Mariella let out a scream, put her hands over her ears, and dropped to her knees at Jakob's feet.

What happened next was orchestrated destruction at a very high decibel. Three men from the Flying S Ranch proceeded to shoot out, in only a matter of seconds, the left front tire of the pickup truck and both of the dual rear tires. Then they set upon puncturing the front dual left-side tires of the trailer, and when those were as flat as they could possibly be, the rear dual tires suffered the indignities of copper-jacketed bullets travelling at considerable speed.

The shooting lasted for maybe ten seconds. Fifteen, at most, Mariella figured. It wasn't until it was over and she could hear a powerful diesel engine racing, that she took her hands always from her ears, and looked up — though she remained on her knees.

The pickup truck had made half a U-turn to get out of the pasture, but the shot-out tires, now bare-rimmed with all that weight on them, especially on the steer-laden trailer sank deep into the grass and dirt and snow and quickly became impossible to tow.

She heard Jakob start to chuckle, and she knew that everything would be all right.

Mariella watched as the old man and the young man got out of the pickup, trying to stay hidden from the men who had just unleashed a torrent of gunfire on them. They stepped away from the pickup with their hands in the air. When no gunfire cut them down, they turned and started running toward the gravel road.

Mariella had never heard Jakob laugh so loud, or so honestly, ever.

CHAPTER FOURTEEN

Mariella looked out of her bedroom window. The season's snowfall was already over knee-deep, and the snow was coming down now at nearly two inches an hour. Mariella didn't mind. She had no desire to go back to her apartment anytime soon. Especially not tonight. It was Super Bowl Sunday, and the Cowboys were in the game, so the men were all boyishly excited.

I'd better get the meatballs served right away. The boys are downing their beers fast, and the game doesn't start until five. My thick Italian meatballs will be a good base for them to drink on.

It amazed her that the Super Bowl pre-game show on television went for hours and hours. After all these weeks of Submissive Sundays, she had learned what was best for the boys, and what was best for the men, especially when it came to food and drink . . . and sex.

Turning away from the window, she walked barefooted to her closet, thinking about what she would wear for the day. It had to be something special, something all seven of the men who constituted the Flying S Ranch would like seeing her in for the next several hours.

The white see-through baby doll. The one that splits wide, just beneath the bodice, to show my tummy and the little G-string beneath.

Mariella had never worn that particular piece of lingerie for her men. For hours they'd see her prancing about, pretending to be casual, in a see-through baby doll and wearing matching G-string panties.

All seven of them are going to have erections for hours before some of them finally get the chance to have me.

Stepping into her walk-in closet, she felt a little diabolical for how she intended to taunt and torment her lovers for hours before they could finally do something about their lust for her.

On one side of the closet she had the lingerie that she wore for her men, and on the other side she had street clothes that she wore when she was at the ranch.

Mariella looked for her baby doll, didn't find it right away, then looked through all her clothes a second time, taking caution to not miss anything.

Damn. The baby doll's not here. It's back at the apartment.

The disappointment Mariella experienced surprised her. She *so* wanted to wear something sexy that the guys had never seen before. She wanted them to look at her with lust in their hearts for an entire day as she served them their drinks and hors d'oeuvres and lovingly pampered them while they watched the pre-game show, then the Super Bowl itself.

She looked at the lingerie she had on hangers. She had worn everything before during her Submissive Sunday excursions into the erotic. For the Super Bowl she had wanted to surprise them with something new, something really special.

Battling with her disappointment, she eventually settled on a sheer pink teddy that sported a very low-cut neckline, with snaps at the crotch. The garment hugged her body, and though it wasn't see-through, it was very sheer, and very high at the hips. Though the crotch snapped closed, it hardly covered her in front, and really concealed nothing at all of her bottom.

She pulled the teddy over her head, fastened the three snaps at the crotch, then adjusted her breasts inside the plunging décolletage. She checked her makeup and appearance one last time in the full-length mirror, stepped into a pair of pink five-inch stilettoes, then walked out of the bedroom.

All seven men stopped looking at the big-screen flat TV on the living-room wall and turned toward her. Lucas and Jakob smiled at her. All five of the ranch hands gawked at her, their mouths all slightly open, the desire they felt toward her shining brightly in their eyes.

Apparently, they don't mind seeing me again in the teddy.

Mariella told herself that she shouldn't be smug, but she was smug, and she loved the way it felt.

She crossed through the living-room nonchalantly, as though she hadn't just gotten out of her comfy flannel pyjamas and switched to very sexy lingerie.

"Just let me check on the meatballs," she called over her shoulder as she stepped into the kitchen and dining room. A little louder than before, she said, "I'll refresh your drinks in just a second."

The smell of Italian meatballs simmering in her own recipe for a rich red marinara sauce filled the room. Mixing in with the meatballs was the smell of fresh baked and sliced Italian bread, liberally slathered with butter and garlic. Mariella felt her saliva glands react to the aroma, and she smiled. She decided that her diet would *not* be enforced on Super Bowl Sunday. This was a day when exceptions had to be made.

She picked up a big aluminium ladle and stirred the meatballs in the enormous copper-bottom kettle. When she stirred, the delicious aroma became even more intense. Mariella would feed the men first, then she'd make a bowl for herself.

Heavy meatballs and good bread will keep them reasonably sober. The game's still two hours away.

On a platter to her left, on the counter near the stove, were the porterhouse steaks that Jakob would put on the grill hours from now for the men. Each was hand-cut by the butcher in town, extra thick and aged to perfection.

The men are going to be eating good today.

She smiled, liking the fact that she was able to give the men pleasure. She felt a deep-down joy whenever she could do something that made them happy — not just Jakob and Lucas, but the ranch hands as well. She liked giving them pleasure when sex wasn't involved.

Setting the ladle aside, she went back to the living-room.

"Okay, who needs what?" she asked, heading straight for the refrigerator. "The meatballs are ready. I'll put them out as soon as beer is dispensed."

She delivered the beers to the ranch hands first — taking her time so that each one of them had a long, leisurely look at the bountiful cleavage she was pleased to show off, and the bottom she was only too happy to put on display — and then she went to Jakob and Lucas.

"I was going to wear my see-through baby doll," she said under her breath to the men, keep her voice low enough so that the ranch hands couldn't hear. "I wanted to wear something sexy that you've never seen before, but the baby doll's back in my apartment." She made a face. "Sorry."

"You needn't apologize," Jakob said. "You've done nothing wrong."

"But still . . . I wanted to make the two of you happy. Well, I wanted to make all of you happy, but especially you two."

She watched as Jakob and Lucas smiled and exchanged a look. She could tell they had something planned. They had been talking and scheming behind her back.

"What's going on?" she asked.

"We've been wanting to talk to you about something. And the fact that your baby doll is back in your apartment is a nice lead into what we have to say."

Mariella felt the hair at the back of her neck stand up. She suddenly found it difficult to breathe, and she didn't know if she was scared or excited. With Jakob and Lucas, she was always a little off balance.

"Well?" she said in a whisper. Her throat felt very tight, and it was difficult to say even the single word.

Lucas asked Jakob, "Should we go to the bedroom for privacy?"

Jakob shook his head, glanced at the ranch hands on the sofa in easy chairs, then back at Mariella.

"They can't hear us," he said as he put his enormous hands lightly on Mariella's shoulders. "Lucas and I have a proposition for you. Something that we want you to give serious consideration to before you make a decision."

What had been butterflies in her stomach were now giant bald eagles with six-foot wingspans and talons as sharp as razors. She had to consciously tell herself to inhale and exhale.

"If you lived here, then you wouldn't find yourself not having clothes here instead of at the apartment, and vice versa." Jakob squeezed Mariella's shoulders lightly. "Lucas and I have been talking about this endlessly for more than a month now."

"This . . ."

"Whenever you're not here, this big ranch just doesn't feel like a home," Jakob said, his tone low, deep, and endlessly sincere. "We know it's kind of a drive into town, so that's going to be an inconvenience for you commuting to and from your office. We've picked up something to help make that drive not quite so onerous for you. And it'll be safer."

Mariella's brow furrowed. She was afraid of making assumptions.

Lucas said, "Let's step over to the window. It's parked right outside."

The two men took her hands and walked her past the cowboys to the windows. Outside, Mariella saw a vehicle she hadn't seen before. It was a brilliant red SUV, one of those magnificent Detroit-made, four-wheel-drive monsters that got lousy gas mileage and had all the luxuries of home — provided you lived in a really nice home.

Mariella put a hand to her mouth. She couldn't imagine

how much such a vehicle would cost brand new and fresh off the dealership lot. She'd been driving her old sedan for years, and even then, she had bought it second-hand.

Lucas, standing at her shoulder and close enough that she could feel the heat of his body, said, "We want you to move here. Live here. We never again want to hear you say that you've got to go home, and then you get in your car and drive to Bear Creek. When you're with us, and when you're here, you *are* home."

Jakob said, "We're in love with you. Both of us. You've enchanted us and we can't stand the thought of you living anywhere but with us."

"But . . ." Words wouldn't form on Mariella's tongue.

Jakob said, "And since you'll have a commute, and with snow and all the other things that can happen when you're out in the country, Lucas and I thought you should have good, reliable transportation to get you through even the worst of travel conditions." He smiled at it. "It's what people do when they're in love."

Lucas squeezed her shoulders and said, "You can have your own room. It's yours. We won't enter unless we're invited. And if there's anything you need — anything at all — all you need to do is ask and you'll have it instantly, no questions asked. There's nothing you can't have."

"But . . . my lease on the apartment . . ."

"Expires next summer. June or July. I can't remember which," Jakob said, making a dismissive gesture with his hands. "It needn't concern you at all. Your landlord will be paid in full."

Mariella could hear a strange buzzing in her ears. She blinked her eyes several times to clear her vision. She looked at the SUV and thought that it must be very expensive, and the puritan in her felt that she wasn't worthy of such extravagance.

"But moving in . . ." Words simply failed her. She stared at the SUV, afraid to look at the brothers who had just declared their love for her. "And moving is so much work . . . ."

"We've already got that taken care of. There's a moving company—not here in Bear Creek, but not too far away, either—that will do everything for you. They box up everything and will take it from your apartment to here. You only have to open up the boxes and put your stuff away." Jakob stroked his palm lightly over Mariella's hair. "All you have to do is say *yes* to moving here, to making the Flying S Ranch your home, and you can have anything you want."

Lucas added with steely certainty, "Anything at all."

Mariella whispered, "I love you. Both of you. With all my heart and soul." She felt tears forming in her eyes, and she tried to will them away. "But my clients will know that I'm in love with two men. There's no other reason I'd move out of my apartment and into your home. I'm self-employed, and the people of Bear Creek might not think that it's proper for me to . . ."

"If anyone says anything about it to you, they'll answer to Lucas and me. And if you want to quit working, we're fine with that. You'll have all the money you need."

"We promise you that," Lucas said, his voice a raspy whisper. "You'll want for nothing."

"But . . ." Mariella said, then looked over her shoulder at the ranch hands, who were all watching with rapt attention the pre-game show on television.

She looked up at Jakob. He grinned and touched the red bandanna surrounding his neck.

Mariella said, "I'm going to be thirty-five this spring."

"Your weekly infusion of young blood will continue as usual. This bandanna hasn't seen the last of your wrists."

"Nothing will change," Lucas said, "except permanence. From now on, when you go home, you drive here."

"Seriously?" Mariella said, then immediately thought it to be the most stupid single word that had ever passed between her lips.

"Yes," Jakob said.

"Forever and always," Lucas said.

"W-When?" Mariella asked, the magnitude of the reality she had been offered almost too great to fathom.

"Don't get angry with us for being presumptuous," Jakob said, "but we were *really* hoping that you would say yes to our proposition, so we scheduled for the moving company to show up at your apartment tomorrow morning at eight. They promise that everything in your apartment will be properly boxed and trucked to the Flying S Ranch no later than eight tomorrow night."

Lucas said, "And your old car is going to be auctioned off for charity. Whatever money it goes for will go to a children's hospital in the big city. We thought you'd approve."

"So, what you're saying is that I never actually have to go to my apartment ever again? That I'm here, home, with the two of you? I have my own bedroom? I get to keep my job and earn my own living and still have my independence?"

The buzzing in her brain grew louder now that she had put to words what the Sandstrom brothers were offering.

Before either man could respond, Mariella asked, "Are you proposing to me?" She had whispered the question so quietly the brothers bent forward to hear better.

Both men nodded. Jakob said, "Yes, I guess we are. It's un-conventional as hell, but that's exactly what we're doing."

Lucas said, "Say 'yes' and you'll make us the happiest men in the world."

"Yes. Yesyesyes!" She resisted the urge to throw herself into their arms. Instead, she turned her back to them and looked out into the living-room at the five young cowboys who were paying her absolutely no attention whatever, even though she was wearing a teddy that didn't hide her buns at all. "And from this moment forward, this is home." She turned on her heel back toward Jakob and Lucas. "You men need whiskeys. The boys need beers. And I need to dispense some Italian meat balls and garlic bread, or the boys are going to get stupid drunk even before the game begins."

She looked into their eyes. In them she saw relief and gratitude and love . . . and that wase everything she could ever hope for.

The End

About the Author

Robin Gideon is the author of more than sixty paperbacks and ebooks. She now writes exclusively for eXtasy Books. She loves hearing from her readers and can be reached at robin.gideon@ymail.com